AF325484

CICÉRON.

DES DEVOIRS.

CICÉRON.

DES DEVOIRS.

TRADUCTION NOUVELLE

Par J. L. BURNOUF

ANCIEN MEMBRE DE L'INSTITUT

TROISIÈME ÉDITION

PARIS.

IMPRIMERIE ET LIBRAIRIE CLASSIQUES

De JULES DELALAIN

IMPRIMEUR DE L'UNIVERSITÉ

RUE DES ÉCOLES, VIS-A-VIS DE LA SORBONNE.

M DCCC LXI.

AVERTISSEMENT.

La traduction nouvelle du Traité des Devoirs que
renferme ce volume, est le dernier ouvrage dont se
soit occupé M. J. L. Burnouf. Comme les publica-
tions du même genre dont on lui est redevable, elle
est le fruit de son enseignement au collége de France.
Il ne l'avait pas entreprise avec le dessein arrêté de
lui faire voir le jour ; mais ayant remarqué qu'elle
était accueillie avec bienveillance par les auditeurs
qui suivaient ses leçons, il s'était décidé à la revoir,
pour la rendre moins indigne des suffrages de ceux
à qui il la destinait. La mort l'a surpris avant qu'il
eût pu achever cette partie de sa tâche. Le manuscrit qu'il a laissé est même incomplet, et les dix-
huit premiers chapitres du premier livre y manquent
presque en entier. Cette lacune résulte de ce que,
dans ses premières leçons sur le premier livre des
Devoirs, M. Burnouf s'était contenté d'exposer sa
traduction de vive voix, et qu'il n'avait commencé
à l'écrire régulièrement , qu'à partir du dix-neu-
vième chapitre.

On aurait probablement hésité à donner cette traduction au public, si les auditeurs de M. Burnouf,

qui avaient exprimé collectivement à sa famille une sympathie dont elle garde un souvenir reconnaissant, n'eussent, individuellement et à plusieurs reprises, manifesté le désir de voir paraître le dernier travail d'un maître qui leur était si dévoué. Un jeune professeur, M. Camard, qui avait recueilli très-soigneusement les leçons de M. Burnouf, mit ses notes à la disposition de M. Egger, qui se hâta de les confier à l'éditeur avec un empressement dont la famille de M. Burnouf fut vivement touchée. La publication dès lors devenait plus facile : le manuscrit de M. Burnouf se complétait par ces notes. On se décida donc à l'entreprendre, quoique ce ne soit pas toujours rendre un bon service à la mémoire d'un auteur que de publier un travail qu'il n'a pu achever.

Les notes recueillies par M. Camard n'ont été insérées qu'aux places où manquait la version de M. Burnouf, et ces insertions ont été marquées par des crochets. On ne s'est cru le droit de modifier ces notes que quand on a trouvé dans le manuscrit de M. Burnouf quelques raisons de les changer. Les éclaircissements que le traducteur avait consignés, souvent d'une manière très-brève, à la marge de son manuscrit, ont été reproduits avec un égal scrupule ; on ne s'est permis d'autre travail que celui de vérifier les citations. Quant au texte latin, il a été arrêté d'après un exemplaire du *de Officiis*, annoté par M. Burnouf pour l'usage de son cours, et d'après les éclaircissements qui accompagnent sa traduction. La correction, tant du texte latin que de la version française, doit en outre beaucoup aux soins qu'a bien voulu y donner M. Rossignol, dont l'érudition si sûre et si variée n'a pas un seul instant manqué à l'éditeur.

Si, malgré ces précautions, dues au concours bienveillant de quelques amis de M. Burnouf, il se trouvait dans ce volume des fautes qui choquassent le lecteur, on le prie de ne pas oublier que l'auteur n'a pu mettre la dernière main à son ouvrage. On n'a pas eu la prétention de terminer ou de corriger ce qui était resté incomplet, ou ce qui eût pu donner lieu à quelques observations critiques. C'est un devoir pieux qu'on a voulu rendre à la mémoire de M. Burnouf, et une marque de déférence qu'on a désiré donner aux personnes qui attachent encore du prix à l'étude d'un des plus beaux monuments du génie romain.

Paris, ce 10 mai 1843.

CICÉRON.

DES DEVOIRS.

M. T. CICERONIS

DE OFFICIIS

LIBRI TRES

AD MARCUM FILIUM.

LIBER PRIMUS.

I. Quamquam te, Marce fili, annum jam audientem Cratippum, idque Athenis, **abundare** oportet præceptis institutisque philosophiæ, propter summam et doctoris auctoritatem et urbis, quorum alter te scientia augere potest, altera exemplis : tamen, ut ipse ad meam utilitatem semper cum græcis latina conjunxi, neque id in philosophia solum, sed etiam in dicendi exercitatione feci, idem tibi censeo faciendum, ut par sis in utriusque orationis facultate. Quam quidem ad rem nos, ut videmur, magnum attulimus adjumentum hominibus nostris, ut non modo græcarum litterarum rudes, sed etiam docti aliquantum se arbitrentur adeptos et ad dicendum et ad judicandum. Quam ob rem disces tu quidem a principe hujus ætatis philosophorum, et disces, quamdiu voles : tamdiu autem velle debebis, quoad te, quantum proficias, non pœnitebit. Sed tamen nostra legens, non multum a peripateticis dissidentia, quoniam utrique[1] Socratici et Platonici volumus esse, de rebus ipsis utere tuo judicio, nihil enim impedio; orationem autem latinam efficies profecto legendis nostris pleniorem. Nec vero arroganter hoc dictum existimari velim. Nam philosophandi scientiam concedens multis, quod est oratoris proprium, apte, distincte, ornate dicere, quoniam in eo studio ætatem consumpsi,

---

1. Lall Heusing., Orelli, alii : et Socratici, Zumpt : Socratici.

1.

M. T. CICÉRON.

DES DEVOIRS.

TROIS LIVRES

ADRESSÉS A SON FILS MARCUS.

LIVRE PREMIER.

I. Sans doute, mon cher fils, depuis un an que vous entendez les leçons de Cratippe, et cela encore à Athènes, vous puisez à leur source les préceptes et les règles de la philosophie chez un maître et dans une ville également célèbres, dont l'un vous offre les trésors de la science, l'autre les enseignements de l'exemple. Cependant, l'utilité que j'ai trouvée à unir toujours les lettres latines avec les lettres grecques, non-seulement en philosophie, mais encore dans les exercices oratoires, je pense que vous devez la rechercher aussi, afin d'acquérir dans l'une et dans l'autre langue une égale facilité. Sous ce rapport, je crois avoir rendu un grand service à mes concitoyens, à ce point que ceux qui savent le grec, aussi bien que ceux qui l'ignorent, croient avoir gagné quelque chose et pour l'art de parler et pour celui de juger. [C'est pourquoi vous étudierez sous le prince des philosophes de ce siècle aussi longtemps que vous le voudrez, et vous devez le vouloir tant que vous aurez lieu d'être content de vos progrès. Toutefois, en lisant mes ouvrages qui ne s'éloignent guère de ceux des péripatéticiens, puisque nous reconnaissons Socrate et Platon pour nos maîtres, usez de toute la liberté de votre jugement sur le fond : c'est un droit que je ne vous conteste pas. Au moins y apprendrez-vous à enrichir votre style de toutes les ressources de la langue latine. Ici on ne doit pas m'accuser de vanité; car si je le cède à plusieurs pour ce qui regarde la philosophie, je crois que, pour les qualités qui appartiennent à l'orateur, c'est-à-dire la justesse, la netteté, l'élégance, comme j'en ai fait l'étude constante

si id mihi assumo , videor id meo jure quodam modo
5 vindicare. Quam ob rem magnopere te hortor, mi Cicero, ut non solum orationes meas, sed hos etiam de
philosophia libros , qui se jam illis fere æquarunt,
studiose legas. Vis enim dicendi major est in illis ; sed
hoc quoque colendum est æquabile et temperatum ora-
6 tionis genus. Et id quidem nemini video Græcorum
adhuc contigisse, ut idem utroque in genere elaboraret,
sequereturque et illud forense dicendi, et hoc quietum
disputandi genus : nisi forte Demetrius Phalereus in
hoc numero haberi potest, disputator subtilis, orator
parum vehemens, dulcis tamen , ut Theophrasti disci-
7 pulum possis agnoscere. Nos autem quantum in utroque profecerimus, aliorum sit judicium : utrumque
8 certe secuti sumus. Equidem et Platonem existimo, si
genus forense dicendi tractare voluisset, gravissime et
copiosissime potuisse dicere ; et Demosthenem , si illa,
quæ a Platone didicerat, tenuisset et pronuntiare voluisset. ornate splendideque facere potuisse. Eodemque modo de Aristotele et Isocrate judico : quorum
uterque suo studio delectatus contempsit alterum.

II. Sed quum statuissem scribere ad te aliquid hoc
tempore, et multa posthac, ab eo ordiri volui maxime,
quod et ætati tuæ esset aptissimum, et auctoritati meæ.
2 Nam quum multa sint in philosophia et gravia et utilia
accurate copioseque a philosophis disputata, latissime
patere videntur ea quæ de officiis tradita ab illis et
3 præcepta sunt. Nulla enim vitæ pars neque publicis,
neque privatis, neque forensibus, neque domesticis in
rebus, neque si tecum agas quid , neque si cum altero
contrahas, vacare officio potest : in eoque et colendo
sita vitæ est honestas omnis, et in negligendo turpi-
4 tudo. Atque hæc quidem quæstio communis est omnium
philosophorum. Quis est enim, qui nullis officii præ-
5 ceptis tradendis philosophum se audeat dicere? Sed

de toute ma vie, je suis dans mon droit en les revendiquant comme mon domaine. Je vous exhorte donc, mon cher fils, à lire avec soin mes ouvrages, non-seulement mes discours, mais encore mes traités philosophiques, dont le nombre égale presque celui des premiers. Sans doute, le langage est plus animé dans les discours ; mais il faut aussi cultiver ce genre de style égal et tempéré. Je ne vois chez les Grecs aucun écrivain qui ait eu l'idée de s'exercer à la fois à l'éloquence du barreau, et à cette autre éloquence plus tranquille de la discussion philosophique, si ce n'est peut-être Démétrius de Phalère, dialecticien habile, orateur peu véhément, mais ayant cependant assez de douceur pour qu'on reconnaisse en lui un disciple de Théophraste. C'est aux autres à juger jusqu'à quel point j'ai réussi dans les deux genres ; ce qu'il y a de certain, c'est que je les ai cultivés tous les deux. Je pense toutefois que si Platon avait voulu s'appliquer à l'éloquence du barreau, il aurait pu parler avec force et avec abondance ; je pense aussi que si Démosthène eût continué de cultiver les connaissances qu'il avait reçues de Platon, et qu'il eût voulu les exposer, il se serait distingué par l'éclat et l'élégance de sa parole. Je porte le même jugement sur Aristote et sur Isocrate, qui, se renfermant dans le genre qui leur plaisait, ont négligé de s'occuper de l'autre.

II. Dans la résolution où j'étais de vous adresser maintenant quelque ouvrage et beaucoup d'autres par la suite, j'ai voulu commencer par celui qui convenait le mieux à votre âge et à mon autorité. Parmi les questions graves et utiles que renferme la philosophie, et que les philosophes ont discutées avec soin et avec abondance, je n'en vois pas de plus vaste que les règles et les préceptes qu'ils nous ont laissés sur les devoirs. Aucune partie de la vie, affaires publiques et particulières, civiles et domestiques, engagements qu'on prend avec soi-même, ou que l'on contracte avec un autre, aucune partie de la vie, disons-nous, n'est exempte du devoir. C'est à pratiquer le devoir, que consiste l'honnêteté de la vie, comme c'est en le négligeant qu'on s'expose à la honte. Aussi est-ce là un sujet commun à tous les philosophes. Quel est l'homme, en effet, qui oserait se dire philosophe, s'il ne donnait aucun précepte de morale ?

sunt nonnullæ disciplinæ, quæ propositis bonorum et
6 malorum finibus officium omne pervertunt. Nam qui
summum bonum sic instituit, ut nihil habeat cum virtute conjunctum, idque suis commodis, non honestate
metitur, hic. si sibi ipse consentiat, et non interdum
naturæ bonitate vincatur, neque amicitiam colere possit, nec justitiam, nec liberalitatem. Fortis vero dolorem summum malum judicans, aut temperans voluptatem summum bonum statuens, esse certe nullo modo
7 potest. Quæ quamquam ita sunt in promptu, ut res
disputatione non egeat, tamen sunt a nobis alio loco
disputata.

8   Hæ disciplinæ igitur si sibi consentaneæ velint esse,
de officio nihil queant dicere. Neque ulla officii præcepta firma, stabilia, conjuncta naturæ tradi possunt,
nisi aut ab iis qui solam, aut ab iis qui maxime hone-
9 statem propter se dicant expetendam. Ita propria est ea
præceptio stoicorum, academicorum, peripateticorum :
quoniam Aristonis, Pyrrhonis, Herilli jam pridem
explosa sententia est : qui tamen haberent jus suum
disputandi de officio, si rerum aliquem delectum reli-
10 quissent, ut ad officii inventionem aditus esset. Sequimur igitur, hoc quidem tempore et hac in quæstione,
potissimum stoicos, non ut interpretes, sed, ut sole-
mus, e fontibus eorum judicio arbitrioque nostro,
11 quantum quoque modo videbitur, hauriemus. Placet
igitur. quoniam omnis disputatio de officio futura est,
ante definire quid sit officium; quod a Panætio præ-
12 termissum esse miror. Omnis enim, quæ ratione sus-
cipitur de aliqua re institutio, debet a definitione proficisci, ut intelligatur quid sit id de quo disputetur.

III. Omnis de officio duplex est quæstio. Unum genus
est, quod pertinet ad finem bonorum : alterum, quod
positum est in præceptis, quibus in omnes partes usus
2 vitæ conformari possit. Superioris generis hujusmodi
exempla sunt : omniane officia perfecta sint? numquid
officium aliud alio majus sit? et quæ sunt generis ejus-

Mais il y a certaines écoles qui, par la définition qu'elles donnent des biens et des maux, bouleversent tout. Car celui qui sépare le souverain bien de la vertu, qui le mesure sur ses intérêts et non sur l'honnêteté, celui-là, s'il est d'accord avec lui-même, si la bonté de sa nature ne l'emporte sur la fausseté de sa théorie, ne peut jamais pratiquer ni l'amitié, ni la justice, ni la générosité. Il ne sera jamais courageux celui qui fait de la douleur le souverain mal, ni tempérant celui qui fait de la volupté le souverain bien. Quoique ces propositions soient si évidentes par elles-mêmes qu'elles n'aient pas besoin de discussion, cependant je les ai discutées dans un autre ouvrage.

Ces écoles, si elles veulent être d'accord avec elles-mêmes, ne peuvent donc rien dire des devoirs. Les préceptes solides, stables, fondés sur la nature, ne peuvent être donnés que par ceux qui font de l'honnête ou le seul ou le principal objet qu'on doive désirer pour lui-même. C'est un droit qui n'appartient qu'aux stoïciens, aux académiciens, aux péripatéticiens : car le système d'Ariston, de Pyrrhon, d'Hérillus, est repoussé depuis longtemps ; toutefois ces trois philosophes auraient le droit de discuter les devoirs, s'ils n'avaient tellement confondu toutes choses, qu'il n'y a plus rien qui puisse mener à la connaissance du devoir. Je suivrai donc aujourd'hui et de préférence les stoïciens dans ce traité, non comme traducteur, mais en puisant, selon mon habitude, à leur source, autant et de la manière que je le croirai convenable, d'après mes vues et mon jugement propres. Puisque toute la discussion doit rouler sur le devoir, il faut d'abord en donner la définition. Je suis étonné que Panétius y ait manqué ; car tout corps de doctrine que l'on veut développer avec méthode, doit commencer par là, afin que le lecteur comprenne bien quel est l'objet mis en discussion.]

III. Toute la matière des devoirs peut se réduire à deux chefs, dont l'un se rapporte à la connaissance des vrais biens, et l'autre comprend les préceptes particuliers qui doivent régler toutes les actions de la vie. Au premier chef appartiennent des questions comme celles-ci : Tous les devoirs sont-ils parfaits ? Y a-t-il des devoirs plus grands l'un que l'autre ? et toutes les questions de ce genre. Quant aux

3 dem. Quorum autem officiorum præcepta traduntur, ea quamquam pertinent ad finem bonorum, tamen minus id apparet, quia magis ad institutionem vitæ communis spectare videntur : de quibus est nobis his libris ex-

4 plicandum. Atque etiam alia divisio est officii. Nam et medium quoddam officium dicitur, et perfectum. Perfectum officium, rectum, opinor, vocemus, quod Græci

5 κατόρθωμα : hoc autem commune καθῆκον vocant[1]. Atque ea sic definiunt, ut, rectum quod sit, id officium perfectum esse definiant ; medium autem officium id esse dicunt, quod cur factum sit, ratio probabilis reddi

6 possit. Triplex igitur est, ut Panætio videtur, consilii capiendi deliberatio. Nam, honestumne factu sit, an turpe, dubitant, id quod in deliberationem cadit : in quo considerando sæpe animi in contrarias sententias

7 distrahuntur. Tum autem aut anquirunt, aut consultant, ad vitæ commoditatem jucunditatemque, ad facultates rerum atque copias, ad opes, ad potentiam, quibus et se possint juvare et suos, conducat id necne, de quo deliberant : quæ deliberatio omnis in rationem

8 utilitatis cadit. Tertium dubitandi genus est, quum pugnare videtur cum honesto id quod videtur esse utile. Quum enim utilitas ad se rapere, honestas contra revocare ad se videtur, fit ut distrahatur in deliberando

9 animus, afferatque ancipitem curam cogitandi. Hac divisione, quum præterire aliquid maximum vitium in dividendo sit, duo prætermissa sunt. Nec enim solum, utrum honestum, an turpe sit, deliberari solet ; sed etiam, duobus propositis honestis, utrum honestius :

10 itemque, duobus propositis utilibus, utrum utilius. Ita, quam ille triplicem putavit esse rationem, in quinque partes distribui debere reperitur. Primum igitur est de honesto, sed dupliciter ; tum pari ratione de utili ; post de comparatione eorum disserendum.

IV. Principio generi animantium omni est a natura tributum, ut se, vitam corpusque tueatur, declinetque

1. Sic. Lall., alii; Gernh., Beier, Orelli ad l. officium, *Heusing.* delet καθῆκον.

devoirs qui sont l'objet particulier des préceptes, ils dépendent sans doute aussi de l'idée qu'on se fait des vrais biens; mais ce rapport est moins apparent, parce qu'ils paraissent toucher de plus près à la conduite ordinaire de la vie. C'est de ceux-là que je traiterai dans cet ouvrage. Il y a encore une autre division, suivant laquelle on distingue les devoirs moyens et les devoirs parfaits. Nous pouvons, je pense, appeler le devoir parfait *rectum* (la rectitude absolue, le bien absolu) : les Grecs le nomment κατόρθωμα, comme ils appellent καθῆκον le devoir moyen. D'après leur définition, ce qui est d'une rectitude absolue est le devoir parfait; le devoir moyen embrasse toutes les actions dont on peut donner une raison probable. Nos résolutions, selon Panétius, sont déterminées par une triple considération. On se demande si ce qu'il s'agit de faire est honnête ou honteux, et là-dessus l'esprit est souvent partagé entre deux sentiments opposés : on cherche ensuite, ou l'on considère si le dessein qu'on se propose doit, ou non, contribuer au bien-être et aux agréments de la vie; s'il peut nous placer dans une situation de fortune, de crédit, de pouvoir dont nous puissions tirer avantage pour nous-mêmes et pour les nôtres : délibération qui se rapporte tout entière à l'utile. Un troisième sujet de doute, c'est lorsque ce qui nous semble utile parait en opposition avec l'honnête. En effet, tandis que l'utilité nous entraîne à elle, en quelque sorte, et que l'honnêteté nous rappelle, l'esprit, combattu en lui-même, flotte dans une pénible incertitude. Le plus grand défaut d'une division, c'est qu'on y ait omis quelque chose : or, dans celle-ci, deux choses sont omises. D'ordinaire on n'examine pas seulement si une chose est honnête ou honteuse, mais entre deux choses honnêtes, on veut savoir laquelle l'est davantage; entre deux choses utiles, laquelle est la plus utile. Ainsi ce que Panétius a cru n'embrasser que trois parties, en contient réellement cinq. Nous avons donc à parler d'abord de l'honnête, mais sous un double aspect, ensuite de l'utile sous un aspect également double, enfin de la comparaison de l'utile et de l'honnête.

IV. Et d'abord la nature a donné à tout être animé un instinct qui le porte à se conserver, à défendre sa vie, son corps, à éviter ce qui parait nuisible, à chercher et à se

1.

ea quæ nocitura videantur, omniaque, quæ sint ad vivendum necessaria, anquirat et paret, ut pastum, ut
2 latibula, ut alia generis ejusdem. Commune autem animantium omnium est conjunctionis appetitus procreandi causa, et cura quædam eorum quæ procreata
3 sunt. Sed inter hominem et belluam hoc maxime interest, quod hæc tantum, quantum sensu movetur, ad id solum, quod adest quodque præsens est, se accommodat, paulum admodum sentiens præteritum aut futurum. Homo autem (quod rationis est particeps, per quam consequentia cernit, causas rerum videt, earumque progressus et quasi antecessiones non ignorat, similitudines comparat, rebusque præsentibus adjungit atque adnectit futuras), facile totius vitæ cursum videt,
4 ad eamque degendam præparat res necessarias. Eademque natura vi rationis hominem conciliat homini et ad orationis et ad vitæ societatem, ingeneratque imprimis præcipuum quemdam amorem in eos qui procreati sunt, impellitque, ut hominum cœtus et celebrationes et esse, et a se obiri velit, ob easque causas studeat parare ea quæ suppeditent et ad cultum et ad victum, nec sibi soli, sed conjugi, liberis, ceterisque quos caros habeat tuerique debeat. Quæ cura exsuscitat etiam animos, et
5 majores ad rem gerendam facit. Imprimisque hominis est propria veri inquisitio atque investigatio. Itaque quum sumus necessariis negotiis curisque vacui, tum avemus aliquid videre, audire, addiscere; cognitionemque rerum aut occultarum aut admirabilium ad beate vivendum necessariam ducimus. Ex quo intelligitur, quod verum, simplex sincerumque sit, id esse
6 naturæ hominis aptissimum. Huic veri videndi cupiditati adjuncta est appetitio quædam principatus, ut nemini parere animus bene informatus a natura velit, nisi præcipienti, aut docenti, aut utilitatis causa juste et legitime imperanti : ex quo magnitudo animi exsistit
7 humanarumque rerum contemptio. Nec vero illa parva vis naturæ est rationisque, quod unum hoc animal sentit, quid sit ordo, quid sit quod deceat, in factis dictis-

procurer ce qui est nécessaire pour vivre, comme la nourriture, le couvert, et les autres choses semblables. C'est encore un trait commun à tous les animaux que le désir mutuel qui les rapproche dans l'intérêt de la reproduction, et le soin qu'ils prennent de ce qu'ils ont mis au monde. Mais entre l'homme et la bête, il y a cette grande différence, que celle-ci, conduite uniquement par les sens, ne reçoit d'impressions que du temps présent et de l'objet qui est devant elle, sans avoir presque aucun sentiment du passé ni de l'avenir ; tandis que l'homme, doué de la raison et par elle apercevant l'enchaînement des choses, les voyant dans leurs causes, dans leur développement, dans ce qui les a précédées, comparant les ressemblances, rattachant l'avenir au présent, embrasse d'une vue facile tout le cours de la vie, et se munit des provisions nécessaires pour en accomplir le voyage. La même nature, à l'aide de la raison, convie les hommes au commerce du langage et de la vie ; elle leur inspire cette tendresse toute particulière qu'ils ont pour leurs enfants ; elle leur fait aimer et rechercher les assemblées et les réunions de leurs semblables : toutes causes qui les excitent à pourvoir aux besoins et aux commodités de la vie, et cela non-seulement pour eux, mais pour leurs femmes, pour leurs enfants, pour tous ceux enfin qu'ils chérissent et qu'ils doivent protéger. De tels soins ont encore l'avantage d'aiguillonner les esprits, et de les rendre plus propres à l'action. Mais une des plus nobles prérogatives de l'homme, c'est cette curiosité qui le porte à la recherche du vrai. Aussi dès que nous sommes libres des affaires et des soins de première nécessité, nous éprouvons le désir de voir, d'entendre, de nous instruire, et la connaissance des secrets et des merveilles de la nature nous semble nécessaire au bonheur ; d'où il suit évidemment que la vérité, la simplicité, la candeur est ce qui convient le mieux à la nature de l'homme. Au désir de connaître la vérité, se joint un certain amour de la prééminence, qui fait qu'une âme bien née ne veut obéir à personne, si ce n'est au maître qui la dirige, ou qui l'éclaire, ou au magistrat qui exerce, pour l'utilité commune, un pouvoir juste et légitime. De là naît la grandeur d'âme et le mépris des choses humaines. Ce n'est pas non plus un médiocre privilége de

que qui modus. Itaque eorum ipsorum quæ adspectu sentiuntur, nullum aliud animal pulchritudinem, venustatem, convenientiam partium sentit. Quam similitudinem natura ratioque ab oculis ad animum transferens, multo etiam magis pulchritudinem, constantiam, ordinem in consiliis factisque conservandum putat, cavetque ne quid indecore effeminateve faciat; tum in omnibus et opinionibus et factis, ne quid libidinose aut faciat aut cogitet. Quibus ex rebus conflatur et efficitur id quod quærimus, honestum : quod, etiamsi nobilitatum non sit, tamen honestum est; quodque vere dicimus, etiamsi a nullo laudetur, natura esse laudabile.

V. Formam quidem ipsam, Marce fili, et tamquam faciem honesti vides : quæ, si oculis cerneretur, mirabiles amores, ut ait Plato, excitaret sapientiæ[1]. Sed omne, quod est honestum, id quatuor partium oritur ex aliqua. Aut enim in perspicientia veri sollertiaque versatur : aut in hominum societate tuenda, tribuendoque suum cuique, et rerum contractarum fide : aut in animi excelsi atque invicti magnitudine ac robore : aut in omnium, quæ fiunt quæque dicuntur, ordine et modo, in quo inest modestia et temperantia. Quæ quatuor quamquam inter se colligata atque implicata sunt, tamen ex singulis certa officiorum genera nascuntur : velut ex ea parte, quæ prima descripta est, in qua sapientiam et prudentiam ponimus, inest indagatio atque inventio veri; ejusque virtutis hoc munus est proprium. Ut enim quisque maxime perspicit, quid in re quaque verissimum sit, quique acutissime et celerrime potest et videre et explicare rationem, is prudentissimus et sapientissimus rite haberi solet. Quocirca huic, quasi materia quam tractet et in qua versetur, subjecta est veritas. Reliquis autem tribus virtutibus necessitates

---

1. Sic Lall., Heusing., Beier, Orelli, Zumpt; Ernesti, alii : sui ; conf. de Finib., II, 16. Pearce, Facciolati : ut ait Plato de sapientia.

la nature de l'homme et de sa raison, que, seul de tous les êtres animés, il sente ce que c'est que l'ordre, la bienséance, la mesure dans les actions et dans les paroles. Aussi, dans les choses mêmes qui tombent sous le sens de la vue, nul autre animal ne remarque la beauté, la grâce, la justesse des proportions, ce modèle visible, que la nature et la raison transportent des yeux du corps à ceux de l'âme, et qui fait que l'homme tient encore plus à conserver la beauté, la constance et l'ordre dans ses desseins et dans sa conduite; qu'il se garde de toute action honteuse ou efféminée; enfin qu'il évite tout désordre dans ses opinions, dans ses actes, dans ses pensées. Tels sont les éléments qui composent et qui constituent cette honnêteté que nous cherchons, qui ne perd rien de son prix pour rester sans gloire, et dont on peut dire avec vérité qu'elle est louable de sa nature, quand même elle ne serait louée de personne.

V. Vous voyez, mon fils, l'image fidèle et comme le portrait de l'honnête, dont la beauté, si elle se manifestait aux yeux, inspirerait, comme le dit Platon, d'ineffables amours. Du reste, il y a quatre sources de l'honnête, et tout ce qui mérite ce nom dérive de l'une d'elles. L'honnête, en effet, consiste ou dans le discernement et la science du vrai, ou dans l'attention à maintenir l'ordre social, en rendant à chacun ce qui lui est dû et en respectant la foi des engagements; ou dans cette grandeur et cette force qui élève l'âme et la rend invincible; ou dans cette convenance et cette mesure des paroles et des actions, d'où naît la modération et la tempérance. Sans doute ces quatre principes se tiennent et rentrent l'un dans l'autre; cependant il naît de chacun d'eux des devoirs particuliers. Ainsi, au principe que j'ai placé le premier dans cette énumération, et qui renferme la sagesse et la prudence, appartient la recherche et la découverte de la vérité, et c'est là comme la fonction spéciale de cette vertu. L'homme qui voit le mieux ce qu'il y a de plus vrai dans chaque matière, qui sait avec le plus de finesse et de promptitude en pénétrer et en expliquer la raison, est justement réputé le plus prudent et le plus sage. La vérité est donc l'objet de cette vertu, et le fonds sur lequel s'exerce pour ainsi dire son industrie. Aux trois

propositæ sunt ad eas res parandas tuendasque, quibus actio vitæ continetur: ut et societas hominum conjunctioque servetur, et animi excellentia magnitudoque, quum in augendis opibus, utilitatibusque et sibi et suis comparandis, tum multo magis in his ipsis despiciendis 6 eluceat. Ordo autem, et constantia, et moderatio, et ea quæ sunt his similia, versantur in eo genere, ad quod adhibenda est actio quædam, non solum mentis agitatio. His enim rebus quæ tractantur in vita modum quemdam et ordinem adhibentes, honestatem et decus conservabimus.

VI. Ex quatuor autem locis, in quos honesti naturam vimque divisimus, primus ille, qui in veri cognitione consistit, maxime naturam attingit humanam. 2 Omnes enim trahimur et ducimur ad cognitionis et scientiæ cupiditatem, in qua excellere pulchrum putamus; labi autem, errare, nescire, decipi, et malum et 3 turpe ducimus. In hoc genere et naturali et honesto duo vitia vitanda sunt : unum, ne incognita pro cognitis habeamus, hisque temere assentiamur[1]; quod vitium effugere qui volet (omnes autem velle debent) adhibebit ad considerandas res et tempus et diligentiam. 4 Alterum est vitium, quod quidam nimis magnum studium multamque operam in res obscuras atque difficiles 5 conferunt, easdemque non necessarias. Quibus vitiis declinatis, quod in rebus honestis et cognitione dignis operæ curæque ponetur, id jure laudabitur: ut in astrologia C. Sulpicium audivimus[2], in geometria Sext. Pompeium ipsi cognovimus, multos in dialecticis, plures in 6 jure civili : quæ omnes artes in veri investigatione versantur, cujus studio a rebus gerendis abduci contra officium est. Virtutis enim laus omnis in actione consistit : a qua tamen fit intermissio sæpe, multique dan-

---

1. Sic Lall., Facciolati. Gernh., Beier, Orelli, Zumpt; Heusing. alii : assentiamus. — 2. Sic Lall., Zumpt, Dübner. alii; Gernh., Beier, Heusinger. Orelli : audimus.

autres est imposée l'obligation de pourvoir aux besoins de la vie active, qui comprennent le maintien de la société civile, l'agrandissement des fortunes privées, et la recherche pour soi-même et pour les siens de ces avantages où brillent la grandeur et la force de l'âme, quand on les acquiert, et plus encore, quand on les méprise. Pour ce qui est de l'ordre, de la constance, de la modération, ces qualités et celles qui leur ressemblent appartiennent à cette classe où l'action est nécessaire, et non pas seulement l'application de l'esprit. En effet, c'est en portant dans les choses de la vie la mesure et l'ordre convenables que nous conserverons l'honnêteté et la bienséance.

VI. [Des quatre principes auxquels nous avons rapporté la nature et l'essence de l'honnête, le premier, qui consiste dans la connaissance de la vérité, est celui qui touche le plus intimement à la nature humaine. En effet, nous sommes tous entraînés et conduits au désir de la connaissance et du savoir, et nous croyons qu'il est beau d'y exceller; tandis que nous regardons comme mauvais et comme honteux d'être dans l'erreur et l'ignorance, de se tromper et de se laisser tromper. Mais dans ce penchant si naturel et si honnête, il y a deux excès à éviter : l'un, c'est de croire comme certain ce qui ne l'est pas et d'y donner un assentiment irréfléchi; celui qui voudra éviter ce défaut, et tous doivent le vouloir, devra donner à l'examen des objets le temps et le soin nécessaires. L'autre vice, c'est de consacrer trop d'étude et de travail à des questions obscures et difficiles, et qui ne sont pas nécessaires. Quand nous aurons évité ces deux défauts, tout ce que nous consacrerons de travail et de soin à l'acquisition des connaissances honnêtes et dignes de l'homme, nous méritera de justes éloges. C'est ainsi que nous savons par l'histoire que C. Sulpicius excellait dans l'astronomie, que nous avons vu nous-mêmes Sext. Pompeius se distinguer dans la géométrie, beaucoup d'autres dans la dialectique, et un plus grand nombre encore dans le droit civil. Toutes ces sciences ont pour objet la recherche de la vérité; toutefois il serait contre le devoir de négliger les affaires pour se livrer à cette étude. En effet tout le prix de la vertu consiste dans l'action : au reste, l'action laisse souvent des intervalles de repos et permet

tur ad studia reditus : tum agitatio mentis, quæ nunquam acquiescit, potest nos in studiis cognitionis[1],
7 etiam sine opera nostra, continere. Omnis autem cogitatio motusque animi aut in consiliis capiendis de rebus honestis et pertinentibus ad bene beateque vivendum, aut in studiis scientiæ cognitionisque versabitur. Ac de primo quidem officii fonte diximus.

VIII. De tribus autem reliquis latissime patet ea ratio, qua societas hominum inter ipsos et vitæ quasi communitas continetur : cujus partes duæ sunt[2] : justitia, in qua virtutis splendor est maximus, ex qua viri boni nominantur; et huic conjuncta beneficentia, quam eamdem vel benignitatem vel liberalitatem appellari licet.
2 Sed justitiæ primum munus est, ut ne cui quis noceat, nisi lacessitus injuria; deinde ut communibus
3 pro communibus utatur, privatis ut suis. Sunt autem privata nulla natura, sed aut vetere occupatione, ut qui quondam in vacua venerunt; aut victoria, ut qui bello
4 potiti sunt; aut lege, pactione, conditione, sorte. Ex quo fit ut ager arpinas Arpinatium dicatur, tusculanus Tusculanorum : similisque est privatarum possessionum descriptio. Ex quo, quia suum cujusque fit eorum quæ natura fuerant communia, quod cuique obtigit, id quisque teneat : e quo si quis sibi plus[3] appetet,
5 violabit jus humanæ societatis. Sed quoniam, ut præclare scriptum est a Platone, non nobis solum nati sumus, ortusque nostri partem patria vindicat, partem amici; atque ut placet stoicis, quæ in terris gignantur, ad usum hominum omnia creari : homines autem hominum causa esse generatos, ut ipsi inter se, aliis alii, prodesse possent; in hoc naturam debemus ducem

1. Sic Lall., Orelli, Zumpt; Gernh., Beier, Heusinger, alii : cogitationis. — 2. Sic Lall., Gernh., Beier, Orelli, alii; Heusinger, Zumpt, Dübner delent sunt. — 3. Sic Facciolati, Heusinger, Orelli, alii; Lall., Zumpt delent plus.

de revenir à l'étude; ajoutons que l'action de l'âme, qui jamais ne se repose, peut, même sans un dessein prémédité de notre part, nous maintenir dans ces études dont la connaissance est l'objet. En effet, toute pensée, tout mouvement de l'âme doit avoir pour but ou la recherche du parti à prendre sur les choses honnêtes ou faites pour contribuer au bonheur de la vie, ou l'acquisition de la science et des connaissances. Voilà ce que j'avais à dire sur la première source du devoir.]

VII. Des trois autres principes, il n'en est pas d'une aussi vaste portée que celui sur lequel repose l'ordre social, et cette espèce de communauté où les hommes vivent entre eux. Il se divise en deux parties : la justice, dont la vertu reçoit son plus beau lustre, et qui mérite à ceux qui la pratiquent le nom d'honnêtes gens, et cette compagne de la justice, la bienfaisance, qu'on peut appeler aussi ou la bonté ou la générosité.

La première loi de justice est de ne nuire à personne, si l'on n'y est forcé par une attaque injuste; la seconde, c'est d'user comme d'un bien commun de ce qui est à tous, comme d'un bien propre de ce qui est à soi. Or, on n'a rien à soi par la nature : toute propriété vient ou d'une ancienne occupation, comme lorsqu'on s'est établi le premier sur une terre sans maître, ou de la victoire, comme les conquêtes faites à la guerre, ou d'une loi, d'un contrat, d'une condition acceptée, ou du sort. De là vient que le territoire d'Arpinum est dit appartenir aux Arpinates, celui de Tusculum aux Tusculans. Il en est de même des possessions particulières. Ainsi, puisque la portion des biens naturellement communs que chacun a reçue en partage, est devenue sa propriété, qu'il la garde; celui qui voudra usurper au delà, violera le droit de la société humaine. Mais s'il est vrai, comme le dit admirablement Platon, que nous ne sommes pas nés pour nous seuls, et que notre patrie, que nos amis, ont dans notre naissance un intérêt sacré; si les stoïciens ont raison de dire que toutes les productions de la terre sont faites pour les hommes et que les hommes eux-mêmes ont été créés pour l'utilité de leurs semblables, afin qu'ils pussent s'aider les uns les autres; nous devons en cela prendre la nature pour guide, et ajouter sans cesse

sequi, communes utilitates in medium afferre, mutatione officiorum, dando, accipiendo, tum artibus, tum
opera, tum facultatibus, devincire hominum inter ho
6 mines societatem. Fundamentum autem justitiæ est
fides, id est dictorum conventorumque constantia et
veritas. Ex quo, quamquam hoc videbitur fortasse cuipiam durius, tamen audeamus imitari stoicos, qui studiose exquirunt, unde verba sint ducta, credamusque,
quia fiat, quod dictum est, appellatam fidem.
7   Sed injustitiæ genera duo sunt : unum, eorum, qui
inferunt; alterum eorum, qui ab iis quibus infertur,
8 si possunt, non propulsant injuriam. Nam qui injuste
impetum in quempiam facit, aut ira, aut aliqua perturbatione incitatus, is quasi manus afferre videtur socio;
qui autem non defendit, nec obsistit, si potest, injuriæ, tam est in vitio, quam si parentes aut amicos aut
9 patriam deserat. Atque illæ quidem injuriæ, quæ nocendi causa de industria inferuntur, sæpe a metu proficiscuntur, quum is, qui nocere alteri cogitat, timet
ne, nisi id fecerit, ipse aliquo afficiatur incommodo.
10 Maximam autem partem ad injuriam faciendam aggrediuntur, ut adipiscantur ea quæ concupiverunt : in quo
vitio latissime patet avaritia.

VIII. Expetuntur autem divitiæ quum ad usus vitæ
2 necessarios, tum ad perfruendas voluptates. In quibus
autem major est animus, in iis pecuniæ cupiditas spectat ad opes et ad gratificandi facultatem : ut nuper
M. Crassus negabat ullam satis magnam pecuniam esse
ei qui in republica princeps vellet esse, cujus fructibus
3 exercitum alere non posset. Delectant etiam magnifici
apparatus vitæque cultus cum elegantia et copia : quibus rebus effectum est ut infinita pecuniæ cupiditas
4 esset. Nec vero rei familiaris amplificatio, nemini nocens, vituperanda est : sed fugienda semper injuria est.
5 Maxime autem adducuntur plerique, ut eos justitiæ capiat oblivio, quum in imperiorum, honorum, gloriæ

au fonds de l'utilité commune par un échange de bons offices, en donnant, en recevant, en employant nos talents, notre industrie, nos richesses à resserrer les nœuds de la société humaine. Le fondement de la justice est la bonne foi, qui consiste à être sincère dans ses paroles et fidèle à ses engagements. Et ici je vais dire une chose qui semblera peut-être hasardée; cependant osons imiter les stoïciens, qui recherchent curieusement l'origine des mots, et croyons que le nom de la bonne foi (*fides*) vient de ce qu'on fait ce qui est dit (quia *fiat* quod *dictum* est).

Il y a deux sortes d'injustice, celle que l'on fait, et celle qu'on laisse faire, pouvant l'empêcher. L'homme qui, poussé par la colère ou par quelque autre passion, en attaque un autre injustement, semble en quelque sorte porter la main sur son associé; et celui qui ne prend pas la défense de l'opprimé, et qui ne s'oppose pas à l'injure, lorsqu'il pourrait le faire, est aussi condamnable que s'il abandonnait sa patrie, ses parents, ses amis. Il arrive souvent que le mal que l'on fait avec réflexion et dans le dessein de nuire, vient de la crainte; comme lorsque celui qui songe à nuire à autrui appréhende, s'il ne le fait, d'éprouver lui-même quelque dommage. Mais la plupart des hommes ne se portent aux actions injustes qu'afin de se procurer les objets de leur convoitise; aussi la cupidité est-elle la plus grande source de l'injustice.

VIII. On désire les richesses ou pour satisfaire aux besoins de la vie, ou pour s'en procurer les jouissances. Ceux qui ont l'âme plus élevée aiment l'argent comme un moyen d'augmenter leur crédit et de répandre des largesses. C'est ainsi que naguère M. Crassus disait qu'un homme qui voulait tenir le premier rang dans la république n'avait pas de fortune, s'il ne pouvait nourrir une armée avec ses revenus. On aime aussi les magnificences du luxe, et les délicatesses d'une vie élégante et riche. De là vient que le désir d'amasser ne connaît pas de bornes. Ce n'est pas qu'on soit blâmable d'accroître son patrimoine sans nuire à autrui, mais il faut toujours se garder de l'injustice. Or, ce qui le plus souvent porte les hommes à oublier la justice, c'est l'ambition des commandements, des honneurs, de la gloire.

6 cupiditatem inciderunt. Quod enim est apud Ennium:

    . . . . Nulla sancta societas,
  Nec fides regni est :

id latius patet. Nam quidquid ejusmodi est, in quo non possint plures excellere, in eo fit plerumque tanta contentio, ut difficillimum sit servare sanctam societatem.
7 Declaravit id modo temeritas C. Cæsaris, qui omnia jura divina atque humana pervertit propter eum, quem
8 sibi ipse opinionis errore finxerat, principatum. Est autem in hoc genere molestum, quod in maximis animis splendidissimisque ingeniis plerumque existunt honoris, imperii, potentiæ, gloriæ cupiditates. Quo ma-
9 gis cavendum est, ne quid in eo genere peccetur. Sed in omni injustitia permultum interest, utrum perturbatione aliqua animi, quæ plerumque brevis est et ad
10 tempus, an consulto et cogitata fiat injuria. Leviora enim sunt ea quæ repentino aliquo motu accidunt, quam ea quæ meditata et præparata inferuntur. Ac de inferenda quidem injuria satis dictum est.

IX. Prætermittendæ autem defensionis, deserendique officii plures solent esse causæ. Nam, aut inimicitias, aut laborem, aut sumptus suscipere nolunt; aut etiam negligentia, pigritia, inertia, aut suis studiis quibusdam occupationibusve sic impediuntur, ut eos, quos tutari debeant, desertos esse patiantur.
2 Itaque videndum est ne non satis sit id quod apud Platonem est in philosophos dictum : quod in veri investigatione versentur, quodque ea, quæ plerique vehementer expetant, de quibus inter se digladiari soleant, contemnant et pro nihilo putent, propterea
3 justos esse. Nam dum alterum[1] genus assequuntur, in inferenda ne cui noceant injuria, in alterum incidunt : discendi enim studio impediti, quos tueri debent, de-
4 serunt. Itaque eos ne ad rempublicam quidem accessuros putat, nisi coactos. Æquius autem erat, id voluntate fieri. Nam hoc ipsum ita justum est, quod recte

---

1. *Sic Beier, Orelli, alii, rejecto* dum : *Lall., Heusing. Zumpt :* Justitiæ genus.

Car ce que dit Ennius : « Qu'entre deux rois qui partagent « le même trône, aucun lien n'est sacré, » s'étend bien plus loin. Les avantages que plusieurs ne peuvent posséder en commun excitent tant de rivalités, qu'il est très-difficile que les droits sacrés de l'association demeurent inviolables. C'est ce qu'a prouvé récemment la témérité de C. César, qui a renversé toutes les lois divines et humaines pour arriver à cette grandeur suprême qu'il avait rêvée dans l'illusion de son orgueil. Et ce qu'il y a ici de fâcheux , c'est que cette passion des honneurs , du commandement, de la puissance , de la gloire, s'empare d'ordinaire des plus grandes âmes et des plus nobles génies : nouveau motif pour se tenir en garde contre toute faiblesse de ce genre. Du reste, en fait d'injustices , il importe beaucoup de considérer si elles proviennent de quelque trouble de l'âme , ordinairement court et passager, ou si elles se font de sang-froid et de dessein prémédité. Celles qui sont l'effet d'un emportement subit sont plus légères que celles qui sont réfléchies et préparées. En voilà assez sur les injustices dont on est soi-même l'auteur.

IX. [Les injustices que l'on commet en négligeant de défendre autrui et en désertant ses devoirs, viennent de plusieurs causes. On craint les inimitiés, le travail , la dépense ; ou bien c'est la négligence, la paresse, l'inertie, l'amour des études personnelles, certaines occupations qui nous retiennent et nous font laisser dans l'abandon ceux que nous devrions protéger. Je craindrais donc que ce que dit Platon en l'honneur des philosophes ne soit pas tout à fait exact, savoir qu'ils sont justes parce qu'ils se livrent à la recherche du vrai, et qu'ils méprisent et comptent pour rien les objets que la plupart des hommes convoitent si vivement et se disputent avec tant de fureur. Car si les philosophes évitent un tort, celui de ne nuire à personne, ils tombent dans un autre, celui de se laisser arrêter par l'amour de l'étude et d'abandonner ceux qu'ils devraient défendre. Aussi ce philosophe pense-t-il qu'ils ne doivent accepter les charges publiques que forcés. Mais il serait beaucoup plus juste qu'ils les acceptassent volontairement; car une des conditions de la justice, c'est que le bien qu'on fait soit volontaire. Il en est d'autres qui, par trop d'atta-

5 fit, si est voluntarium. Sunt etiam qui aut studio rei familiaris tuendæ, aut odio quodam hominum, suum se negotium agere dicant, ne facere cuiquam videantur injuriam : qui altero genere injustitiæ vacant, in alterum incurrunt. Deserunt enim vitæ societatem, quia nihil conferunt in eam studii, nihil operæ, nihil facul-

6 tatum. Quoniam igitur duobus generibus injustitiæ propositis, adjunximus causas utriusque generis, easque res ante constituimus, quibus justitia contineretur : facile, quod cujusque temporis officium sit, poterimus, nisi nosmetipsos valde amabimus, judicare.

7 Est enim difficilis cura rerum alienarum : quamquam Terentianus ille Chremes humani nihil a se alienum putat. Sed tamen, quia magis ea percipimus atque sentimus, quæ nobis ipsis aut prospera aut adversa eveniunt, quam illa, quæ ceteris, quæ quasi longo intervallo interjecto videmus : aliter de illis, ac de nobis,

8 judicamus. Quocirca bene præcipiunt qui vetant quidquam agere, quod dubites æquum sit, an iniquum. Æquitas enim lucet ipsa per se; dubitatio cogitationem significat injuriæ.

X. Sed incidunt sæpe tempora, quum ea, quæ maxime videntur digna esse justo homine, eoque quem virum bonum dicimus, commutantur fiuntque contraria, ut reddere depositum, facere promissum, quæque pertinent ad veritatem et ad fidem, ea migrare interdum et non servare fit[1] justum. Referri enim decet ad ea, quæ posui principio, fundamenta justitiæ : primum, ut ne cui noceatur; deinde, ut communi utilitati serviatur. Ea quum tempore commutantur, commutatur officium, et non semper est idem. Potest enim accidere promissum aliquod et conventum, ut id effici sit inutile vel ei cui promissum sit, vel ei qui promiserit. Nam si, ut in fabulis est, Neptunus, quod Theseo promiserat, non fecisset, Theseus Hippolyto

1. Sic Pearce, Heusing., Gernh., Beier, Orelli, Zumpt, cum omn. Bern. codd.; Lall. et vulgat. : sit.

chement à leurs intérêts ou par haine des hommes, disent qu'ils ne se mêlent que de leurs affaires, pour ne pas faire d'injustice à personne; ceux-là encore, en évitant une espèce d'injustice, tombent dans une autre. Ils désertent en effet les devoirs de la vie sociale, parce qu'ils ne consacrent à la société rien de leurs lumières, de leurs travaux et de leurs biens. Ainsi donc, après avoir déterminé deux genres d'injustice et marqué les causes d'où ils proviennent l'un et l'autre, après avoir préalablement établi les principes sur lesquels repose la justice, nous pourrons facilement juger, si nous ne sommes aveuglés par un trop grand amour de nous-mêmes, quel est le devoir dans chaque circonstance. Il est rare qu'on soit touché par l'intérêt d'autrui. Le Chrémès de Térence, il est vrai, pense que rien de ce qui regarde l'homme ne lui est étranger. Toutefois, comme nous sentons plus vivement ce qui nous arrive d'heureux ou de contraire, que nous ne sentons les biens et les maux d'autrui, qui ne se montrent à nous que de fort loin, nous jugeons autrement de nous-mêmes et des autres, et ceux-là donnent un excellent précepte, qui défendent de faire aucun acte dont on doute s'il est juste ou injuste. L'équité, en effet, brille par elle-même; le doute seul est le signe de l'injustice.]

X. Mais il se présente souvent des circonstances où les choses qui paraissent le plus dignes d'un homme juste, de celui que nous appelons honnête homme, changent et prennent un caractère tout opposé, comme par exemple de rendre un dépôt, de tenir sa promesse, et en général tous les actes qui intéressent la vérité et la bonne foi; en sorte qu'il est juste quelquefois de sortir des règles prescrites et de ne pas les observer. Il faut remonter alors aux principes que nous avons établis comme les fondements de la justice; d'abord de ne nuire à personne, ensuite d'agir en vue de l'intérêt commun. Lorsque le temps change l'application de ces règles, le devoir change et n'est pas toujours le même. On peut avoir fait une promesse ou une convention, telles que l'exécution en serait nuisible à celui à qui on a promis, ou à celui qui s'est engagé. Pour emprunter un exemple au théâtre, si Neptune n'avait pas fait ce qu'il

filio non esset orbatus. Ex tribus enim optatis, ut
scribitur, hoc erat tertium, quod de Hippolyti interitu
iratus optavit : quo impetrato, in maximos luctus in-
5 cidit. Nec promissa igitur servanda sunt ea, quæ sint
iis quibus promiseris, inutilia : nec si plus tibi ea
noceant, quam illi prosint, cui promiseris, contra
6 officium est, majus anteponi minori : ut, si consti-
tueris cuipiam te[1] advocatum in rem præsentem esse
venturum, atque interim graviter ægrotare filius cœperit, non sit contra officium, non facere quod dixeris;
magisque ille, cui promissum sit, ab officio discedat,
7 si se destitutum queratur. Jam illis promissis standum
non esse, quis non videt, quæ coactus quis metu,
quæ deceptus dolo promiserit? Quæ quidem pleraque
8 jure prætorio liberantur, nonnulla legibus. Exsistunt
etiam sæpe injuriæ calumnia quadam et nimis callida,
sed malitiosa juris interpretatione. Ex quo illud :
Summum jus, summa injuria, factum est jam tritum
9 sermone proverbium. Quo in genere etiam in republica
multa peccantur : ut ille qui, quum triginta dierum
essent cum hoste induciæ factæ, noctu populabatur
agros, quod dierum essent pactæ, non noctium in-
10 duciæ. Ne noster quidem probandus, si verum est
Q. Fabium Labeonem, seu quem alium (nihil enim
habeo præter auditum[2]), arbitrum Nolanis et Neapoli-
tanis de finibus a senatu datum, quum ad locum venisset, cum utrisque separatim locutum, ut[3] ne cupide
quid agerent, ne appetenter, atque ut regredi, quam
11 progredi, mallent. Id quum utrique fecissent, aliquantum agri in medio relictum est. Itaque illorum fines,
sicut ipsi dixerant, terminavit; in medio relictum quod
12 erat, populo romano adjudicavit. Decipere hoc quidem
est, non judicare. Quocirca in omni re fugienda est
talis sollertia.

1. *Sic Gernh., Beier, Heusing., Orelli, Zumpt; Lall., alii :* te culpiam.
— 2. *Sic fere omnes Bern. codd. et Orelli, Zumpt; ceteri :* nihil enim
praeter auditum habeo.— 3. *Sic Lall., Pearce, Heusing., Gernh., Beier,
Orelli; Zumpt cum omn. Bern. codd. del.* ut.

avait promis à Thésée, Thésée n'eût pas été privé de son fils Hippolyte. De trois souhaits, en effet, le troisième était, dit-on, celui qu'il forma dans sa colère contre les jours d'Hippolyte, et dont l'accomplissement le plongea dans le deuil le plus amer. Il ne faut donc pas tenir les promesses qui seraient funestes à ceux qui les ont reçues; et si un engagement vous apportait plus de préjudice que d'avantages à celui envers qui vous l'avez pris, il ne serait pas contre le devoir que l'intérêt le plus grand passât avant le moindre. Supposons que vous ayez pris jour avec un homme pour l'accompagner devant la justice en qualité de conseil, et que dans l'intervalle votre fils tombe dangereusement malade; vous ne manquerez pas au devoir en ne vous trouvant pas au rendez-vous; celui auquel vous l'avez donné y manquera bien plutôt, s'il se plaint que sa cause est délaissée. Quant aux promesses arrachées par la crainte ou surprises par la ruse, qui ne voit qu'elles n'obligent aucunement? Aussi est-on relevé du plus grand nombre par le droit prétorien, de quelques-unes par les lois. Souvent aussi l'on commet des injustices par un raffinement de légalité et par une interprétation subtile ou plutôt maligne du droit. De là cette maxime passée en proverbe : Une extrême justice est une extrême injure. Et en ce genre, les chefs des Etats méritent souvent des reproches; témoin celui qui, étant convenu d'une trêve de trente jours avec l'ennemi, ravageait la nuit ses campagnes, sous prétexte que la trêve était pour les jours et non pour les nuits. Parmi nos concitoyens, Il ne faut pas approuver davantage Q. Fabius Labéo, ou tout autre (car je ne sais le fait que par ouï-dire), s'il est vrai que, donné par le sénat pour arbitre aux habitants de Nole et à ceux de Naples pour le règlement de leurs frontières, et s'étant rendu sur les lieux, il engagea séparément les deux parties à mettre de côté toute vue d'ambition et d'agrandissement, et à céder du terrain, plutôt que de vouloir en gagner. Ils y consentirent, et il resta entre les deux peuples un espace libre. L'arbitre leur assigna les limites qu'ils avaient fixées eux-mêmes, et adjugea au peuple romain le terrain abandonné. C'est là tromper et non juger. Aussi faut-il en toute chose fuir cette habileté condamnable.

Des Devoirs.   2

XI. Sunt autem quaedam officia etiam adversus eos servanda, a quibus injuriam acceperis. Est enim ulciscendi et puniendi modus : atque haud scio an satis sit eum, qui lacessierit, injuriæ suæ pœnitere; ut et ipse ne quid tale posthac, et ceteri sint ad injuriam tardiores. Atque in republica maxime conservanda sunt jura belli. Nam quum sint duo genera decertandi, unum per disceptationem, alterum per vim; quumque illud proprium sit hominis, hoc belluarum : confugiendum est ad posterius, si uti non licet superiore. Quare suscipienda quidem bella sunt ob eam causam, ut sine injuria in pace vivatur : parta autem victoria, conservandi ii[1], qui non crudeles in bello, non immanes fuerunt. Ut majores nostri Tusculanos, Æquos, Volscos, Sabinos, Hernicos in civitatem etiam acceperunt : at Carthaginem et Numantiam funditus sustulerunt. Nollem Corinthum : sed credo aliquid secutos, opportunitatem loci maxime, ne posset aliquando ad bellum faciendum locus ipse adhortari. Mea quidem sententia, paci, quæ nihil habitura sit insidiarum, semper est consulendum : in quo si mihi esset obtemperatum, si non optimam, at aliquam rempublicam, quæ nunc nulla est, haberemus. Et quum iis, quos vi deviceris, consulendum est; tum ii qui, armis positis, ad imperatorum fidem confugient, quamvis murum aries percusserit, recipiendi. In quo tantopere apud nostros justitia culta est, ut ii, qui civitates aut nationes devictas bello in fidem recepissent, earum patroni essent more majorum. Ac belli quidem aequitas sanctissime feciali populi romani jure praescripta est; ex quo intelligi potest, nullum bellum esse justum, nisi quod aut rebus repetitis geratur, aut denuntiatum ante sit et indictum. Popilius imperator tenebat provinciam, in cujus exercitu Catonis filius tiro militabat. Quum autem Popilio videretur unam dimit-

---

1. *Sic Heusing., Gernh., Beier, Orelli, Zumpt; Pearce, Lall., alii :* sunt ii.

2.

XI. [Il y a encore certains devoirs qu'on est obligé de remplir envers ceux dont on a reçu une injure : la punition, en effet, et la vengeance ont leurs bornes; et peut-être même suffirait-il que celui qui a fait le mal s'en repentît, pour que, dans la suite, il ne fît rien de pareil et que les autres fussent moins empressés à commettre l'injure. C'est surtout dans l'ordre politique qu'il faut respecter les droits de la guerre. Car, comme il y a deux manières de faire valoir ses droits, l'une par la discussion, l'autre par la force, et que la discussion convient à l'homme et la force à la brute, il ne faut jamais en appeler à celle-ci que lorsque tout recours à l'autre est devenu impossible. Aussi ne faut-il jamais entreprendre la guerre que pour vivre en paix à l'abri de l'injure. Après la victoire, il faut épargner ceux qui n'ont été ni cruels ni barbares. C'est ainsi que nos aïeux, vainqueurs des Tusculans, des Èques, des Volsques, des Sabins, des Herniques, allèrent jusqu'à leur accorder le droit de cité; mais ils détruisirent de fond en comble Carthage et Numance. Que n'ont-ils épargné Corinthe! Mais ils furent déterminés sans doute par quelque motif, peut-être par la situation favorable de cette ville; ils craignirent que le lieu lui-même ne devînt plus tard un encouragement à continuer la guerre. Quant à moi, je pense qu'une paix qui ne cachera pas de piéges doit toujours être préférée à la guerre; et en cela, si l'on avait écouté mes conseils, nous aurions encore, sinon la meilleure république, au moins une république; et nous n'en avons plus. Non-seulement il faut ménager ceux qu'on a vaincus par la force des armes; il faut encore accueillir ceux qui déposent le glaive et s'en rapportent à la bonne foi du général, le bélier eût-il déjà battu leurs murailles. C'est en quoi la justice a été tellement respectée chez nous, que les vainqueurs qui avaient reçu à composition les cités ou les peuples soumis par la guerre devenaient leurs patrons, selon la coutume de nos ancêtres. Toutes les conditions qui rendent la guerre juste sont admirablement réglées par le droit fécial du peuple romain; et ce droit nous apprend qu'aucune guerre ne peut être juste, si, avant de la faire, on n'a pas demandé satisfaction, si on ne l'a pas déclarée, signifiée au peuple auquel on doit la faire.

tere legionem, Catonis quoque filium, qui in eadem le-
11 gione militabat, dimisit. Sed quum amore pugnandi in
exercitu remansisset, Cato ad Popilium scripsit, ut, si
eum pateretur in exercitu remanere, secundo eum obli-
garet[1] militiae sacramento; quia, priore amisso, jure
cum hostibus pugnare non poterat : adeo summa erat
12 observatio in bello movendo. Marci quidem Catonis senis est epistola ad Marcum filium, in qua scribit[2] se
audisse, eum missum factum esse a consule, quum in
Macedonia bello persico miles esset. Monet igitur, ut
caveat, ne proelium ineat : negat enim jus esse, qui miles non sit, cum hoste pugnare[3].

XII. Equidem etiam illud animadverto, quod qui proprio nomine perduellis esset, is hostis vocaretur, leni-
tate verbi rei tristitiam mitigatam. Hostis enim apud
majores nostros is dicebatur, quem nunc peregrinum
2 dicimus. Indicant duodecim Tabulae, ut[4] : STATUS DIES
CUM HOSTE; itemque : ADVERSUS HOSTEM ÆTERNA AUCTO-
3 RITAS. Quid ad hanc mansuetudinem addi potest, cum,
quicum bellum geras, tam molli nomine appellare[5]?
Quamquam id nomen durius effecit jam vetustas : a peregrino enim recessit, et proprie in eo, qui arma con-
4 tra ferret, remansit. Quum vero de imperio decertatur
belloque quaeritur gloria, causas omnino subesse tamen
oportet easdem, quas dixi paullo ante justas causas esse
bellorum. Sed ea bella, quibus imperii proposita gloria
5 est, minus acerbe gerenda sunt. Ut enim cum civi aliter[6] contendimus, si est inimicus, aliter, si competi-

---

1 Sic Facciolati, Lall., Ernesti, Gernh., alii; Heusing., Beier,
Orelli, Zumpt : obliget. — 2. Sic fere omn. Bern. codd., Heusing.,
Gernh., Beier, Orelli, Zumpt; Lall. cum vulgat. : scripsit. — 3. Sic
Heusing., Gernh., Beier, Zumpt, Orelli cum Bern. codd.; Lall. et vul-
gat. : pugnare cum hoste. — 4. Sic Heusing., Gernh., Beier, Orelli,
Zumpt; Lall., alii : aut. — 5. Sic fere omnes codd. inprimis Bernens.,
Beier, Orelli, Zumpt; Lall., Heusing., Gernh. cum vulg. : appellari. —
6. Sic Lall., Heusing., Gernh., Beier, Orelli; Zumpt cum vulg. : cum
civiliter c., aliter si est enim.

Popilius [1] occupait une province en qualité de général, et le fils de Caton faisait sous lui ses premières armes. Ce général, ayant jugé à propos de congédier une légion, congédia aussi le fils de Caton qui en faisait partie ; mais celui-ci, qui aimait la guerre, étant resté dans l'armée, Caton le père écrivit à Popilius que, s'il souffrait que son fils restât encore sous les drapeaux, il eût à lui faire prêter un nouveau serment militaire, parce que, le premier étant révoqué, il n'avait plus le droit de porter les armes contre l'ennemi : tant on respectait la justice, quand il s'agissait d'entreprendre la guerre. Il existe une lettre du vieux Caton à son fils Marcus ; il lui écrit qu'il a appris qu'il a été congédié par le consul, lorsqu'il servait en Macédoine dans la guerre contre Persée, et il l'avertit de bien prendre garde de se trouver à aucun combat, affirmant que tout homme qui n'est pas soldat n'a pas le droit de combattre contre l'ennemi.

XII. J'observe encore ici qu'en donnant à celui que l'on aurait dû appeler *Perduellis* le nom d'*Hostis*, on a tempéré, par la douceur de l'expression, ce que la chose avait de trop dur ; car nos ancêtres appelaient *Hostis* celui que nous appelons maintenant *Peregrinus*. Les Douze Tables en fournissent la preuve, dans ces expressions par exemple : « Le jour pris avec un étranger ; Contre un étranger, on a toujours action. » Que pourrait-on ajouter à une telle générosité? donner un nom aussi adouci à celui auquel nous faisons la guerre! Au reste, le temps a rendu plus dure l'acception de ce mot ; en effet, il a cessé de s'appliquer à un étranger, pour rester le nom de celui qui porte les armes contre nous. Mais lorsque l'on se dispute l'empire et que l'on combat pour la gloire, la guerre doit être justifiée par les mêmes causes que j'ai d'abord établies comme règles de justice. De plus, la guerre où l'on a pour but la gloire du commandement doit être faite avec moins d'acharnement que les autres. De même que dans nos contestations avec des citoyens, nous nous conduisons autrement avec un en-

---

1. Lallemand, adoptant la conjecture de J. F. Gronovius et de Perizonius, lit *Hostilius*, contre le témoignage des manuscrits qui ont *Popilius*, *Popillius* ou *Pompilius*.

tor; cum altero certamen honoris et dignitatis est, cum altero capitis et famæ: sic cum Celtiberis, cum Cimbris bellum, ut cum inimicis, gerebatur, uter esset, non uter imperaret; cum Latinis, Sabinis, Samnitibus, Pœnis, Pyrrho de imperio dimicabatur. Pœni fœdifragi, 6 crudelis Annibal, reliqui justiores. Pyrrhi quidem de captivis reddendis illa præclara:

> Nec mi aurum posco, nec mi pretium dederitis;
> Nec cauponantes bellum, sed belligerantes,
> Ferro, non auro vitam cernamus utrique.
> Vosne velit, an me regnare, hera quidve ferat Fors,
> Virtute experiamur. Et hoc simul accipe [1] dictum:
> Quorum virtuti belli fortuna pepercit,
> Eorumdem me libertati parcere certum est.
> Dono, ducite, doque volentibu' cum magnis dis.

7 Regalis sane et digna Æacidarum genere sententia.

XIII. Atque etiam si quid singuli temporibus adducti 2 hosti promiserunt, est in eo ipso fides conservanda: ut primo punico bello, Regulus captus a Pœnis, quum de captivis commutandis Romam missus esset, jurassetque se rediturum, primum, ut venit, captivos reddendos in senatu non censuit; deinde, quum retineretur a propinquis et ab amicis, ad supplicium redire maluit quam 3 fidem hosti datam fallere. [Secundo autem punico bello, post cannensem pugnam, quos decem Annibal Romam adstrictos misit jurejurando se redituros esse, nisi de redimendis iis, qui capti erant, impetrassent; eos omnes, censores, quoad quisque eorum vixit qui pejerassent, in ærariis reliquerunt; nec minus illum, 4 qui jurisjurandi fraude culpam invenerat. Quum enim Annibalis permissu exisset de castris, rediit paullo post, 5 quod se oblitum nescio quid diceret. Deinde egressus e castris, jurejurando se solutum putabat. Et erat ver- 6 bis, re non erat. Semper autem in fide, quid senseris,

---

1. Sic fere omn. codd. et editt.: Heusing. post Anemæc.: accipite.

nemi qu'avec un compétiteur : avec l'un, il s'agit d'une charge, d'une dignité; avec l'autre, il y va de la vie et de l'honneur; de même les Celtibères, les Cimbres étaient de véritables ennemis avec lesquels nous faisions la guerre, non pour le commandement, mais pour l'existence. Avec les Latins, au contraire, avec les Sabins, les Samnites, les Carthaginois, Pyrrhus, c'est pour l'empire que l'on combattait. Les Carthaginois furent parjures, Annibal cruel; les autres furent plus justes. Voici les belles paroles de Pyrrhus sur la rançon des prisonniers :

> Je ne demande point d'or, et vous ne me devez point de rançon; au lieu de faire un trafic de la guerre, livrons nous des combats. Que le fer et non l'or décide de notre vie. Remettons au courage le soin de montrer ce que la fortune souveraine veut faire, si c'est vous ou moi qui devons régner : en même temps, écoutez ces paroles : Ceux dont le sort des combats a respecté le courage, je suis décidé à épargner leur liberté. Je vous les donne, emmenez-les : je vous en fais présent avec l'assentiment des grands dieux.

Voilà des paroles assurément dignes d'un roi, d'un prince du sang des Éacides.

XIII. Les promesses que les citoyens sont forcés de faire individuellement à l'ennemi doivent être observées avec la même bonne foi; c'est ainsi que Régulus, pris dans la première guerre punique par les Carthaginois, ayant été envoyé à Rome pour traiter de l'échange des prisonniers, et ayant fait serment de revenir, commença dès son arrivée par déclarer au sénat qu'il ne fallait pas rendre les prisonniers, et ensuite retourna à Carthage, malgré les instances de ses proches et de ses amis, aimant mieux endurer le supplice que de violer la foi donnée à l'ennemi. Pendant la seconde guerre punique, après la bataille de Cannes, Annibal avait envoyé à Rome dix des nôtres qui s'étaient engagés par serment à revenir s'ils n'obtenaient pas l'échange des prisonniers faits sur les Carthaginois; ceux d'entre eux qui se parjurèrent furent tous relégués par les censeurs, et pour toute leur vie, dans la classe des tributaires, y compris celui qui s'était rendu coupable d'une interprétation frauduleuse de son serment. Cet homme, qui était sorti du camp d'Annibal avec sa permission, y rentra un moment après, sous prétexte d'avoir oublié je ne sais quoi. Après en être sorti de nouveau, il se prétendit délié de son serment. Et il l'était selon la lettre, mais il ne l'était pas au fond; car en matière de

7 non quid dixeris, cogitandum. Maximum autem exemplum est justitiæ in hostem a majoribus nostris constitutum, quum a Pyrrho perfuga senatui est pollicitus,
8 se venenum regi daturum, et eum necaturum; senatus
et C. Fabricius perfugam Pyrrho dedidit. Ita ne hostis
quidem et potentis et bellum ultro inferentis interitum
cum scelere approbavit[1].] Ac de bellicis quidem officiis
9 satis dictum est. Meminerimus autem, etiam adversus
infimos justitiam esse servandam. Est autem intima conditio et fortuna servorum, quibus non male præcipiunt
qui ita jubent uti ut mercenariis : operam exigendam,
10 justa præbenda. Quum autem duobus modis, id est aut
vi, aut fraude, fiat injuria; fraus quasi vulpeculæ, vis
leonis videtur : utrumque homine alienissimum, sed
11 fraus odio digna majore. Totius autem injustitiæ nulla
capitalior est, quam eorum, qui, quum[2] maxime fal-
lunt, id agunt, ut viri boni esse videantur. De justitia
satis dictum est.

XIV. Deinceps, ut erat propositum, de beneficentia
ac de liberalitate dicatur : qua quidem nihil est naturæ
hominis accommodatius : sed habet multas cautiones.
2 Videndum est enim primum, ne obsit benignitas, et iis
ipsis, quibus benigne videbitur fieri, et ceteris; deinde,
ne major benignitas sit quam facultates; tum, ut pro
dignitate cuique tribuatur. Id enim est justitiæ funda-
3 mentum, ad quam hæc referenda sunt omnia. Nam et
qui gratificantur cuipiam, quod obsit illi cui prodesse
velle videantur, non benefici, neque liberales, sed per-
niciosi assentatores[3] judicandi sunt ; et qui aliis nocent,
ut in alios liberales sint, in eadem sunt injustitia, ut si
4 in suam rem aliena[4] convertant. Sunt autem multi, et
quidem cupidi splendoris et gloriæ, qui eripiunt aliis,

1. Hæc quæ uncis inclusa sunt, in paucissimis codicibus leguntur;
omiserunt Vict. Manut. et Lall.; Heusing., Orell., alios secuti sumus.
— 2. Sic Lall., Heusing., Gernh., Beier, Orelli, omisso tum, quod vulg.
habent. — 3. Sic Heusing., Gernh., Beier, Orelli, Zumpt; Lall. : atque
assentatores; tres Oxon. cum quibusdam codd. : et essent. — 4. Sic
Heusing., Lall., Gernh., Beier, Orelli, Zumpt, alii ; quidam : alienam.

bonne foi, c'est de l'intention et non des paroles qu'il faut tenir compte. Nos pères donnèrent encore un exemple éclatant de justice envers un ennemi, lorsqu'un transfuge de l'armée de Pyrrhus vint offrir au sénat d'empoisonner ce roi ; le sénat et C. Fabricius livrèrent au roi le traître. Ainsi on ne voulut pas obtenir par l'approbation d'un crime la mort d'un ennemi, même d'un ennemi puissant et qui était l'agresseur. Mais en voilà assez sur les droits de la guerre. Souvenons-nous enfin qu'il faut observer la justice, même envers les plus petits. Or la condition la plus basse est celle des esclaves. Le meilleur conseil qu'on puisse donner, c'est de les traiter comme des mercenaires : en exiger le travail, et leur fournir ce dont ils ont besoin. L'injustice se commet de deux manières, par la violence et par la ruse. La fraude semble être le propre du renard, et la violence le propre du lion ; l'une et l'autre répugnent à la nature de l'homme ; mais c'est la fraude qui est la plus odieuse. Et de toutes les espèces d'injustice, il n'y en a pas de plus criminelle que celle de ces hommes qui, lorsqu'ils commettent une faute, s'enveloppent de tous les dehors de la probité. En voilà assez sur la justice.

XIV. Il me reste maintenant à parler, comme je me le suis proposé, de la bienfaisance et de la libéralité, celle de toutes les vertus qui est le plus appropriée à la nature de l'homme, mais dont la pratique exige beaucoup de précautions. Il faut prendre garde d'abord que la générosité ne nuise ni à ceux envers lesquels on veut paraître bienfaisant, ni aux autres ; et ensuite que nos largesses ne soient pas plus grandes que notre fortune ; enfin il faut savoir donner à chacun selon son mérite ; car c'est là le fondement de la justice, à laquelle on doit tout rapporter. En effet, ceux qui rendent un service qui doit nuire à celui auquel il semble qu'ils veuillent faire du bien, ne font preuve ni de générosité ni de bienfaisance ; ils ne sont, au contraire, que de pernicieux flatteurs ; et ceux qui nuisent aux uns pour se montrer bienfaisants envers les autres, sont coupables de la même injustice que s'ils s'appropriaient le bien d'autrui. Il y en a beaucoup, parmi les hommes avides d'éclat et de gloire, qui dérobent aux uns pour donner aux

quod aliis largiantur. Hique arbitrantur se beneficos in suos amicos visum iri, si locupletent eos quacumque ratione. Id autem tantum abest officio[1], ut nihil magis
5 officio possit esse contrarium. Videndum est igitur, ut ea liberalitate utamur, quæ prosit amicis, noceat ne-
6 mini. Quare L. Sullæ et C. Cæsaris pecuniarum translatio a justis dominis ad alienos non debet liberalis videri; nihil est enim liberale, quod non idem justum.
7 Alter erat locus cautionis, ne benignitas major esset quam facultates. Quod, qui benigniores volunt esse quam res patitur, primum in eo peccant, quod injuriosi sunt in proximos: quas enim copias his et suppeditari æquius est et relinqui, eas transferunt ad
8 alienos. Inest autem in tali liberalitate cupiditas plerumque rapiendi et auferendi per injuriam, ut ad lar-
9 giendum suppetant copiæ. Videre etiam licet, plerosque non tam natura liberales, quam quadam gloria ductos, ut benefici videantur, facere multa, quæ proficisci ab ostentatione magis, quam a voluntate videantur. Talis autem simulatio vanitati est conjunctior, quam aut li-
10 beralitati, aut honestati. Tertium est propositum, ut in beneficentia delectus esset dignitatis: in quo et mores ejus erunt spectandi, in quem beneficium conferetur, et animus erga nos, et communitas ac societas vitæ,
11 et ad nostras utilitates officia ante collata. Quæ ut concurrant omnia, optabile est; si[2] minus, plures causæ majoresque ponderis plus habebunt.

XV. Quoniam autem vivitur non cum perfectis hominibus planeque sapientibus, sed cum iis, in quibus præclare agitur, si sunt simulacra virtutis; etiam hoc intelligendum puto, neminem omnino esse negligendum, in quo aliqua significatio virtutis appareat; colendum autem esse ita quemque maxime, ut quisque maxime virtutibus his lenioribus erit ornatus, modestia, tempe-

---

1. Sic Heusing., Orelli, alii; Lall. et vulg.: ab officio. — 2. Sic Heusing., Gernh., Beier, Orelli, Zumpt, cum Guelpherb. et Bern. codd; Creuz., Ernesti, Facciolati, Lall.: sin.

autres. Ceux-ci croient qu'ils paraîtront bienfaisants pour leurs amis, s'ils les enrichissent de quelque manière que ce soit. Or, cette conduite est si éloignée du devoir, que rien ne lui est plus contraire. Il faut donc faire en sorte que notre bienfaisance soit utile à nos amis, et en même temps qu'elle ne nuise à personne. Aussi L. Sylla et C. César, qui dépouillèrent les maîtres légitimes pour transporter leur fortune à d'autres, n'étaient pas généreux; en effet, il n'y a pas de générosité sans justice. La seconde précaution que j'ai indiquée, c'est que la bienfaisance soit proportionnée à notre fortune. En effet, ceux qui veulent être plus généreux que ne leur permet leur fortune, commettent d'abord une première faute, c'est d'être injustes envers leurs proches; car ils transportent à des étrangers ces richesses dont il était plus juste de faire part et de laisser l'usage aux leurs. Il y a ensuite, dans une telle libéralité, une certaine avidité qui porte à ravir et à enlever injustement des richesses pour fournir aux largesses qu'on veut faire. On voit beaucoup d'hommes, moins véritablement généreux que conduits par la vanité de paraître bienfaisants, qui font de trop grandes largesses par ostentation plutôt que par bienveillance. Tous ces faux semblants touchent de plus près au mensonge qu'à la libéralité ou à l'honnêteté. La troisième précaution à garder, c'est de faire acception du mérite dans la distribution de nos bienfaits; et en cela il faut avoir égard aux mœurs de celui que nous voulons obliger. Il faut aussi considérer quels sont ses sentiments envers nous, les liaisons et les rapports que nous entretenons avec lui, enfin les services qu'il peut nous avoir rendus. Il est à désirer que toutes ces circonstances concourent ensemble : s'il n'en est pas ainsi, les motifs les plus nombreux et les plus puissants devront emporter la balance.

XV. Mais puisque nous vivons, non pas avec des hommes parfaits et d'une sagesse accomplie, mais avec des hommes dans lesquels on est trop heureux de rencontrer quelque ombre de vertu, je pense qu'il doit être bien entendu qu'on ne doit négliger aucune personne dans laquelle on remarque le moindre signe de mérite, et qu'on doit surtout s'attacher à ceux qui possèdent les vertus douces, comme

2 rantia, hac ipsa, de qua multa jam dicta sunt, justitia. Nam fortis animus et magnus, in homine non perfecto nec sapiente, ferventior plerumque est : illæ virtutes bonum virum videntur potius attingere. Atque hæc in

3 moribus. De benevolentia autem, quam quisque habeat erga nos, primum illud est in officio, ut ei plurimum tribuamus, a quo plurimum diligimur[1]. Sed benevolentiam non adolescentulorum more ardore quodam amoris, sed stabilitate potius et constantia judicemus.

4 Sin erunt merita, ut non incunda, sed referenda sit gratia, major quædam cura adhibenda est; nullum enim

5 officium referenda gratia magis necessarium est. Quod si ea, quæ utenda acceperis, majore mensura, si modo possis, jubet reddere Hesiodus; quidnam beneficio provocati facere debemus? An imitari agros fertiles, qui

6 multo plus efferunt, quam acceperunt? Etenim si in eos, quos speremus nobis profuturos, non dubitamus officia conferre; quales in eos esse debemus, qui jam

7 profuerunt? Nam quum duo genera liberalitatis sint, unum dandi beneficii, alterum reddendi: demus necne, in nostra potestate est: non reddere, viro bono non

8 licet, modo id facere possit sine injuria. Acceptorum autem beneficiorum sunt delectus habendi; nec dubium quin maximo cuique plurimum debeatur. In quo tamen inprimis, quo quisque animo, studio[2], benevolentia

9 fecerit, ponderandum est. Multi enim faciunt multa temeritate quadam, sine judicio vel modo in omnes, vel repentino quodam, quasi vento, impetu animi incitati : quæ beneficia æque magna non sunt habenda, atque ea quæ judicio, considerate constanterque delata

10 sunt. Sed in collocando beneficio et in referenda gratia, si cetera paria sunt, hoc maxime officii est, ut quisque maxime opis indigeat, ita ei potissimum opi-

11 tulari : quod contra fit a plerisque. A quo enim pluri-

---

1. Sic Lall., Heusing., Orelli, alii; Zumpt cum plur. codd.: diligamur. — 2. Sic Lall., Heusing., Gernh., Orelli, alii; Pearce, Ernesti: animi studio.

la modestie et la tempérance, et cette justice dont j'ai tant parlé. Car l'âme grande et forte, dans un homme qui n'est ni parfait ni sage, est ordinairement trop ardente, tandis que les vertus que je viens de nommer paraissent plus faites pour l'honnête homme. Voilà ce que j'avais à dire sur les mœurs. Quant à la bienveillance que l'on a pour nous, le devoir commande d'abord de donner le plus à celui qui nous chérit le plus; mais il ne faut pas juger de la bienveillance par une certaine ardeur d'amitié qu'ont les jeunes gens, mais bien par la constance et la solidité. Si cependant quelqu'un a des droits à notre reconnaissance, et qu'il s'agisse plutôt de lui rendre que de lui donner, il faut y mettre plus d'empressement; car il n'est pas de devoir plus impérieux que celui de la reconnaissance. Que si Hésiode commande de rendre avec usure, si vous le pouvez, les choses que vous avez empruntées, que ne devons-nous pas faire, lorsque nous sommes prévenus par un bienfait? Ne devons-nous pas imiter les champs fertiles qui rendent plus qu'ils n'ont reçu? En effet, si nous ne balançons pas à obliger ceux de qui nous espérons retirer quelque service, que ne devons-nous pas être envers ceux qui nous ont déjà servis? Comme il y a deux espèces de libéralité, l'une qui consiste à donner et l'autre à rendre, il dépend de nous de donner ou de ne pas donner; mais ne pas rendre, quand on le peut faire sans injustice, c'est ce qui n'est pas permis à l'honnête homme. Il est toutefois des différences entre les bienfaits qu'on a reçus; et il n'y a pas de doute que les plus grands n'exigent plus de reconnaissance; et en cela, il faut examiner surtout dans quel esprit, avec quel empressement, avec quelle bienveillance les services ont été rendus. Il y a, en effet, beaucoup d'hommes qui font du bien par une sorte de témérité, sans discernement, sans mesure, et dont le premier mouvement est une fougue, un coup de vent qui les porte à obliger tout le monde. De tels bienfaits ne doivent pas être regardés comme aussi grands que ceux qui sont accordés avec un esprit qui sait choisir, réfléchir et rester ferme dans sa résolution. Lorsqu'il s'agit de placer et de rendre un bienfait, toutes choses égales d'ailleurs, le devoir commande d'obliger celui qui a le plus de besoin; mais c'est le contraire que font la plupart; ils

mum sperant, etiamsi is non eget, tamen ei potissimum inserviunt.

XVI. Optime autem societas hominum conjunctioque servabitur, si ut quisque erit conjunctissimus, ita in 2 eum benignitatis plurimum conferetur. Sed, quæ natura[1] principia sint communitatis et societatis huma- 3 næ, repetendum videtur altius. Est enim primum, quod cernitur in universi generis humani societate; ejus autem vinculum est ratio et oratio, quæ docendo, discendo, communicando, disceptando, judicando conciliat inter se homines, conjungitque naturali quadam 4 societate. Neque ulla re longius absumus a natura ferarum, in quibus inesse fortitudinem sæpe dicimus, ut in equis, in leonibus; justitiam, æquitatem, bonitatem non dicimus: sunt enim rationis et orationis 5 expertes. Ac latissime quidem patens hominibus inter ipsos, omnibus inter omnes, societas hæc est: in qua omnium rerum, quas ad communem hominum usum natura genuit, et servanda communitas, ut quæ descripta sunt legibus et jure civili, hæc ita teneantur, ut sit constitutum: e quibus ipsis cetera sic observentur, ut in Græcorum proverbio est: amicorum esse commu- 6 nia omnia. Omnia autem communia hominum videntur ea, quæ sunt generis ejus, quod ab Ennio positum in una re, transferri in multas[2] potest:

> Homo, qui erranti comiter monstrat viam,
> Quasi lumen de suo lumine accendat, facit:
> Nihilominus ipsi lucet, quum illi accenderit.

7   Una ex re satis præcipitur[3] ut, quidquid sine detri- 8 mento commodari possit, id tribuatur vel ignoto. Ex quo sunt illa communia: non prohibere aqua profluente: pati ab igne ignem capere, si qui[4] velit; consilium fidele deliberanti dare: quæ sunt iis utilia, qui

---

1. Sic Tull., Heusing., Gernh., Beier, Orelli; Zumpt cum Bern. codd.: naturæ — 2. Sic Tull., Heusing., Gernh., Beier, Orelli, Zumpt, alii; Facciolati: per multas, Lapr. cter.: in permultas. — 3. Sic Lall.,

donnent le plus à celui dont ils espèrent le plus, n'eût-il même pas besoin de leurs services.]

XVI. Le meilleur moyen de maintenir cette société qui unit les hommes entre eux, c'est d'accorder à celui qui nous tient de plus près la plus grande part dans notre bienveillance. Mais il sera bon de chercher en remontant plus haut les principes naturels de la société humaine. Le premier de tous est celui qui se manifeste dans l'association du genre humain tout entier. Or, le lien de cette association est la raison et la parole qui, par des enseignements donnés et reçus, par la communication des pensées, par la discussion et le jugement, rapprochent les hommes et forment entre eux comme une alliance naturelle. Il n'est rien qui, plus que ces dons précieux, nous distingue des bêtes, auxquelles nous attribuons souvent la force, comme aux lions, aux chevaux, mais non l'équité, la justice, la bonté, parce que la raison et la parole leur ont été refusées. Cette première société, la plus vaste et la plus étendue, puisqu'elle unit les hommes entre eux, et chacun d'eux à tous les autres, demande qu'on maintienne la communauté de toutes les choses que la nature a créées pour l'usage commun des hommes, en respectant toutefois les limites et les règles que les lois et le droit civil peuvent avoir tracées; et encore faut-il en cela même se conformer au proverbe des Grecs : « Entre amis tout est commun. » Or ces choses communes entre tous les hommes me semblent être de celles dont Ennius cite un exemple unique, mais applicable à une multitude de cas, lorsqu'il dit :

Montrer obligeamment la route au voyageur égaré, c'est allumer son flambeau au nôtre : celui-ci ne nous éclaire pas moins pour avoir communiqué sa lumière.

Ce seul exemple enseigne assez que ce dont on peut donner l'usage sans dommage pour soi, doit être accordé même à un inconnu. De là ces maximes vulgaires : n'interdire à personne une eau courante ; laisser qui voudra prendre du feu à notre feu ; donner à celui qui délibère un conseil fidèle : toutes choses utiles à ceux qui reçoivent, et qui ne

Gernh., Beier, Orelli, alii; Heusinger, Zumpt : præcipit. — ... Si Heusing., Gernh., Beier, Orelli, Zumpt; Lall., vulg. : quis.

accipiunt, danti non molesta. Quare et his utendum est,
et semper aliquid ad communem utilitatem afferendum.
9 Sed quoniam copiæ parvæ singulorum sunt, eorum
autem, qui his egeant, infinita est multitudo, vulgaris
liberalitas referenda est ad illum Ennii finem : *nihilo-
minus ipsi lucet;* ut facultas sit, qua in nostros simus
liberales.

XVII. Gradus autem plures sunt societatis hominum.
Ut enim ab illa infinita discedatur, propior est ejusdem
gentis, nationis, linguæ, qua maxime homines con-
junguntur : interius etiam est ejusdem esse civitatis.
2 Multa enim sunt civibus inter se communia : forum, fana,
porticus, viæ, leges, jura, judicia, suffragia, consue-
tudines præterea et familiaritates, multisque cum mul-
3 tis res rationesque contractæ. Arctior vero colligatio est
societatis propinquorum : ab illa enim immensa societate humani generis in exiguum angustumque concludi-
4 tur. Nam quum sit hoc natura commune animantium, ut
habeant libidinem procreandi, prima societas in ipso
conjugio est : proxima in liberis : deinde una domus,
communia omnia. Id autem est principium urbis, et
5 quasi seminarium reipublicæ. Sequuntur fratrum con-
junctiones : post consobrinorum sobrinorumque, qui,
quum una domo jam capi non possint, in alias domos,
6 tamquam in colonias exeunt. Sequuntur connubia et
affinitates, ex quibus etiam plures propinqui : quæ
propagatio et soboles origo est rerumpublicarum. Sanguinis autem conjunctio et[1] benevolentia devincit homines et caritate. Magnum est enim eadem habere monumenta majorum, eisdem uti sacris, sepulcra habere
7 communia. Sed omnium societatum nulla præstantior
est, nulla firmior, quam quum viri boni, moribus
similes, sunt familiaritate conjuncti. Illud enim honestum (quod sæpe dicimus), etiam si in alio cernimus,
tamen nos movet, atque illi, in quo id inesse videtur,

1. Sic Zumpt cum codd.; Lall., Orelli, alii del. et.

coûtent rien à celui qui donne. Il faut donc emprunter tour
à tour et apporter à la communauté. Mais comme les fortunes particulières sont bornées, et que le nombre de ceux
qui ont besoin est infini, il faut prendre pour mesure des
libéralités que l'on fait à tout le monde la remarque d'Ennius : « le flambeau n'en éclaire pas moins. » afin de nous
réserver les moyens d'être généreux envers notre famille.

XVII. [Il existe plusieurs degrés dans cette association qui
unit tous les hommes. Pour descendre de cette association
illimitée, il en est une plus étroite ; c'est celle de l'origine,
de la nation, du langage, les trois liens les plus forts qui
existent entre les hommes ; un lien plus intime encore, c'est
celui d'être de la même cité. En effet, beaucoup de choses
sont communes entre les citoyens, le forum, les temples,
les portiques, les chemins, les lois, les priviléges, les tri-
bunaux, les suffrages, les coutumes, en outre, les amitiés,
et cette foule de relations créées par les intérêts et les engagements mutuels. Mais un lien plus resserré encore, c'est
celui qui unit les parents entre eux ; c'est la société rame-
née de son immensité à un point. La nature ayant donné à
tous les êtres animés le désir de se reproduire, la première
société est l'union du mari et de la femme ; la seconde,
celle des parents et des enfants, enfin la communauté des
habitations et de toutes les autres choses semblables. Or
c'est là le premier élément d'une ville, et comme la pépi-
nière d'une république. Viennent ensuite les sociétés des
frères, puis celles de leurs enfants et des enfants de ceux-
ci, qui, ne pouvant plus être contenus dans une même
maison, émigrent dans d'autres, et vont former comme des
colonies. Suivent les alliances par mariages qui multiplient
les parentés : ces générations qui croissent et s'étendent
donnent naissance aux républiques. Le sang unit les hommes
par des liens de tendresse et de bienveillance ; c'est une
grande chose que d'avoir les mêmes monuments de famille,
un même culte et un tombeau commun. Mais la plus belle
et la plus solide de toutes, est celle des gens de bien qu'u-
nit la conformité des mœurs. Cette honnêteté que je rappelle si souvent nous touche même dans une autre personne,
et nous rend amis de celui en qui nous croyons la décou-

8 amicos facit. Et quamquam omnis virtus nos ad se allicit, facitque ut eos diligamus, in quibus ipsa inesse videatur; tamen justitia et liberalitas id maxime efficit.

9 Nihil autem est amabilius nec copulatius, quam morum similitudo bonorum. In quibus enim eadem studia sunt, eaedem voluntates, in iis fit, ut aeque quisque altero delectetur, ac se ipso; efficiturque id, quod Pythagoras vult in amicitia, ut unus fiat ex pluribus.

10 Magna etiam illa communitas est, quae conficitur ex beneficiis ultro citro datis acceptis : quae et mutua et grata dum sunt, inter quos ea sunt, firma devinciun-

11 tur societate. Sed quum omnia ratione animoque lustraris, omnium societatum nulla est gravior, nulla carior, quam ea quae cum republica est unicuique no-

12 strum. Cari sunt parentes, cari liberi, propinqui, familiares: sed omnes omnium caritates patria una complexa est : pro qua quis bonus dubitet mortem

13 oppetere, si ei sit profuturus? Quo est detestabilior istorum immanitas, qui lacerarunt omni scelere patriam, et in ea funditus delenda occupati et sunt et

14 fuerunt. Sed si contentio quaedam et comparatio fiat, quibus plurimum tribuendum sit officii, principes sint patria et parentes, quorum beneficiis maximis[1] obligati sumus: proximi liberi, totaque domus, quae spectat in nos solos, neque aliud ullum potest habere perfugium; deinceps bene convenientes propinqui, quibuscum communis etiam fortuna plerumque est.

15 Quam ob rem necessaria praesidia vitae debentur iis maxime quos ante dixi; vita autem victusque communis, consilia, sermones, cohortationes, consolationes, interdum etiam objurgationes in amicitiis vigent maxime; estque ea jucundissima amicitia, quam similitudo morum conjugavit.

XVIII. Sed in his omnibus officiis tribuendis videndum erit, quid cuique maxime necesse sit, et quid

---

1. Sic Gernh., Beier, Orelli, Zumpt; Lall., Heusing. *vulg.* : maxime.

vrir. Quoique toute vertu nous attire à elle, et nous fasse aimer ceux qui paraissent la posséder, cependant la justice et la libéralité sont celles qui produisent le plus sûrement cet effet; mais rien n'est plus aimable, rien n'attache plus fortement que la ressemblance des mœurs dans les gens de bien. Car lorsque deux hommes ont les mêmes goûts, les mêmes inclinations, chacun d'eux se plaît avec son semblable comme avec un autre soi-même, et il en résulte ce que Pythagore veut en amitié, que plusieurs êtres n'en fassent qu'un seul. C'est encore une sorte de communauté bien intime que celle qui provient des bienfaits donnés et reçus : échange mutuel et agréable qui établit entre les deux parties une société indissoluble. Mais après avoir parcouru par la pensée toutes les espèces de société, vous n'en trouverez pas de plus respectable et de plus sacrée que celle qui unit chacun à la république. Notre père et notre mère, nos enfants, nos parents, nos amis, nous sont chers; mais tous ces amours viennent se confondre et se réunir dans l'amour de la patrie. Et quel est l'homme de bien qui hésiterait à se sacrifier pour elle, si sa mort devait lui être utile? Il n'en faut que plus détester les barbares qui ont déchiré leur patrie par toutes sortes d'attentats, qui ont travaillé et qui travaillent encore à la ruiner de fond en comble. Si donc nous venons à comparer les devoirs, et à rechercher à qui nous devons rendre le plus de bons offices, nous devons mettre au premier rang la patrie, nos pères et nos mères, à qui nous devons le plus d'obligations; et après eux, nos enfants; et puis toute la famille qui a les yeux sur nous et qui ne peut avoir d'autre refuge, et enfin les parents avec lesquels nous vivons en bons rapports, et dont la fortune se trouve le plus souvent liée avec la nôtre. Ainsi voilà ceux auxquels nous devons surtout fournir ce qui est nécessaire au soutien de leur existence. Mais ce commerce intime qui fait qu'on vit ensemble, que tout est commun, pensées, discours, exhortations, consolations, et quelquefois même les reproches, c'est dans l'amitié qu'on le rencontre surtout, et la plus agréable des amitiés est celle qui est fondée sur la ressemblance des mœurs.

XVIII. Toutefois, en accomplissant toutes ces obligations, il faudra examiner soigneusement les besoins de chacun, et

quisque vel sine nobis aut possit consequi, aut non
2 possit. Ita non iidem erunt necessitudinum gradus, qui
temporum; suntque officia, quæ aliis magis quam aliis
debeantur : ut vicinum citius adjuveris in fructibus
percipiendis, quam aut fratrem, aut familiarem; at si
lis in judicio sit, propinquum potius et amicum, quam
3 vicinum defenderis. Hæc igitur et talia circumspicienda
sunt in omni officio, et consuetudo exercitatioque ca-
pienda, ut boni ratiocinatores officiorum esse possimus, et addendo deducendoque videre, quæ reliqui
summa fiat : ex quo, quantum cuique debeatur intel-
4 ligas. Sed ut nec medici, nec imperatores, nec orato-
res, quamvis artis præcepta perceperint, quidquam
magna laude dignum sine usu et exercitatione consequi possunt; sic officii conservandi præcepta traduntur
illa quidem, ut facimus ipsi; sed rei magnitudo usum
5 quoque exercitationemque desiderat. Atque ab iis rebus, quæ sunt in jure societatis humanæ, quemadmodum ducatur honestum, ex quo aptum est officium,
6 satis fere diximus. Intelligendum est autem, quum
proposita sint genera quatuor, e quibus honestas offi-
ciumque manaret, splendidissimum videri, quod animo
magno elatoque, humanasque[1] res despiciente factum
7 sit. Itaque in probris maxime in promptu est, si quid
tale dici potest :

> Vos etenim, juvenes, animum geritis muliebrem,
> Illa virago viri.

Et si quid ejusmodi :

> Salmaci, da spolia, sine sudore et sanguine.

8 Contraque in laudibus, quæ magno animo fortiter ex-
cellenterque gesta sunt, ea nescio quomodo, quasi ple-
9 niore ore laudamus. Hinc rhetorum campus de Mara-
thone, Salamine, Plataeis, Thermopylis, Leuctris; hinc
noster Cocles, hinc Decii, hinc Cnæus et Publius Scipiones, hinc M. Marcellus, innumerabiles alii; maxime-

1. Sic Lall., Zumpt, vulg.; Orelli, alii del. que.

ce que chacun peut ou ne peut pas obtenir sans nous. Les droits attachés au degré de liaison ne sont pas les mêmes que ceux qu'exigent les circonstances. Il y a de bons offices qui sont dus plutôt aux uns qu'aux autres ; ainsi vous aiderez plutôt votre voisin que votre frère ou votre ami à faire sa récolte. Mais si un procès est porté devant les juges, c'est votre parent et votre ami que vous défendrez avant votre voisin. Voilà les considérations qu'il faut avoir en vue dans l'accomplissement de nos devoirs ; et il faut avoir pour cela de l'habitude et de l'exercice, afin que nous calculions bien nos obligations, que nous sachions ajouter et soustraire, voir ce qui reste de la somme et ce que nous devons à chacun. Mais comme ni les médecins, ni les généraux, ni les orateurs, tout instruits qu'ils sont des préceptes de l'art, n'obtiennent jamais de grands succès sans la pratique et l'usage, de même les préceptes des devoirs que nous donnons nous-mêmes ne suffisent pas ; une chose aussi importante demande encore de l'usage et de l'exercice.] Nous avons assez fait voir comment des lois qui constituent la société humaine, dérive l'honnête auquel se rattache le devoir. Il faut remarquer à présent, que „dans l'application des quatre principes généraux d'où l'honnêteté et le devoir tirent leur source, il n'y a rien de plus éclatant que les actions qui partent d'une âme grande, elevé..., supérieure aux choses humaines. Aussi les reproches qui viennent le plus facilement à la bouche sont-ils du genre de celui-ci :

Jeunesse sans vertu vous n'êtes que des femmes, et cette jeune fille est un homme.

Ou bien encore :

Homme efféminé, donne ta dépouille, et ménage ta sueur et ton sang.

Dans la louange, au contraire, nous prenons, je ne sais comment, un ton plus haut et plus retentissant, lorsqu'il s'agit d'une action grande, forte, héroïque. De là cette complaisance avec laquelle les rhéteurs s'étendent sur Marathon, Salamine, Platées, les Thermopyles et Leuctres; de là chez nous, les grands noms de Coclès, des trois Décius, de Cnæus et Publius Scipion, de M. Marcellus et de

que ipse populus romanus animi magnitudine excellit. Declaratur autem studium bellicæ gloriæ, quod statuas quoque videmus ornatu fere militari.

XIX. Sed ea animi elatio, quæ cernitur in periculis et laboribus, si justitia vacat, pugnatque non pro salute communi, sed pro suis commodis, in vitio est. Non enim modo id virtutis non est, sed est[1] potius
2 immanitatis, omnem humanitatem repellentis. Itaque probe definitur a stoicis fortitudo, quum eam virtutem esse dicunt propugnantem pro æquitate. Quocirca
3 nemo, qui fortitudinis gloriam consecutus est insidiis et malitia, laudem est adeptus. Nihil honestum esse
4 potest, quod justitia vacat. Præclarum igitur illud Platonis : Non solum, inquit, scientia, quæ est remota ab justitia, calliditas potius, quam sapientia est appellanda; verum etiam animus paratus ad periculum, si sua cupiditate, non utilitate communi impellitur,
5 audaciæ potius nomen habeat, quam fortitudinis. Itaque viros fortes et magnanimos eosdem bonos et simplices, veritatis amicos minimeque fallaces esse volu-
6 mus : quæ sunt ex media laude justitiæ. Sed illud odiosum est, quod in hac elatione et magnitudine animi facillime pertinacia et nimia cupiditas princi-
7 patus innascitur. Ut enim apud Platonem est, omnem morem Lacedæmoniorum inflammatum esse cupiditate vincendi; sic, ut quisque animi magnitudine maxime excellit, ita maxime vult princeps omnium vel potius
8 solus esse. Difficile autem est, quum præstare omnibus concupieris, servare æquitatem, quæ est justitiæ
9 maxime propria. Ex quo fit ut neque disceptatione vinci se, nec ullo publico ac legitimo jure patiantur; exsistuntque in republica plerumque largitores et factiosi, ut opes quam maximas consequantur, et sint vi
10 potius superiores, quam justitia pares. Sed quo difficilius, hoc præclarius; nullum enim est tempus, quod

---

1. *Sic Heus., Orelli, alii; Lall. vulg., del. est.*

tant d'autres. Et le peuple romain lui-même n'excelle-t-il pas par la grandeur d'âme? Tout prouve sa passion pour la gloire des armes, jusqu'à cet habit de guerre dont nous voyons les statues mêmes revêtues.

XIX. Mais cette élévation d'âme qui se manifeste dans les dangers et les travaux devient coupable si elle manque de justice, et si elle combat, non pour le salut commun, mais pour un intérêt personnel. Ce n'est plus alors de la vertu; c'est une brutalité qui repousse tout sentiment humain. Les stoïciens définissent donc bien la force d'âme, lorsqu'ils disent que c'est la vertu armée pour l'équité. Aussi, pour avoir acquis par la trahison et la ruse la réputation d'une âme forte, on n'en est pas plus estimable. Sans la justice, en effet, il ne peut y avoir rien d'honnête. C'est une belle parole que celle de Platon : Non-seulement, dit-il, la science, séparée de la justice, mérite le nom d'adresse plutôt que celui de sagesse; mais encore le courage qui affronte le péril doit s'appeler audace plutôt que force, s'il est poussé par une ambition personnelle et non par l'intérêt public. Nous voulons donc que les hommes courageux et magnanimes soient en même temps bons, simples, amis de la vérité, ennemis du mensonge, qualités qui appartiennent essentiellement à la justice. Mais ce qui est triste à penser, c'est que dans ces âmes grandes et fortes germent facilement l'obstination et le désir immodéré du pouvoir. Platon remarque que tout l'esprit national des Lacédémoniens consistait dans une ardente passion de vaincre. Il en est de même des hommes d'un grand caractère : ils veulent être les premiers dans l'État, ou plutôt les seuls. Or, il est difficile, lorsqu'on aspire à la prééminence, de conserver cet esprit d'égalité, qui est le principal attribut de la justice. Il en résulte qu'on ne se laisse vaincre ni par le raisonnement, ni par l'autorité publique, ni par les lois. Alors s'élèvent dans la cité des hommes qui emploient les largesses et l'intrigue pour accroître indéfiniment leur pouvoir, et devenir les maîtres de leurs concitoyens par la force, au lieu de rester leurs égaux par la justice. Mais plus le maintien de cette justice est difficile, plus il est glorieux; car il n'est pas un instant de la vie où l'on puisse se dispenser

11 justitia vacare debeat. Fortes igitur et magnanimi sunt
habendi, non qui faciunt, sed qui propulsant injuriam.
Vera autem et sapiens animi magnitudo honestum
illud, quod maxime natura sequitur, in factis positum,
non in gloria judicat, principemque se esse mavult,
12 quam videri. Etenim qui ex errore imperitæ multitudi-
13 nis pendet, hic in magnis viris non est habendus. Facillime autem ad res injustas impellitur, ut quisque
altissimo animo est, gloriæ cupiditate : qui locus est
sane lubricus, quod vix invenitur, qui, laboribus sus-
ceptis periculisque aditis, non quasi mercedem rerum
gestarum desideret gloriam.

XX. Omnino fortis animus et magnus duabus rebus
maxime cernitur, quarum una in rerum externarum
despicientia ponitur, quum persuasum sit, nihil hominem, nisi quod honestum decorumque sit, aut admi-
rari, aut optare, aut expetere oportere, nullique neque homini, neque perturbationi animi, nec fortunæ
2 succumbere. Altera est res, ut, quum ita sis affectus
animo, ut supra dixi, res geras magnas illas quidem
et maxime utiles, sed ut[1] vehementer arduas plenas-
que laborum et periculorum tum vitæ, tum multarum
3 rerum, quæ ad vitam pertinent. Harum rerum duarum
splendor omnis et amplitudo, addo etiam utilitatem,
in posteriore est : causa autem et ratio efficiens magnos
viros est in priore. In eo est enim illud, quod excellentes
4 animos et humana contemnentes facit. Id autem ipsum
cernitur in duobus, si et solum id, quod honestum
sit, bonum judices, et ab omni animi perturbatione
5 liber sis. Nam et ea, quæ eximia plerisque et præclara
videntur, parva ducere, eaque ratione stabili firmaque
contemnere, fortis animi magnique ducendum est :
et ea, quæ videntur acerba, quæ multa et varia in hominum vita fortunaque versantur, ita ferre, ut nihil a

---

1. *Sic Heusing., Orelli, Zumpt, alii; Lall. et vul. :* et.

d'être juste. Nous appellerons donc courageux et magnanimes, non ceux qui commettent l'injustice, mais ceux qui la repoussent. La véritable, la sage grandeur d'âme place cet honneur, qui est le premier but de la nature, dans les actions et non dans une vaine gloire : ceux qu'elle anime aiment mieux être les premiers que de le paraître. En effet, quiconque est esclave des préjugés d'une multitude aveugle ne doit pas être compté parmi les grands hommes. Malheureusement plus une âme est élevée, plus une pente facile l'entraîne à commettre l'injustice, en poursuivant la gloire. Et véritablement le pas est fort glissant; on trouve à peine un homme qui, après avoir essuyé des fatigues et bravé des périls, ne demande pas la gloire pour prix de son dévouement.

XX. En général, une âme forte et grande se reconnaît à deux marques principales. La première est le mépris des choses extérieures, fondé sur la persuasion que l'homme ne doit rien admirer, rien préférer, rien souhaiter que ce qui est beau et honnête; qu'il ne doit se laisser vaincre ni par son semblable, ni par la passion, ni par la fortune. La seconde, c'est qu'animé des sentiments dont je viens de parler, on fasse des actions qui soient grandes, qui avant tout soient utiles, mais qui soient encore d'une exécution difficile, laborieuse, et pleine de ces périls qui menacent ou la vie elle-même, ou cette foule d'intérêts qui se rattachent à la vie. De ces deux choses, la dernière a pour elle l'éclat et la grandeur, j'ajouterai même l'utilité; mais la cause qui fait les grands hommes, leur raison d'être grands, c'est dans la première qu'elle se trouve. Là réside en effet le principe qui élève les âmes, et qui les met au-dessus des choses humaines. Et ce principe lui-même se révèle par deux caractères, dont l'un est de ne considérer comme un bien que ce qui est honnête; l'autre, d'être exempt de tous les troubles intérieurs. En effet, s'il est d'une âme forte et grande de trouver petites les choses qui font l'envie et l'admiration du vulgaire, et de les regarder avec le mépris qu'y attache une ferme et solide raison, c'est l'œuvre d'un esprit vigoureux et d'une rare constance de supporter, sans sortir de son assiette naturelle et sans déroger à la dignité du

statu naturæ discedas, nihil a dignitate sapientis, ro-
6 busti animi est magnæque constantiæ. Non est autem
consentaneum, qui metu non frangatur, eum frangi
cupiditate; nec, qui invictum se a labore præstiterit,
7 vinci a voluptate. Quam ob rem et hæc videnda [1], et
pecuniæ fugienda cupiditas. Nihil enim est tam an-
gusti animi tamque parvi, quam amare divitias; nihil
honestius magnificentiusque, quam pecuniam contemnere, si non habeas; si habeas, ad beneficentiam libe-
8 ralitatemque conferre. Cavenda est etiam gloriæ cupiditas, ut supra dixi. Eripit enim libertatem, pro qua
9 magnanimis viris omnis debet esse contentio. Nec vero
imperia expetenda, ac potius aut non accipienda inter-
10 dum, aut deponenda nonnunquam. Vacandum autem
omni est animi perturbatione, quum cupiditate et
metu, tum etiam ægritudine et voluptate nimia [2] et
iracundia; ut tranquillitas animi et securitas adsit,
quæ affert quum constantiam, tum etiam dignitatem.
11 Multi autem et sunt, et fuerunt, qui eam, quam dico,
tranquillitatem expetentes, a negotiis publicis se removerint, ad otiumque perfugerint. In his, et nobilis-
simi philosophi longeque principes, et quidam homines
. severi et graves, nec populi, nec principum mores ferre
potuerunt; vixeruntque nonnulli in agris, delectati re
12 sua familiari. His idem propositum fuit, quod regibus,
ut, ne qua re egerent, ne cui parerent, libertate ute-
rentur : cujus proprium est sic vivere, ut velis.

XXI. Quare, quum hoc commune sit potentiæ cupi-
dorum cum iis, quos dixi, otiosis, alteri se adipisci id
posse arbitrantur, si opes magnas habeant; alteri, si
2 contenti sint et suo, et parvo. In quo neutrorum
omnino contemnenda sententia est: sed et facilior, et
tutior, et minus aliis gravis aut molesta vita est otio-
sorum; fructuosior autem hominum generi et ad clari-

1. *Sic Lall., Heusing., Gernh., Beier, Zumpt, Orelli cum Bern. codd.;
Pearce, Facciol., alii :* vitanda. — 2. *Sic Lall., Orelli; Heusing., Zumpt,
Dübner, alii :* animi.

3.

sage, ces contre-temps, en apparence si amers, qui traversent en mille et mille façons la vie et la fortune des hommes. Or, ce serait une inconséquence, que celui que la crainte ne peut abattre, cédât à la convoitise; et que l'homme qui s'est montré invincible aux travaux, fût vaincu par la volupté. Il faut donc s'observer à cet égard, et se défendre surtout de la soif de l'or. Rien n'annonce une âme étroite et petite, comme d'aimer les richesses; rien au contraire de plus honorable et de plus grand, que de dédaigner l'argent, lorsqu'on n'en possède pas, et si l'on en possède, de le consacrer à la bienfaisance et à la générosité. Il faut aussi, comme je l'ai dit plus haut, se tenir en garde contre la passion de la gloire : elle ôte la liberté, qui doit être le but constant des efforts de tous les nobles esprits. Quant aux commandements, il ne faut pas les désirer, ou plutôt il faut savoir, selon les conjonctures, ou les refuser, ou s'en démettre. L'âme doit être libre de tout ce qui pourrait la troubler, de la convoitise comme de la crainte, des chagrins comme des joies excessives, comme du penchant à la colère, afin de conserver ce calme et cette sécurité, d'où naissent la constance et la dignité de la conduite. Or l'on voit et l'on a vu toujours beaucoup d'hommes qui ont cherché cette tranquillité dont je parle, dans l'éloignement des affaires publiques et dans les loisirs de la retraite. On compte parmi eux les princes des philosophes, et quelques personnages graves et austères, qui n'ont pu souffrir les mœurs du peuple ni celles des grands, et dont plusieurs ont passé leur vie à la campagne, bornant leurs plaisirs aux soins domestiques. Ceux-là se sont proposé le même but que les rois, savoir de ne manquer de rien, de n'obéir à personne, de jouir enfin de la liberté, dont le privilége est de vivre comme on veut.

XXI. Ce but étant commun aux ambitieux et aux amis du repos, les uns croient pouvoir l'atteindre, s'ils possèdent de grands biens, les autres, s'ils se contentent de leur fortune, quelque médiocre qu'elle puisse être. Aucun de ces deux sentiments n'est condamnable en soi; mais une vie retirée est plus facile, plus sûre, moins à charge aux autres, et porte moins d'ombrage; tandis que dans la

tatem amplitudinemque aptior eorum, qui se ad rempublicam et ad magnas res gerendas accommodaverunt.
3 Quapropter et iis forsitan concedendum sit rempublicam non capessentibus, qui, excellenti ingenio,
doctrinæ sese dediderunt; et iis, qui aut valetudinis
imbecillitate, aut aliqua graviore causa impediti, a republica recesserunt, quum ejus administrandæ pote-
4 statem aliis laudemque concederent. Quibus autem talis
nulla sit causa, si despicere se dicant ea, quæ plerique
mirentur, imperia et magistratus, iis non modo non
5 laudi, verum etiam vitio dandum puto. Quorum judicium in eo, quod gloriam contemnant et pro nihilo
putent, difficile factu est non probare; sed videntur
labores et molestias, tum offensionum et repulsarum
6 quasi quamdam ignominiam timere et infamiam. Sunt
enim qui in rebus contrariis parum sibi constent :
voluptatem severissime contemnant, in dolore sint
molliores; gloriam negligant, frangantur infamia : at-
7 que ea quidem non satis constanter. Sed iis qui habent
a natura adjumenta rerum gerendarum, abjecta omni
cunctatione, adipiscendi magistratus et gerenda respublica est. Nec enim aliter aut regi civitas, aut declarari
8 animi magnitudo potest. Capessentibus autem rempublicam, nihilo minus[1] quam philosophis, haud scio an
magis etiam, et magnificentia et despicientia adhibenda
sit rerum humanarum, et ea quam sæpe dico, tranquillitas animi atque securitas : si quidem nec anxii
futuri sunt, et cum gravitate constantiaque victuri.
9 Quæ faciliora sunt philosophis, quo minus multa patent
in eorum vita, quæ fortuna feriat, et quo minus multis
rebus egent; et quia, si quid adversi eveniat, tam gra-
10 viter cadere non possunt. Quocirca non sine causa majores motus animorum concitantur, majorque efficiendi[2]
cura rempublicam gerentibus, quam quietis : quo magis

---

1. *Sic Lall, Heusing., Gernh., Beier, Orelli; Zumpt, Dübner cum
codd. : nihil minus.* — 2. *Sic Zumpt, Orelli, Dübner; Lall., Heusing.,
alii : majoraque efficienda.*

carrière des fonctions publiques et des grandes affaires, il y a plus de services à rendre au genre humain, plus d'éclat et de grandeur à acquérir. Peut-être donc faudrait-il pardonner leur éloignement des affaires publiques, et à ceux qui ont consacré à la science des facultés éminentes, et à ceux qui, arrêtés par la faiblesse de leur santé ou par quelque autre motif considérable, se sont tenus à l'écart, et ont laissé à d'autres le pouvoir et le mérite de gouverner l'État. Quant aux hommes qui n'ont aucune excuse semblable, s'ils se vantent de mépriser ce que tant d'autres admirent, les commandements et les magistratures, je les crois plus dignes de blâme que d'éloges. S'ils ne faisaient que mépriser la gloire et n'en tenir aucun compte, il serait difficile de ne pas approuver leur jugement; mais ils paraissent craindre les fatigues et les ennuis, et redouter, comme une sorte de tache et de flétrissure, les mauvais succès et les brigues malheureuses. Il est des hommes, en effet, qui suivent un principe dans une situation, et ne le suivent pas dans la situation opposée; contempteurs austères du plaisir, et faibles contre la douleur; insensibles à la gloire, et se laissant abattre par l'impopularité, et cela, sans être conséquents, même dans leurs contradictions. Mais ceux qui ont reçu de la nature un talent propre aux affaires, doivent, sans aucune hésitation, entrer dans les magistratures, et prendre part à l'administration du pays. Autrement la république ne pourrait être gouvernée, ni les grandes âmes se produire. Du reste, les hommes d'État, non moins que les philosophes, peut-être même encore plus que ceux-ci, ont besoin de la noblesse des sentiments, du mépris des choses humaines, et de cette tranquillité d'âme, de cette sécurité dont je parle sans cesse : là est le refuge contre les anxiétés du pouvoir; là est la constance et la dignité de la vie. Toutes ces choses sont d'autant plus faciles pour les philosophes, que leur vie offre moins de prise aux coups de la fortune, que leurs besoins sont moins nombreux, et que s'ils éprouvent quelque revers, ils ne tombent jamais de si haut. Aussi n'est-ce pas sans cause que l'esprit est agité de mouvements plus tumultueux et forcé de déployer une activité plus grande chez les hommes publics, que chez ceux qui vivent dans la re-

his et magnitudo est animi adhibenda, et vacuitas ab
11 angoribus. Ad rem gerendam autem qui accedit, caveat
ne id modo consideret, quam illa res honesta sit; sed
12 etiam, ut habeat efficiendi facultatem. In quo ipso
considerandum est, ne aut temere desperet propter
13 ignaviam, aut nimis confidat propter cupiditatem. In
omnibus autem negotiis, priusquam aggrediare, adhibenda est præparatio diligens.

XXII. Sed quum plerique arbitrentur, res bellicas
majores esse, quam urbanas, minuenda est hæc opinio.
2 Multi enim bella sæpe quæsiverunt propter gloriæ cupiditatem; atque id in magnis animis ingeniisque plerumque contingit, eoque magis, si sunt ad rem mili-
3 tarem apti et cupidi bellorum gerendorum. Vere autem
si volumus judicare, multæ res exstiterunt urbanæ
4 majores clarioresque quam bellicæ. Quamvis enim Themistocles jure laudetur, et sit ejus nomen, quam Solonis, illustrius, citeturque Salamis clarissimæ testis
victoriæ, quæ anteponatur consilio Solonis ei, quo
primum constituit Areopagitas; non minus præclarum
5 hoc, quam illud judicandum est. Illud enim semel profuit, hoc semper proderit civitati. Hoc consilio leges
6 Atheniensium, hoc majorum instituta servantur. Et
Themistocles quidem nihil dixerit, in quo ipse Areo-
pagum adjuverit; at ille vere, ab se adjutum Themi-
7 stoclem : est enim bellum gestum consilio senatus ejus,
qui a Solone erat constitutus. Licet eadem de Pausania
Lysandroque dicere, quorum rebus gestis quamquam
imperium Lacedæmoniis dilatatum[1] putatur, tamen ne
minima quidem ex parte Lycurgi legibus et disciplinæ
conferendi sunt. Quin etiam ob has ipsas causas et
8 parentiores habuerunt exercitus, et fortiores. Mihi
quidem neque, pueris nobis, M. Scaurus C. Mario,

---

1. *Sic Lall., Beier, Zumpt. alii : Gernh., Orelli :* putatur dilatatum, *Heusing. delet* dilatatum, *Dübner :* Laced. [stare] putatur.

traite : nouvelle raison pour les premiers d'élever leur âme, et de s'affranchir des tourments intérieurs. Celui qui entre dans les charges publiques ne doit pas seulement considérer combien elles sont honorables ; il doit se demander encore s'il aura le talent de les bien remplir. Et en cela même, il évitera également, et cette paresse d'esprit qui se décourage sans motif, et cette confiance exagérée qui naît de l'ambition. Enfin, en toute sorte d'affaires, il faut, avant d'entreprendre, préparer soigneusement les moyens de succès.

XXII. Mais comme la plupart des hommes mettent les services militaires bien au-dessus des fonctions civiles, c'est un préjugé qu'il est bon de combattre. Beaucoup de gens en effet ont souvent cherché la guerre par amour de la gloire ; et ce sont en général les hommes d'une âme et d'un esprit élevés qui ont cette faiblesse, surtout s'ils sont propres à la conduite des armées, et s'ils aiment les combats. Mais, à juger sainement des choses, il s'est fait dans l'ordre civil une foule d'actions plus grandes et plus éclatantes que les plus hauts faits militaires. En effet, quelques justes éloges qu'on donne à Thémistocle ; quoique son nom ait plus d'éclat que celui de Solon, et que l'on atteste les glorieux souvenirs de Salamine pour mettre cette victoire au-dessus du dessein que Solon exécuta de fonder l'Aréopage, cette dernière gloire ne doit pas être tenue pour moins belle que la première. La victoire de Salamine fut utile un jour à la cité ; l'institution de l'Aréopage le sera toujours : c'est par elle que sont conservées les lois des Athéniens et les coutumes de leurs ancêtres. Thémistocle lui-même n'aurait pu rien citer en quoi il eût aidé l'Aréopage ; Solon, au contraire, eût pu se vanter justement d'avoir aidé Thémistocle ; car la guerre fut conduite par les conseils de ce sénat qu'il avait institué. On en peut dire autant de Pausanias et de Lysandre : bien qu'on attribue à leurs exploits l'agrandissement de la puissance lacédémonienne, leur mérite n'est comparable en rien aux lois et à la discipline établies par Lycurgue. C'est même à celles-ci qu'ils durent en partie la subordination et le courage de leurs armées. Quant à moi, ni M. Scaurus dans mon enfance, ni Q. Catulus, lorsque je prenais déjà part aux affaires publiques, ne me parais-

neque, quum versaremur in republica, Q. Catulus Cn.
Pompeio cedere videbatur. Parvi enim sunt foris arma,
9 nisi est consilium domi. Nec plus Africanus, singularis
et vir et imperator, in exscindenda [1] Numantia reipublicæ profuit, quam eodem tempore P. Nasica privatus,
quum Tiberium Gracchum interemit. Quamquam hæc
quidem res non solum ex domestica est ratione : attingit etiam bellicam, quoniam vi manuque confecta est;
sed tamen id ipsum est gestum consilio urbano, sine
10 exercitu. Illud autem optimum est, in quod invadi
solere ab improbis et invidis audio :

> Cedant arma togæ, concedat laurea laudi.

11 Ut enim alios omittam, nobis rempublicam gubernantibus, nonne togæ arma cesserunt ? Neque enim periculum in republica fuit gravius unquam, nec majus
12 otium. Ita consiliis diligentiaque nostra celeriter de
manibus audacissimorum civium delapsa arma ipsa
13 ceciderunt. Quæ res igitur gesta unquam in bello tanta ?
qui triumphus conferendus ? Licet enim mihi, Marce
fili, apud te gloriari, ad quem et hereditas hujus gloriæ,
14 et factorum imitatio pertinet. Mihi quidem certe vir
abundans bellicis laudibus, Cn. Pompeius, multis au-
dientibus, hoc tribuit, ut diceret, frustra se triumphum
tertium deportaturum fuisse, nisi meo in rempublicam
15 beneficio, ubi triumpharet, esset habiturus. Sunt igitur domesticæ fortitudines non inferiores militaribus :
in quibus plus etiam, quam in his, operæ studiique
ponendum est.

XXIII. Omnino illud honestum, quod ex animo
excelso magnificoque quærimus, animi efficitur, non
corporis viribus. Exercendum tamen corpus et ita affi-
ciendum est, ut obedire consilio rationique possit in
2 exsequendis negotiis, et in labore tolerando. Honestum
autem id quod exquirimus, totum est positum in animi

1. Sic Lall., Zumpt, Dübner; Beier, Orelli excidenda.

saient inférieurs, l'un à C. Marius, l'autre à Pompée. Les armes, en effet, ne sont rien au dehors, si la prudence ne règne au dedans. Et le second Africain, ce grand homme, ce capitaine incomparable, ne servit pas mieux l'État en détruisant Numance, que ne fit dans le même temps Scipion Nasica, lorsque, sans autorité publique, il donna la mort à Tibérius Gracchus. Toutefois cette action n'appartient pas uniquement à l'ordre civil; elle touche en quelque chose à la guerre, puisqu'il fallut y employer la force et en venir aux mains. Mais, après tout, le dessein en fut conçu dans la ville et accompli sans armée. Voici, quoi qu'en puissent dire les méchants et les envieux, une belle maxime :

Que les armes le cèdent à la toge, et les lauriers au mérite pacifique.

Et pour ne pas citer d'autres exemples, lorsque je gouvernais la république, n'est-il pas vrai que les armes le cédèrent à la toge? Jamais l'État ne courut de plus grands dangers et ne jouit d'un repos plus profond. Par la sagesse et la vigueur de mes mesures, les armes ne tardèrent pas à tomber d'elles-mêmes des mains des plus audacieux. Quel exploit militaire est aussi grand? quel triomphe est comparable à un tel succès? Il m'est permis, en effet, mon cher fils, de me parer devant vous d'une gloire dont l'héritage vous appartient, et d'actions que vous devrez imiter un jour. Je puis dire au moins qu'un guerrier tout couvert de la gloire des armes, Cn. Pompée, m'a rendu ce public témoignage, qu'en vain il eût mérité les honneurs d'un troisième triomphe, si ma vigilance ne lui eût conservé une patrie où il pût triompher. Il est donc un courage civil qui ne vaut pas moins que la bravoure qu'on déploie à la guerre, et qui même exige plus de dévouement et une plus grande application d'esprit.

XXIII. L'honnête, en tant qu'il prend sa source dans la grandeur et la noblesse des sentiments, dépend en général des forces de l'âme et non de celles du corps. Il faut toutefois exercer le corps, et le mettre en état d'obéir à l'esprit et à la raison, dans l'exécution des entreprises et des travaux qu'elle impose. Du reste, cet honnête que nous cherchons ici, réside tout entier dans l'action de l'esprit

cura et cogitatione : in quo non minorem utilitatem afferunt, qui togati reipublicæ præsunt, quam qui
3 bellum gerunt. Itaque eorum consilio sæpe aut non suscepta, aut confecta bella sunt, nonnunquam etiam illata : ut M. Catonis bellum tertium punicum, in quo
4 etiam mortui valuit auctoritas. Quare expetenda quidem magis est decernendi ratio, quam decertandi fortitudo; sed cavendum ne id bellandi magis fuga, quam utilitatis ratione faciamus. Bellum autem ita suscipia-
5 tur, ut nihil aliud nisi pax quæsita videatur. Fortis vero et constantis est. non perturbari in rebus asperis, nec tumultuantem de gradu dejici, ut dicitur; sed præsenti animo uti et consilio [1], nec a ratione discedere.
6 Quamquam hoc animi, illud etiam ingenii magni est, præcipere cogitatione futura, et aliquando ante constituere, quid accidere possit in utramque partem, et quid agendum sit, quum quid evenerit; nec committere, ut aliquando dicendum sit : Non putaram. Hæc sunt opera magni animi et excelsi, et prudentia consi-
7 lioque fidentis. Temere autem in acie versari, et manu cum hoste confligere, immane quiddam et belluarum simile est : sed quum tempus necessitasque postulat, decertandum manu est, et mors servituti turpitudinique anteponenda.

XXIV. De evertendis autem diripiendisque urbibus valde considerandum est, ne quid temere, ne quid crudeliter. Idque est viri magni, rebus agitatis, punire sontes, multitudinem conservare; in omni fortuna,
2 recta atque honesta retinere. Ut enim sunt, quemadmodum supra dixi. qui urbanis rebus bellicas anteponant : sic reperias [2] multos, quibus periculosa et callida consilia quietis et cogitatis et splendidiora et majora videntur. Nunquam omnino periculi fuga committen-

1 Sic Heusing., Gernh.. Beier. Orelli, Zumpt, Dübner; Lall., Ernesti. præsentis animi uti consilio. — 2. Sic Heusing., Orelli, Zumpt, Dübner Lall.. alii : reperies.

et de la pensée; et sous ce rapport, la république n'est pas moins bien servie par les citoyens qui dirigent ses affaires sous l'habit de paix, que par les commandants de ses armées. C'est le conseil des premiers qui souvent ou empêche les guerres, ou les termine, ou même décide quelquefois à les entreprendre; comme fit Caton de la troisième guerre punique, à l'occasion de laquelle son autorité fut respectée même après sa mort. On doit donc attacher plus de prix à la sagesse qui décide, qu'à la force qui combat; et cependant il faut prendre garde que la cause de cette préférence ne soit la peur de la guerre, plutôt que la raison politique. Si la guerre doit se faire, qu'elle se fasse uniquement en vue de la paix. Le caractère d'un homme ferme et constant est de ne pas se troubler dans les circonstances difficiles, de ne pas s'agiter et perdre, comme on dit, son assiette, mais de conserver sa présence d'esprit et le libre usage de sa raison. A cette force de l'âme, le génie ajoute le don d'embrasser l'avenir dans sa pensée, de déterminer d'avance les chances favorables ou contraires, et la conduite à tenir en chaque conjoncture, afin de n'être pas réduit à dire quelque jour : « Je n'y avais pas songé. » Voilà les œuvres d'une âme grande, élevée, et qui se confie dans ses lumières et dans sa prudence. Mais s'exposer témérairement sur le champ de bataille, se mesurer corps à corps avec l'ennemi, c'est là quelque chose de sauvage et qui tient de la brute. Toutefois, lorsque le temps et la nécessité le commandent, il faut payer de sa personne, et préférer la mort à l'esclavage et au déshonneur.

XXIV. En ce qui touche les pillages et les destructions des villes, on doit se garder surtout de rien faire légèrement ou avec cruauté. Un homme vraiment grand, après un mûr examen, punira les coupables, sauvera la multitude, et observera, dans la bonne comme dans la mauvaise fortune, les règles de l'honneur et de l'équité. Car s'il est des hommes, ainsi que je l'ai dit, qui préfèrent la gloire des armes au mérite civil, vous en trouverez beaucoup aussi, auxquels les résolutions hasardeuses et passionnées semblent plus brillantes et plus belles que les mesures prises avec calme et réflexion. Sans doute, nous

3 dum est, ut imbelles timidique videamur; sed fugiendum etiam illud, ne offeramus nos periculis sine causa:
4 quo nihil potest esse stultius. Quapropter in adeundis periculis consuetudo imitanda medicorum est, qui leviter ægrotantes leniter curant, gravioribus autem morbis periculosas curationes et ancipites adhibere
5 coguntur. Quare in tranquillo tempestatem adversam optare dementis est; subvenire autem tempestati quavis ratione, sapientis : eoque magis, si plus adipiscare re
6 explicata boni, quam addubitata mali. Periculosæ autem rerum actiones partim iis sunt, qui eas suscipiunt, partim reipublicæ; itemque alii de vita, alii de gloria
7 et benevolentia civium in discrimen vocantur. Promptiores igitur debemus esse ad nostra pericula, quam ad communia, dimicareque paratius de honore et glo-
8 ria, quam de ceteris commodis. Inventi autem multi sunt, qui non modo pecuniam, sed vitam etiam profundere pro patria parati essent, iidem gloriæ jacturam ne minimam quidem facere vellent, ne republica qui-
9 dem postulante. Ut Callicratidas, qui, quum Lacedæmoniorum dux fuisset peloponnesiaco bello, multaque fecisset egregie, vertit ad extremum omnia, quum consilio non paruit eorum, qui classem ab Arginusis removendam, nec cum Atheniensibus dimicandum putabant. Quibus ille respondit, Lacedæmonios, classe illa amissa, aliam parare posse: se fugere sine suo dede-
10 core non posse. Atque hæc quidem Lacedæmoniis plaga mediocris : illa pestifera, qua, quum Cleombrotus, invidiam timens, temere cum Epaminonda conflixisset,
11 Lacedæmoniorum opes corruerunt. Quanto Q. Maximus melius! de quo Ennius :

> Unus homo nobis cunctando restituit rem.
> Non ponebat enim rumores ante salutem.
> Ergo postque magisque viri nunc gloria claret.

12 Quod genus peccandi vitandum est etiam in rebus urbanis. Sunt enim qui, quod sentiunt, etsi optimum sit, tamen invidiæ metu non audent dicere.

ne devons jamais, pour fuir le danger, nous exposer à passer pour lâches et timides ; mais il est encore un écueil à éviter : c'est d'aller sans motif au-devant des périls, ce qui serait le comble de la folie. Il faut en cela imiter la conduite des médecins, qui traitent les maladies légères par des moyens doux, et emploient, quand la gravité du mal les y force, des remèdes violents et dangereux. Il serait insensé celui qui, au milieu du calme, appellerait la tempête ; mais y opposer toutes ses ressources quand elle éclate, c'est le devoir du sage ; surtout s'il y a plus de bien à espérer en décidant la chose, que de mal à redouter en la laissant incertaine. Dans les affaires hasardeuses, le péril regarde à la fois et la république et les auteurs de l'entreprise, dont les uns risquent leur vie, les autres leur gloire et la bienveillance de leurs concitoyens. Nous devons donc exposer plus hardiment notre sûreté que celle de l'État, et combattre avec plus de résolution pour l'honneur et la gloire que pour tout autre intérêt. Mais on a vu souvent des hommes qui, prêts à sacrifier leurs biens, leur vie même à la patrie, n'ont pas craint de lui refuser le plus léger sacrifice de réputation. Tel fut Callicratidas, qui, après avoir commandé l'armée lacédémonienne dans la guerre du Péloponnèse, et obtenu de beaux succès, finit par tout perdre, en repoussant le conseil qu'on lui donnait, de retirer la flotte des Arginuses, et d'éviter le combat avec les Athéniens. Il répondit que, cette flotte perdue, Lacédémone en pouvait équiper une autre, mais que lui, il ne pouvait fuir sans se déshonorer. Du reste, cet échec fut assez peu sensible pour les Lacédémoniens ; un autre leur fut mortel et renversa leur puissance : ce fut lorsque Cléombrote, craignant les propos de l'envie, livra imprudemment bataille à Épaminondas. Comme il agit mieux ce grand Fabius, dont Ennius a dit :

Un seul homme en temporisant rétablit nos affaires. Il ne plaçait pas les rumeurs populaires avant le salut du peuple. Aussi sa gloire a-t-elle brillé depuis d'un éclat qui s'accroît chaque jour

On doit éviter la même faute dans les affaires civiles. Il est des hommes, en effet, que la peur de se faire des ennemis empêche de dire leur avis, fût-il excellent.

XXV. Omnino qui reipublicæ præfuturi sunt, duo Platonis præcepta teneant : unum, ut utilitatem civium sic tueantur, ut, quæcumque agunt, ad eam referant, obliti commodorum suorum; alterum, ut totum corpus reipublicæ curent, ne, dum partem aliquam tuentur,

2 reliquas deserant. Ut enim tutela, sic procuratio reipublicæ ad utilitatem eorum qui commissi sunt, non

3 ad eorum quibus commissa est, gerenda est. Qui autem parti civium consulunt, partem negligunt; rem perniciosissimam in civitatem inducunt, seditionem atque discordiam : ex quo evenit, ut alii populares, alii studiosi optimi cujusque videantur, pauci universorum.

4 Hinc apud Athenienses magnæ discordiæ; in nostra republica non solum seditiones, sed pestifera etiam bella civilia : quæ gravis et fortis civis, et in republica dignus principatu fugiet atque oderit, tradetque se totum reipublicæ, neque opes aut potentiam consectabitur,

5 totamque eam sic tuebitur, ut omnibus consulat. Nec vero criminibus falsis in odium aut invidiam quemquam vocabit; omninoque ita justitiæ honestatique adhærescet, ut, dum ea conservet, quamvis graviter offendat, mortemque oppetat potius, quam deserat illa, quæ

6 dixi. Miserrima omnino est ambitio honorumque contentio : de qua præclare apud eumdem est Platonem : similiter facere eos, qui inter se contenderent, uter potius rempublicam administraret, ut si nautæ certa-

7 rent, quis eorum potissimum gubernaret. Idemque præcipit, ut eos adversarios existimemus, qui arma contra ferant : non eos, qui suo judicio tueri rempublicam velint : qualis fuit inter P. Africanum et Q. Me-

8 tellum sine acerbitate dissensio. Nec vero audiendi, qui graviter irascendum inimicis putabunt, idque magnanimi et fortis viri esse censebunt. Nihil enim laudabilius, nihil magno et præclaro viro dignius placabi-

XXV. En général, ceux qui aspirent à diriger les affaires publiques, doivent observer ces deux préceptes de Platon : le premier, de se dévouer à l'intérêt de leurs concitoyens, au point d'y rapporter toutes leurs actions, sans jamais songer à eux-mêmes ; le second, d'embrasser dans leur sollicitude tout le corps politique, afin de ne pas consacrer leurs soins à une seule partie au préjudice des autres. Il en est de l'administration de l'État comme d'une tutelle, qui doit être gérée dans l'intérêt des pupilles, et non dans celui des tuteurs. Ceux qui servent une partie des citoyens, en négligeant les autres, introduisent au sein de la cité le plus redoutable des fléaux, la sédition et la discorde. De là, ces distinctions d'amis du peuple et d'amis des grands ; tandis que d'amis de tous, il y en a si peu. De là, chez les Athéniens, de grandes discordes, et à Rome, non-seulement des séditions, mais encore d'affreuses guerres civiles : extrémités que tout citoyen ferme, courageux, digne d'occuper le premier rang dans un État libre, fuira avec horreur. Il se donnera tout entier à la chose publique, sans rechercher pour lui ni fortune, ni puissance ; il étendra ses soins à tout l'État, et protégera également tous les intérêts. On ne le verra point, par de fausses imputations, appeler sur qui que ce soit la haine ou l'envie. Enfin, il sera si inébranlable dans ses principes de justice et d'honneur, que, pour y demeurer fidèle, il bravera les inimitiés les plus puissantes ; qu'il ira même au-devant de la mort plutôt que de s'en départir. C'est une chose bien misérable que l'ambition et les rivalités qu'elle entraîne ; et Platon en fait une belle image, lorsqu'il compare ceux qui se disputent le gouvernement du pays à des matelots qui se battraient à qui tiendra le gouvernail. Ce même philosophe veut que nous regardions comme nos adversaires ceux qui s'arment contre la république, et non ceux qui veulent y faire prévaloir leurs idées politiques. C'est ainsi qu'il exista, entre le second Africain et Q. Métellus des dissentiments sans aigreur. N'écoutons pas ceux qui nous diront qu'il faut poursuivre ses ennemis d'une haine vigoureuse, que c'est là le propre d'une âme forte et virile. Rien n'est plus louable, au contraire, rien n'est plus digne d'un grand et noble cœur que le pardon

9 litate atque clementia. In liberis vero populis et in juris
æquabilitate, exercenda etiam est facilitas et altitudo[1]
animi, quæ dicitur: ne, si irascamur aut intempestive
accedentibus, aut impudenter rogantibus, in morosita-
10 tem inutilem et odiosam incidamus. Et tamen ita pro-
banda est mansuetudo atque clementia, ut adhibeatur
reipublicæ causa severitas, sine qua administrari civitas
11 non potest. Omnis autem et animadversio et castigatio
contumelia vacare debet, neque ad ejus qui punitur
aliquem aut verbis castigat, sed ad reipublicæ utili-
12 tatem referri. Cavendum est etiam, ne major pœna
quam culpa sit, et ne iisdem de causis alii plectantur,
13 alii ne appellentur quidem. Prohibenda autem maxime
est ira in puniendo. Nunquam enim iratus, qui accedet
ad pœnam, mediocritatem illam tenebit, quæ est inter
nimium et parum: quæ placet peripateticis, et recte
placet; modo ne laudarent iracundiam, et dicerent,
14 utiliter a natura datam. Illa vero omnibus in rebus
repudianda est, optandumque, ut ii, qui præsunt reipublicæ, legum similes sint, quæ ad puniendum non
iracundia, sed æquitate ducuntur.

XXVI. Atque etiam in rebus prosperis et ad volun-
2 tatem nostram fluentibus, superbiam magnopere, fasti-
dium arrogantiamque fugiamus. Nam ut adversas res,
sic secundas immoderate ferre levitatis est: præclara-
que est æquabilitas in omni vita, et idem semper vul-
3 tus eademque frons, ut de Socrate itemque de C. Lælio
accepimus. Philippum quidem, Macedonum regem,
4 rebus gestis et gloria superatum a filio, facilitate et
humanitate video superiorem fuisse. Itaque alter semper magnus, alter sæpe turpissimus: ut recte præci-
5 pere videantur, qui monent, ut, quanto superiores
sumus[2], tanto nos geramus submissius. Panætius qui-

1. Sic Lall., Heusing., Zumpt, alii; Orelli cum Facciol.: plenitudo.
— 2. Sic Lall., Heusing., Gernh., Beier, Orelli, Zumpt; plur. codd. et
culg.: status.

et la clémence. Mais chez un peuple libre, dans une société où tous les droits sont égaux, il faut encore avoir une humeur facile et une âme maitresse d'elle-même, pour ne pas s'exposer, en repoussant durement les visites importunes ou les demandes indiscrètes, au reproche d'une morgue inutile et haïssable. Du reste, tout en approuvant la clémence et la bonté, il faut savoir user, dans l'intérêt public, d'une sévérité sans laquelle il n'est pas de gouvernement possible. Mais au châtiment, à la réprimande, on ne doit jamais ajouter l'outrage; l'utilité de la république et non celle du magistrat qui punit ou qui reprend, doit en être le seul but. Il faut prendre garde aussi que la peine ne soit plus grande que la faute, et que les uns ne soient punis pour un délit pour lequel les autres ne seront pas même recherchés. Il faut par-dessus tout éviter la colère en punissant. Jamais celui qui châtiera dans la colère, ne gardera cette modération qui tient la balance entre le trop et le trop peu; modération qui plait aux péripatéticiens, et qui leur plait justement; que ne se sont-ils abstenus de louer la colère, et de la vanter comme un présent utile de la nature! Oui, la colère doit être repoussée de partout, et il est à désirer que les chefs des États ressemblent aux lois qui punissent, non parce qu'elles sont irritées, mais parce qu'elles sont justes.

XXVI. Il faut aussi dans la prospérité et lorsque tout va selon nos désirs, nous défendre soigneusement de l'orgueil, de la hauteur, de l'arrogance. Car il y a autant de faiblesse à ne pas porter dignement la bonne fortune que la mauvaise; et rien n'est plus beau que de montrer dans toutes les situations de la vie un caractère égal, toujours même front, toujours même visage, comme firent, dit-on, Socrate et C. Lélius. Je vois chez Philippe, roi de Macédoine, moins de gloire et d'exploits que chez son fils, mais plus de douceur et d'humanité. Aussi, l'un fut toujours grand; l'autre fut souvent digne du dernier mépris : ce qui semble justifier la maxime, que c'est dans le plus haut rang qu'il faut savoir s'abaisser davantage. Panétius rapporte que le second Africain, son disciple et son ami, avait coutume de dire que, comme les chevaux dont la chaleur des combats avait rendu la fougue trop ardente étaient

dem Africanum, auditorem et familiarem suum, solitum ait dicere, ut equos, propter crebras contentiones
prœliorum ferocitate exsultantes, domitoribus tradere
soleant, ut his facilioribus possint uti; sic homines
secundis rebus effrenatos sibique præsidentes tamquam
in gyrum rationis et doctrinæ duci oportere, ut per-
spicerent rerum humanarum imbecillitatem varieta-

6 temque fortunæ. Atque etiam in secundissimis **rebus**
maxime est utendum consilio amicorum, hisque **major**

7 etiam, quam ante, tribuenda auctoritas. Iisdemque
temporibus cavendum est, ne assentatoribus patefacia-
mus aures, nec adulari nos sinamus : in quo falli facile
est. Tales enim nos esse putamus, ut jure laudemur :
ex quo nascuntur innumerabilia peccata, quum homines
inflati opinionibus turpiter irridentur, et in **maximis**

8 versantur erroribus. Sed hæc quidem hactenus. Illud
autem sic est judicandum, maximas geri res et maximi
animi ab iis, qui respublicas regant, quod earum ad-

9 ministratio latissime pateat ad plurimosque pertineat;
esse autem magni animi, et fuisse multos etiam in **vita**
otiosa, qui aut investigarent aut conarentur **magna**
quædam, seseque suarum rerum finibus continerent;
aut interjecti inter philosophos et eos qui rempublicam
administrarent, delectarentur re sua familiari, **non**
eam quidem omni ratione exaggerantes, neque exclu-
dentes ab ejus usu suos, potiusque et amicis imper-

10 tientes et reipublicæ, si quando usus esset. Quæ primum bene parta sit, nullo neque turpi quæstu, **neque**
odioso; tum quam plurimis, modo dignis, se utilem
præbeat; deinde augeatur ratione, diligentia, parcimonia; nec libidini potius luxuriæque, quam liberalitati

11 et beneficentiæ pareat[1]. Hæc præscripta servantem licet
magnifice, graviter animoseque vivere, atque etiam
simpliciter, fideliter, vitæ hominum amice.

1. *Sic Pearce, Zumpt, Dübner cum codd.; Lall. ,Orelli, alii : pateat.*

remis à des écuyers chargés de les dompter et de les réduire à l'obéissance ; de même il faudrait que les hommes qui, dans l'ivresse du succès, avaient rejeté le frein et s'abandonnaient à une confiance présomptueuse, fussent soumis à la discipline de la raison et de la philosophie, afin de voir à nu la fragilité des choses humaines et l'inconstance de la fortune. C'est même au comble de la prospérité, qu'il est le plus nécessaire de prendre conseil de ses amis, et de leur accorder plus d'autorité que jamais. Alors surtout, il faut se garder avec soin de prêter l'oreille aux flatteurs, et de donner entrée à l'adulation, dont les piéges sont difficiles à éviter. Car nous croyons facilement mériter les louanges qu'on nous donne, et de là naissent des fautes innombrables, suite de cette vanité qui fait des malheureux qu'elle abuse un objet de risée, et les entraîne dans les plus grands écarts. Mais en voilà assez sur ce sujet. Toutefois, il est une vérité qu'il faut reconnaître, c'est que, si les actes les plus importants et qui exigent le plus de force d'âme, sont accomplis par les chefs des États, à cause de la vaste portée de l'administration publique, et des nombreux intérêts qu'elle embrasse, il y a aussi et il y eut toujours, dans la condition privée, beaucoup d'hommes d'un esprit supérieur, qui, tout occupés ou de grandes recherches ou d'œuvres difficiles, n'ont jamais songé à s'agrandir ; et d'autres qui, tenant le milieu entre les philosophes et les hommes d'État, ont pris plaisir à soigner leur fortune, sans vouloir la grossir à tout prix, ou en jouir à l'exclusion de leurs proches, toujours prêts, au contraire, à la partager avec leurs amis et avec la république, s'il en était besoin. Et d'abord, que cette fortune, honorablement acquise, ne soit le fruit d'aucun trafic avilissant ou odieux ; ensuite qu'elle soit utile à autant d'hommes qu'il sera possible, pourvu qu'ils en soient dignes ; enfin qu'elle fleurisse accrue par l'ordre, par l'activité, par l'économie, et qu'elle serve non à la débauche et au luxe, mais à la bienséance et à la générosité. Quiconque observera ces préceptes, pourra vivre avec éclat, avec dignité, en homme de cœur, et tout à la fois être simple, loyal, ami de ses semblables.

XXVII. Sequitur ut de una reliqua parte honestatis dicendum sit : in qua verecundia, et quasi quidam ornatus vitae, temperantia et modestia, omnisque sedatio 2 perturbationum animi, et rerum modus cernitur. Hoc loco continetur id, quod dici latine decorum potest : graece enim πρέπον dicitur. Hujus vis ea est, ut ab honesto non queat separari. Nam et quod decet, honestum 3 est, et quod honestum est, decet. Qualis autem differentia sit honesti et decori, facilius intelligi, quam explanari potest. Quidquid est enim quod deceat, id 4 tum apparet, quum antegressa est honestas. Itaque non solum in hac parte honestatis, de qua hoc loco disserendum est, sed etiam in tribus superioribus, 5 quid deceat, apparet. Nam et ratione uti atque oratione prudenter, et agere, quod agas, considerate, omnique in re, quid sit veri, videre et tueri decet : contraque falli, errare, labi, decipi tam dedecet, quam delirare et mente esse captum. Et justa omnia decora sunt; 6 injusta contra, ut turpia, sic indecora. Similis est[1] ratio fortitudinis : quod enim viriliter animoque magno fit, id dignum viro et decorum videtur : quod contra, 7 id ut turpe, sic indecorum. Quare pertinet quidem ad omnem honestatem hoc, quod dico, decorum; et ita pertinet, ut non recondita quadam ratione cernatur, 8 sed sit in promptu. Est enim quiddam, idque intelligitur in omni virtute, quod deceat : quod cogitatione 9 magis a virtute potest quam re separari. Ut venustas et pulchritudo corporis secerni non potest a valetudine : sic hoc, de quo loquimur, decorum, totum illud quidem est cum virtute confusum, sed mente et cogitatione 10 distinguitur. Est autem ejus descriptio duplex. Nam et generale quoddam decorum intelligimus, quod in omni honestate versatur; et aliud huic subjectum,

1. Sic Heusing., Gernh., Beier, Orelli, alii; Lall. : et.

XXVII. Il nous reste à parler de la quatrième source de l'honnête, qui comprend le respect de soi-même et des autres, et ces dons heureux qui sont comme l'ornement de la vie, je veux dire, la tempérance, la modération, et en général, ce qui apaise les troubles de l'âme, et fait que l'on garde en tout la mesure. A ce chef se rapporte ce que nous pouvons appeler dans notre langue le *decorum*, comme on dit en grec τὸ πρέπον. Par sa nature, le *decorum* ne peut pas être séparé de l'honnêteté ; car ce qui est bienséant est honnête, et ce qui est honnête est toujours bienséant. Quelle est la différence de ces deux choses? il est plus facile de la sentir que de l'expliquer. En effet, ce qui sied n'apparaît distinctement qu'à la suite de ce qui est honnête. Aussi n'est-ce pas seulement dans la partie de l'honnêteté dont nous avons à parler ici que la bienséance se fait reconnaître, c'est encore dans les trois précédentes. Faire un usage éclairé de la raison et de la parole, n'agir jamais qu'avec réflexion, discerner le vrai en toute chose et s'y attacher, cela sied évidemment ; tandis qu'il sied aussi peu de prendre le faux pour le vrai, de se tromper, de faillir, de se laisser surprendre, que d'être en délire et hors de son bon sens. Pareillement, tout ce qui est juste est conforme à la bienséance; tout ce qui est injuste y est contraire, en même temps que honteux. On en peut dire autant de la force : toute action virile et qui part d'une grande âme, est digne d'un homme et satisfait aux bienséances ; toute action qui a les caractères opposés, est aussi malséante que honteuse. Ainsi ce *decorum* dont je parle s'étend sur toutes les parties de l'honnête, et il ne faut pas de profondes recherches pour l'y découvrir ; il s'y manifeste tout d'abord. L'esprit aperçoit en effet dans toute vertu, quelque chose qui sied, et qu'on n'en peut guère séparer que par la pensée. Comme la grâce et la beauté du corps ne sauraient exister sans la santé, de même cette bienséance dont il s'agit ici, se confond tout entière avec la vertu ; mais elle en peut être distinguée par un acte de l'intelligence. Or elle se présente sous un double aspect. Nous concevons, en effet, une bienséance générale qui se lie à l'honnêteté considérée dans son ensemble, et une autre, subordonnée à la première, qui se

11 quod pertinet ad singulas partes honestatis. Atque illud superius sic fere definiri solet : decorum id esse, quod consentaneum sit hominis excellentiæ, in eo, in 12 quo natura ejus a reliquis animantibus differat. Quæ autem pars subjecta generi est, eam sic definiunt, ut id decorum velint esse, quod ita naturæ consentaneum sit, ut in eo moderatio et temperantia appareat cum specie quadam liberali.

XXVIII. Hæc ita intelligi, possumus existimare ex eo decoro, quod poetæ sequuntur : de quo alio loco 2 plura dici solent. Sed tum servare illud poetas, quod deceat, dicimus, quum id, quod quaque persona dignum est, et fit, et dicitur. Ut, si Æacus aut Minos diceret : Oderint, dum metuant! aut : Natis sepulcro[1] ipse est parens ; indecorum videretur, quod eos fuisse justos accepimus. At Atreo dicente, plausus excitantur ; 3 est enim digna persona oratio, sed poetæ quid quemque deceat ex persona judicabunt : nobis autem personam imposuit ipsa natura, magna cum excellentia præ-4 stantiaque animantium reliquarum. Quo circa poetæ, in magna varietate personarum, etiam vitiosis quid conveniat, et quid deceat, videbunt : nobis autem quum a natura constantiæ, moderationis, temperantiæ, verecundiæ partes datæ sint ; quumque eadem natura doceat non negligere, quemadmodum nos adversus homines geramus : efficitur ut et illud, quod ad omnem honestatem pertinet, decorum, quam late fusum sit, appareat ; et hoc, quod spectatur in unoquo-5 que genere virtutis. Ut enim pulchritudo corporis apta compositione membrorum movet oculos, et delectat hoc ipso, quod inter se omnes partes cum quodam lepore consentiunt : sic hoc decorum, quod elucet in vita, movet approbationem eorum quibuscum vivitur, ordine, et constantia, et moderatione dictorum

---

1. *Sic Lall., Heusing., Zumpt, Orelli ; Gernh. :* sepulcrum.

rapporte aux différentes parties de l'honnête. On définit ordinairement la bienséance générale : ce qui s'accorde avec l'excellence de la nature humaine, en tant que cette nature diffère de celle des animaux. Quant à l'autre, qui est subordonnée à celle-là, comme l'espèce au genre, on essaye d'en donner une idée, en disant que c'est une conduite qui, étant d'accord avec la nature, est réglée par la modération et la tempérance, accompagnée d'une certaine dignité extérieure.

XXVIII. Qu'il le faille entendre de la sorte, nous en pouvons juger par les bienséances que les poëtes observent, et dont on donne les préceptes dans des ouvrages différents de celui-ci. Or, nous disons qu'un poëte observe les bienséances, lorsqu'il fait parler et agir ses personnages selon leur caractère. Si par exemple, Éaque ou Minos allaient dire : « Qu'ils haïssent, pourvu qu'ils craignent ! » ou bien : « Le père sert de tombeau à ses propres enfants, » les convenances seraient blessées ; car la tradition nous apprend qu'Éaque et Minos étaient justes. Mais, prononcées par Atrée, ces paroles excitent des applaudissements, parce qu'elles sont dignes du personnage. Du reste, c'est aux poëtes à juger de ce qui sied à chacun d'après son caractère. Mais nous, la nature elle-même nous a imposé notre rôle, ce rôle sublime, qui nous place si fort au-dessus des autres animaux. Ainsi, les poëtes verront, dans l'infinie variété de leurs personnages, ce qui convient et ce qui sied, même aux plus vicieux. Nous, à qui la nature a donné le rôle de la constance, de la modération, de la tempérance, de la retenue, nous à qui elle enseigne à ne pas nous conduire légèrement envers les hommes, il nous est aisé de concevoir tout ce qu'embrassent, et cette loi de bienséance qui se lie à l'honnête pris en général, et cette autre qui est particulière à chaque espèce de vertu. De même, en effet, que dans un beau corps, c'est la juste proportion des membres qui frappe les regards, et que la beauté plaît par cette convenance même de toutes les parties, qui répand sur l'ensemble une sorte de grâce ; de même cette bienséance qui brille dans une vie bien réglée, nous attire l'estime de ceux avec lesquels nous vivons, précisément par cet ordre, cette constance, cette mesure, qu'elle fait régner dans toutes nos actions et dans toutes nos pa-

6 omnium atque factorum. Adhibenda est igitur quædam reverentia adversus homines, et optimi cujusque, et reliquorum. Nam negligere, quid de se quisque sentiat, non solum arrogantis est, sed etiam omnino dis-
7 soluti. Est autem quod differat, in hominum ratione
8 habenda, inter justitiam et verecundiam. Justitiæ partes sunt non violare homines; verecundiæ, non offendere : in quo maxime perspicitur vis decori. His igitur expositis, quale sit id, quod decere dicimus, intelle-
9 ctum puto. Officium autem, quod ab eo ducitur, hanc primum habet viam[1], quæ deducit ad convenientiam conservationemque naturæ : quam si sequemur ducem, nunquam aberrabimus, assequemurque[2] et id, quod acutum et perspicax natura est; et id, quod ad hominum consociationem accommodatum; et id, quod vehemens
10 atque forte. Sed maxima vis decori in hac inest parte, de qua disputamus. Neque enim solum corporis, qui ad naturam apti sunt, sed multo etiam magis animi motus
11 probandi, qui item ad naturam accommodati sunt. Duplex est enim vis animorum atque natura : una pars in appetitu posita est, quæ est ὁρμή græce, quæ hominem huc et illuc rapit : altera in ratione, quæ docet et explanat quid faciendum fugiendumve sit. Ita fit ut ratio præsit, appetitus obtemperet.

XXIX. Omnis autem actio vacare debet temeritate et negligentia; nec vero agere quidquam, cujus non possit[3] causam probabilem reddere; hæc est enim fere
2 descriptio officii. Efficiendum autem est, ut appetitus rationi obediant, eamque neque præcurrant, nec propter pigritiam aut ignaviam deserant; sintque tran-
3 quilli, atque omni animi perturbatione careant : ex quo elucebit omnis constantia omnisque moderatio. Nam qui appetitus longius evagantur, et tamquam exsultantes sive cupiendo, sive fugiendo, non satis a ratione

1. Sic Lall., Gernh., Beier, Orelli; Heusing., Zumpt. : vim. — 2. Sic Facciol., Orelli; Lall., Zumpt, Dübner, alii : sequemur. — 3. Sic Lall., Orelli, cum vulg ; Zumpt. : possis.

roles. Nous devons donc avoir un certain respect pour nos semblables, et non-seulement pour les honnêtes gens, mais pour tous les hommes. Être indifférents à ce que l'on pense de nous, ce serait non-seulement de l'arrogance, mais un mépris absolu de toute pudeur. Il y a au reste une différence, en ce qui touche nos relations avec les hommes, entre la justice et le respect. La justice s'applique à ne pas leur nuire, le respect à ne pas les choquer; et c'est en cela que se manifeste surtout la loi de la bienséance. Ces développements suffisent, je crois, pour donner une idée de ce que nous entendons par ces mots. Quant aux devoirs qui découlent de cette loi, le premier de tous, c'est de marcher dans la voie qui conduit au maintien et à l'observation des vues de la nature. Si nous prenons celle-ci pour guide, nous ne nous égarerons jamais, et nous arriverons au but qu'elle a marqué, soit à l'intelligence et à la pénétration de l'esprit, soit à l'établissement des sociétés humaines, soit enfin à la force et au courage. Mais la loi de bienséance règne surtout dans la partie de l'honnête dont nous traitons ici. Car ce ne sont pas seulement les mouvements du corps qui, pour être approuvés, ont besoin d'être naturels; il faut encore, et à bien plus forte raison, que ceux de l'âme soient conformes à la nature. Or l'âme a en elle deux forces et deux principes : l'appétit, que les Grecs nomment ὁρμή, et qui entraîne l'homme d'objet en objet; la raison, qui nous enseigne et nous montre ce qu'il faut faire et ce qu'il faut éviter. Il s'ensuit que la raison doit commander, et l'appétit obéir.

XXIX. Toute action doit être exempte de témérité et de négligence; et nous ne devons rien faire dont nous ne puissions donner une raison plausible; c'est là comme le sommaire des devoirs. Il faut, par conséquent, que nos appétits obéissent à la raison, sans la devancer jamais, sans rester non plus en arrière par paresse ou par nonchalance; il faut qu'ils soient calmes; qu'ils n'excitent aucun trouble dans notre esprit. Tel est le principe de toute constance et de toute modération. En effet, les appétits qui se donnent une trop libre carrière, et qui, dans les transports du désir ou de la crainte, ne sont pas retenus

retinentur, ii sine dubio finem et modum transeunt. Relinquunt enim et abjiciunt obedientiam, nec rationi parent, cui sunt subjecti lege naturæ : a quibus non

4 modo animi perturbantur, sed etiam corpora. Licet ora ipsa cernere iratorum, aut eorum qui aut libidine aliena, aut metu commoti sunt, aut voluptate nimia gestiunt : quorum omnium vultus, voces, motus statusque mu-

5 tantur. Ex quibus illud intelligitur (ut ad officii formam revertamur), appetitus omnes contrahendos sedandosque esse, excitandamque animadversionem et diligentiam, ut ne quid temere ac fortuito, inconside-

6 rate negligenterque agamus. Neque enim ita generati a natura sumus, ut ad ludum et jocum facti esse videamur, ad severitatem potius, et ad quædam studia

7 graviora atque majora. Ludo autem et joco uti illo quidem licet ; sed sicut somno et quietibus ceteris, tum,

8 quum gravibus seriisque rebus satisfecerimus. Ipsumque genus jocandi non profusum nec immodestum, sed

9 ingenuum et facetum esse debet. Ut enim pueris non omnem ludendi licentiam damus, sed eam quæ ab honestatis actionibus non sit aliena : sic in ipso joco ali-

10 quod probi ingenii lumen eluceat. Duplex omnino est jocandi genus : unum illiberale, petulans, flagitiosum, obscenum : alterum elegans, urbanum, ingeniosum,

11 facetum. Quo genere non modo Plautus noster et Atticorum antiqua comœdia, sed etiam philosophorum Socraticorum libri referti sunt ; multaque multorum facete dicta, ut ea, quæ a sene Catone collecta sunt,

12 quæ vocant ἀποφθέγματα. Facilis igitur est distinctio ingenui et illiberalis joci. Alter est, si tempore fit ac remisso animo[1], homine libero dignus ; alter ne homine quidem, si rerum turpitudini adhibetur verborum obsce-

13 nitas. Ludendi etiam est quidam modus retinendus, ut ne nimis omnia profundamus, elatique voluptate in ali-

14 quam turpitudinem delabamur. Suppeditant autem et

<hr>

1. *Sic Lall. ; vide not. ad calcem*
4.

par la raison, dépassent infailliblement la borne et la
mesure. Ils se dérobent au joug, ils le rejettent; ils re-
fusent obéissance à la raison, à laquelle la loi de la nature
les a soumis; aussi ne portent-ils pas moins de désordre
dans les corps que dans les âmes. Que l'on regarde seulement l'homme en colère, ou celui qu'agite une passion
violente, qui est en proie à la terreur, ou enivré par le
plaisir : comme on verra changer son visage, sa voix, ses
gestes, son maintien ! Concluons de là (pour en revenir
aux règles du devoir), qu'il faut réprimer et calmer nos
appétits, et tenir sans cesse notre attention éveillée, afin
de ne rien faire témérairement et au hasard, avec irré-
flexion et négligence. Ce n'est pas apparemment pour les
jeux et les amusements que la nature nous a formés; c'est
pour une vie plus sévère, pour des occupations plus graves
et plus importantes. Toutefois les divertissements et les
jeux ne sont pas interdits; on peut en user, mais comme
du sommeil et des autres délassements, lorsqu'on a satisfait
aux affaires sérieuses. Encore n'y doit-il régner ni dissipa-
tion ni licence; il y faut une gaieté décente et spirituelle.
Si nous ne permettons pas aux enfants toute espèce de jeux,
mais ceux-là seulement qui s'accordent avec l'honnêteté,
ayons soin aussi que, dans les nôtres, il brille toujours une
certaine fleur d'urbanité et de bon goût. Il y a, en général, deux manières de plaisanter, l'une grossière, bles-
sante, basse, obscène; l'autre délicate, polie, ingénieuse,
piquante. Les exemples de cette dernière abondent non-
seulement dans notre Plaute, et dans l'ancienne comédie
des Athéniens, mais encore dans les livres de l'école socra-
tique. Il existe d'ailleurs, de beaucoup de personnages,
une infinité de bons mots, comme ceux qu'a recueillis le
vieux Caton, et que l'on nomme *apophthegmes*. Il est donc
facile de distinguer une plaisanterie honnête d'une ignoble
bouffonnerie. L'une, si elle est faite à propos et dans un
moment de gaieté, est digne d'un homme libre; l'autre
n'est pas même digne d'un homme, si à la bassesse de la
pensée elle joint l'obscénité des paroles. Enfin il faut garder
dans ses divertissements, une certaine mesure, de peur de
les pousser jusqu'à l'abus, et de se laisser entraîner par
l'enivrement du plaisir à quelque chose de honteux. Le

campus noster, et studia venandi, honesta exempla ludendi.

XXX. Sed pertinet ad omnem officii quæstionem, semper in promptu habere, quantum natura hominis 2 pecudibus reliquisque belluis antecedat. Illæ nihil sentiunt nisi voluptatem, ad eamque feruntur omni impetu; hominis autem mens discendo alitur et cogitando, semper aliquid aut anquirit, aut agit, videndique et audiendi delectatione ducitur. Quin etiam, si quis est 3 paullo ad voluptates propensior, modo ne sit ex pecudum genere (sunt enim quidam homines non re, sed nomine), sed si quis est paullo erectior, quamvis voluptate capiatur, occultat et dissimulat appetitum voluptatis propter verecundiam. Ex quo intelligitur, corporis 4 voluptatem non satis esse dignam hominis præstantia, eamque contemni et rejici oportere : sin sit quispiam, qui aliquid tribuat voluptati, diligenter ei tenendum 5 esse ejus fruendæ modum. Itaque victus cultusque corporis ad valetudinem referatur[1] et ad vires, non ad 6 voluptatem. Atque etiam, si considerare volumus, quæ sit in natura hominis excellentia et dignitas, intelligemus, quam sit turpe diffluere luxuria, et delicate ac molliter vivere; quamque honestum parce, continen-7 ter, severe, sobrie. Intelligendum etiam est, duabus quasi nos a natura indutos esse personis : quarum una communis est, ex eo, quod omnes participes sumus rationis præstantiæque ejus, qua antecellimus bestiis, a qua omne honestum decorumque trahitur, et ex qua ratio inveniendi officii exquiritur; altera 8 autem, quæ proprie singulis est tributa. Ut enim in corporibus magnæ dissimilitudines sunt, alios videmus velocitate ad cursum, alios viribus ad luctandum valere, itemque in formis aliis dignitatem inesse, aliis venustatem : sic in animis exsistunt majores etiam varietates. Erat in L. Crasso, in L. Philippo multus

---

1. *Sic Pearce, Heusing., Gernh., Beier, Orelli, Zumpt; Lall., cum codd. : referantur.*

champ de Mars et la chasse nous offrent des exemples d'amusements honnêtes.

XXX. Mais, dans toute question de devoir, il est à propos de se rappeler toujours combien la nature de l'homme l'emporte sur celle des quadrupèdes et des bêtes en général. Les bêtes ne sentent que le plaisir, et elles s'y portent avec une impétuosité aveugle. L'esprit de l'homme, au contraire, se nourrit de connaissances ; sa pensée est toujours curieuse, toujours agissante ; son bonheur est de voir et d'entendre. Bien plus, s'il est un homme un peu enclin aux voluptés, pourvu qu'il ne soit pas de l'espèce des brutes (car on voit des gens qui n'ont de l'homme que le nom); mais enfin s'il en est un qui ait des passions un peu trop vives, quoique séduit par l'attrait du plaisir, il cache son penchant et le dissimule par pudeur. Preuve manifeste que les plaisirs des sens ne sont pas dignes de l'excellence de l'homme ; qu'il faut les mépriser et les fuir, et que s'il est quelqu'un qui ne veuille pas s'en priver tout à fait, il doit en user avec une extrême réserve. C'est pourquoi la nourriture et les soins que nous donnons au corps doivent avoir pour but la santé et les forces, et non la volupté. Et même, pour peu que nous considérions l'expérience et la dignité de l'homme, nous sentirons combien est honteuse une vie énervée par le luxe, abîmée dans les délices et dans la mollesse, et combien sont honorables l'économie, la continence, la sévérité des mœurs, la sobriété. Il faut remarquer aussi que la nature nous a revêtus pour ainsi dire de deux caractères : l'un, qui est général, résulte de la part que nous avons tous à la raison, et à cette prérogative qui nous distingue des animaux, prérogative qui est la source de toute honnêteté et de toute bienséance, et qui nous dirige dans la recherche des devoirs. L'autre est personnel et particulier à chacun de nous. Car si les hommes diffèrent à l'infini par les qualités du corps, si les uns sont plus agiles à la course, les autres plus forts à la lutte, si les formes extérieures ont dans ceux-ci plus de dignité, dans ceux-là plus de grâce, il en est de même des esprits, et la diversité y est plus grande encore. On trouvait à L. Crassus et à L. Philippus des agréments singuliers ; on en trouvait plus encore

lepos ; major etiam magisque de industria in C. Cæsare,
Lucii filio. At iisdem temporibus in M. Scauro et in
M. Druso adolescente singularis severitas, in C. Lælio
multa hilaritas, in ejus familiari Scipione ambitio ma-
10 jor, vita tristior. De Græcis autem dulcem et facetum,
festivique sermonis, atque in omni oratione simula-
torem, quem εἴρωνα Græci nominarunt, Socratem accepimus : contra, Pythagoram et Periclem summam
11 auctoritatem consecutos sine ulla hilaritate. Callidum
Annibalem ex Pœnorum, ex nostris ducibus Q. Maximum accepimus, facile celare, tacere, dissimulare,
12 insidiari, præripere[1] hostium consilia. In quo genere
Græci Themistoclem et Pheræum Iasonem ceteris ante-
ponunt ; inprimisque versutum et callidum factum
Solonis, qui, quo et tutior vita ejus esset, et plus ali-
13 quanto reipublicæ prodesset, furere se simulavit. Sunt
his alii multum dispares, simplices et aperti ; qui nihil
ex occulto, nihil de insidiis agendum putant, veritatis
cultores, fraudis inimici ; itemque alii, qui quidvis
perpetiantur, cuivis deserviant, dum, quod velint, con-
14 sequantur : ut Sullam et M. Crassum videbamus. Quo
in genere versutissimum et patientissimum Lacedæmo-
nium Lysandrum accepimus ; contraque Callicratidam,
qui præfectus classi proximus post Lysandrum fuit.
15 Itemque in sermonibus alium quem, quamvis præpo-
tens sit, efficere, ut unus de multis esse videatur :
quod in Catulo, et in patre, et in filio, itemque in
16 Q. Mucio Mancia vidimus. Audivi ex majoribus natu,
hoc idem fuisse in P. Scipione Nasica ; contraque
patrem ejus, illum, qui Tib. Gracchi conatus perditos
vindicavit, nullam comitatem habuisse sermonis ; ne
Xenocratem quidem, severissimum philosophorum, ob
17 eamque rem ipsam magnum clarumque fuisse. Innumerabiles aliæ dissimilitudines sunt naturæ morumque,
minime tamen vituperandorum.

---

1. Sic plur. codd., editt. veter., Zumpt, Dübner ; Lall., Orelli, alii :
præcipere.

et de plus étudiés à C. César, fils de Lucius. Leurs contemporains, M. Scaurus et le jeune Drusus, étaient d'une gravité remarquable; C. Lélius était fort gai; Scipion, son ami, avait un air plus imposant, une vie plus austère. Parmi les Grecs, Socrate, nous dit-on, fut doux, spirituel, d'une conversation enjouée; il faisait un usage habituel de ces contre-vérités qu'ils appellent *ironie*, et dont le nom est devenu inséparable du sien. Pythagore, au contraire, et Périclès acquirent, sans aucun enjouement dans l'esprit, la plus haute influence. On cite comme de rusés capitaines, chez les Carthaginois, Annibal, chez nous, le grand Fabius; tous deux impénétrables, sachant se taire, dissimuler, tendre des embûches à l'ennemi, et prévenir ses desseins. En ce genre, les Grecs préfèrent à tous leurs généraux Thémistocle et Jason de Phères. Ils vantent surtout l'adroit et ingénieux stratagème de Solon, qui pour mettre sa vie à l'abri, et rendre néanmoins à la république un signalé service, contrefit l'insensé. Il est des hommes d'un caractère tout à fait différent; hommes simples et ouverts; qui pensent qu'on ne doit rien faire en se cachant, rien par surprise, idolâtres de la vérité, ennemis de la fraude. D'autres sont prêts à souffrir toute chose et à servir tout maître pour arriver à leurs fins; tels nous avons vu et Sylla et Crassus. Nul, sous ce rapport, ne poussa plus loin la souplesse et la patience que le lacédémonien Lysandre, tandis que Callicratidas, qui lui succéda dans le commandement de la flotte, était d'une humeur tout opposée. Tel personnage de la plus grande autorité sut, dans ses entretiens, se mettre au niveau de tout le monde; c'est ce que nous avons vu dans les deux Catulus, le père et le fils, ainsi que dans Q. Mucius Mancia. J'ai entendu dire à nos vieillards qu'il en était de même de P. Scipion Nasica, tandis que son père, celui qui réprima les desseins pernicieux de Tibérius Gracchus, n'avait aucune politesse de langage. On en dit autant de Xénocrate, le plus sévère des philosophes, et l'on attribue à cette sévérité même sa grande renommée. Enfin, il y a dans les caractères et les mœurs des hommes une foule d'autres différences, qui ne les rendent pas pour cela condamnables.

XXXI. Admodum autem tenenda sunt sua cuique,
non vitiosa, sed tamen propria, quo facilius decorum
2 illud, quod quaerimus, retineatur. Sic enim est faciendum, ut contra universam naturam nihil contendamus;
ea tamen conservata, propriam naturam sequamur; ut,
etiam si sint alia graviora atque meliora [1], tamen nos
3 studia nostra nostrae naturae regula metiamur. Neque
enim attinet naturae repugnare, nec quidquam sequi,
quod assequi non queas. Ex quo magis emergit, quale
sit decorum illud, ideo, quia nihil decet invita Minerva,
ut aiunt, id est, adversante et repugnante natura.
4 Omnino si quidquam est decorum, nihil est profecto
magis, quam aequabilitas universae vitae, tum singularum actionum : quam conservare non possis, si aliorum naturam imitans omittas tuam. Ut enim sermone
eo debemus uti, qui notus est nobis, ne, ut quidam,
graeca verba inculcantes, jure optimo rideamur : sic in
actiones omnemque vitam nullam discrepantiam conferre debemus. Atque haec differentia naturarum tantam
habet vim, ut nonnunquam mortem sibi ipse conscicere alius debeat, alius in eadem causa non debeat.
7 Num enim alia in causa M. Cato fuit, alia ceteri qui
se in Africa Caesari tradiderunt? Atque ceteris forsitan
vitio datum esset, si se interemissent, propterea quod
lenior eorum vita et mores fuerant faciliores : Catoni [2]
quum incredibilem tribuisset natura gravitatem, eamque ipse perpetua constantia roboravisset, semperque
in proposito susceptoque consilio permansisset, moriendum potius, quam tyranni vultus adspiciendus
8 fuit. Quam multa passus est Ulixes in illo errore diuturno, quum et mulieribus (si Circe et Calypso mulieres appellandae sunt) inserviret, et in omni sermone
omnibus affabilem et jucundum esse se vellet! Domi
vero etiam contumelias servorum ancillarumque pertulit, ut ad id aliquando, quod cupiebat, perveniret.
At Ajax. quo animo traditur, millies oppetere mortem,

1. *Zumpt et Dübner delent* atque meliora. — 2. *Sic Heusing., Orelli,
alii; Lall. cum vulg. :* Catoni autem.

XXXI. Or chacun doit suivre ses propres inclinations, non les mauvaises sans doute, mais les siennes pourtant; c'est le moyen de conserver cette bienséance que nous cherchons. En effet, il ne faut pas se mettre en opposition avec la loi générale de la nature; mais, cette loi observée, suivons notre nature à nous, et, sans chercher un mieux idéal, réglons sur elle l'emploi de nos facultés. Il ne sert à rien de lutter contre le naturel, et de poursuivre ce qu'on ne peut atteindre. Et c'est ce qui donne l'idée la plus nette de la bienséance, puisque rien ne sied de ce qu'on fait, comme dit le proverbe, en dépit de Minerve, c'est-à-dire malgré la nature et contre son vœu. En général, s'il est quelque chose de bienséant, rien assurément ne l'est à un plus haut degré qu'une vie toujours égale, et dans son plan universel, et dans ses moindres détails. Or, cette égalité, comment la conserverez-vous, si vous empruntez le caractère d'autrui, en renonçant au vôtre? Nous devons parler la langue qui nous est connue, afin de ne pas nous exposer à de justes risées, en bigarrant notre discours de mots grecs, comme font quelques personnes. Il en est de même de nos actions et de toute notre vie : il en faut bannir ce qui ferait disparate. Cette différence des caractères va si loin, qu'il est des situations où un homme doit se donner la mort, tandis qu'un autre ne le doit pas. Caton était-il dans une autre position que ceux des Romains qui en Afrique se livrèrent à César? Cependant ceux-ci auraient peut-être été blâmés de se tuer, parce que leurs habitudes étaient plus douces, leurs mœurs plus faciles. Mais Caton, doué par la nature d'une incroyable fermeté, qu'il avait fortifiée encore par une constance à toute épreuve, Caton qui, une fois sa résolution prise, y avait toujours persévéré, devait plutôt mourir que de voir de ses yeux le visage d'un tyran. Que de maux souffrit Ulysse, dans ses courses interminables, asservi à des femmes (si Calypso et Circé peuvent être appelées des femmes), et occupé sans cesse de se rendre affable en toute rencontre et de plaire à tout le monde? Il endura, jusque dans sa propre maison, les outrages des esclaves et des servantes, pour arriver enfin au but qu'il poursuivait. Ajax, au contraire, de l'humeur dont on le représente, aurait mille fois bravé la mort, avant de

9 quam illa perpeti, maluisset. Quæ contemplantes ex-
pendere oportebit, quid quisque habeat sui, eaque
moderari, nec velle experiri, quam se aliena deceant;
id enim maxime quemque decet, quod est cujusque
10 maxime suum. Suum quisque igitur noscat ingenium,
acremque se et bonorum et vitiorum suorum judicem præbeat, ne scenici plus, quam nos, videantur
11 habere prudentiæ. Illi non optimas, sed sibi accommo-
datissimas fabulas eligunt. Qui voce freti sunt, Epigonos Medumque; qui gestu, Melanippam, Clytæmnestram; semper Rupilius, quem ego memini, Antiopam;
12 non sæpe Æsopus Ajacem. Ergo histrio hoc videbit in
scena, non videbit sapiens vir in vita? Ad quas igitur
res aptissimi erimus, in iis potissimum elaborabimus.
Sin aliquando necessitas nos ad ea detruserit, quæ
nostri ingenii non erunt, omnis adhibenda erit cura,
meditatio, diligentia, ut ea, si non decore, at quam
13 minime indecore facere possimus. Nec tam est eniten-
dum, ut bona, quæ nobis data non sint, assequamur,
quam ut vitia fugiamus.

XXXII. Ac duabus iis personis, quas supra dixi,
tertia adjungitur, quam casus aliqui [1] aut tempus im-
ponit: quarta etiam, quam nobismet ipsi judicio no-
2 stro accommodamus. Nam regna, imperia, nobilitates,
honores, divitiæ, opes, eaque, quæ sunt his contraria,
3 in casu sita, temporibus gubernantur. Ipsi autem gerere quam personam velimus, a nostra voluntate proficiscitur. Itaque se alii ad philosophiam, alii ad jus
civile, alii ad eloquentiam applicant; ipsarumque vir-
4 tutum in alia alius mavult excellere. Quorum vero
patres aut majores aliqua gloria præstiterunt, ii stu-
dent plerumque eodem in genere laudis excellere: ut
Q. Mucius, Publii filius, in jure civili; Paulli filius
5 Africanus, in re militari. Quidam autem ad eas laudes,
quas a patribus acceperunt, addunt aliquam suam: ut
hic idem Africanus eloquentia cumulavit bellicam glo-

1. Sic Heusing. Orell., alii; Lall., cum vulg.: aliquis.

supporter rien de pareil. Les yeux fixés sur ces exemples, chacun étudiera ce qu'il y a en lui de personnel, en réglera l'usage, et n'essayera pas si le personnage d'un autre lui siérait : ce qui sied le mieux, c'est ce qu'on a de véritablement sien. Connaissons donc notre naturel, et soyons des juges sévères de nos qualités et de nos défauts, afin que des comédiens ne paraissent pas l'emporter sur nous en prudence. Ce ne sont pas les meilleures pièces qu'ils choisissent ; ce sont les mieux appropriées à leur talent. Ceux qui comptent sur leur voix jouent les Épigones et Médus ; ceux qui brillent par le geste préfèrent Mélanippe ou Clytemnestre. Rupilius, dont je me souviens, jouait toujours Antiope ; Ésopus jouait rarement Ajax. Ainsi un acteur verrait plus clair dans les convenances de la scène, qu'un homme sage dans celles de la vie ! Livrons-nous de préférence aux travaux auxquels nous sommes le plus propres ; et si jamais la nécessité nous impose un rôle qui n'aille pas à notre talent, n'épargnons ni soin, ni étude, ni attention pour le remplir, sinon avec une grâce parfaite, du moins sans trop de mauvaise grâce. L'important n'est pas de courir après un mieux qui nous est refusé ; c'est de fuir ce qui n'est pas bien.

XXXII. Aux deux caractères dont j'ai parlé plus haut, s'en joint un troisième, que nous imposent le hasard ou les conjonctures, et un quatrième, que chacun revêt librement et par choix. La royauté, les commandements, la noblesse, les honneurs, la fortune, le crédit, aussi bien que les situations opposées, dépendent du hasard, et sont subordonnés à la vicissitude des temps. Mais le choix du personnage que nous voulons faire est l'ouvrage de notre volonté. Ainsi les uns s'adonnent à la philosophie, les autres au droit civil, d'autres à l'éloquence ; et parmi les vertus elles-mêmes, tel homme veut exceller dans celle-ci, tel autre dans celle-là. Ceux dont les pères ou les ancêtres se sont illustrés par quelque genre de mérite, cherchent ordinairement à se distinguer dans la même carrière ; comme Q. Mucius, fils de Publius, dans le droit civil ; Scipion l'Africain, fils de Paul Émile, dans l'art militaire. Quelques-uns, à la renommée qu'ils ont reçue de leurs pères, ajoutent quelque titre personnel ; comme ce même

riam. Quod idem fecit Timotheus, Cononis filius, qui, quum belli laude non inferior fuisset quam pater, ad
6 eam laudem doctrinæ et ingenii gloriam adjecit. Fit autem interdum, ut nonnulli, omissa imitatione majorum, suum quoddam institutum consequantur : maximeque in eo plerumque elaborant ii, qui magna sibi
7 proponunt, obscuris orti majoribus. Hæc igitur omnia, quum quærimus quid deceat, complecti animo et co-
8 gitatione debemus. Inprimis autem constituendum est, quos nos et quales esse velimus, et in quo genere vitæ :
9 quæ deliberatio est omnium difficillima. Ineunte enim adolescentia, quum est maxima imbecillitas consilii, tum id sibi quisque genus ætatis degendæ constituit, quod maxime adamavit. Itaque ante implicatur aliquo certo genere cursuque vivendi, quam potuit, quod opti-
10 mum esset, judicare. Nam quod Herculem Prodicium dicunt, ut est apud Xenophontem, quum primum pubesceret (quod tempus a natura ad deligendum, quam quisque viam vivendi sit ingressurus, datum est), exisse in solitudinem, atque ibi sedentem diu secum multumque dubitasse, quum duas cerneret vias, unam Voluptatis, alteram Virtutis, utram ingredi melius
11 esset; hoc Herculi, Jovis sátu edito, potuit fortasse contingere : nobis non item, qui imitamur quos cuique visum est, atque ad eorum studia institutaque impelli-
12 mur. Plerumque autem, parentum præceptis imbuti, ad eorum consuetudinem moremque deducimur. Alii multitudinis judicio feruntur, quæque majori parti pulcher-
13 rima videntur, ea maxime exoptant. Nonnulli tamen sive felicitate quadam, sive bonitate naturæ, sive parentum disciplina, rectam vitæ secuti sunt viam.

XXXIII. Illud autem maxime rarum genus est eorum, qui aut excellentis ingenii magnitudine, aut præclara eruditione atque doctrina, aut utraque re ornati, spatium etiam deliberandi habuerunt, quem potissi-
2 mum vitæ cursum sequi vellent : in qua deliberatione

Scipion, qui couronna la gloire de ses exploits par celle
de l'éloquence. C'est ce que fit aussi Timothée, fils de
Conon, qui, après avoir égalé son père dans la guerre,
joignit à cette illustration celle de la science et du génie.
Il en est au contraire qui renoncent à imiter leurs aïeux,
pour suivre des voies qu'eux-mêmes se sont tracées; et
c'est là que déploient toute leur énergie ceux qui aspirent
aux grandes choses, quoique nés de parents obscurs. Voilà
autant de considérations qu'il faut avoir présentes à l'esprit
et à la pensée, lorsque nous cherchons ce que prescrit la
bienséance. Mais il faut déterminer avant tout ce que nous
voulons être, et quel genre de vie nous entendons choisir;
or, de toutes les questions, il n'en est pas d'aussi délicate.
C'est au commencement de l'adolescence, à l'âge où le jugement est le plus faible, que chacun décide au gré de sa
fantaisie, de quelle façon il passera ses jours. Ainsi, l'on
prend son parti et l'on s'engage dans un train de vie, avant
de savoir quel est le meilleur. L'Hercule de Prodicus, au
rapport de Xénophon, entrait dans l'adolescence, époque
où la nature appelle les hommes à choisir la voie qu'ils se
proposent de suivre, lorsqu'il se retira dans la solitude, et
assis à l'écart, voyant devant lui deux routes, celle de la
Volupté et celle de la Vertu, délibéra longtemps laquelle il
devait prendre. Cela sans doute fut possible à Hercule, né
de Jupiter; mais ne l'est pas à nous, portés comme nous
sommes, à imiter qui bon nous semble, et entraînés sans
le vouloir sur les pas de nos modèles. Le plus souvent,
imbus des principes de nos parents, nous nous laissons
aller à leurs habitudes et à leurs mœurs. D'autres sont em-
portés par le flot des opinions populaires, et ce qui paraît
beau au plus grand nombre, est l'objet de leurs préfé-
rences. Quelques-uns cependant, par l'effet d'un bonheur
particulier, ou d'un heureux naturel, ou de l'éducation
domestique, ont suivi le droit chemin.

XXXIII. Mais l'espèce la plus rare est celle des hommes
qui, doués d'un beau et grand génie, ou éclairés par d'excellentes leçons, ou riches à la fois d'esprit et de savoir,
ont eu encore le temps de délibérer sur le plan de vie qu'ils
voulaient adopter; délibération où tout doit se rapporter
aux dispositions qu'on tient de la nature. Car s'il est vrai,

ad suam cujusque naturam consilium est omne revo-
3 candum. Nam quum in omnibus quæ aguntur, ex eo,
quo modo quisque natus est, ut supra dictum est. quid
deceat, exquirimus; tum in tota vita constituenda,
multo est ei rei cura major adhibenda, ut constare in
vitæ perpetuitate possimus nobismet ipsis, nec in ullo
4 officio claudicare. Ad hanc autem rationem quoniam
maximam vim natura habet, fortuna proximam ; utriusque omnino habenda ratio est in deligendo genere vitæ,
5 sed naturæ magis. Multo enim et firmior est, et con-
stantior; ut fortuna nonnunquam ipsa, mortalis cum
6 immortali natura pugnare videatur. Qui igitur ad naturæ suæ non vitiosæ genus consilium vivendi omne
contulerit, is constantiam teneat (id enim maxime decet), nisi forte se intellexerit errasse in deligendo ge-
7 nere vitæ. Quod si acciderit (potest autem accidere),
8 facienda morum institutorumque mutatio est. Eam
mutationem, si tempora adjuvabunt, facilius commo-
diusque faciemus; sin minus. sensim erit pedetentim-
que facienda : ut amicitias. quæ minus delectent et
minus probentur, magis decere censent sapientes sen-
9 sim dissuere, quam repente præcidere. Commutato
autem genere vitæ, omni ratione curandum est, ut id
10 bono consilio fecisse videamur. Sed quoniam paullo
ante dictum est imitandos esse majores, primum illud
11 exceptum sit, ne vitia sint imitanda. Deinde, si natura
non feret, ut quædam imitari possit[1] : ut superioris
Africani filius, qui hunc Paullo natum adoptavit,
propter infirmitatem valetudinis non tam potuit patris
12 similis esse. quam ille fuerat sui. Si igitur non poterit
sive causas defensitare , sive populum concionibus tenere. sive bella gerere, illa tamen præstare debebit,
quæ erunt in ipsius potestate, justitiam, fidem, liberalitatem, modestiam, temperantiam; quo minus ab eo
13 id. quod desit. requiratur. Optima autem hereditas a

---

1. Sic Heusing., Gernh. Beier, Orelli, Zumpt; Lall., cum vulg. :
possint

comme je l'ai dit plus haut, que, dans toutes nos actions, nous devons étudier notre naturel, pour en déduire les règles de la bienséance, c'est un soin qu'il nous faut prendre bien plus encore, lorsqu'il s'agit du plan universel de la vie, si nous voulons être d'accord avec nous-mêmes dans toute notre conduite, et de ne faillir à aucun de nos devoirs. Or, puisque en cette affaire, la nature d'abord, ensuite la fortune exercent une action toute-puissante, il faut, dans le choix d'un genre de vie, tenir compte et de l'une et de l'autre, mais principalement de la nature. Elle est plus solide en effet; elle est plus constante; et dans certaines luttes avec elle, la fortune ne paraît plus qu'une mortelle aux prises avec une rivale douée de l'immortalité. Que celui donc qui se sera fait un plan de vie conforme à son naturel, j'entends un naturel qui ne soit pas vicieux, y persévère constamment. Rien ne sied mieux que cette constance, à moins qu'il ne s'aperçoive qu'il s'est trompé dans son choix. Si cette erreur a lieu, ce qui peut arriver, il faudra changer d'habitudes et de vues. Ce changement, si les circonstances le favorisent, en sera plus facile et imposera moins de gêne; sinon il y faudra procéder lentement et par degrés, comme dans ces amitiés qui cessent de nous agréer et de nous paraître honorables, et dont, suivant les sages, il vaut mieux délier insensiblement les nœuds, que de les trancher tout d'un coup. Mais une fois que l'on a passé d'un genre de vie à un autre, il ne faut rien négliger pour mettre en évidence la pureté de ses intentions. J'ai dit un peu plus haut qu'il fallait imiter ses ancêtres; bien entendu que c'est sous la réserve, premièrement des vices, qu'on ne doit jamais imiter, ensuite de certaines qualités que la nature peut nous avoir interdites. Ainsi le premier Africain eut un fils, qui adopta celui de Paul Émile, et qui, à cause de la faiblesse de sa santé, ne put lui ressembler autant que lui-même avait ressemblé à son père. Celui donc qui ne pourra ni défendre des causes, ni occuper du haut de la tribune l'attention du peuple, ni commander les armées, devra au moins acquitter sa dette autant qu'il est en lui, en pratiquant la justice, la bonne foi, la libéralité, la modestie, la tempérance; c'est le moyen qu'on soit moins exigeant sur les qualités qui lui

patribus traditur liberis, omnique patrimonio præstantior, gloria virtutis rerumque gestarum : cui dedecori esse, nefas et impium judicandum est.

XXXIV. Et quoniam officia non eadem disparibus ætatibus tribuuntur, aliaque sunt juvenum, alia seniorum; aliquid etiam de hac distinctione dicendum est. 2 Est igitur adolescentis, majores natu vereri, exque his deligere optimos et probatissimos, quorum consilio atque auctoritate nitatur. Ineuntis enim ætatis inscitia 3 senum constituenda et regenda prudentia est. Maxime autem hæc ætas a libidinibus arcenda est, exercendaque in labore patientiaque, et animi, et corporis; ut eorum et in bellicis, et in civilibus officiis vigeat indu- 4 stria. Atque etiam, quum relaxare animos et dare se jucunditati volent, caveant intemperantiam, meminerint verecundiæ : quod erit facilius, si in ejusmodi qui- 5 dem rebus majores natu velint[1] interesse. Senibus autem labores corporis minuendi, exercitationes animi etiam augendæ videntur. Danda vero opera, ut et amicos, et juventutem, et maxime rempublicam consilio 6 et prudentia quam plurimum adjuvent. Nihil autem magis cavendum est senectuti, quam ne languori se 7 desidiæque dedat. Luxuria vero quum omni ætati turpis, tum senectuti fœdissima est. Sin autem libidinum etiam intemperantia accesserit, duplex malum est, quod et ipsa senectus dedecus concipit, et facit ado- 8 lescentium impudentiorem intemperantiam. Ac ne illud quidem alienum est, de magistratuum, de privatorum, 9 de civium, de peregrinorum officiis dicere. Est igitur proprium munus magistratus, intelligere se gerere personam civitatis, debereque ejus dignitatem et decus sustinere, servare leges, jura describere, ea fidei suæ 10 commissa meminisse. Privatum autem oportet æquo et pari cum civibus jure vivere, neque submissum et abjectum, neque se efferentem ; tum in republica ea

1. Sic Heumy., Gernh., Beier, Zumpt, alii; Lal., Orelli : volent.

manquent. Du reste, le plus bel héritage qu'un père puisse laisser à ses enfants, héritage plus précieux que le plus riche patrimoine, c'est la gloire de sa vertu et de ses grandes actions; en ternir l'éclat serait un crime et une impiété.

XXXIV. Comme les devoirs diffèrent selon les âges et sont autres pour les jeunes gens, autres pour les vieillards, il faut dire aussi quelques mots de cette distinction. C'est le devoir du jeune homme de respecter ceux qui sont plus âgés que lui, et de choisir parmi eux les plus honnêtes et les plus considérés, pour s'étayer de leurs conseils et de leur autorité. Car l'inexpérience du jeune âge a besoin d'être éclairée et dirigée par la prudence de l'âge mûr. La jeunesse a besoin surtout d'être éloignée des voluptés, et d'apprendre par l'exercice à résister aux travaux de l'esprit et du corps, afin de porter un jour dans les fonctions de la paix et de la guerre des talents et de la vigueur. Lors même qu'elle voudra prendre du délassement, et se donner quelque douceur, il faut qu'elle évite soigneusement tout excès, et qu'elle n'oublie jamais la décence. C'est ce qui sera plus facile, si des personnes d'un âge mûr veulent bien se mêler à ses récréations. Quant aux vieillards, tout en diminuant les travaux du corps, ils ne feront qu'ajouter aux exercices de l'esprit, et un de leurs premiers devoirs sera de mettre au service de leurs amis, de la jeunesse, et principalement de la république, tout ce qu'ils ont de lumières et de prudence. Mais il n'est rien dont ils doivent se garder avec plus de soin que de la langueur et de l'oisiveté. Pour la débauche, honteuse à tout âge, elle est révoltante dans la vieillesse. Que si la dissolution des mœurs vient s'y joindre, le mal est double : d'abord le vieillard se couvre de honte; ensuite il ôte à l'incontinence des jeunes gens le frein de la pudeur. Il n'est pas non plus hors de propos de parler des devoirs des magistrats, des particuliers, des citoyens, des étrangers. C'est le devoir propre du magistrat de comprendre qu'il représente la cité elle-même, et qu'il doit en soutenir la dignité et l'honneur, veiller au maintien des lois, régler les droits de chacun, et se souvenir que ce sont là autant de dépôts commis à sa foi. Le particulier doit vivre avec ses concitoyens sur le pied de l'égalité, sans abaissement comme sans hauteur; et en politique, il ne

velle quæ tranquilla et honesta sint. Talem enim so-
11 lemus et sentire bonum civem, et dicere. Peregrini
autem atque incolæ officium est, nihil præter suum negotium agere, nihil de alio[1] anquirere, minimeque esse
12 in aliena republica curiosum. Ita fere officia reperien-
tur, quum quæretur, quid deceat, et quid aptum sit
13 personis, temporibus, ætatibus. Nihil est autem, quod
tam deceat, quam in omni re gerenda consilioque ca-
piendo servare constantiam.

XXXV. Sed quoniam decorum illud in omnibus factis, dictis, in corporis denique motu et statu cernitur,
idque positum est in tribus rebus, formositate, ordine,
ornatu ad actionem apto, difficilibus ad eloquendum,
2 sed satis erit intelligi; in his autem tribus continetur
cura etiam illa, ut probemur iis quibuscum apud quosque vivamus : his quoque de rebus pauca dicantur.
3 Principio, corporis nostri magnam natura ipsa videtur
habuisse rationem : quæ formam nostram reliquamque
figuram, in qua esset species honesta, eam posuit in
promptu; quæ partes autem corporis ad naturæ necessitatem datæ adspectum essent deformem habituræ at-
4 que turpem, eas contexit atque abdidit. Hanc naturæ
tam diligentem fabricam imitata est hominum verecundia. Quæ enim natura occultavit, eadem omnes, qui
sana mente sunt, removent ab oculis ; ipsique necessitati dant operam, ut quam occultissime pareant :
quarumque partium corporis usus sunt necessarii, eas
neque partes, neque earum usus suis nominibus appellant ; quodque facere turpe non est, modo occulte,
5 id dicere obscenum est. Itaque nec actio rerum illarum
6 aperta petulantia vacat, nec orationis obscenitas. Nec
vero audiendi sunt cynici, aut si qui fuerunt stoici
pæne cynici, qui reprehendunt et irrident, quod ea,
quæ re turpia non sint, nominibus ac verbis flagitiosa
ducamus, illa autem, quæ turpia sunt, nominibus
7 appellemus suis. Latrocinari, fraudare, adulterare re

<hr>

1. Sic *Heusing.*, *Orelli*, *alii*; *Pearce*, *Lall.* : alieno.

doit avoir que des vues paisibles et honnêtes. C'est à ce prix qu'on mérite le nom de bon citoyen. Quant à l'étranger et au simple habitant, son devoir est de s'occuper uniquement de ses affaires, sans s'enquérir de celles d'autrui, et surtout sans vouloir pénétrer les secrets d'un état dont il n'est pas membre. C'est ainsi que nous parviendrons à la connaissance des devoirs, en cherchant ce qui sied et ce qui convient aux personnes, aux temps, aux âges. Mais aucune chose ne sied aussi bien que d'être toujours d'accord avec soi-même, soit qu'il s'agisse d'une affaire à conduire ou d'une résolution à prendre.

XXXV. Au reste, comme la bienséance dont nous parlons se remarque dans les actions, dans les paroles, et jusque dans le maintien et les mouvements du corps, ce qui comprend trois choses difficiles à définir, mais dont il suffit d'avoir une idée, la bonne mine, l'à-propos et une mise appropriée à l'action, trois choses par où se manifeste le désir de plaire à ceux avec qui ou près de qui l'on vit; il sera bon d'en dire aussi quelques mots. Et d'abord la nature paraît avoir formé notre corps avec une attention singulière. Elle a mis en évidence le visage et toutes les parties dont l'aspect est honnête. Quant à celles qui n'ont pour objet que des nécessités physiques, et dont la vue aurait blessé le goût et la décence, elle les a couvertes et cachées. Cette disposition judicieuse de la nature a servi de modèle à la pudeur de l'homme. Quiconque est sain d'esprit, éloigne des yeux ce que la nature a pris soin de voiler. Il n'obéit à la nécessité même, que le plus secrètement qu'il est possible. Les parties du corps dont l'usage est indispensable, jamais il ne les appelle par leur nom, ni elles, ni ce à quoi elles sont destinées. Et ce qu'on peut faire sans honte, pourvu que ce soit en secret, on ne peut le dire sans obscénité. Il y a donc une égale impudence, et à faire ces choses devant témoins, et à tenir un langage obscène. N'écoutons pas les cyniques, ni quelques stoïciens presque cyniques aussi, qui nous reprochent avec moquerie d'attacher aux noms et aux paroles une honte qui n'est pas dans les choses, et de nommer sans scrupule des choses vraiment honteuses. Le brigandage, la fraude, l'adultère, voilà ce qui est honteux, et l'on en parle

turpe est, sed dicitur non obscene; liberis dare operam re honestum est, nomine obscenum : pluraque in eam sententiam ab eisdem contra verecundiam dis-
8 putantur. Nos autem naturam sequamur, et ab omni, quod abhorret ab oculorum auriumque approbatione, fugiamus. Status, incessus, sessio. accubitio, vultus,
9 oculi, manuum motus, teneant illud decorum. Quibus in rebus duo maxime sunt fugienda, ne quid effemina-
10 tum aut molle, et ne quid durum aut rusticum sit. Nec vero histrionibus oratoribusque concedendum est, ut
11 iis hæc apta sint, nobis dissoluta. Scenicorum quidem mos tantam habet vetere disciplina verecundiam, ut in
12 scenam sine subligaculo prodeat nemo; verentur enim, ne, si quo casu evenerit, ut corporis partes quædam
13 aperiantur, adspiciantur non decore. Nostro quidem more cum parentibus puberes filii, cum soceris generi
14 non lavantur. Retinenda igitur est hujus generis verecundia, præsertim natura ipsa magistra et duce.

XXXVI. Quum autem pulchritudinis duo genera sint, quorum in altero venustas sit, in altero dignitas : venustatem muliebrem ducere debemus, dignitatem virilem.
2 Ergo et a forma removeatur omnis viro non dignus ornatus, et huic simile vitium in gestu motuque caveatur.
3 Nam et palæstrici motus sunt sæpe odiosiores, et histrionum nonnulli gestus ineptiis non vacant; et in utroque genere, quæ sunt recta et simplicia. laudan-
4 tur. Formæ autem dignitas coloris bonitate tuenda est;
5 color exercitationibus corporis. Adhibenda præterea munditia est non odiosa neque exquisita nimis, tantum
6 quæ fugiat agrestem et inhumanam negligentiam. Eadem ratio est habenda vestitus : in quo, sicut in ple-
7 risque rebus, mediocritas optima est. Cavendum est autem, ne aut tarditatibus utamur ingressu mollioribus, ut pomparum ferculis similes esse videamur; aut in festinationibus suscipiamus nimias celeritates : quæ

sans obscénité. Se donner des rejetons est honnête en soi ;
et il est obscène de nommer l'acte qui conduit à ce but.
Telles sont, avec beaucoup d'autres semblables, les objections que ces philosophes élèvent contre la pudeur. Pour
nous, suivons la nature, et fuyons tout ce qui peut choquer
les yeux et les oreilles. Que notre maintien, notre démarche, notre attitude, assis ou à table, que notre visage,
nos regards, le mouvement de nos mains, soient toujours
conformes à cette loi de bienséance. En cela, deux choses surtout sont à éviter, les airs mous et efféminés, les manières
dures et grossières. Et il ne faut pas qu'il soit dit que les
comédiens et les orateurs seront esclaves des convenances,
et que nous en serons affranchis. L'ancienne discipline du
théâtre impose aux acteurs une si grande réserve, que pas
un ne paraît sur la scène sans un vêtement de dessous, qui
les empêche d'offrir un aspect indécent, si le hasard venait
à découvrir certaines parties de leur corps. Nos mœurs ne
permettent pas qu'un fils sorti de l'enfance se baigne avec son
père, un gendre avec son beau-père. Il faut observer d'autant
plus religieusement ces règles de pudeur, que c'est la nature
elle-même qui nous les enseigne et nous trace le chemin.

XXXVI. Comme il y a deux genres de beauté, dont l'un
consiste dans les agréments de la personne, l'autre dans la
dignité, nous devons poser en principe que les agréments
conviennent à la femme, la dignité à l'homme. Repoussons
donc toute parure indigne de notre sexe, et gardons-nous
des attitudes et des gestes qui auraient un pareil défaut.
Les mouvements étudiés de la palestre sont parfois cho-
quants, et certains gestes de théâtre ne sont pas exempts
de ridicule. Dans l'un et dans l'autre genre, le naturel et
la simplicité ont seuls le droit de plaire. La dignité du visage
doit être soutenue par un teint viril, et celui-ci se maintient
par l'exercice. Ajoutons à cela de la propreté sans prétention et sans recherche ; ce qu'il en faut pour éviter une négligence agreste et de mauvaise compagnie. La même observation s'applique aux vêtements, dans lesquels, comme
en tant d'autres choses, rien n'est préférable à un juste
milieu. Il faut nous interdire encore cette démarche lente
et compassée, qui nous donnerait l'air des images que l'on
porte dans les pompes solennelles, et cette précipitation

quum fiunt, anhelitus moventur, vultus mutantur, ora torquentur : ex quibus magna significatio fit , non
8 adesse constantiam. Sed multo etiam magis elaborandum est, ne animi motus a natura recedant : quod assequemur, si cavebimus, ne in perturbationes atque exanimationes incidamus, et si attentos animos ad decoris
9 conservationem tenebimus. Motus autem animorum duplices sunt, alteri cogitationis, alteri appetitus. Cogitatio in vero exquirendo maxime versatur ; appetitus impellit ad agendum. Curandum est igitur, ut cogitatione ad res quam optimas utamur, appetitum rationi obedientem præbeamus.

XXXVII. Et quoniam magna vis orationis est, eaque duplex, altera contentionis, altera sermonis : contentio disceptationibus tribuatur judiciorum, concionum, senatus : sermo in circulis, disputationibus, congressionibus familiarium versetur, sequatur [1] etiam convivia.
2 Contentionis præcepta rhetorum sunt, nulla sermonis :
3 quamquam haud scio an possint hæc quoque esse. Sed discentium studiis inveniuntur magistri : huic autem qui studeant, sunt nulli : rhetorum turba referta omnia. Quamquam, quae verborum sententiarumque præcepta
4 sunt, eadem ad sermonem pertinebunt. Sed quum orationis indicem vocem habeamus, in voce autem duo sequamur, ut clara sit, ut suavis, utrumque omnino a natura petendum est; verum alterum exercitatio augebit, alterum imitatio presse loquentium et leniter.
5 Nihil aliud [2] fuit in Catulis, ut eos exquisito judicio putares uti litterarum, quamquam erant litterati, sed et alii : hi autem optime uti lingua latina putabantur.
6 Sonus erat dulcis ; litteræ neque expressæ, neque oppressæ, ne aut obscurum esset, aut putidum; sine con-
7 tentione vox, nec languens, nec canora. Uberior oratio L. Crassi, nec minus faceta ; sed bene loquendi de

<hr>

1. Sic Pearce, Facciol., Heusing., Gernh., Beier, Orelli, Zumpt; Lall., cum vulg. : persequatur — 2. Sic Lall., Olivet., cum vulg.; Pearce, Heusing., Gernh., Beier, Orelli, Zumpt delent aliud.

qui met hors d'haleine, bouleverse les traits, et fait grimacer la figure, toutes choses qui annoncent un manque absolu de gravité. Mais il faut veiller bien plus encore à ce que les mouvements de l'âme ne s'écartent pas de la nature. C'est à quoi nous parviendrons, en nous tenant en garde contre les agitations et les saisissements, et en observant avec une attention scrupuleuse les lois de la bienséance. Or les mouvements de l'âme sont doubles et comprennent la pensée et les appétits. La pensée s'applique surtout à la recherche du vrai; l'appétit nous porte à l'action. Ayons donc soin de diriger notre pensée vers tout ce qui est bien, et de soumettre nos appétits au joug de la raison.

XXXVII. La puissance de la parole est grande, et elle s'exerce de deux manières, par le discours soutenu et par le langage familier. Le premier appartient aux luttes judiciaires, aux assemblées du peuple et du sénat; l'autre doit régner dans les cercles, dans les entretiens, dans les réunions d'amis: il a même sa place dans les festins. Le discours soutenu a des règles tracées par les rhéteurs; la conversation n'en a pas; quoique peut-être on pût aussi lui en donner. Mais il faut des disciples pour qu'il se trouve des maîtres, et personne n'étudie l'art de converser, tandis que la foule assiége les rhéteurs. Au reste, les préceptes que l'on donne sur les mots et sur les pensées, peuvent s'appliquer aux simples entretiens. Comme c'est la voix qui est l'organe du discours, et que dans la voix nous recherchons deux qualités, qu'elle soit claire et qu'elle soit douce, il faut les demander l'une et l'autre à la nature; mais la première peut être augmentée par l'exercice, la seconde par l'imitation de ceux qui prononcent avec justesse et agrément. Ce seul mérite fit aux deux Catulus une réputation de délicatesse et de goût; ce n'est pas qu'ils ne fussent lettrés; mais d'autres l'étaient aussi, et ce sont eux cependant qui passaient pour se servir le mieux de la langue latine. Le son de leur voix était doux; les lettres n'étaient ni trop accusées, ni trop effacées; aussi rien de sourd ni de prétentieux dans leur débit; et, dans leur accent, rien de tendu, de lâche et de chantant. L'élocution de L. Crassus était plus riche, sans être moins spirituelle; mais pour la

8 Catulis opinio non minor. Sale vero et facetiis Cæsar,
Catuli patris frater, vicit omnes, ut in illo ipso forensi
genere dicendi contentiones aliorum sermone vinceret.
9 In omnibus igitur his elaborandum est, si in omni re,
10 quid deceat, exquirimus. Sit ergo hic sermo, in quo
Socratici maxime excellunt, lenis minimeque pertinax;
11 insit in eo lepos. Nec vero, tamquam in possessionem
suam venerit, excludat alios; sed quum reliquis in
rebus, tum in sermone communi, vicissitudinem non
12 iniquam putet. Ac videat inprimis, quibus de rebus
loquatur : si seriis, severitatem adhibeat; si jocosis,
13 leporem. Inprimisque provideat, ne sermo vitium aliquod indicet inesse in moribus : quod maxime tum
solet evenire, quum studiose de absentibus detrahendi
causa, aut per ridiculum, aut severe, maledice contu-
14 melioseque dicitur. Habentur autem plerumque sermones aut de domesticis negotiis, aut de republica, aut
15 de artium studiis atque doctrina. Danda igitur opera
est, ut etiam si aberrare ad alia cœperit, ad hæc revo-
16 cetur oratio : sed utcumque aderunt : neque enim omnes
iisdem de rebus, nec omni tempore, nec similiter de-
lectamur. Animadvertendum est etiam, quatenus sermo
delectationem habeat, et, ut incipiendi ratio fuerit, ita
sit desinendi modus.

XXXVIII. Sed quomodo in omni vita rectissime præcipitur, ut perturbationes fugiamus, id est, motus
animi nimios, rationi non obtemperantes : sic ejusmodi
motibus sermo debet vacare, ne aut ira exsistat, aut
cupiditas aliqua, aut pigritia, aut ignavia, aut tale
2 aliquid appareat. Maximeque curandum est, ut eos,
quibuscum sermonem conferemus, et vereri et diligere
3 videamur. Objurgationes etiam nonnunquam incidunt
necessariæ : in quibus utendum est fortasse et vocis
contentione majore, et verborum gravitate acriore ; id
agendum etiam ut ea[1] facere videamur irati : sed ut ad

1. *Sic Heusing., Gernh., Beier, Orelli, Zumpt, Dübner; Lall. et
vulg. : ut ne ea. Vide notam ad calcem.*

réputation de bien parler, les Catulus ne lui cédaient en rien. César, frère de Catulus le père, fut le premier de tous pour le sel et la finesse de ses plaisanteries, au point que jusque dans les débats du forum, ses simples causeries triomphaient de l'éloquence animée de ses rivaux. Voilà autant de points qui méritent une sérieuse attention, si nous cherchons en tout ce qui sied. Que le langage familier, où excellent les disciples de Socrate, ait donc de la douceur, du liant, de la gaieté. Qu'un interlocuteur n'aille pas s'emparer de la conversation comme de son domaine et en exclure les autres; là, comme dans tout le reste, il est juste que chacun ait son tour. Il faut voir avant tout de quoi l'on parle; et si c'est de choses sérieuses, les traiter avec gravité; s'il s'agit d'un badinage, y mettre de l'enjouement. Mais craignons surtout que nos discours ne révèlent en nous quelque vice de caractère. C'est ce qui a coutume d'arriver, lorsque, par esprit de dénigrement, on s'étudie, soit sérieusement, soit pour faire rire, à déchirer la réputation des absents. La plupart des entretiens roulent ou sur des intérêts privés, ou sur la république, ou enfin sur les arts et sur les lettres. S'ils s'égarent sur d'autres objets, faisons en sorte de les ramener dans ce cercle, en ayant égard toutefois aux personnes qui seront présentes; tout le monde ne s'amuse pas des mêmes choses, ni à tous les moments, ni de la même manière. Il faut observer encore le point au delà duquel la conversation cesserait de plaire, et, comme on a su la commencer, savoir également la finir.

XXXVIII. Si un précepte sage et applicable à toute la conduite de la vie, nous prescrit de fuir ces émotions violentes qui troublent l'âme, et dont la raison n'est pas maîtresse, de pareils mouvements doivent être aussi bannis de nos entretiens; et il n'y doit percer ni colère, ni passion d'aucune espèce, ni rien qui annonce la paresse, la lâcheté ou quelque autre vice. Un soin fort important sera de témoigner à ceux avec qui nous converserons du respect et de l'affection. Il peut arriver que des paroles de blâme nous soient commandées par la nécessité. Alors il faudra peut-être donner à la voix plus de force et au langage une gravité plus austère; il sera même utile de paraître fâchés en parlant ainsi. Mais, il en est de ce genre de correction, comme du fer et du feu

urendum et secandum, sic ad hoc genus castigandi
raro invitique veniemus, nec unquam, nisi necessario,
si nulla reperietur alia medicina. Sed tamen ira procul
absit, cum qua nihil recte fieri, nihil considerate potest.
4 Magnam autem partem clementi castigatione licet uti,
gravitate tamen adjuncta, ut et severitas adhibeatur, et
5 contumelia repellatur. Atque etiam illud ipsum, quod
acerbitatis habet objurgatio, significandum est, ipsius
6 id causa, qui objurgetur, esse susceptum. Rectum est
autem, etiam in illis contentionibus, quæ cum inimi-
cissimis fiunt, etiamsi nobis indigna audiamus, tamen
7 gravitatem retinere, iracundiam pellere. Quæ enim cum
aliqua perturbatione fiunt, ea nec constanter fieri pos-
8 sunt, neque iis, qui adsunt, probari. Deforme etiam est,
de se ipso prædicare, falsa præsertim, et cum irrisione
audientium, imitari militem gloriosum.

XXXIX. Et quoniam omnia persequimur, volumus
quidem certe, dicendum est etiam, qualem hominis
honorati et principis domum placeat esse: cujus finis
est usus, ad quem accommodanda est ædificandi descriptio: et tamen adhibenda commoditatis dignitatisque
2 diligentia. Cn. Octavio, qui primus ex illa familia consul
factus est, honori fuisse accepimus, quod præclaram
ædificasset in Palatio et plenam dignitatis domum: quæ
quum vulgo viseretur, suffragata domino, novo homini,
3 ad consulatum putabatur. Hanc Scaurus demolitus ac-
cessionem adjunxit ædibus. Itaque ille in suam domum
consulatum primus attulit: hic, summi et clarissimi
viri filius, in domum multiplicatam non repulsam
solum retulit, sed ignominiam etiam et calamitatem.
4 Ornanda est enim dignitas domo, non ex domo tota
quærenda: nec domo dominus, sed domino domus
5 honestanda est. Et ut in ceteris habenda ratio non sua
solum, sed etiam aliorum, sic in domo clari hominis,
in quam et hospites multi recipiendi, et admittenda

5.

dans la médecine : on n'y doit recourir que rarement et malgré soi, lorsque la nécessité l'exige, et qu'on ne trouve plus aucun autre remède. Dans tous les cas, repoussons loin la colère, avec laquelle rien ne se peut faire de bon ni de mesuré. La plupart du temps, il est possible de réprimander avec une douceur mêlée de fermeté, de telle sorte que la leçon soit sévère, sans être humiliante. Et même, quelque amertume que puisse avoir le reproche, il faut montrer à celui qui le reçoit, que c'est pour son bien qu'il lui est adressé. Il convient, jusque dans les querelles, que nous pouvons avoir avec nos plus grands ennemis, de garder notre sang-froid, et de nous défendre de l'emportement, lors même que nous entendrions les paroles les plus offensantes. En effet, quand l'âme est vivement émue, les actions se ressentent de ce trouble et ne peuvent être approuvées de ceux qui en sont témoins. Enfin il sied mal de se donner à soi-même des éloges, surtout quand ils sont faux, et de s'exposer au ridicule, en jouant le rôle du soldat fanfaron.

XXXIX. Puisque nous entrons dans tous les détails, que nous le voulons du moins, il faut aussi donner une idée de ce que doit être, selon nous, la maison d'un grand et honorable citoyen. Le but qu'on se propose, c'est l'usage, et tout doit s'y rapporter dans le plan de l'édifice. La dignité pourtant et la commodité doivent être prises en considération. Cn. Octavius, le premier de cette famille qui fut consul, se fit beaucoup d'honneur en se bâtissant une belle et majestueuse demeure sur le mont Palatin ; et comme elle attirait une foule de visiteurs, elle influa, dit-on, sur l'élévation de son maître, homme nouveau, à la dignité consulaire. Scaurus, l'ayant fait démolir, en agrandit la sienne. Aussi l'un fit entrer le premier le consulat dans sa maison ; et l'autre, né du plus noble et du plus illustre père, rapporta dans ce palais qu'il avait doublé, non-seulement un refus, mais l'ignominie et le malheur. Il faut que l'habitation rehausse la dignité, mais qu'elle n'en fasse pas tout le fonds : ce n'est pas la maison qui doit honorer le maître ; c'est le maître qui doit honorer la maison. Et s'il est vrai qu'en tout le reste il faut songer aux autres aussi bien qu'à soi-même, il importe aussi que la demeure d'un grand citoyen, faite pour recevoir beaucoup d'hôtes et s'ouvrir à une foule

hominum cujusque modi multitudo, adhibenda cura
6 est laxitatis. Aliter ampla domus dedecori domino sæpe
fit, si est in ea solitudo; et maxime, si aliquando, alio
7 domino, solita est frequentari. Odiosum est enim, quum
a prætereuntibus dicitur :

> . . . O domus antiqua, heu! quam dispari
> Dominare domino!

quod quidem his temporibus in multis licet dicere.
8 Cavendum autem est, præsertim si ipse ædifices, ne
extra modum sumptu et magnificentia prodeas : quo in
9 genere multum mali etiam in exemplo est. Studiose
enim plerique, præsertim in hanc partem, facta principum imitantur : ut L. Luculli, summi viri, virtutem
quis? at quam multi villarum magnificentiam imitati
sunt! Quarum quidem certe est adhibendus modus, ad
mediocritatemque revocandus. Eademque mediocritas
10 ad omnem usum cultumque vitæ transferenda est. Sed
hæc hactenus. In omni autem actione suscipienda tria
sunt tenenda : primum, ut appetitus rationi pareat :
quo nihil est ad officia conservanda accommodatius :
deinde, ut animadvertatur, quanta illa res sit, quam
efficere velimus, ut neve major, neve minor cura et
opera suscipiatur, quam causa postulet; tertium est, ut
caveamus, ut ea, quæ pertinent ad liberalem speciem
11 et dignitatem, moderata sint. Modus autem est optimus, decus ipsum tenere, de quo ante diximus, nec
progredi longius. Horum tamen trium præstantissimum
est, appetitum obtemperare rationi.

XL. Deinceps de ordine rerum et opportunitate temporum dicendum est. Hac autem scientia continetur
ea, quam Græci εὐταξίαν nominant : non hanc, quam
interpretamur *modestiam*, quo in verbo modus inest;
sed illa est εὐταξία, in qua intelligitur ordinis conser-
2 vatio. Itaque, ut eamdem nos modestiam appellemus,
sic definitur a stoicis, ut modestia sit scientia earum
rerum, quæ agentur aut dicentur, loco suo collocanda-
3 rum. Ita videtur eadem vis ordinis et collocationis fore.
Nam et ordinem sic definiunt, compositionem rerum

d'hommes de tous les rangs, soit assez spacieuse pour sa destination. Il peut se faire d'ailleurs qu'une vaste maison soit la honte de son maître, si elle est déserte, et surtout si l'on se rappelle que sous un autre possesseur, elle était fréquentée. Il est fâcheux en effet d'entendre les passants s'écrier : « O antique palais, combien ton maître est changé ! » réflexion qui peut s'appliquer de nos jours à un trop grand nombre de palais. Il faut éviter aussi, principalement si vous bâtissez vous-même, de pousser trop loin le luxe et la magnificence. L'exemple seul, en ce genre, peut faire beaucoup de mal. Tout le monde en effet se pique d'imiter les grands, surtout dans leurs dépenses. L. Lucullus fut un homme éminent : qui est-ce qui a imité ses vertus? et qui est-ce qui n'a pas imité la magnificence de ses maisons de campagne? En ce genre de luxe, il faut du moins savoir se borner, et se tenir dans un sage milieu. Cette modération doit nous régler d'ailleurs dans tout ce qui regarde les besoins et les jouissances de la vie. Mais en voilà assez sur ce sujet. Il y a, dans tous nos actes, trois règles à observer : la première, c'est de soumettre les appétits à la raison, ce qui est le meilleur moyen de rester fidèle au devoir ; la seconde, c'est de calculer l'importance de ce que l'on veut faire, afin que les soins et le travail ne soient pas trop grands ou trop petits pour le but qu'on se propose ; la troisième, c'est de mettre de la mesure dans tout ce qui est de dignité et de représentation. Or, la mesure consiste surtout à garder ce décorum dont nous avons parlé, et à ne pas aller au delà ; mais de ces trois préceptes, le plus important, c'est que l'appétit obéisse à la raison.

XL. Il faut parler maintenant de l'ordre dans les choses, et de l'à-propos dans le temps. Cette science contient celle que les Grecs appellent εὐταξία, non pas cette εὐταξία que nous traduisons par *modestia*, mot qui renferme l'idée de mesure, mais celle qui veut dire conservation de l'ordre. Si nous voulons l'appeler aussi *modestia*, nous entendrons ce mot comme les stoïciens, qui le définissent l'art de ne rien faire et de ne rien dire qui ne soit à sa place. Ainsi ordre et action de placer paraissent être la même chose. Car les stoïciens définissent aussi l'ordre, le talent de mettre

aptis et accommodatis locis; locum autem **actionis**, opportunitatem temporis esse dicunt : tempus **autem** actionis opportunum græce εὐκαιρία, latine appellatur
4 *occasio.* Sic fit ut modestia hæc, quam ita interpretamur, ut dixi, scientia sit opportunitatis idoneorum ad
5 agendum temporum. Sed potest eadem esse prudentiæ definitio, de qua principio diximus; hoc autem loco de moderatione, et temperantia, et earum similibus **virtutibus** quærimus. Itaque, quæ erant prudentiæ **propria**, suo loco dicta sunt : quæ autem harum virtutum, de **quibus** jam diu loquimur, quæ pertinent ad **verecundiam**, et ad eorum approbationem, quibuscum vivimus, **nunc**
6 dicenda sunt. Talis est igitur ordo actionum **adhibendus**, ut, quemadmodum in oratione constanti, **sic in**
7 vita omnia sint apta inter se et convenientia. **Turpe est** enim valdeque vitiosum, in re severa convivii **dicta, aut**
8 delicatum aliquem inferre sermonem. Bene **Pericles**, quum haberet collegam in prætura Sophoclem poetam [1], iique de communi officio convenissent, et casu **formosus** puer præteriret, dixissetque Sophocles : O **puerum** pulchrum, Pericle! — At enim prætorem, **Sophocle**, decet non solum manus, sed etiam oculos abstinentes habere. Atque hoc idem Sophocles si in athletarum probatione dixisset, justa reprehensione caruisset :
9 tanta vis est et loci, et temporis. Ut, si quis, **quum** causam sit acturus, in itinere aut in ambulatione secum ipse meditetur, aut si quid aliud attentius **cogitet**, non reprehendatur : at hoc idem si in convivio **faciat**,
10 inhumanus videatur, inscitia [2] temporis. Sed ea, **quæ** multum ab humanitate discrepant, ut, si quis **in foro** cantet, aut si qua est alia magna perversitas, facile apparent, nec magnopere admonitionem et præcepta desiderant.
11 derant. Quæ autem parva videntur esse delicta, **neque** a multis intelligi possunt, ab iis est diligentius **decfi-**
12 nandum. Ut in fidibus aut in tibiis, quamvis **paullum**

1. *Sic Lall., cum vulg.; Heusing., Gernh., Beier, Orelli, Zumpt, Hübner* delent poetam. — 2. *Sic Heusing., Orelli, alii; Gronov, Lall.:* inscientia.

et de ranger les choses à la place qui leur convient. Or, selon eux, la place d'une action, c'est son opportunité, et le temps opportun pour agir s'appelle en grec εὐκαιρία, et chez nous *occasio*. Le mot *modestia*, pris dans le sens que nous lui donnons ici, désigne donc l'art de saisir, en tout ce que l'on fait, le moment convenable. Mais cette définition pourrait convenir également à la prudence, dont nous avons parlé en commençant; et ici nous traitons de la modération, de la tempérance, et des autres vertus semblables. Aussi ce qui regarde la prudence a-t-il été expliqué en son lieu; maintenant il faut entrer dans quelques détails sur ces vertus qui nous occupent depuis longtemps, dont le fonds est la bienséance, et le but, l'estime de ceux avec lesquels nous vivons. Et d'abord, l'ordre que nous mettrons dans nos actions doit être tel que, dans notre vie, comme dans un discours bien composé, tout se tienne et soit en harmonie. Ce serait, par exemple, une chose honteuse et inexcusable, de jeter au milieu d'une affaire sérieuse des propos de table et des discours légers. Voici un beau trait de Périclès. Il avait le poëte Sophocle pour collègue dans les fonctions de stratége, et ils étaient réunis pour traiter de leurs communs devoirs, lorsqu'un jeune homme d'une figure remarquable étant venu à passer, Sophocle s'écria : Oh ! le beau jeune homme, Périclès ! — Sophocle, répondit celui-ci, un stratége doit savoir contenir ses yeux aussi bien que ses mains. S'il se fût agi d'une revue d'athlètes, les paroles de Sophocle n'auraient eu rien de répréhensible ; tel est le pouvoir du temps et du lieu. Supposons qu'en chemin ou à la promenade, un homme médite une cause qu'il doit bientôt plaider, ou qu'il réfléchisse profondément à tout autre sujet, personne ne le blâmera ; mais s'il fait la même chose dans un festin, on le trouvera impoli, parce qu'il aura mal pris son temps. Il est des actions qui choquent évidemment tous les usages, comme celle de chanter dans la place publique, ou autres grandes infractions aux lois de la bienséance ; celles-là sont aisées à reconnaître, et n'exigent pas d'avertissements ni de préceptes. Mais les fautes qui semblent petites, et qui ne sont pas sensibles pour tout le monde, sont celles dont il faut se garder avec le plus de soin. S'il est vrai que, dans les sons de la lyre ou de la flûte, la

discrepent, tamen id a sciente animadverti solet : sic videndum est in vita, ne forte quid discrepet; vel multo etiam magis, quo major et melior actionum, quam sonorum, concentus est.

XLI. Itaque, ut in fidibus musicorum aures vel minima sentiunt : sic nos, si acres ac diligentes esse volumus animadversores vitiorum, magna sæpe intelligemus ex parvis. Ex oculorum obtutu, ex superciliorum aut remissione aut contractione, ex mœstitia, ex hilaritate, ex risu, ex locutione, ex reticentia, ex contentione vocis et submissione, ex ceteris similibus facile judicabimus, quid eorum apte fiat, quid ab officio naturaque discrepet. Quo in genere non est incommodum, quale quidque eorum sit, ex aliis judicare, ut si quid dedeceat in illis, vitemus ipsi. Fit enim, nescio quo modo, ut magis in aliis cernamus, quam in nobismet ipsis, si quid delinquitur. Itaque facillime corriguntur in discendo, quorum vitia imitantur emendandi causa magistri. Nec vero alienum est, ad ea eligenda quæ dubitationem afferunt, adhibere doctos homines, vel etiam usu peritos, et, quid iis de quoque officii genere placeat, exquirere. Major enim pars eo fere deferri solet, quo a natura ipsa deducitur. In quibus videndum est, non modo quid quisque loquatur, sed etiam quid quisque sentiat, atque etiam qua de causa quisque sentiat. Ut enim pictores, et ii, qui signa fabricantur, et vero etiam poetæ, suum quisque opus a vulgo considerari vult, ut, si quid reprehensum sit a pluribus, id corrigatur : hique et secum, et cum aliis, quid in eo peccatum sit, exquirunt; sic aliorum judicio permulta nobis et facienda, et non facienda, et mutanda, et corrigenda sunt. Quæ vero more agentur institutisque civilibus, de iis nihil est præcipiendum; illa enim ipsa præcepta sunt. Nec quemquam hoc errore duci oportet, ut, si quid Socrates aut Aristippus contra morem consuetudinemque civilem fecerint locutive sint, idem sibi arbitretur licere. Magnis illi et divinis bonis hanc

moindre discordance est remarquée par les connaisseurs, il faut veiller aussi à ce qu'il n'y ait dans notre vie aucune dissonance, et cela d'autant plus que l'accord parfait des actes est plus beau et plus important que celui des sons.

XLI. Ainsi, comme dans le jeu des instruments, l'oreille du musicien perçoit les nuances les plus délicates, de même si nous voulons porter sur tout ce qui est mal un œil attentif et pénétrant, les moindres indices nous donneront souvent de grandes lumières. Il suffit d'observer un regard, un mouvement des sourcils, la tristesse ou la gaieté du visage, un sourire, la parole, le silence, le ton plus ou moins élevé de la voix, et mille choses semblables, pour juger laquelle de ces choses est à sa place, laquelle s'écarte de la nature et du devoir. Et en ce point, ce n'est pas un médiocre avantage de faire cette étude sur les autres, afin d'éviter nous-mêmes ce que nous trouverons en eux d'inconvenant. Car il arrive, je ne sais comment, que nous voyons bien plus clair dans les défauts d'autrui que dans les nôtres. Aussi n'est-il pas d'élèves qui profitent mieux des leçons, que ceux dont le maître imite les fautes pour les en corriger. Il sera bon aussi, dans les cas où la conduite à tenir est douteuse, de consulter les hommes de savoir ou d'expérience, et de s'enquérir de leur avis sur toutes les questions de devoir. Car le sentiment du plus grand nombre est assez ordinairement dicté par la nature elle-même. Toutefois nous devons examiner non-seulement ce qu'on dit, mais ce qu'on pense, et pourquoi on le pense. Les peintres, les statuaires, les poëtes eux-mêmes, veulent que leurs œuvres soient regardées du public, afin de corriger ce qu'il y aura trouvé à reprendre; et ils cherchent, et avec leurs lumières, et avec celles des autres, en quoi consiste la faute. C'est ainsi qu'il y a bien des choses que nous devons faire ou ne pas faire, changer ou corriger d'après le jugement d'autrui. Pour ce qui est réglé par la coutume et par les institutions civiles, il n'y a rien à prescrire : elles sont elles-mêmes des préceptes. Et il ne faut pas que l'on tombe dans l'erreur de croire que si Socrate ou Aristippe se sont permis quelque parole ou quelque action contraire aux mœurs et aux usages de leur pays, on soit libre d'en faire autant; c'est un privilége qu'ils devaient à de grandes, à de divines

11 licentiam assequebantur. Cynicorum vero ratio tota est ejicienda; est enim inimica verecundiæ, sine qua nihil
12 rectum esse potest, nihil honestum. Eos autem, quorum vita perspecta in rebus honestis atque magnis est, bene de republica sentientes, ac bene meritos aut merentes, sic ut aliquo honore aut imperio affectos, observare et colere debemus; tribuere etiam multum senectuti; cedere iis, qui magistratum habebunt; habere delectum civis et peregrini; in ipsoque peregrino,
13 privatimne, an publice, venerit. Ad summam, ne agam de singulis, communem totius generis hominum conciliationem et consociationem colere, tueri, servare debemus.

XLII. Jam de artificiis et quæstibus, qui liberales
2 habendi, qui sordidi sint, hæc fere accepimus. Primum improbantur ii quæstus, qui in odia hominum incur-
3 runt, ut portitorum, ut fœneratorum. Illiberales autem et sordidi quæstus mercenariorum omnium, quorum operæ, non quorum artes emuntur. Est enim in illis
4 ipsa merces auctoramentum servitutis. Sordidi etiam putandi, qui mercantur a mercatoribus, quod statim vendant. Nihil enim proficiant, nisi admodum men-
5 tiantur; nec vero est quidquam turpius vanitate. Opificesque omnes in sordida arte versantur; nec enim
6 quidquam ingenuum habere potest officina. Minimeque artes eæ probandæ, quæ ministræ sunt voluptatum :

      Cetarii, lanii, coqui, fartores, piscatores,

ut ait Terentius. Adde huc, si placet, unguentarios,
7 saltatores, totumque ludum talarium. Quibus autem artibus aut prudentia major inest, aut non mediocris utilitas quæritur, ut medicina, ut architectura, ut doctrina rerum honestarum, hæ sunt iis, quorum ordini
8 conveniunt, honestæ. Mercatura autem, si tenuis est, sordida putanda est : sin magna et copiosa, multa undique apportans multisque sine vanitate impertiens,

qualités. Quant au système des cyniques, il faut le rejeter entièrement; il est ennemi de la pudeur, sans laquelle il ne peut rien y avoir de bon ni d'honnête. S'il est des hommes dont la vie a été éprouvée dans de grandes et honorables fonctions, qui en politique soient dévoués à la bonne cause, qui aient servi ou servent noblement la patrie, c'est un devoir de les respecter, de les honorer, comme s'ils étaient revêtus de quelque dignité ou de quelque commandement. C'en est encore un d'avoir beaucoup d'égards pour la vieillesse, de se soumettre aux magistrats, de faire la différence du citoyen et de l'étranger, et entre les étrangers, de distinguer le particulier de celui qui vient avec un caractère public. En un mot, pour ne pas entrer dans tous les détails, nous devons respecter, défendre, maintenir la grande association qui unit le genre humain tout entier.

XLII. Pour ce qui touche les arts et les métiers, si l'on veut savoir lesquels sont libéraux, lesquels sont serviles, voici l'opinion généralement reçue. D'abord on condamne les professions qui encourent la haine publique, comme celle des usuriers et des préposés au péage. On tient pour basse et indigne d'un homme libre celle des mercenaires, et de tous ceux dont on paye le travail et non le talent. Le salaire qu'ils reçoivent est en effet le prix de leur servitude. C'est une industrie également vile, d'acheter à des marchands pour revendre. Ceux qui s'y livrent ne peuvent rien gagner qu'à force de mentir ; et certes il n'y a rien de plus honteux que le mensonge. Enfin les artisans exercent tous une profession basse ; l'atelier en effet peut-il avoir rien de noble? Mais les métiers les moins estimables sont ceux qui servent à la sensualité, par exemple « ceux de poissonnier, de boucher, de cuisinier, de charcutier, de pêcheur, » comme dit Térence. Ajoutez, si vous voulez, les parfumeurs, les danseurs et tout ce qui vit des jeux de hasard. Quant aux professions qui exigent plus de savoir et procurent à la société des avantages considérables, comme la médecine, l'architecture, l'enseignement des arts libéraux, celles-là sont honnêtes, pour ceux au rang de qui elles conviennent. Le commerce est ignoble, s'il se fait en petit; mais un grand et riche négoce, qui apporte de tous les pays beaucoup de marchandises et les distribue sans

9 non est admodum vituperanda. Atque etiam, si satiata
questu, vel contenta potius, ut sæpe ex alto in portum,
ex ipso portu se in agros possessionesque contulerit,
10 videtur jure optimo posse laudari. Omnium autem
rerum, ex quibus aliquid acquiritur, nihil est agricultura melius, nihil uberius, nihil dulcius, nihil homine
libero dignius. De qua, quoniam in Catone majore
satis multa diximus, illinc assumes, quæ ad hunc locum pertinebunt.

XLIII. Sed ab iis partibus, quæ sunt honestatis,
quemadmodum officia ducerentur, satis expositum vi-
2 detur. Eorum autem ipsorum, quæ honesta sunt, potest incidere sæpe contentio et comparatio, de duobus
honestis utrum honestius : qui locus a Panætio est
3 prætermissus. Nam quum omnis honestas manet a partibus quatuor, quarum una sit cognitionis, altera communitatis, tertia magnanimitatis, quarta moderationis :
hæ in deligendo officio sæpe inter se comparentur ne-
4 cesse est. Placet igitur, aptiora esse naturæ ea officia,
quæ ex communitate, quam ea, quæ ex cognitione du-
5 cantur : idque hoc argumento confirmari potest, quod,
si contigerit ea vita sapienti, ut, in omnium rerum
affluentibus copiis, quamvis omnia, quæ cognitione
digna sint, summo otio secum ipse consideret et con-
templetur: tamen, si solitudo tanta sit, ut hominem
6 videre non possit, excedat e vita. Princepsque omnium
virtutum illa sapientia, quam σοφίαν Græci vocant;
prudentiam enim, quam Græci φρόνησιν, aliam quamdam intelligimus, quæ est rerum expetendarum fugien-
7 darumque scientia. Illa autem sapientia, quam principem dixi, rerum est divinarum et humanarum scientia,
in qua continetur deorum et hominum communitas,
et societas inter ipsos. Ea si maxima est, ut est, certe
necesse est, quod a communitate ducatur officium, id
8 esse maximum. Etenim cognitio contemplatioque naturæ manca quodammodo atque inchoata sit, si nulla
actio rerum consequatur : ea autem actio in hominum

fraude à beaucoup d'acheteurs, n'est pas absolument à blâmer. Et même, si, rassasié de profits, ou plutôt bornant ses désirs, après s'être souvent retiré de la mer dans le port, il se retire du port même dans quelque domaine des champs, il a droit, selon moi, à tous nos éloges. Mais parmi les moyens d'accroître sa fortune, il n'en est pas de meilleur que l'agriculture ; il n'en est pas de plus productif, de plus doux, de plus digne d'un homme libre. Comme j'en ai parlé assez amplement dans mon Caton l'ancien, vous emprunterez à ce livre ce qui se rapportera au sujet qui nous occupe.

XLIII. Je crois avoir assez montré comment les devoirs découlent des différentes parties de l'honnête. Mais les choses mêmes qui en ont le caractère peuvent être comparées entre elles ; et il arrive souvent qu'on se demande, de deux choses honnêtes, laquelle l'est davantage ; question qui a été omise par Panétius. En effet, puisque toute honnêteté dérive de quatre principes, la connaissance, la sociabilité, la force d'âme, la modération, il n'est pas rare que, dans le choix des devoirs, il faille mettre ces principes en parallèle. Pour moi, je considère comme plus conformes à la nature les devoirs fondés sur l'état de société que ceux qui dérivent du principe de connaissance. Pour le prouver, imaginez un sage, au milieu de l'affluence de tous les biens, libre d'étudier et de contempler à loisir tout ce qui mérite d'être connu ; je dis que s'il est environné d'une telle solitude qu'il ne puisse voir un homme, il sera tenté de renoncer à la vie. De plus, la première de toutes les vertus est cette sagesse que les Grecs appellent σοφία ; car la prudence, qu'ils nomment φρόνησις, nous présente une autre idée : c'est le discernement de ce qui est à rechercher ou à fuir. Or la sagesse, cette reine des vertus, est la science des choses divines et humaines, et cette science embrasse les rapports des dieux et des hommes, et la société qui unit les hommes entre eux. Si donc la sagesse est la plus grande des vertus, comme elle l'est certainement, il s'ensuit que le devoir qui naît de l'association est le premier des devoirs. En effet, la connaissance et la contemplation de la nature seraient stériles et imparfaites, si l'action ne venait à la suite ; or, c'est à servir les hommes que l'action

commodis tuendis maxime cernitur; pertinet igitur ad
9 societatem generis humani. Ergo hæc cognitioni anteponenda est. Atque id optimus quisque re ipsa ostendit
10 et judicat. Quis enim est tam cupidus in perspicienda
cognoscendaque rerum natura, ut, si ei tractanti con-
templantique res cognitione dignissimas subito sit alla-
tum periculum discrimenque patriæ, cui subvenire opi-
tularique possit, non illa omnia relinquat atque abjiciat,
etiam si dinumerare se stellas, aut metiri mundi magnitudinem posse arbitretur? Atque hoc idem in parentis,
11 in amici re aut periculo fecerit. Quibus rebus intelligitur, studiis officiisque scientiæ præponenda esse
officia justitiæ, quæ pertinent ad hominum caritatem [1],
qua nihil homini esse debet antiquius.

XLIV. Atque illi, quorum studia vitaque omnis in
rerum cognitione versata est, tamen ab augendis homi-
2 num utilitatibus et commodis non recesserunt. Nam et
erudiverunt multos, quo meliores cives utilioresque
rebus suis publicis essent : ut Thebanum Epaminondam
Lysis Pythagoreus, Syracusium Dionem Plato, multique
multos. Nosque ipsi, quidquid ad rempublicam attulimus, si modo aliquid attulimus, a doctoribus atque
3 doctrina instructi ad eam et ornati accessimus. Neque
solum vivi atque præsentes studiosos discendi erudiunt
atque docent, sed hoc idem etiam post mortem monu-
4 mentis litterarum assequuntur. Nec enim locus ullus
prætermissus est ab iis, qui ad leges, qui ad mores, qui
ad disciplinam reipublicæ pertineret : ut otium suum
5 ad nostrum negotium contulisse videantur. Ita illi ipsi
doctrinæ studiis et sapientiæ dediti, ad hominum utilitatem suam intelligentiam prudentiamque potissimum
6 conferunt. Ob eamque etiam causam eloqui copiose,
modo prudenter, melius est, quam vel acutissime sine
eloquentia cogitare; quod cogitatio in se ipsa vertitur;
eloquentia complectitur eos, quibuscum communitate

---

1. *Sic Anemac., Heusing., Gernh., Beier, Orelli, Zumpt; Ernest.,
Lall., vulg.: utilitatem.*

consiste surtout, et par conséquent elle intéresse la société humaine ; donc le maintien de cette société est préférable à la simple connaissance. Cette vérité éclate dans la conduite de tout homme de bien. En est-il un seul, quelque avide qu'on le suppose de pénétrer et de connaître les secrets de la nature, qui, recevant au milieu des plus hautes et des plus intéressantes méditations, la nouvelle que sa patrie est en danger de périr, et sachant qu'il peut la secourir et la sauver, ne quitte tout à l'instant et n'abandonne ses études, eût-il l'espérance de nombrer les étoiles et de mesurer l'univers ? Il en ferait autant pour la cause ou dans le péril d'un père, d'un ami. Ces raisonnements prouvent, qu'avant les études et les devoirs qui ont la science pour objet, il faut placer les devoirs de justice, dont la source est dans cette affection mutuelle qui doit être le sentiment le plus doux au cœur de tous les hommes.

XLIV. Ceux même dont la vie entière a été consacrée à l'étude et à l'acquisition des connaissances, n'ont pas laissé pour cela de contribuer au bien-être et à l'utilité de leurs semblables. Combien de citoyens, instruits par eux, en sont devenus meilleurs et plus utiles à leurs pays! Ainsi furent formés Épaminondas de Thèbes, par le pythagoricien Lysis, Dion de Syracuse par Platon, sans parler de tant d'autres. Et moi-même, ce que j'ai rendu de services à la république (si toutefois je lui en ai rendu quelques-uns), est dû aux leçons des maîtres qui ornèrent mon esprit, et le préparèrent au maniement des affaires. Et ce n'est pas seulement pendant qu'ils vivent et qu'ils sont parmi nous, que les savants communiquent leurs lumières aux hommes avides d'instruction ; morts, ils continuent cet enseignement par les œuvres de leur génie. En effet, rien n'a échappé à leurs recherches de ce qui regarde les lois, la morale, les institutions politiques ; de sorte qu'ils paraissent n'avoir renoncé à la vie active que pour nous rendre l'action plus facile. Ainsi donc, en se vouant à l'étude des sciences et de la philosophie, c'est encore au bien de l'humanité que ces grands hommes consacrent leur intelligence et leur savoir. Et c'est pour cela que le talent de la parole, joint à une raison solide, est préférable aux dons les plus heureux de la pensée, que ne seconde pas l'éloquence : la

7 juncti sumus. Atque ut apum examina non fingendorum
favorum causa congregantur, sed, quum congregabilia
natura sint, fingunt favos : sic homines, ac multo etiam
magis, natura congregati, adhibent agendi cogitandi-
8 que sollertiam. Itaque nisi ea virtus, quæ constat ex
hominibus tuendis, id est, ex societate generis humani,
attingat cognitionem rerum, solivaga cognitio et jejuna
9 videatur; itemque magnitudo animi, remota communitate conjunctioneque humana, feritas sit quædam et
immanitas. Ita fit ut vincat cognitionis studium conso-
10 ciatio hominum atque communitas. Nec verum est,
quod dicitur a quibusdam, propter necessitatem vitæ,
quod ea, quæ natura desideraret, consequi sine aliis
atque efficere non possemus, idcirco initam esse cum
hominibus communitatem et societatem; quod, si omnia
nobis, quæ ad victum cultumque pertinent, quasi vir-
gula divina, ut aiunt, suppeditarentur, tum optimo
quisque ingenio, negotiis omnibus omissis, totum se
11 in cognitione et scientia collocaret. Non est ita; nam
et solitudinem fugeret, et socium studii quæreret;
tum docere, tum discere vellet, tum audire, tum dicere.
12 Ergo omne officium, quod ad conjunctionem hominum
et ad societatem tuendam valet, anteponendum est illi
officio, quod cognitione et scientia continetur.

XLV. Illud forsitan quærendum sit, num hæc communitas, quæ maxime est apta naturæ, sit etiam mo-
derationi modestiæque semper anteponenda. Non placet.
2 Sunt enim quædam partim ita fœda, partim ita flagitiosa, ut ea ne conservandæ quidem patriæ causa sapiens facturus sit. Ea Posidonius collegit permulta,
sed ita tetra quædam, ita obscena, ut dictu quoque
3 videantur turpia. Hæc igitur non suscipiet reipublicæ
4 causa; ne respublica quidem pro se suscipi volet. Sed
hoc commodius se res habet, quod non potest accidere
tempus, ut intersit reipublicæ, quidquam illorum facere
5 sapientem. Quare hoc quidem effectum sit, in officiis

pensée est son théâtre à elle-même ; la parole étend son action sur la société elle-même. Les abeilles ne se rassem-
blent pas pour construire des alvéoles et y déposer leur
miel : elles construisent des alvéoles parce que la nature les
a faites pour se rassembler. Ainsi et à plus forte raison, les
hommes, réunis par la nature, mettent en commun les ressources de leur activité et de leur intelligence. Si donc la
vertu qui protége les hommes, je veux dire celle qui repose sur l'état de société, ne se joint à la connaissance des
choses, celle-ci devient une curiosité égoïste et vaine ; de
même que la force d'âme, en dehors des intérêts communs
de l'humanité, ne serait qu'une sorte de brutalité sauvage.
Il s'ensuit que l'amour de la science importe moins que la
grande association des hommes. Et cette association n'est
pas, comme quelques-uns le disent, un besoin de la faiblesse, qui, ne pouvant se procurer par elle-même les
choses nécessaires à la vie, cherche un appui dans le concours de tous, en sorte que si la subsistance et l'entretien
nous étaient fournis, comme on dit, par une baguette ma-
gique, les plus beaux esprits laisseraient là toutes les affaires, et se livreraient sans réserve au seul plaisir d'étudier
et de connaître. Non ; il n'y en a pas un qui n'eût peur de la
solitude ; qui ne cherchât un compagnon de ses travaux ;
qui ne voulût tour à tour enseigner et apprendre, écouter
et parler. Il est donc vrai que les devoirs qui tendent au
maintien de la société humaine doivent passer avant ceux
qui ont pour objet la connaissance et la science.

XLV. Il faut peut-être examiner encore si le bien de cette
société, si conforme au vœu de la nature, doit prévaloir
toujours sur les droits de la modération et de la pudeur.
Je ne le pense pas. Il est des choses si hideuses, il en est
de si flétrissantes, que, même pour sauver sa patrie, un sage
ne les ferait jamais. Posidonius en a recueilli de nombreux
exemples, mais si repoussants en partie, et si obscènes,
qu'on rougirait seulement de les nommer. Personne ne fera
donc de tels actes pour la république, et la république non
plus ne voudrait pas qu'on les fît à cause d'elle. Heureusement, il ne peut se présenter de conjoncture où l'intérêt du
pays exige que le sage commette de pareilles turpitudes.
Tenons donc pour démontré que, dans le choix des devoirs,

deligendis, id genus officiorum excellere, quod tenea-
6 tur hominum societate. Etenim cognitionem prudentiamque sequitur considerata actio. Ita fit ut agere
considerate pluris sit, quam cogitare prudenter. Atque
7 hæc quidem hactenus. Patefactus est enim locus ipse,
ut non difficile sit in exquirendo officio, quid cuique
8 sit præponendum, videre. In ipsa autem communitate sunt gradus officiorum : ex quibus, quid cuique
præstet, intelligi possit; ut prima diis immortalibus,
secunda patriæ, tertia parentibus, deinceps gradatim
9 reliquis debeantur. Quibus ex rebus breviter disputatis
intelligi potest, non solum id homines solere dubitare,
honestumne an turpe sit, sed etiam, duobus proposi-
10 tis honestis, utrum honestius. Hic locus a Panætio est,
ut supra dixi, prætermissus. Sed jam ad reliqua pergamus.

il faut donner la préférence à ceux où la société est intéressée. En effet, le mérite de l'instruction et de la prudence est de régler les actions ; d'où il suit que bien agir
vaut mieux que bien penser. Mais en voilà assez sur cette
matière. A présent que le motif de décider est connu, il ne
sera pas difficile, dans la comparaison des devoirs, de juger lequel oblige davantage. Toutefois, entre ceux mêmes
que la société nous impose, il est plusieurs degrés d'après
lesquels on peut assigner à chacun le rang qui lui appartient. Ainsi nos premières obligations sont envers les dieux
immortels, les secondes envers la patrie, les troisièmes
envers nos parents, et après eux, à des degrés différents,
envers les autres hommes. Cette courte discussion suffit
pour montrer que l'on a coutume de mettre en question,
non-seulement si une chose est honnête ou honteuse, mais
encore entre deux choses honnêtes, laquelle l'est plus que
l'autre. Panétius, comme je l'ai dit, avait oublié ce point.
Maintenant, il est temps de poursuivre.

LIBER SECUNDUS.

I. Quemadmodum officia ducerentur ab honestate, Marce fili, atque ab omni genere virtutis, satis explica-
2 tum arbitror libro superiore. Sequitur, ut hæc officiorum genera persequar, quæ pertinent ad vitæ cultum, et ad earum rerum, quibus utuntur homines, facultatem, ad opes, ad copias. In quo tum quæri dixi, quid utile, quid inutile; tum ex utilibus, quid utilius, aut quid maxime utile. De quibus dicere aggrediar, si pauca
3 prius de instituto, ac de judicio meo dixero. Quamquam enim libri nostri complures non modo ad legendi, sed etiam ad scribendi studium excitaverunt, tamen interdum vereor, ne quibusdam bonis viris philosophiæ nomen sit invisum, mirenturque, in ea tantum
4 me operæ et temporis ponere. Ego autem, quamdiu respublica per eos gerebatur, quibus se ipsa commiserat, omnes meas curas cogitationesque in eam con-
5 ferebam. Quum autem dominatu unius omnia tenerentur, neque esset usquam consilio aut auctoritati locus, socios denique tuendæ reipublicæ, summos viros, amisissem : nec me angoribus dedidi, quibus essem[1] confectus, nisi iis restitissem, nec rursum indignis
6 homine docto voluptatibus. Atque utinam respublica stetisset, quo cœperat, statu, nec in homines non tam commutandarum, quam evertendarum rerum cupidos
7 incidisset! Primum enim, ut stante republica facere solebamus, in agendo plus, quam in scribendo, operæ poneremus : deinde ipsis scriptis, non ea quæ nunc, sed actiones nostras mandaremus, ut sæpe fecimus.

1. Sic Lall. Orelli, Zumpt. cum codd.; Heusing., Gernh., Beier, post Nonium - eram.

LIVRE SECOND.

I. Je crois, mon fils, avoir assez montré, dans le livre précédent, comment les devoirs découlent de l'honnête, et en général de toutes les vertus. Il me reste à expliquer les différentes sortes de devoirs qui ont pour objet le bien-être de la vie, les moyens de pourvoir à nos besoins, l'acquisition de la puissance et des richesses. A ce sujet, on examine, comme je l'ai dit, ce qui est utile, ce qui est nuisible, et entre plusieurs choses utiles, laquelle est plus utile qu'une autre, ou la plus utile de toutes. Telles sont les questions que je vais traiter, après avoir dit quelques mots de mon dessein, et de la pensée qui l'a inspiré. En effet, quoique mes écrits aient éveillé chez un bon nombre de personnes, non-seulement le goût de la lecture, mais encore l'idée d'écrire elles-mêmes, il m'arrive néanmoins de craindre qu'il n'y ait de fort honnêtes gens auxquels le nom de la philosophie soit antipathique, et qui s'étonnent du temps et du travail que j'y consacre. Certes, tant que la république a été gouvernée par les hommes à qui elle-même avait confié ses affaires, tous mes soins, toutes mes pensées ont été pour elle; mais quand j'ai vu l'État soumis au pouvoir d'un seul, le conseil et l'autorité privés de leur influence, les grands hommes qui défendaient avec moi la république, enlevés à mon amitié, je ne me suis abandonné, ni aux chagrins qui m'auraient consumé si je ne les avais combattus, ni à des plaisirs indignes d'un homme éclairé. Et plût au ciel que la république fût demeurée dans la situation où elle était un instant revenue, et qu'elle ne fût pas tombée dans des mains plus empressées à détruire qu'à changer! D'abord, comme à l'époque où elle était encore debout, je m'occuperais beaucoup plus à parler qu'à écrire; ensuite, si j'écrivais, ce ne serait pas sur les matières que je traite aujourd'hui; ce serait pour

8 Quum autem respublica, in qua omnis mea cura, cogitatio, opera poni solebat, nulla esset omnino, illæ sci-
9 licet litteræ conticuerunt, forenses et senatoriæ. Nihil agere autem quum animus non posset, in his studiis ab initio versatus ætatis, existimavi honestissime molestias posse deponi, si me ad philosophiam retulissem.
10 Cui quum multum adolescens discendi causa temporis tribuissem, posteaquam honoribus inservire cœpi, meque totum reipublicæ tradidi, tantum erat philosophiæ loci, quantum superfuerat amicorum et reipublicæ temporis. Id autem omne consumebatur in legendo; scribendi otium non erat.

II. Maximis igitur in malis hoc tamen boni assecuti videmur, ut ea litteris mandaremus, quæ nec erant satis
2 nota nostris, et erant cognitione dignissima. Quid est enim, per deos, optabilius sapientia? quid præstantius?
3 quid homini melius? quid homine dignius? Hanc igitur qui expetunt, philosophi nominantur; nec quidquam aliud est philosophia, si interpretari velis, præter studium sapientiæ.
4 dium sapientiæ. Sapientia autem est, ut a veteribus philosophis definitum est, rerum divinarum et humanarum causarumque, quibus hæ res continentur, scientia : cujus studium qui vituperat, haud sane intelligo
5 quidnam sit quod laudandum putet. Nam sive oblectatio quæritur animi requiesque curarum; quæ conferri cum eorum studiis potest, qui semper aliquid anquirunt, quod spectet et valeat ad bene beateque vivendum? sive ratio constantiæ virtutisque ducitur; aut hæc ars est,
6 aut nulla omnino, per quam eas assequamur. Nullam dicere maximarum rerum artem esse, quum minimarum sine arte nulla sit, hominum est parum considerate lo-
7 quentium, atque in maximis rebus errantium. Si autem est aliqua disciplina virtutis, ubi ea quæretur, quum ab
8 hoc discendi genere discesseris? Sed hæc, quum ad philosophiam cohortamur, accuratius disputari solent :
9 quod alio quodam libro fecimus. Hoc autem tempore

conserver mes discours, ainsi que je l'ai fait souvent. Mais cette république, objet de tous mes soins, de toutes mes pensées, de tous mes travaux, a cessé d'être, et sa chute a réduit au silence cette noble littérature du forum et du sénat. Or, mon esprit ne pouvant rester oisif, je me suis rappelé les études de mes premières années, et j'ai pensé que le moyen le plus honorable de faire diversion à mes peines, était de revenir à la philosophie. Jeune, j'y avais donné pour m'instruire un temps considérable; une fois engagé dans la carrière des honneurs et voué tout entier à la chose publique, je n'avais plus pour la philosophie que le peu de moments que me laissaient les affaires de mes amis et celles de l'État. Ces moments, je les passais uniquement à lire; car d'écrire, je n'en avais pas le temps.

II. Ainsi, au milieu des plus grands maux, il semble que j'ai trouvé au moins un avantage, celui d'écrire sur des objets trop ignorés chez nous, et cependant très-dignes d'être connus. Qu'y a-t-il en effet, grands dieux! de plus désirable et de plus beau que la sagesse? Qu'y a-t-il de meilleur pour l'homme et de plus digne de sa nature? Ceux qui la recherchent se nomment philosophes; et la philosophie, si l'on veut traduire ce mot, n'est autre chose que l'étude de la sagesse. Or, la sagesse, selon la définition des anciens philosophes, est la science des choses divines et humaines, et des causes dont elles procèdent. Si quelqu'un blâme une pareille étude, je ne vois pas en vérité ce qu'il louera jamais. En effet, soit qu'on cherche l'amusement de l'esprit et une distraction aux soins qui l'occupent, est-il rien de comparable aux jouissances d'une intelligence qui s'applique à découvrir sans cesse quelque moyen de bien vivre, et de vivre heureux? soit que l'on attache du prix à la constance et à la vertu, c'est là qu'on trouvera les règles qui les enseignent, ou bien elles ne sont nulle part. Or, dire qu'il n'existe pas de règles pour les plus grandes choses, quand les plus petites ne peuvent s'en passer, c'est parler avec peu de réflexion, et se tromper en matière fort grave. Mais si la vertu peut s'enseigner, où en chercher les préceptes, si vous renoncez à cette source d'instruction? Du reste, lorsque j'exhorte à la philosophie, j'ai coutume de traiter ce sujet plus à fond, et c'est ce que j'ai fait dans

tantum nobis declarandum fuit. cur orbati reipublicæ
muneribus ad hoc nos studium potissimum contulisse-
10 mus. Occurritur autem nobis, et quidem a doctis et
eruditis, quærentibus, satisne constanter facere videamur, qui, quum percipi nihil posse dicamus, tamen et
aliis de rebus disserere soleamus, et hoc ipso tempore
11 præcepta officii persequamur. Quibus vellem satis cognita esset nostra sententia. Non enim sumus ii, quorum vagetur animus errore, nec habeat unquam quid[1]
12 sequatur. Quæ enim esset ista mens, vel quæ vita potius. non modo disputandi. sed etiam vivendi ratione
13 sublata? Nos autem. ut ceteri alia certa, alia incerta
esse dicunt, sic ab his dissentientes alia probabilia,
14 contra alia dicimus. Quid est igitur, quod me impediat,
ea quæ probabilia mihi videantur, sequi? quæ contra,
improbare; atque affirmandi arrogantiam vitantem, fugere temeritatem, quæ a sapientia dissidet plurimum?
15 Contra autem omnia disputatur a nostris, quod hoc
ipsum probabile elucere non posset, nisi ex utraque
16 parte causarum esset facta contentio. Sed hæc expla-
nata sunt in Academicis nostris satis, ut arbitror, dili-
17 genter. Tibi autem, mi Cicero, quamquam in anti-
quissima nobilissimaque philosophia, Cratippo auctore,
versaris, iis simillimo, qui ista præclara pepererunt;
tamen hæc nostra, finitima vestris, ignota esse nolui.
Sed jam ad instituta pergamus.

III. Quinque igitur rationibus propositis officii per-
sequendi, quarum duæ ad decus honestatemque pertinent[2], duæ ad commoda vitæ, copias, opes, facultates,
quinta ad eligendi judicium, si quando ea, quæ dixi,
pugnare inter se viderentur, honestatis pars confecta
2 est, quam quidem tibi cupio esse notissimam. Hoc
autem, de quo nunc agimus, id ipsum est, quod utile
appellatur. In quo verbo lapsa consuetudo deflexit de

---

1. *Sic Lall., Heusing., Orelli, alii; Ernesti* : quod. — 2. *Sic Lall.,
Gernh., cum vulg.; Heusing., Beier, Orelli, Zumpt* : pertinerent. *Vide
notam ad calcem.*

un autre ouvrage. Ici, j'ai voulu seulement expliquer pourquoi, arraché aux fonctions publiques, je me suis livré de préférence à ces études. Mais une objection m'est faite, et cela par des hommes pleins de savoir et d'érudition, qui demandent si c'est être conséquent avec soi-même que de professer qu'il n'y a rien de certain, et de se proposer cependant des questions à résoudre, par exemple celle des devoirs, dont nous cherchons en ce moment même à tracer les règles. Je voudrais que ceux qui parlent ainsi connussent ma pensée. Il ne faut pas croire que mon esprit erre à l'aventure sans jamais savoir où se prendre. Que serait-ce que notre intelligence, ou plutôt quelle serait notre vie, avec un système qui supprimerait, non-seulement la discussion, mais encore la morale? Mais non ; et si l'on dit qu'il y a des choses certaines et des choses incertaines, notre sentiment à nous, c'est qu'il y en a de probables et d'autres qui ne le sont pas. Est-il donc rien qui m'empêche de suivre l'opinion que je trouve probable, de rejeter l'opinion contraire, et d'éviter ainsi la présomption qui affirme, sans rien laisser à la décision du hasard, le plus grand ennemi de la sagesse? Si notre école met tout en controverse, c'est que cette lueur même de probabilité ne peut jaillir que de l'examen contradictoire des deux causes opposées. Mais je crois avoir suffisamment éclairci cette question dans mes Académiques. Quant à vous, mon cher Cicéron, tout initié que vous êtes à la plus ancienne et à la plus noble philosophie par les leçons de Cratippe, le digne émule des créateurs de cette belle doctrine, je n'ai pas voulu que mes idées, qui se rapprochent beaucoup des vôtres, vous fussent inconnues. Mais arrivons enfin à notre sujet.

III. Des cinq points de vue sous lesquels on doit considérer le devoir, et dont les deux premiers se rapportent à la bienséance et à l'honnêteté, les deux suivants aux intérêts de la vie, aux richesses, au crédit, à la fortune, le cinquième au choix à faire entre l'honnête et l'utile lorsqu'ils paraissent être en opposition, j'ai traité la partie qui regarde l'honnête, et je désire qu'elle vous soit parfaitement connue. Celle dont nous allons parler maintenant est précisément ce qu'on nomme l'utile. Trompé par ce mot, l'usage a fait fausse route, et en est venu insensiblement à

via, sensimque eo deducta est, ut honestatem ab utilitate secernens constitueret, esse honestum aliquid, quod
utile non esset, et utile, quod non honestum : qua nulla
4 pernicies major hominum vitæ potuit afferri. Summa
quidem auctoritate philosophi, severe sane atque honeste, hæc tria genere[1] confusa, cogitatione distin-
5 guunt. Quidquid enim justum sit, id etiam utile esse
censent : itemque quod honestum, idem justum : ex quo
efficitur ut, quidquid honestum sit, idem sit utile.
6 Quod qui parum perspiciunt, hi sæpe, versutos homines
et callidos admirantes, malitiam sapientiam judicant.
7 Quorum error eripiendus est, opinioque omnis ad eam
spem traducenda, ut honestis consiliis justisque factis,
non fraude et malitia, se intelligant ea, quæ velint,
8 consequi posse. Quæ ergo ad vitam hominum tuendam
pertinent, partim sunt inanima, ut aurum, argentum,
ut ea quæ gignuntur e terra, ut alia generis ejusdem :
partim animalia, quæ habent suos impetus et rerum
9 appetitus. Eorum autem alia rationis expertia sunt, alia
ratione utentia. Expertes rationis, equi, boves, reliquæ
10 pecudes, apes, quarum opere efficitur aliquid ad usum
hominum atque vitam. Ratione autem, utentium duo
11 genera ponunt, deorum unum, alterum hominum.
Deos placatos pietas efficiet et sanctitas; proxime autem
12 et secundum deos, homines hominibus maxime utiles
esse possunt. Earumque item rerum, quæ noceant et
obsint, eadem divisio est. Sed quia deos nocere non
13 putant, his exceptis, homines hominibus obesse plurimum arbitrantur. Ea enim ipsa, quæ inanima diximus,
pleraque sunt hominum operis effecta : quæ nec habe-
14 remus, nisi manus et ars accessisset, nec iis sine hominum administratione uteremur. Neque enim valetudinis curatio, neque navigatio, neque agricultura, neque
15 frugum fructuumque reliquorum perceptio et conservatio sine hominum opera ulla esse potuisset. Jam vero
et earum rerum, quibus abundaremus, exportatio, et

1. *Sic Pearce, Beier, Orelli; Lall., alii : genera.*
6.

séparer l'honnête de l'utile, imaginant une sorte d'honnête qui ne serait pas utile, et une sorte d'utile qui ne serait pas honnête, erreur la plus funeste qui ait pu s'introduire parmi les hommes. Des philosophes d'une grande autorité distinguent sans doute, mais dans des vues pures et honnêtes, mais par la seule pensée, trois choses qui par le fait se confondent. Ils estiment que tout ce qui est juste est utile, et que tout ce qui est honnête est juste; d'où il résulte que ce qui est honnête ne peut manquer d'être utile. C'est faute de comprendre cette vérité, que certaines personnes, admirant les hommes fourbes et artificieux, prennent la ruse pour de la sagesse. Il importe de les tirer d'erreur, et de donner un meilleur fondement à leurs espérances, en leur apprenant que c'est par des moyens honnêtes et des actions justes, et non par l'astuce et la mauvaise foi, qu'ils parviendront au but de leurs désirs. Parmi les objets qui contribuent au soutien de la vie humaine, il y en a d'inanimés, comme l'or, l'argent, les productions de la terre et autres choses semblables; il y a aussi des êtres animés, qui ont leurs instincts et leurs appétits. De ces derniers, les uns sont privés de la raison, les autres en sont doués. La classe des êtres privés de raison comprend les chevaux, les bœufs, les autres animaux domestiques, les abeilles, toutes espèces dont le travail sert à la satisfaction des besoins de l'homme. Celle des êtres raisonnables se divise en deux branches, les dieux et les hommes. Pour les dieux, leur faveur est le prix de l'innocence et de la piété; immédiatement après eux, c'est l'homme qui peut être le plus utile à l'homme. Les objets qui peuvent nuire et porter préjudice sont également animés et inanimés. Mais comme on ne suppose pas que les dieux nuisent, eux mis à part, on estime que rien ne fait plus de mal à l'homme que l'homme même. En effet, la plupart des choses que nous appelons inanimées sont encore l'ouvrage de l'homme; nous ne pourrions ni les avoir sans l'intervention de la main et de l'art, ni en user sans le concours de nos semblables. Ni la médecine, par exemple, ni la navigation, ni l'agriculture, ni les moyens de recueillir et de conserver les grains et les fruits n'existeraient sans l'industrie humaine. Et l'exportation des denrées surabondantes, et l'importa-

earum, quibus egeremus, invectio certe nulla esset,
16 nisi his muneribus homines fungerentur. Eademque
ratione nec lapides e terra exciderentur ad usum nostrum necessarii, nec ferrum, æs, aurum, argentum,
effoderetur penitus abditum, sine hominum labore et
manu.

IV. Tecta vero quibus et frigorum vis pelleretur, et
calorum molestiæ sedarentur, unde aut initio generi
humano dari potuissent, aut postea subveniri, si aut
vi tempestatis, aut terræ motu, aut vetustate cecidissent,
nisi communis vita ab hominibus harum rerum auxilia
2 petere didicisset? Adde ductus aquarum, derivationes
fluminum, agrorum irrigationes, moles oppositas fluctibus, portus manu factos : quæ unde sine hominum
3 opere habere possemus? Ex quibus multisque aliis perspicuum est, qui fructus quæque utilitates ex rebus iis,
quæ sint inanimæ[1] percipiantur, eas nos nullo modo sine
4 hominum manu atque opera capere potuisse. Qui denique ex bestiis fructus, aut quæ commoditas, nisi ho-
5 mines adjuvarent, percipi posset? Nam et qui principes
inveniendi fuerunt, quem ex quaque bellua usum habere
possemus, homines certe fuerunt ; nec hoc tempore
sine hominum opera aut pascere eas, aut domare, aut
tueri, aut tempestivos fructus ex his capere possemus :
ab eisdemque et eæ, quæ nocent, interficiuntur, et quæ
6 usui possunt esse, capiuntur. Quid enumerem artium
multitudinem, sine quibus vita omnino nulla esse potuisset? Quid enim ægris subveniret, quæ esset oblectatio valentium, qui victus aut cultus, nisi tam multæ
nobis artes ministrarent, quibus rebus exculta hominum vita tantum distat a victu et cultu bestiarum?
7 Urbes vero sine hominum cœtu non potuissent nec ædi-
ficari, nec frequentari : ex quo leges moresque constituti ; tum juris æqua descriptio certaque vivendi
8 disciplina. Quas res et mansuetudo animorum conse-

---

1. Sic Lall., Gernh., Orelli, Zumpt, alii; Heusing. : inanima.

tion de celles dont le besoin se ferait sentir, comment auraient-elles lieu si des hommes ne se chargeaient de cette tâche ? Comment les pierres nécessaires à notre usage seraient-elles tirées des carrières? comment le fer, l'airain, l'or, l'argent, enfouis dans les entrailles de la terre, en seraient-ils arrachés sans le travail de l'homme?

IV. Les maisons, dont l'abri nous défend des rigueurs du froid, et nous allége les incommodités de la chaleur, qui les eût, à l'origine des choses, données au genre humain, et qui, dans la suite, les eût relevées, lorsque la tempête, les tremblements de terre ou la vétusté les auraient abattues, si les hommes réunis en communauté n'eussent appris à invoquer pour ces travaux les secours l'un de l'autre? Ajoutez les aqueducs, les canaux, l'irrigation des terres, les digues opposées aux flots, les ports creusés par l'art ; n'est-ce pas uniquement au travail des hommes que nous les devons? Ces exemples et beaucoup d'autres prouvent que de tous les fruits, de tous les avantages que nous tirons des choses inanimées, il n'en est pas un seul dont nous eussions pu jouir sans la coopération des hommes. Enfin, de quelle utilité, de quel profit nous seraient les animaux sans cette même coopération? Car ce furent évidemment des hommes qui découvrirent les premiers à quel usage ils étaient propres, chacun dans son espèce ; et aujourd'hui même, si des hommes ne s'y employaient, nous ne pourrions ni les nourrir, ni les dompter, ni les conserver, ni en retirer dans la saison les produits qu'ils doivent rendre. Et ce sont encore des hommes qui tuent les bêtes malfaisantes, et qui prennent celles dont on peut se servir Compterai-je le nombre infini des arts sans lesquels il n'y aurait pas eu d'existence possible ? Quels seraient, sans le secours que ces arts nous prêtent, nos ressources contre la maladie, nos jouissances dans la santé, notre nourriture, nos vêtements, toutes choses qui embellissent la vie humaine, et la mettent si fort au-dessus de la condition des bêtes ? Et les villes, comment, sans les réunions d'hommes, auraient-elles pu être ou bâties ou peuplées? Or, de là naquirent les lois et les coutumes ; bientôt les droits de tous furent fixés selon l'équité, et la vie eut des règles certaines. A la suite vinrent l'adoucissement des esprits et le

cuta, et verecundia est; effectumque ut esset vita munitior, atque ut, dando et accipiendo, mutuandisque[1] facultatibus et commodandis, nulla re egeremus.

V. Longiores hoc loco sumus, quam necesse est. Quis est enim, cui non perspicua sint illa, quae pluribus verbis a Panaetio commemorantur, neminem neque ducem bello[2], nec principem domi magnas res et salutares sine hominum studiis gerere potuisse? Commemoratur ab eo Themistocles, Pericles, Cyrus, Agesilaus, Alexander, quos negat sine adjumentis hominum tantas res efficere potuisse. Utitur in re non dubia testibus non necessariis. Atque ut magnas utilitates adipiscimur conspiratione hominum atque consensu : sic nulla tam detestabilis pestis est, quae non homini ab homine nascatur. Est Dicaearchi liber de interitu hominum, peripatetici magni et copiosi : qui, collectis ceteris causis, eluvionis, pestilentiae, vastitatis, belluarum etiam repentinae multitudinis, quarum impetu docet quaedam hominum genera esse consumpta; deinde comparat, quanto plures deleti sint homines hominum impetu, id est bellis aut seditionibus, quam omni reliqua calamitate. Quum igitur hic locus nihil habeat dubitationis, quin homines plurimum hominibus et prosint et obsint : proprium hoc statuo esse virtutis, conciliare animos hominum, et ad usus suos adjungere. Itaque, quae in rebus inanimis, quaeque in usu et tractatione belluarum fiunt utiliter ad hominum vitam, artibus ea tribuuntur operosis; hominum autem studia ad amplificationem nostrarum rerum prompta ac parata, virorum praestantium sapientia et virtute excitantur. Etenim virtus omnis tribus in rebus fere vertitur : quarum una est in perspiciendo, quid in quaque re verum sincerumque sit, quid consentaneum cuique, quid consequens, ex quo quaeque gignantur, quae cujusque rei causa sit; al-

1. Sic Heusing., Gernh., Beier, Orelli; Lall. et vulg. : mutandisque. — 2. Sic Lall., cum codd.; Orelli, alii : belli.

respect des bienséances ; enfin l'existence fut mieux protégée. On apprit à donner, à recevoir, et par ce mutuel échange des ressources individuelles, tous les besoins furent satisfaits.

V. Je m'arrête sur ce sujet plus que la nécessité ne l'exige. Qui ne tient en effet pour évident ce que Panétius démontre fort au long, que jamais un général dans la guerre, un homme d'État dans la paix, n'ont rien fait de grand et d'utile sans le concours des hommes? Il cite Thémistocle, Périclès, Cyrus, Agésilas, Alexandre, qui, dit-il, n'auraient pas accompli de si grands desseins, si les hommes ne les eussent secondés. C'est invoquer, dans une question non douteuse, des témoins qui ne sont pas nécessaires. Mais si nous retirons de précieux avantages de la coopération des hommes et de l'accord de leurs volontés, il n'est pas non plus de maux si affreux dont l'homme ne soit pour ses semblables la cause la plus active. Il existe, sur la destruction de l'espèce humaine, un livre de Dicéarque, péripatéticien célèbre et d'une élocution abondante, qui, après avoir énuméré tous les fléaux, les déluges, les pestes, les stérilités, et jusqu'à ces multitudes d'animaux nuisibles, dont il montre que l'invasion subite a quelquefois anéanti des populations entières, en vient à la comparaison, et fait voir combien il a péri plus d'hommes par la fureur des hommes, c'est-à-dire par les guerres ou les séditions, que par toutes les autres calamités ensemble. Ainsi, puisqu'il est hors de doute, que ce sont les hommes qui peuvent faire aux hommes le plus de bien et le plus de mal, le propre de la vertu est, selon moi, de gagner leur bienveillance et de s'en faire des auxiliaires dévoués. Les moyens d'employer utilement pour la vie, et les choses inanimées, et les animaux que nous plions à notre usage, appartiennent aux industries laborieuses ; mais disposer des volontés humaines, et les intéresser à notre agrandissement, c'est l'œuvre de la sagesse et de la vertu des hommes supérieurs. La vertu en général roule sur trois principes : le premier, c'est de distinguer ce qu'il y a dans les choses de vrai et de naturel, d'en connaître les rapports, les conséquences, les origines et les causes; le second, c'est de réprimer les mouvements tumultueux de l'âme, que les

terum cohibere motus animi turbatos, quos Græci πάθη nominant, appetitionesque, quas illi ὁρμάς, obedientes efficere rationi; tertium, iis, quibuscum congregamur, uti moderate et scienter, quorum studiis ea, quæ natura desiderat, expleta cumulataque habeamus, per eosdemque, si quid importetur nobis incommodi, propulsemus, ulciscamurque eos, qui nocere nobis conati sunt[1], tantaque pœna afficiamus, quantam æquitas humanitasque patitur.

VI. Quibus autem rationibus hanc facultatem asse
2 qui possimus, ut hominum studia complectamur eaque teneamus, dicemus, neque ita multo post; sed pauca
3 ante dicenda sunt. Magnam vim esse in fortuna in utramque partem, vel secundas ad res, vel adversas,
4 quis ignorat? Nam et quum prospero flatu ejus utimur, ad exitus pervehimur optatos; et quum reflavit, affligimur. Hæc igitur ipsa fortuna ceteros casus rariores habet, primum ab inanimis procellas, tempestates, naufragia, ruinas, incendia : deinde a bestiis ictus,
5 morsus, impetus. Hæc ergo, ut dixi, rariora. At vero interitus exercituum, ut proxime trium, sæpe multorum, clades imperatorum, ut nuper summi et singularis viri, invidiæ præterea multitudinis, atque ob eas bene meritorum sæpe civium expulsiones, calamitates, fugæ; rursusque secundæ res, honores, imperia, victoriæ, quamquam fortuita sunt, tamen sine hominum
6 opibus[2] et studiis neutram in partem effici possunt. Hoc igitur cognito, dicendum est, quonam modo hominum studia ad utilitates nostras allicere atque excitare pos
7 simus. Quæ si longior fuerit oratio, cum magnitudine utilitatis comparetur : ita fortasse etiam brevior videbi
8 tur. Quæcumque igitur homines homini tribuunt ad eum augendum atque honestandum, aut benevolentiæ gratia faciunt, quum aliqua de causa quempiam dili-

1 *Sic Lall., Gernh., Beier, Orelli, Zumpt; Ernesti, Heusing.* : sint.
— 2. *Sic Fabric., Grœv., Lall., Heusing., Orelli, Zumpt, Dübner, alii; Lamb. Facciol.* : operis; *Impr. veter.* : operibus.

Grecs nomment πάθη, et de soumettre au joug de la raison les appétits, qu'ils appellent ὁρμαί; le troisième, c'est de nous conduire envers les autres membres de la société avec une mesure et une intelligence qui nous assure leur appui, soit pour arriver à la satisfaction complète des besoins de la nature, soit pour repousser les injures dont nous serions menacés, ou nous venger de ceux qui auraient essayé de nous nuire, et les en punir autant que le permettent la justice et l'humanité.

VI. Par quels moyens pouvons-nous réussir à nous concilier la bienveillance des hommes et à la conserver? Je le dirai bientôt, mais auparavant une réflexion est nécessaire. Personne n'ignore la double influence de la fortune, et combien elle a de part à nos succès et à nos revers. Son souffle nous est-il favorable, nous arrivons heureusement au but de nos désirs : vient-il à changer, nous sommes abîmés. Or, cette fortune elle-même a ses coups extraordinaires ; ce sont, du côté des choses inanimées, les ouragans, les tempêtes, les naufrages, les écroulements, les incendies ; et dans le règne animal, l'irruption des bêtes qui dardent, qui déchirent et qui tuent par leur choc. Ces fléaux, je l'ai dit, ne sont pas ordinaires. Mais les armées détruites (trois dans ces derniers temps, tant d'autres dans tous les temps) ; mais les généraux frappés d'un de ces revers qui nous ont enlevé naguère un si grand homme ; mais les préventions populaires, et, à leur suite, le bannissement, la ruine, l'exil volontaire de citoyens, distingués souvent par de grands services ; et d'une autre part, les prospérités, les honneurs, les commandements, les victoires, tous ces événements heureux ou funestes, n'arriveraient pas, tout fortuits qu'ils sont, sans les moyens dont les hommes disposent, et sans les passions qui les animent. Cela reconnu, il faut dire maintenant comment nous pourrons mériter l'attachement des hommes et les mettre dans nos intérêts. Si mon discours se prolonge un peu, que l'on veuille bien considérer l'importance de la matière ; peut-être alors paraîtra-il trop court. Tout ce que les hommes font pour l'agrandissement et la gloire d'un de leurs semblables, ils le donnent ou à la bienveillance, lorsqu'ils ont

gunt; aut honoris, si cujus virtutem suspiciunt, quemque
dignum fortuna quam amplissima putant; aut cui fidem
habent, et bene rebus suis consulere arbitrantur; aut
cujus opes metuunt; aut contra, a quibus aliquid ex-
spectant, ut quum reges popularesve homines largi-
9 tiones aliquas proponunt; aut postremo pretio ac mercede ducuntur, quæ sordidissima est illa quidem ratio
et inquinatissima, et iis qui ea tenentur, et illis qui
10 ad eam confugere conantur. Male enim se res habet,
quum, quod virtute effici debet, id tentatur pecunia.
Sed quoniam nonnunquam hoc subsidium necessarium
est, quemadmodum sit utendum eo, dicemus, si prius
iis de rebus, quæ virtuti propiores sunt, dixerimus.
11 Atque etiam subjiciunt se homines imperio alterius et
potestati de causis pluribus. Ducuntur enim aut bene-
12 volentia, aut beneficiorum magnitudine, aut dignitatis
præstantia, aut spe, sibi id utile futurum, aut metu, ne
vi parere cogantur, aut spe largitionis promissisque
capti; aut postremo, ut sæpe in nostra republica videmus, mercede conducti.

VII. Omnium autem rerum nec aptius est quidquam
ad opes tuendas ac tenendas, quam diligi, nec alienius,
2 quam timeri. Præclare enim Ennius :

Quem metuunt, oderunt : quem quisque odit, periisse expetit.

3 Multorum autem odiis nullas opes posse obsistere, si
4 antea fuit ignotum, nuper est cognitum. Nec vero hujus tyranni solum, quem armis oppressa pertulit civitas, paretque eum maxime mortuo, interitus declarat,
quantum odium hominum valeat[1] ad pestem; sed reliquorum similes exitus tyrannorum, quorum haud fere
5 quisquam talem interitum effugit. Malus enim est cu-
stos diuturnitatis metus, contraque benevolentia fidelis
6 vel ad perpetuitatem. Sed iis, qui vi oppressos imperio
coercent, sit sane adhibenda sævitia, ut heris in famu-

1. Sic Lall., Zumpt Dübner, alii; Heusing., Gernh., Orelli : valet.

quelque raison de l'aimer ; ou à l'estime, s'ils admirent sa vertu et le jugent digne de la plus haute fortune ; ou à la confiance, parce qu'ils croient leurs intérêts bien placés dans ses mains ; ou à la crainte que sa puissance leur inspire ; ou au contraire, à l'espérance d'en obtenir quelque chose, comme lorsque des rois ou des citoyens ambitieux de popularité annoncent des largesses publiques ; ou encore à l'attrait d'un vil salaire, de toutes les séductions la plus honteuse et la plus dégradante, et pour ceux qui ont la faiblesse d'y céder, et pour ceux qui ne craignent pas d'y recourir. Le mal est grand, en effet, lorsqu'on demande à l'argent ce qui doit être le prix du mérite. Mais comme c'est quelquefois une ressource indispensable, je dirai de quelle manière il en faut user, après avoir parlé d'abord de ce qui est plus conforme à la vertu. Il arrive aussi que les hommes se soumettent au pouvoir et à l'autorité d'un autre homme pour plusieurs motifs. Ils sont déterminés ou par l'affection qu'ils lui portent, ou par la grandeur de ses bienfaits, ou par l'éclat de son mérite, ou par l'espérance de quelque avantage, ou par la crainte d'être réduits violemment à l'obéissance, ou par l'appât des largesses et des promesses; ou enfin, comme nous le voyons souvent dans notre république, ils se vendent pour de l'or.

VII. De tous les moyens d'établir et d'assurer sa grandeur, il n'en est pas de meilleur que de se faire aimer, de plus mauvais que de se faire craindre. Ennius a fort bien dit : « Celui qu'on redoute, on le hait, et celui qu'on hait, on désire sa perte. » Or, il n'y a pas de puissance qui tienne contre des haines que beaucoup d'hommes partagent; si l'on a pu l'ignorer, on le sait maintenant. Et ce n'est pas seulement la chute du tyran dont la république opprimée par les armes a subi le joug, et auquel, tout mort qu'il est, elle obéit encore, qui montre combien la haine publique peut devenir fatale; c'est aussi la fin des autres tyrans, dont il n'est presque pas un seul qui ait échappé à une catastrophe semblable. La crainte est une mauvaise garantie de durée; la bienveillance au contraire est fidèle à jamais. Je conçois la rigueur chez ceux qui exercent une autorité imposée par la force, chez des maîtres, par exemple, en-

7 los, si aliter teneri non possunt. Qui vero in libera civitate ita se instruunt, ut metuantur, his nihil potest
8 esse dementius. Quamvis enim sint demersæ leges alicujus opibus, quamvis timefacta libertas, emergunt
tamen hæc aliquando, aut judiciis tacitis, aut occultis
9 de honore suffragiis. Acriores autem morsus sunt inter-
10 missæ libertatis, quam retentæ. Quod igitur latissime
patet, neque ad incolumitatem solum, sed etiam ad
opes et potentiam valet plurimum, id amplectamur,
ut metus absit, caritas retineatur : ita facillime, quæ
volemus, et privatis in rebus, et in republica conse-
11 quemur. Etenim, qui se metui volent, a quibus me-
12 tuentur, eosdem metuant ipsi necesse est. Quid enim
censemus superiorem illum Dionysium, quo cruciatu timoris angi solitum, qui cultros metuens tonsorios, can-
13 dente carbone sibi adurebat capillum? Quid? Alexandrum Pheræum, quo animo vixisse arbitramur? qui,
ut scriptum legimus, quum uxorem Theben admodum
diligeret, tamen ad eam ex epulis in cubiculum veniens,
barbarum, et cum quidem, ut scriptum est, compun-
ctum notis thraciis, destricto gladio jubebat anteire;
præmittebatque de stipatoribus suis, qui scrutarentur
arculas muliebres, et, ne quod in vestimentis telum
14 occultaretur, exquirerent. O miserum, qui fideliorem et
barbarum et stigmatiam putaret, quam conjugem! Nec
eum fefellit. Ab ea est enim ipsa[1] propter pellicatus su-
15 spicionem interfectus. Nec vero ulla vis imperii tanta
16 est, quæ, premente metu, possit esse diuturna. Testis
est Phalaris, cujus est præter ceteros nobilitata crudelitas : qui non ex insidiis interiit, ut is, quem modo dixi,
Alexander, non a paucis, ut hic noster, sed in quem
universa Agrigentinorum multitudo impetum fecit.
17 Quid? Macedones nonne Demetrium reliquerunt, uni-
versique se ad Pyrrhum contulerunt? Quid? Lacedæmonios injuste imperantes nonne repente omnes fere

---

1. Sic Facciol., Heusing., Orelli, Zumpt, alii; Lall., cum vulgat. :
ipse.

vers leurs esclaves, s'ils ne peuvent autrement les contenir. Mais dans un État libre, prendre ses mesures pour être craint, c'est le comble de la démence. Quelque abaissées que soient les lois sous la puissance d'un homme, quelque intimidée que soit la liberté, elle se fait jour tôt ou tard, ou par des protestations muettes, ou aux comices par des votes secrets. Or, la liberté un instant suspendue aiguillonne bien plus fortement les âmes que si on l'eût toujours possédée. Embrassons donc le moyen le plus fécond en résultats, celui qui nous promet non-seulement la sûreté, mais encore le crédit et la puissance : au lieu d'être craints, soyons aimés. C'est la voie la plus facile pour arriver, et dans la vie privée, et dans l'ordre politique, au but de nos désirs. En effet, quiconque veut être craint, se condamne à redouter lui-même ceux qui le redouteront. Pensons-nous qu'il ne fût pas en proie à tous les tourments d'une peur qui ne cessait jamais, ce Denys l'ancien, qui, craignant le rasoir du barbier, se brûlait le poil avec un charbon ardent? Et Alexandre de Phères, quelle vie croyons-nous que fût la sienne, quand nous lisons qu'aimant passionnément sa femme Thébé, jamais cependant il ne quittait la table pour se rendre chez elle, sans faire marcher devant lui, l'épée nue à la main, un barbare, marqué au front, dit l'histoire, à la manière des Thraces, et sans envoyer en avant plusieurs de ses satellites, pour visiter les coffres de sa femme, et pour s'assurer s'il n'y avait pas quelque poignard caché parmi ses vêtements? Malheureux! qui croyait plus à la foi d'un barbare, d'un homme flétri de stigmates, qu'à celle de son épouse! Il ne s'y trompait pas néanmoins; ce fut elle en effet qui le tua sur un soupçon d'infidélité. Non, il n'est pas de puissance assez forte pour durer longtemps, quand la crainte en est le ressort. Témoin Phalaris, dont la cruauté est fameuse entre toutes les cruautés. Il ne périt pas comme le tyran de Phères, victime d'une surprise, ni comme le nôtre, sous les coups de quelques hommes; la population d'Agrigente se précipita sur lui tout entière. Et les Macédoniens, ne les vit-on pas abandonner Démétrius, et se ranger en masse sous les drapeaux de Pyrrhus? Et les Lacédémoniens, pour avoir abusé du pouvoir, ne furent-ils pas tout à coup délaissés de

socii deseruerunt, spectatoresque se otiosos præbuerunt leuctricæ calamitatis?

VIII. Externa libentius in tali re, quam domestica,
2 recordor. Veruntamen, quamdiu imperium populi romani beneficiis tenebatur, non injuriis, bella aut pro sociis, aut de imperio gerebantur; exitus erant bellorum aut mites, aut necessarii: regum, populorum, na-
3 tionum portus erat et refugium senatus. Nostri autem magistratus imperatoresque ex hac una re maximam laudem capere studebant, si provincias, si socios æqui-
4 tate et fide defendissent. Itaque illud patrocinium orbis
5 terræ verius, quam imperium poterat nominari. Sensim hanc consuetudinem et disciplinam jam antea minue-
6 bamus; post vero Sullæ victoriam penitus amisimus. Desitum est enim videri quidquam in socios iniquum,
7 quum exstitisset in cives tanta crudelitas. Ergo in illo secuta est honestam causam non honesta victoria. Est enim ausus dicere, hasta posita, quum bona in foro venderet et bonorum virorum, et locupletium[1], et certe ci-
8 vium, prædam se suam vendere. Secutus est, qui in causa impia, victoria etiam fœdiore, non singulorum civium bona publicaret, sed universas provincias regio-
9 nesque uno calamitatis jure comprehenderet. Itaque, vexatis ac perditis exteris nationibus, ad exemplum amissi imperii portari in triumpho Massiliam vidimus, et ex ea urbe triumphari, sine qua nunquam nostri im-
10 peratores ex transalpinis bellis triumpharunt. Multa præterea commemorarem nefaria in socios, si hoc uno
11 quidquam sol vidisset indignius. Jure igitur plectimur; nisi enim multorum impunita scelera tulissemus, nunquam ad unum tanta pervenisset licentia : a quo quidem rei familiaris ad paucos, cupiditatum ad multos
12 improbos venit hereditas. Nec vero unquam bellorum civilium semen et causa deerit, dum homines perditi

1. Sic Grær., Heusing., Gernh., Beier, Orelli; Lall., Zumpt, Dübner, alii, cum codd. : locupletum. Vid. Gramm. nostr., p. 23.

presque tous leurs alliés, qui restèrent spectateurs immobiles du désastre de Leuctres?

VIII. Je préfère, dans un tel sujet, les exemples étrangers aux souvenirs domestiques. Cependant, aussi longtemps que la domination du peuple romain fut appuyée sur des bienfaits, et non sur des injustices, les guerres se firent ou pour la cause des alliés, ou pour la suprématie; et la clémence ou la nécessité en réglèrent les suites ; et le sénat était le port et le refuge des rois, des peuples, des nations. Nos magistrats et nos généraux mettaient leur gloire et leur ambition à pourvoir par la justice et la loyauté au salut des alliés et des provinces. Aussi peut-on dire que l'univers était sous la protection, bien plus encore que sous l'empire de Rome. Cette coutume et cette politique allaient déjà s'affaiblissant peu à peu, lorsque la victoire de Sylla acheva de les renverser. On cessa de croire qu'il y eût rien d'inique envers les alliés, après ce que la cruauté s'était permis contre les citoyens. Ainsi, dans une cause honorable, Sylla déshonora la victoire : il osa dire, après avoir dressé la pique des enchères, lorsqu'il vendait publiquement les biens d'hommes honnêtes, riches, citoyens tout au moins, qu'il vendait son butin. Un autre est venu après lui, qui, dans une cause impie et une victoire plus honteuse encore, au lieu de se borner à des confiscations individuelles, a enveloppé dans une calamité commune des provinces et des contrées entières. Après la ruine et la spoliation des pays étrangers, nous avons vu, comme symbole de la perte de notre empire, l'image de Marseille portée devant un char de triomphe, et un homme triomphant de cette ville, sans laquelle nos généraux ne triomphèrent jamais dans les guerres transalpines. Je rappellerais beaucoup d'autres attentats commis contre nos alliés, si celui-là n'était le plus indigne qu'ait jamais éclairé le soleil. Nous sommes donc frappés justement; si nous n'eussions pas souffert que les crimes de tant d'autres demeurassent impunis, jamais un tel abus de la puissance n'eût été possible à un homme; s'il a laissé peu d'héritiers de sa fortune, combien de méchants n'ont pas hérité de ses passions! Non, le germe et les causes des guerres civiles ne manqueront pas, tant que des gens perdus de biens et d'honneur

hastam illam cruentam et meminerint, et sperabunt : quam P. Sulla quum vibrasset, dictatore propinquo suo, idem sexto et tricesimo[1] anno post a sceleratiore hasta non recessit. Alter autem, qui in illa dictatura scriba

13 fuerat, in hac fuit quæstor urbanus. Ex quo debet intelligi, talibus præmiis propositis, nunquam defutura bella civilia.

14 Itaque parietes modo urbis stant et manent, iique ipsi jam extrema scelera metuentes; rem

15 vero publicam penitus amisimus. Atque in has clades incidimus (redeundum est enim ad propositum), dum

16 metui, quam cari esse et diligi, maluimus[2]. Quæ si populo romano injuste imperanti accidere potuerunt, quid

17 debent putare singuli? Quod quum perspicuum sit, benevolentiæ vim esse magnam, metus imbecillam, sequitur ut disseramus, quibus rebus facillime possimus eam, quam volumus, adipisci cum honore et fide caritatem.

18 Sed ea non pariter omnes egemus. Nam ad cujusque vitam institutam accommodandum est, a multisne opus

19 sit, an satis sit[3] a paucis diligi. Certum igitur hoc sit, idque et primum et maxime necessarium, familiaritates habere fidas amantium nos amicorum et nostra miran-

20 tium. Hæc enim est una res prorsus, ut non multum differat inter summos et mediocres viros; eaque utrisque

21 est propemodum comparanda. Honore, et gloria, et benevolentia civium fortasse non æque omnes egent, sed tamen si cui hæc suppetunt, adjuvant aliquantum quum ad cetera, tum ad amicitias comparandas.

IX. Sed de amicitia alio libro dictum est, qui inscribitur Lælius. Nunc dicamus de gloria, quamquam ea quoque de re duo sunt nostri libri; sed attingamus, quandoquidem ea in rebus majoribus administrandis

2 adjuvat plurimum. Summa igitur et perfecta gloria

---

1. *Sic Pearce, Lallem., cum vulg. et anglic. codd.; Heusing., Gernh., Beier, Orelli, Zumpt, Dübner, cum Bern. codd., delent et. Vide Gramm. nostr., p. 128.* — 2. *Sic Lall., Heusing., Zumpt, cum vulg.; Victor., Orelli : malumus.* — 3. *Sic Orelli, alii; Lall. omitt. sit.*

auront devant les yeux, comme un souvenir et comme une
espérance, cette pique ensanglantée que dressa, sous la
dictature de son parent, Publius Sylla, le même qui,
trente-six ans après, ne fit pas défaut à des enchères plus
criminelles encore. Un autre, simple greffier sous la première dictature, était, sous la seconde, questeur de la
ville. Avec l'appât de telles récompenses, est-il possible
que les guerres civiles manquent jamais? Aussi ne reste-t-il
de Rome qu'un amas d'édifices, menacés eux-mêmes des
derniers attentats; mais la république, nous l'avons entièrement perdue. Or, nous sommes tombés dans cet abîme de
maux (car il faut revenir à notre sujet), pour avoir voulu
inspirer la crainte plutôt que l'attachement et la reconnaissance. Que si l'abus de la domination a pu attirer sur le
peuple romain tant de calamités, que doivent donc attendre
des particuliers? Puisqu'il est évident qu'il n'y a pas de
plus ferme appui que la bienveillance, de plus faible que
la crainte, il nous reste à expliquer de quelle manière
nous pourrons le mieux obtenir cette affection accompagnée d'estime et de confiance, qui est l'objet de nos
vœux. Mais nous n'en avons pas tous besoin au même degré. Il dépend du plan de vie que nous avons embrassé,
qu'il nous importe d'avoir beaucoup d'amis, ou qu'un petit
nombre nous suffise. Posons donc en principe, que la première chose et la plus nécessaire est d'avoir des amis sûrs,
des amis qui nous chérissent, et qui aient de nous une
haute opinion. C'est un point où il y a peu de différence
entre les grandes et les médiocres fortunes, et de telles
liaisons sont à peu près aussi désirables dans les unes que
dans les autres. L'honneur, au contraire, la gloire, la popularité ne sont peut-être pas nécessaires également à tout
le monde; cependant celui qui les possède y trouvera des
moyens d'action, ne fût-ce que pour se concilier des amitiés.

IX. Mais j'ai traité de l'amitié dans un autre livre intitulé
Lélius. Parlons maintenant de la gloire, sur laquelle, au
reste, j'ai aussi composé deux livres. Touchons-en pourtant quelque chose, à cause des facilités qu'elle procure
pour le maniement des grandes affaires. La gloire, à son
plus haut degré, se forme de trois éléments, l'amour du

constat ex tribus his : si diligit multitudo, si fidem
habet, si cum admiratione quadam honore[1] dignos pu-
3 tat. Hæc autem, si est simpliciter breviterque dicendum, quibus rebus pariuntur a singulis, eisdem fere a
multitudine. Sed est alius quoque quidam aditus ad
multitudinem, ut in universorum animos tanquam in-
4 fluere possimus. Ac primum de illis tribus, quæ ante
dixi, benevolentiæ præcepta videamus : quæ quidem
capitur beneficiis maxime : secundo autem loco benefica
voluntate benevolentia movetur, etiamsi res forte non
5 suppetit. Vehementer autem amor multitudinis commo-
vetur ipsa fama et opinione liberalitatis, beneficentiæ,
justitiæ, fidei, omniumque earum virtutum, quæ perti-
6 nent ad mansuetudinem morum ac facilitatem. Etenim
illud ipsum, quod honestum decorumque dicimus, quia
per se nobis placet, animosque omnium natura et specie
sua commovet, maximeque quasi perlucet ex iis, quas
commemoravi, virtutibus : idcirco illos, in quibus eas
virtutes esse remur, a natura ipsa diligere cogimur.
7 Atque hæ quidem causæ diligendi gravissimæ : possunt
8 enim præterea nonnullæ esse leviores. Fides autem ut
habeatur, duabus rebus effici potest, si existimabimur
9 adepti conjunctam cum justitia prudentiam. Nam et iis
fidem habemus, quos plus intelligere, quam nos, arbitramur, quosque et futura prospicere credimus, et quum
res agatur in discrimenque ventum sit, expedire rem,
et consilium ex tempore capere posse. Hanc enim utilem
10 homines existimant veramque prudentiam. Justis autem
et fidis hominibus, id est bonis viris ita fides habetur,
ut nulla sit in his fraudis injuriæque suspicio. Itaque
his salutem nostram, his fortunas, his liberos, rectis-
11 sime committi arbitramur. Harum igitur duarum ad
fidem faciendam justitia plus pollet : quippe quum ea
sine prudentia satis habeat auctoritatis, prudentia sine
12 justitia nihil valeat[2] ad faciendam fidem. Quo enim

---

1. Sic *Heusing.*, *Orelli*, *alii*; *Lall.*, *cum vulg.* : honore nos. — 2. Sic
Lall., *Heusing.*, *Orelli*, *Zumpt*, *alii*; *Bern. codd.* : valet.

peuple, sa confiance et cette admiration qui le porte à nous croire dignes d'honneur. Ces sentiments, s'il le faut dire simplement et en peu de mots, on les inspire à peu près par les mêmes moyens à la multitude qu'aux individus. Mais il est encore auprès de celle-là d'autres recommandations, et comme de certaines entrées par où l'on peut s'insinuer dans les esprits de tout un peuple. Et d'abord, des trois sentiments dont nous venons de parler, voyons premièrement la bienveillance et les préceptes qui s'y rapportent. Le meilleur moyen de la gagner, ce sont les bienfaits; ensuite, c'est la volonté de faire du bien, lors même qu'on n'en aurait pas la faculté. Mais l'affection populaire est vivement excitée par la réputation seule de libéralité, de bienfaisance, de justice, de bonne foi, et de toutes ces vertus qui tiennent à la douceur et à la facilité des mœurs. En effet, puisque la bienséance et l'honnêteté plaisent par elles-mêmes, et ont certains charmes naturels qui attirent tous les cœurs, et que c'est, pour ainsi dire, à travers les qualités que je viens de nommer qu'elles brillent de leur éclat le plus vif, il s'ensuit que nous sommes forcés par la nature même de chérir ceux en qui nous croyons apercevoir ces qualités. Voilà les raisons les plus décisives d'aimer ; car il peut y en avoir encore d'autres plus considérables. Quant à la confiance, nous pourrons l'obtenir, si l'on reconnaît en nous la réunion de deux vertus, la prudence et la justice. En effet, l'on donne sa confiance à celui qu'on suppose plus éclairé que soi, à celui que l'on croit habile à prévoir l'avenir, et capable, au moment de l'action et dans la crise des affaires, de trouver des expédients, et de prendre conseil des circonstances. Voilà ce que l'on regarde généralement comme la prudence utile, la véritable prudence. D'un autre côté, les hommes justes, les hommes sûrs, en un mot, les honnêtes gens, inspirent une confiance qui éloigne d'eux tout soupçon d'injustice et de mauvaise foi. Aussi croyons-nous faire bien de remettre en leurs mains notre existence, nos fortunes, nos enfants. Entre ces deux moyens d'obtenir la confiance, c'est la justice qui est le plus efficace : en effet, elle a seule, et sans la prudence, assez d'autorité sur les esprits, tandis qu'on n'ose se fier à la prudence séparée de la justice. Plus un homme est adroit et fertile en ressources,

quis versutior et callidior est, hoc invisior et suspectior,
13 detracta opinione probitatis. Quam ob rem intelligentiæ justitia conjuncta, quantum volet, habebit ad faciendam fidem virium; justitia sine prudentia multum
poterit; sine justitia nihil valebit prudentia.

X. Sed ne quis sit admiratus, cur, quum inter omnes
philosophos constet, a meque ipso sæpe disputatum sit,
qui unam haberet, omnes habere virtutes, nunc ita
sejungam, quasi possit quisquam, qui non idem pru
2 dens sit, justus esse : alia est illa, quum veritas ipsa
limatur in disputatione, subtilitas; alia, quum ad opi
3 nionem communem omnis accommodatur oratio. Quam
ob rem, ut vulgus, ita nos hoc loco loquimur, ut alios
fortes, alios viros bonos, alios prudentes esse dicamus.
4 Popularibus enim verbis est agendum et usitatis, quum
loquimur[1] de opinione populari, idque eodem modo
5 fecit Panætius. Sed ad propositum revertamur. Erat
igitur ex tribus, quæ ad gloriam pertinerent, hoc tertium, ut cum admiratione hominum honore ab iis digni
6 judicaremur. Admirantur igitur communiter illi quidem
omnia, quæ magna, et præter opinionem suam animadverterunt : separatim autem in singulis, si perspiciunt
7 necopinata quædam bona. Itaque eos viros suspiciunt,
maximisque efferunt laudibus, in quibus existimant se
excellentes quasdam et singulares perspicere virtutes :
8 despiciunt autem eos et contemnunt, in quibus nihil
virtutis, nihil animi, nihil nervorum putant. Non enim
omnes eos contemnunt, de quibus male existimant.
9 Nam quos improbos, maledicos, fraudulentos putant,
et ad faciendam injuriam instructos, eos contemnunt
10 quidem neutiquam, sed de his male existimant. Quam
ob rem, ut ante dixi, contemnuntur ii, qui nec sibi,
nec alteri, ut dicitur; in quibus nullus labor, nulla
industria, nulla cura est. Admiratione autem afficiuntur ii qui anteire ceteros virtute putantur, et quum
omni carere dedecore, tum vero iis vitiis, quibus alii

1. *Sic Heusing., Gernh., Beier, Orelli, alii; Lall., Zumpt, Dübner,
cum codd. :* loquamur.

plus il est odieux et suspect, si sa probité est décriée. Ainsi la justice unie à l'intelligence aura, pour attirer la confiance, autant de force qu'il lui plaira d'en avoir : la justice sans la prudence en aura beaucoup; la prudence sans la justice n'en aura aucune.

X. Et qu'on ne s'étonne pas, si, après avoir soutenu plus d'une fois avec tous les philosophes, que celui qui possède une vertu les possède toutes, je sépare maintenant les vertus, comme si quelqu'un pouvait être juste sans être prudent. Autre chose est de rechercher, dans une discussion rigoureuse, la vérité absolue; autre chose, d'accommoder son langage aux opinions communes. Je parle donc en ce moment comme le vulgaire, et j'appelle celui-ci courageux, celui-là honnête homme, cet autre prudent. Il faut se servir des termes populaires et usités, lorsque nous parlons des idées populaires, comme l'a fait Panétius. Mais revenons à notre sujet. Des trois principes que nous avons assignés à la gloire, le troisième était ce sentiment d'admiration qui fait que les hommes nous jugent dignes d'honneur. L'admiration publique s'étend à tout ce qui porte un caractère de grandeur et dépasse les idées communes ; mais elle s'attache particulièrement à ceux en qui se révèlent des qualités qu'on ne soupçonnait pas. Ainsi on admire, on exalte les hommes chez lesquels on croit reconnaître des vertus éminentes et qui les distinguent de la foule. On dédaigne, au contraire, et l'on méprise ceux à qui l'on ne trouve ni vertu, ni courage, ni énergie. Car on ne méprise pas tous ceux dont on pense mal. Ceux qu'on regarde comme des gens sans probité, des médisants, des fourbes, des méchants toujours prêts à nuire, on ne les méprise pas ; on en pense du mal. Le mépris, comme je viens de le dire, s'adresse donc à celui qui n'est bon ni pour soi, ni pour autrui, selon le proverbe, et chez lequel on ne remarque ni travail, ni talent, ni soin d'aucune espèce ; l'admiration, à ceux qui ont la réputation de surpasser les autres en vertu, et d'être exempts non-seulement des vices qui déshonorent, mais encore de ces faiblesses dont il est si difficile de se ga-

11 non facile possunt obsistere. Nam et voluptates, blandissimæ dominæ, majores partes animi a virtute detorquent; et dolorum quum admoventur faces, præ-
12 ter modum plerique exterrentur. Vita, mors, divitiæ, paupertas, omnes homines vehementissime permo-
13 vent. Quæ qui in utramque partem excelso animo magnoque despiciunt, quumque aliqua his ampla et honesta res objecta est, totos ad se convertit et rapit, tum quis non admiretur splendorem pulchritudinemque virtutis?

XI. Ergo et hæc animi despicientia admirabilitatem magnam facit, et maxime justitia, ex qua una virtute viri boni appellantur, mirifica quædam multitudini vi-
2 detur; nec injuria. Nemo enim justus esse potest, qui mortem, qui dolorem, qui exsilium, qui egestatem timet,
3 aut qui ea, quæ sunt his contraria, æquitati anteponit. Maximeque admirantur eum, qui pecunia non move-
4 tur: quod in quo viro perspectum sit, hunc igni spectatum arbitrantur. Itaque illa tria, quæ proposita sunt ad gloriam, omnia justitia conficit: et benevolentiam, quod prodesse vult plurimis; et ob eamdem causam
5 fidem; et admirationem, quod eas res spernit et negligit, ad quas plerique inflammati aviditate rapiuntur. Ac mea quidem sententia omnis ratio atque institutio vitæ adjumenta hominum desiderat, in primisque ut habeas, quibuscum possis familiares conferre sermones:
6 quod est difficile, nisi speciem præ te boni viri feras. Ergo etiam solitario homini atque in agro vitam agenti opinio justitiæ necessaria est: eoque etiam magis, quod eam si non habebunt, injusti habebuntur, et nullis præ-
7 sidiis septi, multis afficientur injuriis. Atque iis etiam, qui vendunt, emunt, conducunt, locant, contrahendisque negotiis implicantur, justitia ad rem gerendam ne-
8 cessaria est. Cujus tanta vis est, ut ne illi quidem, qui maleficio et scelere pascuntur, possint sine ulla parti-

rantir. Les voluptés, en effet, dont l'empire est si séduisant,
détournent de la vertu les plus nobles facultés de l'âme ; et,
d'un autre côté, la douleur a des atteintes dont la plupart
des hommes s'effrayent outre mesure. Les idées de vie, de
mort, de richesse, de pauvreté, font sur tous les esprits
de profondes impressions. S'il s'en trouve qui soient assez
hauts et assez fermes pour n'en être émus ni dans un sens
ni dans l'autre, et qui, en présence d'une tâche grande et
honorable, se sentent saisis d'enthousiasme, et s'y dévouent
tout entiers, qui n'admirerait en eux l'éclat et la beauté de
la vertu ?

XI. Cette hauteur d'une âme généreuse est donc un grand
sujet d'admiration. Mais c'est la justice (cette vertu qui à
elle seule fait l'honnête homme) qui excite chez la multitude les plus vifs transports. Et ce n'est pas sans raison ;
nul, en effet, ne peut être juste, s'il craint la mort, la douleur, l'exil, l'indigence, ou s'il préfère à l'équité le contraire
de ces choses. On admire avant tout celui qui est à l'é-
preuve de l'argent : l'homme en qui l'on a reconnu ce
caractère ressemble à l'or éprouvé par le feu. Ainsi les trois
conditions auxquelles j'ai mis la gloire sont toutes renfer-
mées dans la justice : la bienveillance, parce que l'homme
juste veut être utile au plus grand nombre ; la confiance,
par la même raison ; l'admiration, parce qu'il dédaigne et
méprise les objets qui allument dans la plupart des âmes
les plus ardentes convoitises. J'ajouterai que, selon moi, il
n'est pas d'état ni de genre de vie où le secours des hommes
ne soit nécessaire, où l'on n'éprouve surtout le besoin d'a-
voir avec qui s'entretenir dans une libre familiarité ; or cela
est difficile, si l'on ne porte sur le front le caractère de
l'honnête homme. Oui, celui même qui passe à la campagne
une vie solitaire, a besoin d'avoir une réputation de probité ; d'autant plus que si elle lui manque, il aura nécessairement la réputation contraire, et que, ne trouvant pas
d'appuis autour de lui, il sera exposé à toutes sortes d'in-
sultes. Que dirai-je de ceux qui vendent ou achètent, qui
prennent ou donnent à loyer, qui s'engagent dans les relations de commerce et d'affaires ? À tous il faut de la justice
pour réussir. Telle est la puissance de cette vertu, que
ceux même qui vivent de méfaits et de crimes, ne pour-

9 cula justitiæ vivere. Nam qui eorum cuipiam, qui una latrocinantur, furatur aliquid aut eripit, is sibi ne in latrocinio quidem relinquit locum. Ille autem, qui archipirata dicitur, ni æquabiliter prædam dispertiat, aut

10 interficiatur a sociis, aut relinquatur. Quin etiam leges latronum esse dicuntur, quibus pareant, quas obser-

11 vent. Itaque propter æquabilem prædæ partitionem et Bardylis, illyrius latro, de quo est apud Theopompum, magnas opes habuit, et multo majores Viriathus Lusitanus, cui quidem etiam exercitus nostri imperatoresque cesserunt: quem C. Lælius, is, qui sapiens usurpatur, prætor fregit et comminuit, ferocitatemque ejus

12 ita repressit, ut facile bellum reliquis traderet. Quum igitur tanta vis justitiæ sit, ut ea etiam latronum opes firmet atque augeat, quantam ejus vim inter leges et judicia, et in constituta republica fore putamus?

XII. Mihi quidem non apud Medos solum, ut ait Herodotus, sed etiam apud majores nostros justitiæ fruendæ causa videntur olim bene morati reges con-

2 stituti. Nam quum premeretur initio multitudo ab iis, qui majores opes habebant, ad unum aliquem confugiebant, virtute præstantem, qui, quum prohiberet injuria tenuiores, æquitate constituenda summos cum

3 intimis pari jure retinebat. Eademque constituendarum legum fuit causa, quæ regum. Jus enim semper est

4 quæsitum æquabile : neque enim aliter esset jus. Id si ab uno justo et bono viro consequebantur, erant eo contenti. Quum id minus contingeret, leges sunt inventæ, quæ cum omnibus semper una atque eadem

5 voce loquerentur. Ergo hoc quidem perspicuum est, eos ad imperandum deligi solitos, quorum de justitia magna esset opinio multitudinis. Adjuncto vero ut iidem etiam prudentes haberentur, nihil erat quod homines his auctoribus non posse consequi se arbitrarentur.

6 Omni igitur ratione colenda et retinenda justitia est, tum ipsa per sese, nam aliter justitia non esset, tum

7 propter amplificationem honoris et gloriæ. Sed ut pe-

raient exister sans quelque reste de justice. Le voleur qui dérobe ou qui arrache quelque dépouille à un voleur de sa bande, se fait repousser même du métier de brigand. Le capitaine de pirates, qui ne ferait pas une équitable distribution des prises, serait tué par ses complices, ou en serait abandonné. On dit même que les brigands ont des lois auxquelles ils obéissent, et qui leur servent de règles. Ce fut l'équité dans le partage du butin, qui donna une si grande puissance à Bardylis, ce brigand d'Illyrie dont parle Théopompe, et une plus grande encore au Lusitanien Viriathe, devant qui nos généraux et nos armées reculèrent, jusqu'au moment où Caïus Lélius, celui qu'on appelle le sage, étant préteur, lui porta des coups qui minèrent ses forces et abattirent si complétement son audace, qu'après Lélius, la guerre devint facile. Si donc la justice est assez forte pour soutenir et faire prospérer des brigands, quelle doit être son influence dans un État qui a des lois, des jugements, une constitution régulière ?

XII. Ce qu'Hérodote dit des Mèdes se peut dire aussi, je crois, de nos ancêtres, que, pour jouir des bienfaits de la justice, ils choisirent des hommes de mœurs exemplaires et les firent rois. En effet, la multitude étant, dans le principe, opprimée par les plus puissants, on avait recours à quelque personnage d'une vertu éminente, qui, en protégeant les faibles contre l'injure, faisait régner l'équité, et contenait dans les limites d'un même droit les grands et les petits. La cause qui avait fait les rois fit aussi les lois. Toujours on chercha un droit égal pour tous ; autrement ce ne serait pas le droit. Si les peuples l'obtenaient d'un homme juste et bon, ils ne demandaient rien de plus. Comme on n'avait pas toujours ce bonheur, on inventa les lois, destinées à parler, à tous et dans tous les temps, un seul et même langage. Il est donc aisé de voir que ceux-là étaient appelés au commandement, qui avaient su donner à la multitude la plus haute idée de leur justice. Si à cette réputation ils joignaient celle de la prudence, il n'était pas d'avantage que les hommes ne se promissent avec de tels guides. Il faut donc pratiquer la justice et la maintenir en toute occasion : d'abord pour elle-même, autrement ce ne serait pas la justice ; ensuite pour notre agrandissement et notre gloire. Mais

cuniæ non quærendæ solum ratio est, verum etiam
collocandæ, quæ perpetuos sumptus suppeditet, nec
solum necessarios, sed etiam liberales, sic gloria et
8 quærenda, et collocanda ratione est. Quamquam præclare Socrates hanc viam ad gloriam proximam et quasi
compendiariam dicebat esse, si quis id ageret, ut, qua-
9 lis haberi vellet, talis esset. Quod si qui simulatione et
inani ostentatione, et ficto non modo sermone, sed
etiam vultu, stabilem se gloriam consequi posse rentur,
10 vehementer errant. Vera gloria radices agit, atque etiam
propagatur; ficta omnia celeriter tamquam flosculi deci-
dunt, nec simulatum potest quidquam esse diuturnum.
11 Testes sunt permulti in utramque partem; sed brevi-
12 tatis causa, familia contenti erimus una. Tiberius enim
Gracchus, Publii filius, tam diu laudabitur, dum memoria rerum romanarum manebit; at ejus filii nec vivi
probabantur bonis, et mortui numerum obtinent jure
cæsorum.

XIII. Qui igitur adipisci veram gloriam volet, justitiæ fungatur officiis. Ea quæ essent, dictum est in libro
2 superiore. Sed, ut facillime, quales simus, tales esse
videamur, etsi in eo ipso vis maxima est, ut simus ii
qui haberi velimus, tamen quædam præcepta danda
3 sunt. Nam si quis ab ineunte ætate habet causam cele-
britatis et nominis, aut a patre acceptam (quod tibi,
mi Cicero, arbitror contigisse), aut aliquo casu atque
fortuna : in hunc oculi omnium conjiciuntur, atque in
eum, quid agat, quemadmodum vivat, inquiritur ; et
tamquam in clarissima luce versetur, ita nullum obscu-
4 rum potest nec dictum ejus esse, nec factum. Quorum
autem prima ætas propter humilitatem et obscuritatem
in hominum ignoratione versatur, ii, simul ac juvenes
esse cœperunt, magna spectare, et ad ea rectis studiis
debent contendere : quod eo firmiore animo facient,
quia non modo non invidetur illi ætati, verum etiam
5 favetur. Prima est igitur adolescenti commendatio ad
gloriam, si qua ex bellicis rebus comparari potest : in
7.

comme il est un art non-seulement d'amasser de l'argent,
mais encore de le placer, et d'en tirer des revenus qui fournissent sans s'épuiser aux dépenses et de nécessité et de
convenance, il en est un aussi d'acquérir la gloire et de la
bien placer. Au reste, Socrate a dit fort sagement, que le
chemin le plus court et le plus direct pour arriver à la
gloire était de travailler à être tel que l'on veut paraître.
S'imaginer qu'avec de faux semblants et une vaine ostentation, en composant son air et son langage, on peut acquérir une gloire solide, ce serait s'abuser étrangement. La
vraie gloire pousse des racines et s'étend de proche en proche ; la fausse est comme une fleur qui tombe au premier
souffle ; et rien de ce qui est feint ne peut être durable. Les
témoins abondent à l'appui de cette double vérité. Pour
abréger, nous n'en prendrons que dans une seule famille.
Tibérius Gracchus, fils de Publius, sera loué aussi longtemps
que les actions du peuple romain se conserveront dans la
mémoire des hommes ; ses fils, qui, vivants, n'étaient pas
approuvés des gens de bien, passent, après leur mort, pour
avoir été tués justement.

XIII. Que celui donc qui veut acquérir la véritable gloire,
accomplisse les devoirs de la justice. J'ai dit dans le livre
précédent quels étaient ces devoirs. Mais , quoique le
moyen le plus facile de paraître tels que nous sommes,
soit d'être tels que nous voulons paraître, il y a cependant
quelques préceptes à donner. Lorsqu'un jeune homme entre
dans la vie avec un nom déjà célèbre, soit qu'il tienne cette
célébrité de son père (et je crois, mon cher Cicéron, que
vous avez cet avantage), soit qu'il la doive aux événements
et à la fortune, tous les regards se tournent vers lui ; on
s'enquiert de ce qu'il fait, de la manière dont il vit ; et,
comme s'il était environné d'une éclatante lumière, aucune
de ses paroles ni de ses actions ne peut être cachée. Quant
à ceux dont une condition humble et obscure a dérobé les
premières années à la connaissance des hommes, ils doivent, dès leur jeunesse, viser aux grandes choses, et y
tendre par le meilleur emploi de leurs facultés ; ce qu'ils
feront avec d'autant plus de confiance, que, loin d'être en
butte à l'envie, cet âge inspire de l'intérêt. Le premier titre
d'un jeune homme à la gloire, c'est de se distinguer, s'il le

qua multi apud majores nostros exstiterunt; semper
6 enim fere bella gerebantur. Tua autem ætas incidit in
id bellum, cujus altera pars sceleris nimium habuit,
7 altera felicitatis parum. Quo tamen in bello, quum
te Pompeius alæ alteri præfecisset, magnam laudem et
a summo viro et ab exercitu consequebare equitando,
jaculando, omni militari labore tolerando. Atque ea
8 quidem tua laus pariter cum republica cecidit. Mihi autem hæc oratio suscepta non de te est, sed de genere
9 toto: quam ob rem pergamus ad ea quæ restant. Ut
igitur in reliquis rebus multo majora opera sunt animi,
quam corporis: sic eæ res, quas ingenio ac ratione persequimur, gratiores[1] sunt, quam illæ, quas viribus.
10 Prima igitur commendatio proficiscitur a modestia, cum
11 pietate in parentes, in suos benevolentia. Facillime autem, et in optimam partem, cognoscuntur adolescentes,
qui se ad claros et sapientes viros, bene consulentes
reipublicæ, contulerunt: quibuscum si frequentes sunt,
opinionem afferunt populo, eorum fore se similes, quos
12 sibi ipsi delegerint ad imitandum. P. Rutilii adolescen-
tiam ad opinionem et innocentiæ, et juris scientiæ, P.
13 Mucii commendavit domus. Nam L. quidem Crassus,
quum esset admodum adolescens, non aliunde mutua-
tus est, sed sibi ipse peperit maximam laudem ex illa
accusatione nobili et gloriosa; et qua ætate qui exer-
centur, laude affici solent, ut Demosthenem accepimus, ea ætate L. Crassus ostendit, id se in foro optime
jam facere, quod etiam tum poterat domi cum laude
meditari.

XIV. Sed quum duplex ratio sit orationis, quarum in
altera sermo sit, in altera contentio, non est id quidem
dubium, quin contentio orationis majorem vim habeat
ad gloriam. Ea est enim, quam eloquentiam dicimus;
sed tamen difficile dictu est, quantopere conciliet
2 animos comitas affabilitasque sermonis. Exstant epi-

---

1. Sic editt. veter. et Pearce, Facciol., Lall., Gernh., Beier, Orelli;
Heusing., Zumpt: graviores.

peut, dans la carrière des armes. C'est par là que, chez nos
ancêtres, beaucoup de réputations ont commencé ; car on
avait presque toujours les armes à la main. Mais vos débuts
dans la vie ont rencontré une guerre, où l'un des deux partis fut trop coupable, où l'autre fut trop malheureux. Dans
cette guerre cependant, Pompée vous ayant donné le commandement d'une aile de cavalerie, vous sûtes mériter les
éloges de ce grand homme et ceux de l'armée, par la manière dont on vous voyait manier un cheval, lancer le ja-
velot, supporter tous les travaux du soldat. Hélas ! cette
gloire est tombée avec la république. Mais je n'ai pas touché
ce sujet pour parler de vous ; je parlais de la gloire militaire en général. Passons donc à ce qui nous reste à dire.
Comme, en toutes choses, les œuvres de l'esprit l'empor-
tent beaucoup sur celles du corps, ainsi les professions où
tout dépend du talent et de l'intelligence, donnent plus de
popularité que celles où l'on n'a besoin que de force. La
première qualité qui recommande un jeune homme, c'est
donc la modestie, jointe à la piété filiale et à l'affection pour
ses proches. Mais le moyen le plus facile et le plus avantageux qu'il ait de se faire connaître, c'est de s'attacher à des
hommes illustres, sages et dévoués à la république. Son
assiduité auprès d'eux donnera lieu au public de penser
qu'il ressemblera un jour à ceux qu'il s'est choisis pour
modèles. La jeunesse de P. Rutilius trouva, dans la maison
de P. Scévola, les premiers titres à sa double réputation
d'intégrité et de connaissance du droit. Quant à L. Crassus,
il acquit aussi, tout jeune encore, une grande illustration ;
mais il n'en dut rien à personne : il se la créa tout entière
à lui-même par sa mémorable et glorieuse accusation ; et à
un âge où c'est déjà un mérite de s'exercer, comme on dit
que le faisait Démosthène, Crassus se montra capable de
soutenir au forum ces luttes auxquelles il pouvait avec honneur se préparer encore par des études domestiques.

XIV. Le langage ayant deux objets différents, la conversation et le discours soutenu, il n'est pas douteux que ce
dernier ne soit le plus efficace pour conduire à la gloire.
C'est en effet ce que nous appelons l'éloquence. Toutefois
on ne saurait dire à quel point la douceur et la politesse du
discours familier peuvent nous concilier les esprits. Il existe

stolæ, et Philippi ad Alexandrum, et Antipatri ad Cassandrum, et Antigoni ad Philippum filium, trium prudentissimorum (sic enim accepimus) : quibus præcipiunt, ut oratione benigna multitudinis animos ad benevolentiam alliciant, militesque blande appellando

3 deliniant[1]. Quæ autem in multitudine cum contentione

4 habetur oratio, ea sæpe universam excitat. Magna est enim admiratio copiose sapienterque dicentis : quem qui audiunt, intelligere etiam et sapere plus quam

5 ceteros arbitrantur. Si vero inest in oratione mixta modestiæ gravitas, nihil admirabilius fieri potest,

6 eoque magis, si ea sunt in adolescente. Sed, quum sint plura causarum genera, quæ eloquentiam desiderent, multique in nostra republica adolescentes et apud judices, et apud senatum dicendo laudem assecuti sint, maxima est admiratio in judiciis : quorum ratio duplex

7 est. Nam ex accusatione et defensione constat : quarum etsi laudabilior est defensio, tamen etiam accusa-

8 tio probata persæpe est. Dixi paullo ante de Crasso; idem fecit adolescens M. Antonius. Etiam P. Sulpicii eloquentiam accusatio illustravit, quum seditiosum et inutilem civem, C. Norbanum, in judicium vocavit.

9 Sed hoc quidem non est sæpe faciendum, nec unquam nisi aut reipublicæ causa, ut ii, quos ante dixi; aut ulciscendi, ut duo Luculli; aut patrocinii, ut nos pro Siculis, pro Sardis in Albucio Julius. In accusando

10 etiam M. Aquilio L. Fufii cognita industria est. Semel igitur, aut non sæpe certe. Sin erit cui faciendum sit sæpius, reipublicæ tribuat hoc muneris, cujus inimicos ulcisci sæpius, non est reprehendendum. Modus ta-

11 men adsit. Duri enim hominis, vel potius vix hominis,

12 videtur, periculum capitis inferre multis. Id quum periculosum ipsi est, tum etiam sordidum ad famam, com-

1. *Sic Lall., Zumpt, Dübner, alii; Gronov., Heusing., Gernh., Beier, Orelli :* deleniant.

des lettres de Philippe à Alexandre, d'Antipater à Cassandre,
d'Antigonus à Philippe son fils. Ces trois princes, dont l'histoire vante la prudence, recommandent à leurs enfants
d'attirer les cœurs de la multitude par un langage bienveillant, et de gagner les soldats avec des paroles caressantes.
Mais un discours prononcé devant le peuple avec l'accent
oratoire, enlève souvent l'assemblée tout entière. Une grande
admiration s'attache en effet à celui qui parle avec abondance et avec sagesse. Ceux qui l'entendent lui croient plus
d'intelligence et plus de lumières qu'au reste des hommes.
Que si le discours est empreint d'une gravité mêlée de modestie, rien ne se peut voir de plus admirable, surtout
quand ce double mérite se rencontre dans un jeune homme.
Mais comme il y a plusieurs genres d'affaires qui exigent
l'emploi de l'éloquence, et que beaucoup de jeunes gens,
dans notre république, se sont fait un nom en parlant, soit
devant des juges, soit au sénat, disons que c'est dans les
jugements que la parole obtient ses plus beaux triomphes.
Elle s'y peut signaler de deux manières : par l'accusation
et par la défense. La défense est la plus louable sans doute;
cependant l'accusation elle-même a été plus d'une fois approuvée. Je parlais tout à l'heure de Crassus ; comme lui,
M. Antonius accusa étant jeune. Ce fut aussi une accusation
qui mit en lumière l'éloquence de P. Sulpicius, lorsqu'il
appela en jugement un séditieux et un mauvais citoyen,
C. Norbanus. Mais il ne faut pas accuser souvent, et on ne
doit le faire que dans l'intérêt public, comme les orateurs
que je viens de nommer, ou dans celui d'une juste vengeance, comme les deux Lucullus ; ou pour défendre des
opprimés, comme moi dans la cause des Siciliens, et Julius,
dans celle des Sardes contre Albucius. C'est aussi en accusant M. Aquilius, que Lucius Fufius fit connaître son talent.
Accusons donc une seule fois, tout au plus un petit nombre
de fois. S'il en est qui soient obligés de prendre plus souvent ce parti, qu'ils s'y résignent en faveur de la république, dont on peut toujours poursuivre les ennemis sans
encourir de blâme. Encore y faut-il de la mesure : car il est
d'un homme dur, ou plutôt il est à peine d'un homme, de
mettre sans cesse en péril la tête de ses semblables. Outre
que c'est un rôle dangereux, c'est encore une tache à la

mittere, ut accusator nominere : quod contigit **M. Bruto.**
summo genere nato, illius filio, qui juris civilis in pri-

13 mis peritus fuit. Atque etiam hoc præceptum officii diligenter tenendum est, ne quem unquam innocentem
judicio capitis arcessas : id enim sine scelere fieri nullo

14 pacto potest. Nam quid est tam inhumanum, quam eloquentiam, a natura ad salutem hominum et ad **conser-**
vationem datam, ad bonorum pestem perniciemque

15 convertere ? Nec tamen, ut hoc fugiendum est, item
est habendum religioni, nocentem aliquando, modo ne
nefarium impiumque, defendere. Vult hoc multitudo,

16 patitur consuetudo, fert etiam humanitas. Judicis est,
semper in causis verum sequi, patroni, nonnunquam

17 veri simile, etiamsi minus sit verum, defendere : **quod**
scribere, præsertim quum de philosophia scriberem,
non auderem, nisi idem placeret gravissimo stoicorum

18 Panætio. Maxime autem et gloria paritur et gratia de-
fensionibus; eoque major, si quando accidit, ut ei
subveniatur, qui potentis alicujus opibus circumveniri

19 urgerique videatur : ut nos et sæpe alias, et adolescentes, contra L. Sullæ dominantis opes, pro **S. Roscio**
Amerino fecimus : quæ, ut scis, exstat oratio.

XV. Sed expositis adolescentium officiis, quæ valeant
ad gloriam adipiscendam, deinceps de beneficentia ac

2 de liberalitate dicendum est. Cujus est ratio **duplex.**
Nam aut opera benigne fit indigentibus, aut **pecunia.**
Facilior est hæc posterior, locupleti præsertim; **sed illa**
lautior ac splendidior, et viro forti claroque **dignior.**

3 Quamquam enim in utroque inest gratificandi liberalis
voluntas, tamen altera ex arca, altera ex virtute depro-
mitur : largitioque, quæ fit ex re familiari, fontem
ipsum benignitatis exhaurit. Ita benignitate benignitas
tollitur : qua quo in plures usus sis, eo minus in mul-

4 tos uti possis. At qui opera, id est virtute et industria,

réputation que de mériter le nom d'accusateur, comme il est arrivé au rejeton d'une grande famille, à M. Brutus, fils de celui qui fut célèbre par son habileté dans le droit civil. Il est encore une règle de conduite qu'il faut observer inviolablement : c'est de ne jamais intenter à un innocent d'accusation capitale. On ne peut, en aucun cas, se le permettre sans crime. Qu'y a-t-il en effet de si barbare, que de faire servir au malheur et à la perte des gens de bien, cette éloquence qui nous est donnée par la nature pour le salut et la conservation des hommes ? Mais s'il faut éviter d'accuser un innocent, il ne faut pas toujours se faire scrupule de défendre un coupable, pourvu que ce ne soit pas un scélérat et un impie. Le peuple veut que nous le fassions ; l'usage l'autorise, l'humanité même nous y porte. Le devoir du juge est de chercher le vrai dans toute espèce de cause : le défenseur peut soutenir quelquefois le vraisemblable, quand ce ne serait pas l'exacte vérité ; chose que je n'oserais pas écrire, surtout dans un livre de philosophie, si le plus grave des stoïciens, Panétius, ne l'eût dite avant moi. Mais c'est principalement par la défense que l'on acquiert de la gloire et du crédit ; et le succès est à son comble, s'il arrive que l'on vienne au secours du faible en butte à l'injustice et aux persécutions d'un ennemi puissant. Je l'ai fait plus d'une fois, et particulièrement lorsque, dans ma jeunesse, je défendis S. Roscius d'Amérie contre l'influence alors toute-puissante de Sylla. Ce discours existe, comme vous savez.

XV. Après avoir exposé les devoirs que les jeunes gens ont à remplir, s'ils veulent acquérir de la gloire, il nous reste à parler de la bienfaisance et de la générosité. Elles se présentent sous un double aspect. En effet, nous pouvons aider, ou de nos services ou de notre argent, ceux qui ont besoin de nous. Le dernier moyen est le plus facile, surtout pour le riche ; l'autre est plus honorable, plus brillant, plus digne d'une âme forte et d'un homme distingué. Sans doute l'intention généreuse d'obliger se montre dans tous les deux ; mais dans l'un c'est la cassette qui fait les frais du bienfait, dans l'autre c'est la vertu ; et les largesses qui prennent sur le patrimoine, tarissent la source même de la générosité. Ainsi la bienfaisance use la bienfaisance ; et plus vous l'aurez souvent pratiquée, moins vous pourrez conti-

benefici et liberales erunt, primum quo pluribus pro-
fuerint, eo plures ad benigne faciendum adjutores habebunt. Deinde consuetudine beneficentiæ paratiores
erunt, et tamquam exercitatiores ad bene de multis
promerendum. Præclare in epistola quadam Alexandrum filium Philippus accusat, quod largitione benevolentiam Macedonum consectetur : « Quæ te, malum!
inquit. ratio in istam spem induxit, ut eos tibi fideles
putares fore. quos pecunia corrupisses? An tu id agis,
ut Macedones non te regem suum, sed ministrum et
præbitorem sperent fore? » Bene ministrum et præbitorem; quo quid sordidius regi[1]? melius etiam, quod largitionem corruptelam esse dixit. Fit enim deterior, qui
accipit. atque ad idem semper exspectandum paratior.
Hoc ille filio; sed præceptum putemus omnibus. Quam
ob rem id quidem non dubium est, quin illa benignitas, quæ constet ex opera et industria, et honestior
sit et latius pateat, et possit prodesse pluribus. Nonnunquam tamen est largiendum, nec hoc benignitatis genus omnino repudiandum est[2]: et sæpe idoneis
hominibus indigentibus de re familiari impertiendum,
sed diligenter atque moderate. Multi enim patrimonia
effuderunt inconsulte largiendo. Quid autem est stultius, quam, quod libenter facias, curare, ut id diutius
facere non possis? Atque etiam sequuntur largitionem
rapinæ. Quum enim dando egere cœperunt, alienis bonis manus afferre coguntur. Ita, quum benevolentiæ
comparandæ causa benefici esse velint, non tanta studia assequuntur eorum quibus dederunt, quanta odia
eorum quibus ademerunt. Quam ob rem nec ita clau-
denda res est familiaris, ut eam benignitas aperire non
possit, nec ita reseranda, ut pateat omnibus : modus
adhibeatur, ipse referatur ad facultates. Omnino meminisse debemus id, quod a nostris hominibus sæpissime usurpatum, jam in proverbii consuetudinem ve-

1. *Sic Zumpt., Dübner. cum plur. Bern. codd.; Impr. veter.*: quod
sordidum regi Heusing., Lall., Gernh., Beier. Orelli: quia sordidum
regi. — 2. *Sic Heusing., Lall., Zumpt, alii; Beier, Orelli delent* est.

nuer de le faire. Il n'en est pas de même de celui qui se
montre libéral et généreux par de bons offices, c'est-à-dire
par l'emploi de sa vertu et de ses talents ; plus sera grand
le nombre de ses obligés, plus il trouvera d'appui pour
obliger encore. Ensuite l'habitude de la bienfaisance le dis-
posera de plus en plus à multiplier ses services, et sa main,
pour ainsi dire, en sera plus exercée. C'est avec beaucoup
de raison que Philippe, dans une lettre à son fils Alexandre,
le blâme de capter par des largesses la bienveillance des
Macédoniens. « Quelle malheureuse idée, lui dit-il, avez-
vous de compter sur la fidélité de ceux que votre argent
aura corrompus ? Voulez-vous donc que les Macédoniens
vous regardent, non comme leur roi, mais comme leur
ministre et leur trésorier ? » Trésorier et ministre est fort
bien dit ; ces emplois avilissent un roi. Répandre de l'argent,
c'est corrompre, est mieux dit encore. Celui qui reçoit, en
devient moins bon, et s'imagine aisément qu'il recevra toujours. Cette leçon que Philippe donne à son fils, persuadons-
nous qu'elle s'adresse à tout le monde. Il est donc hors de
doute que la libéralité du talent et des bons offices est la
plus noble, la plus féconde, celle qui peut être utile à plus
de personnes. Néanmoins, il faut aussi donner quelquefois,
et ce genre de bienfaisance n'est pas tout à fait à rejeter. Il
se trouve souvent des hommes dont le caractère et les besoins méritent que nous les aidions de notre bourse ; mais
il faut le faire avec discernement et avec mesure. Beaucoup
de patrimoines ont été dissipés en largesses irréfléchies. Or
quelle folie de se mettre dans l'impuissance de faire longtemps ce que l'on fait avec plaisir ! Ajoutons que la prodi-
galité amène les rapines. Quand on s'est appauvri en donnant,
on est réduit à porter la main sur le bien d'autrui. Ainsi, c'est
pour se faire des amis que l'on veut être généreux, et, en
général, la reconnaissance de ceux à qui l'on a donné, n'é-
gale jamais la haine de ceux qu'on a dépouillés. Il ne faut
donc pas fermer si bien notre bourse, que la bienfaisance
ne puisse l'ouvrir, ni la tenir si ouverte, que tout le monde
y puisse mettre la main. Gardons une certaine mesure et
qu'elle soit limitée par notre fortune. Nous devons, dans
tous les cas, nous souvenir de ce mot si souvent répété
parmi nous, et qui est passé en proverbe : Profusion n'a

15 nit, largitionem fundum non habere. Etenim quis potest
modus esse, quum et idem qui consuerunt, et idem illud alii desiderent?

XVI. Omnino duo sunt genera largorum, quorum
2 alteri prodigi, alteri liberales : prodigi , qui epulis , et
viscerationibus, et gladiatorum muneribus, ludorum
venationumque apparatu, pecunias profundunt in eas
res, quarum memoriam aut brevem aut nullam omnino
3 sint relicturi. Liberales autem , qui suis facultatibus
aut captos a prædonibus redimunt, aut æs alienum
suscipiunt amicorum, aut in filiarum collocatione adjuvant, aut opitulantur in re vel quærenda, vel augenda.
4 Itaque miror, quid in mentem venerit Theophrasto in
eo libro , quem de divitiis scripsit : in quo multa præclare, illud absurde. Est enim multus in laudanda
magnificentia et apparatione popularium munerum ,
taliumque sumptuum facultatem, fructum divitiarum
5 putat. Mihi autem ille fructus liberalitatis, cujus pauca
exempla posui, multo et major videtur et certior.
6 Quanto Aristoteles gravius et verius nos reprehendit !
qui has pecuniarum effusiones non admiremur, quæ
7 fiunt ad multitudinem deliniendam : at ii qui ab hoste
obsidentur, si emere aquæ sextarium mina cogerentur,
hoc primo auditu incredibile nobis videri omnesque
mirari ; sed, quum attenderint , veniam necessitati
8 dare; in his immanibus jacturis infinitisque sumptibus
nihil nos magnopere mirari; quum præsertim neque
necessitati subveniatur, nec dignitas augeatur, ipsaque
illa delectatio multitudinis sit ad breve exiguumque
tempus, eaque a levissimo quoque : in quo tamen ipso
una cum satietate, memoria quoque moriatur volupta-
9 tis. Bene etiam colligit, hæc pueris et mulierculis et
servis et servorum simillimis liberis esse grata; gravi
vero homini, et ea, quæ fiunt, judicio certo ponderanti,
10 probari posse nullo modo. Quamquam intelligo, in
nostra civitate inveterasse jam bonis[1] temporibus, ut

1. *Sic Heusing., Gernh., Zumpt, Orelli , cum Bern. codd.; Lall.,
Beier, alii :* jam a bonis .

pas de fond. Où s'arrêter, en effet, lorsqu'aux habitués qui demandent encore, se joignent des nouveaux venus qui demandent aussi ?

XVI. Il y a deux espèces de gens qui donnent, le prodigue et l'homme libéral : le prodigue qui, épuisant ses richesses dans des festins publics, des distributions de viandes, des spectacles de gladiateurs, et dans l'appareil des jeux et des chasses, se ruine pour des vanités, qui ne doivent laisser qu'un souvenir éphémère ou un oubli profond ; l'homme libéral qui, de ses deniers, rachète les captifs des mains des pirates, paye les dettes de ses amis, ou les aide à marier leurs filles, ou leur prête assistance pour faire ou pour accroître leur fortune. Je ne sais, en vérité, quelle était la pensée de Théophraste dans son livre sur les richesses, où, parmi de très-belles choses, j'en trouve une fort étrange. Il ne tarit pas sur l'éloge de la magnificence et de la pompe des fêtes que l'on donne au peuple ; et, selon lui, la faculté de faire de telles dépenses est le plus beau fruit de la richesse. Pour moi, j'estime que les libéralités dont je viens de donner quelques exemples, en sont un fruit beaucoup plus grand et plus assuré. Avec combien plus de sagesse et de vérité, Aristote nous reproche de voir sans étonnement ce que l'on prodigue de trésors pour flatter la multitude? Que les habitants d'une ville assiégée soient réduits à payer une mine le setier d'eau, cela, dit-il, nous paraît d'abord incroyable, tout le monde se récrie ; ce n'est qu'après une certaine réflexion qu'on pardonne à la nécessité. Mais ces énormes dépenses, ces profusions sans bornes, elles n'ont rien qui nous surprenne ; et, cependant, elles ne soulagent aucun besoin, elles n'augmentent la dignité de personne ; elles ne procurent même au peuple qu'un plaisir de peu d'instants, et à l'aide des instruments les plus vils, un plaisir dont le souvenir même périt au moment où la satiété arrive. Le philosophe conclut très-bien que ces pompes sont agréables aux enfants, aux femmes, aux esclaves, et à ceux des hommes libres qui ressemblent le plus à des esclaves, mais qu'un homme grave et qui pèse les actions au poids du bon sens, ne saurait aucunement les approuver. Je sais, au reste, qu'une coutume qui remonte aux meilleurs temps de notre république, demande aux citoyens les plus honorables

splendor ædilitatum ab optimis viris postuletur. Itaque et P. Crassus. quum cognomine dives, tum copiis, functus est ædilitio maximo munere: et paullo post L. Crassus cum omnium hominum moderatissimo, Q. Mucio, magnificentissima ædilitate functus est ; deinde C. Claudius. Appii filius ; multi post, Luculli, Hortensius, Silanus. Omnes autem P. Lentulus, me consule, vicit superiores. Hunc est Scaurus imitatus. Magnificentissima vero nostri Pompeii munera secundo consulatu : in quibus omnibus quid mihi placeat, vides.

XVII. Vitanda tamen suspicio est avaritiæ. Mamerco, homini divitissimo, prætermissio ædilitatis consulatus repulsam attulit. Quare et, si postulatur a populo, bonis viris si non desiderantibus, at tamen approbantibus, faciendum est, modo pro facultatibus, nos ipsi ut fecimus: et, si quando aliqua res major atque utilior populari largitione acquiritur : ut Oresti nuper prandia in semitis decumæ nomine magno honori fuerunt. Ne M. quidem Seio vitio datum est, quod in caritate annonæ[1] asse modium populo dedit. Magna enim se et inveterata invidia, nec turpi jactura, quando erat ædilis, nec maxima liberavit. Sed honori summo nuper nostro Miloni fuit, qui gladiatoribus emptis reipublicæ causa, quæ salute nostra continebatur, omnes P. Clodii conatus furoresque compressit. Causa igitur largitionis est, si aut necesse est, aut utile. In his autem ipsis mediocritatis regula optima est. L. quidem Philippus, Quinti filius. magno vir ingenio in primisque clarus, gloriari solebat. se sine ullo munere adeptum esse omnia, quæ haberentur amplissima. Dicebat idem Cotta, Curio[2]. Nobis quoque licet in hoc quodammodo gloriari. Nam pro amplitudine honorum. quos cunctis suffragiis adepti sumus nostro quidem anno. quod contigit eorum nemini, quos modo nominavi, sane exiguus sumptus

1. Sic Pearce, Facciol, Ernest., Orelli, cum vulg.; Lall., Heusing., Beier, alii delent annonæ. — 2. Sic Impr. veter., Heusing., Gernh. Beier, Orelli, Zumpt: Lang., Lall., alii : C. Curio.

des édilités splendides. Aussi P. Crassus, surnommé le Riche, et fort riche en effet, s'acquitta de la sienne avec beaucoup d'éclat. Peu de temps après, L. Crassus, en compagnie du plus modéré des hommes, P. Mucius, signala son édilité par une rare magnificence. Vint ensuite C. Claudius, fils d'Appius, puis beaucoup d'autres, les deux Lucullus, Hortensius, Silanus. P. Lentulus, lorsque j'étais consul, l'emporta sur tous ses devanciers. Il fut imité par Scaurus. Mais les plus magnifiques de tous les spectacles furent ceux que donna notre grand Pompée pendant son deuxième consulat. Vous voyez, sur tout cela, quel est mon sentiment.

XVII. On doit néanmoins éviter le soupçon d'avarice. Mamercus, homme fort riche, pour avoir franchi l'édilité, n'obtint pas le consulat. Si donc le peuple manifeste un désir, et que les honnêtes gens, sans le partager, ne le désapprouvent pas, il faut se montrer libéral, dans la mesure toutefois de ses facultés, comme je l'ai fait moi-même; il le faut encore, si la munificence doit nous procurer un avantage plus grand que le sacrifice. C'est ainsi qu'Oreste, en donnant des repas dans les rues à titre de décimes, se fit naguère beaucoup d'honneur. M. Séius ne fut pas blâme non plus d'avoir, dans un temps de cherté, vendu le blé au peuple un as le modius. Objet d'une grande et longue impopularité, il s'en délivra par une dépense qu'il pouvait faire sans honte, comme édile, et qui ne fut pas excessive. Mais un acte qui honora au plus haut degré Milon, notre ami, ce fut cet achat de gladiateurs qu'il fit dans l'intérêt de la république, intimement lié à celui de ma conservation, et qui le mit en état de réprimer les fureurs et les attentats de Clodius. Les largesses sont donc justifiées ou par la nécessité, ou par l'utilité; et alors encore la modération est-elle la meilleure règle à suivre. L. Philippus, fils de Quintus, homme d'un talent supérieur et de la première distinction, se glorifiait d'être parvenu successivement aux plus hautes dignités sans avoir fait aucune largesse. Cotta et Curion en disaient autant. Moi-même, j'ai quelque droit de me rendre un semblable témoignage; car, à considérer les honneurs où m'ont élevé des suffrages unanimes, et l'année même où j'y pouvais prétendre (ce qui n'est arrivé à aucun de ceux que je viens de nommer), les frais de mon édilité furent cer-

8 ædilitatis fuit. Atque etiam illæ impensæ meliores,
muri, navalia, portus, aquarum ductus omniaque
9 quæ ad usum reipublicæ pertinent. Quamquam, quod
præsens tamquam in manum datur, jucundius est :
10 tamen hæc in posterum gratiora. Theatra, porticus,
nova templa verecundius reprehendo, propter Pompeium : sed doctissimi non probant, ut et hic ipse
Panætius, quem multum in his libris secutus sum,
11 non interpretatus; et Phalereus Demetrius, qui Periclem, principem Græciæ, vituperat, quod tantam pecuniam in præclara illa Propylæa conjecerit. Sed de hoc
genere toto, in iis libris, quos de republica scripsi,
12 diligenter est disputatum. Tota igitur ratio talium lar-
gitionum genere vitiosa est, temporibus necessaria ; et
tum ipsa et ad facultates accommodanda, et mediocri-
tate moderanda est.

XVIII. In illo autem altero genere largiendi, quod a
liberalitate proficiscitur, non uno modo in disparibus
2 causis affecti esse debemus. Alia causa est ejus, qui
calamitate premitur, et ejus, qui res meliores quærit,
3 nullis suis rebus adversis. Propensior benignitas esse
debebit in calamitosos, nisi forte erunt digni calamitate. In iis tamen, qui se adjuvari volent, non ut ne
affligantur, sed ut altiorem gradum adscendant, restricti omnino esse nullo modo debemus, sed in deligendis idoneis judicium et diligentiam adhibere. Nam
præclare Ennius :

Benefacta male locata, malefacta arbitror.

4 Quod autem tributum est bono viro et grato, in eo quum
5 ex ipso fructus est, tum etiam ex ceteris. Temeritate
enim remota, gratissima est liberalitas ; eoque eam
studiosius plerique laudant, quod summi cujusque
6 bonitas commune perfugium est omnium. Danda igitur
opera est, ut iis beneficiis quam plurimos afficiamus,
quorum memoria liberis posterisque prodatur, ut iis
7 ingratis esse non liceat. Omnes enim immemorem be-

tainement peu de chose. Des dépenses mieux faites encore sont celles qui ont pour objet les murailles des villes, les constructions navales, les ports, les aqueducs et tous les travaux d'utilité publique. Sans doute les libéralités argent comptant et comme de la main à la main, plaisent davantage ; mais l'avenir garde aux autres plus de reconnaissance. Quant aux théâtres, aux portiques, aux temples nouveaux, je me fais scrupule de les critiquer, à cause de Pompée ; mais des hommes très-éclairés ne les approuvent pas, entre autres ce même Panétius, que j'ai beaucoup suivi dans cet ouvrage, sans toutefois le traduire ; et Démétrius de Phalère, qui blâme Périclès, le premier homme de la Grèce, d'avoir jeté tant d'argent dans les magnificences des Propylées. Mais cette matière est traitée avec soin dans mes livres de la république. Concluons que toutes ces libéralités politiques, mauvaises en principe, nécessaires par circonstance, doivent en tout cas être proportionnées aux fortunes qui en font les frais, et limitées par la modération.

XVIII. Dans cette autre espèce de largesses, qui est un pur effet de la générosité, nos sympathies ne doivent pas être les mêmes pour des situations différentes. Autre est la cause de l'infortuné que le malheur accable, autre est celle de l'homme qui cherche à rendre meilleure une condition déjà bonne. La bienfaisance doit pencher de préférence vers le malheureux, à moins qu'il n'ait mérité son sort. Cependant s'il est des personnes qui demandent notre appui, non pour ne pas tomber, mais pour s'élever plus haut, nous ne devons pas leur fermer absolument notre bourse ; mais il faut de la réflexion et du discernement pour ne l'ouvrir qu'au mérite. Car Ennius a fort bien dit : « Un bienfait mal placé, je l'appellerais un méfait. » Mais rendez service à un homme honnête et reconnaissant, vous en êtes payé doublement, et par lui, et par les autres. En effet, la libéralité, lorsqu'elle est éclairée, est la plus populaire des vertus ; et on la loue d'autant plus volontiers, que la bonté des grands est l'asile commun de tous. Multiplions donc, autant qu'il est en nous, ces bienfaits dont le souvenir se transmet si fidèlement des pères aux enfants, qu'il n'est pas permis à ceux-ci d'être ingrats. Car l'ingratitude est haïe de tout le monde ; et, comme elle décourage la générosité,

neficii oderunt, eamque injuriam in deterrenda liberalitate sibi etiam fieri, cumque; qui faciat, **commu-**
8 nem hostem tenuiorum putant. Atque hæc **benignitas**
etiam reipublicæ est utilis, redimi ex servitute **captos,**
locupletari tenuiores : quod quidem vulgo solitum **fieri**
ab ordine nostro, in oratione Crassi scriptum **copiose**
9 videmus. Hanc ego consuetudinem benignitatis **largi-**
tioni munerum longe antepono. Hæc est gravium hominum atque magnorum; illa quasi assentatorum **populi,**
multitudinis levitatem voluptate quasi titillantium.
10 Conveniet autem quum in dando munificum esse, **tum**
in exigendo non acerbum, in omnique re **contrahenda,**
vendendo, emendo, conducendo, locando, **vicinitatibus**
et confiniis, æquum et facilem, multa multis de **jure**
suo cedentem, a litibus vero, quantum liceat, **et nescio**
11 an paullo plus etiam quam liceat, abhorrentem. **Est**
enim non modo liberale, paullum nonnunquam **de suo**
12 jure decedere, sed interdum etiam fructuosum. **Ha-**
benda autem ratio est rei familiaris, quam quidem **di-**
labi sinere, flagitiosum est, sed ita, ut **illiberalitatis**
13 avaritiæque absit suspicio. Posse enim liberalitate **uti,**
non spoliantem se patrimonio, nimirum is[1] est **pecuniæ**
14 fructus maximus. Recte etiam a Theophrasto est **laudata**
hospitalitas. Est enim, ut mihi quidem videtur, **valde**
decorum, patere domus hominum illustrium **illustri-**
bus hospitibus : idque etiam reipublicæ est **ornamento,**
homines externos hoc liberalitatis genere in urbe **no-**
15 stra non egere. Est autem etiam vehementer utile **iis,**
qui honeste posse multum volunt, per hospites **apud**
16 externos populos valere opibus et gratia. **Theophrastus**
quidem scribit, Cimonem Athenis etiam in suos **curiales**
Laciadas hospitalem fuisse : ita enim instituisse, **et**
villicis imperavisse, ut omnia præberentur, **quicumque**
Laciades in villam suam devertisset.

XIX. Quæ autem opera, non largitione, beneficia

---

1. *Sic Heusing., Lall., Orelli ; Zumpt delet* is.

chacun voit en elle un tort personnel, et dans l'ingrat l'ennemi commun des petits. Il est des actes généreux qui profitent même à la république, comme de racheter les captifs, d'enrichir les familles pauvres. Ces actes furent toujours dans les habitudes de notre ordre, ainsi que le démontre abondamment un discours de Crassus. Pratiquer de cette façon la bienfaisance vaut beaucoup mieux, selon moi, que de donner des jeux. L'un est le propre des hommes graves et magnanimes; l'autre est un moyen dont se servent les complaisants du peuple, pour flatter agréablement la légèreté de la multitude. Mais s'il convient de donner avec noblesse, il ne convient pas moins d'exiger sans dureté ce qui nous est dû. Dans les conventions de toute espèce, qu'il s'agisse de vendre ou d'acheter, de donner ou de prendre à loyer, dans les relations de voisinage et les questions de limites, il faut être équitable et facile, se relâchant beaucoup et souvent de son droit, fuyant surtout les procès, autant qu'il est permis de le faire, peut-être même un peu plus qu'il n'est permis. En effet, ce n'est pas seulement une action généreuse que de céder à l'occasion une partie de son droit; c'est encore dans certains cas un excellent calcul. On doit cependant prendre soin de sa fortune, qu'il serait honteux de laisser se dissiper, mais c'est à condition d'écarter tout soupçon de petitesse et d'avarice. Pouvoir se montrer libéral sans se dépouiller de son patrimoine, voilà certainement le plus beau fruit de la richesse. C'est encore avec raison que Théophraste fait l'éloge de l'hospitalité. Rien n'est plus beau, à mon avis, que de voir les maisons des hommes illustres ouvertes à d'illustres hôtes. Il est même à l'honneur de la république que les étrangers trouvent dans Rome ce genre de libéralité. Enfin, c'est un avantage considérable pour celui qui aspire à une grande et légitime influence, d'avoir par ses hôtes de la puissance et du crédit chez les nations étrangères. Théophraste rapporte que Cimon, à Athènes, exerçait l'hospitalité même envers ses compatriotes du bourg de Lacia, et qu'il s'était fait une règle, et avait prescrit à ses régisseurs de fournir aux besoins de tout Laciade qui voudrait s'arrêter dans sa maison de campagne.

XIX. Les services où l'on emploie son travail personnel

dantur, hæc tum in universam rempublicam, tum in
2 singulos cives conferuntur. Nam in jure cavere, consilio juvare, atque hoc scientiæ genere prodesse quam
plurimis, vehementer et ad opes augendas pertinet,
3 et ad gratiam. Itaque quum multa præclara majorum,
tum quod optime constituti juris civilis summo semper
4 in honore fuit cognitio atque interpretatio : quam quidem ante hanc confusionem temporum in possessione
sua principes retinuerunt; nunc, ut honores, ut omnes
dignitatis gradus, sic hujus scientiæ splendor deletus
5 est : idque eo indignius, quod eo tempore hoc contigit,
quum is esset qui omnes superiores, quibus honore par
6 esset, scientia facile vicisset. Hæc igitur opera, grata
multis, et ad beneficiis obstringendos homines accom-
7 modata. Atque huic arti finitima est dicendi gravior
facultas, et gratior, et ornatior. Quid enim eloquentia
præstabilius, vel admiratione audientium, vel spe indi-
8 gentium, vel eorum, qui defensi sunt, gratia? Huic ergo
a majoribus nostris est in toga dignitatis principatus
9 datus. Diserti igitur hominis, et facile laborantis, quodque in patriis est moribus, multorum causas et non gravate et gratuito defendentis beneficia et patrocinia late
10 patent. Admonebat me res, ut hoc quoque loco intermis-
sionem eloquentiæ, ne dicam interitum, deplorarem; ni
vererer, ne de me ipso aliquid viderer queri. Sed tamen
videmus, quibus exstinctis oratoribus, quam in paucis
spes, quanto in paucioribus facultas, quam in multis
11 sit audacia. Quum autem omnes non possint, ne multi
quidem, aut juris periti esse, aut diserti, licet tamen
opera prodesse multis, beneficia petentem, commen-
dantem judicibus, magistratibus, vigilantem pro re
alterius, eos ipsos, qui aut consuluntur, aut defendunt,
rogantem : quod qui faciunt, plurimum gratiæ conse-
12 quuntur, latissimeque eorum manat industria. Jam
illud non sunt admonendi (est enim in promptu), ut
animadvertant[1], quum juvare alios velint, ne quos

1. Sic Facc., Zumpt., alii; Lall., Orelli : animum advertant.

et non ses trésors, ont pour objet ou l'État ou les particuliers. Diriger les citoyens dans leurs procès, les conseiller
dans leurs affaires, et, par ce genre de talent, se rendre
utile à un grand nombre de personnes, voilà de puissants
moyens d'augmenter son crédit et sa considération. Aussi
nos ancêtres, admirables par tant d'endroits, le sont-ils encore pour la grande estime dont jouit toujours parmi eux
la connaissance et l'interprétation d'un droit civil admirablement constitué. Avant la confusion de ces derniers temps,
cette science était le patrimoine des chefs de la cité ; maintenant, comme les honneurs, comme les distinctions de toute
espèce, elle a perdu son éclat : perte d'autant plus regret-
table, qu'elle a eu lieu dans un temps où vivait un jurisconsulte égal par le rang, supérieur par le savoir, à tous ses
devanciers. Voilà donc un genre de services qui peut faire
beaucoup d'amis, et enchaîner les cœurs par la reconnaissance. A côté de cet art se place le talent de bien dire, plus
noble encore, plus populaire et plus brillant. Eh! que
peut-on mettre au-dessus de l'éloquence, soit que l'on considère les transports de l'auditoire qui l'admire, ou l'espérance des clients qui ont recours à elle, ou la gratitude de
ceux qu'elle a défendus? Aussi nos ancêtres lui ont-ils donné
le premier rang parmi les arts de la paix. Celui donc qui
parle bien, qui aime le travail, qui, fidèle aux mœurs de
nos pères, prête de bonne grâce et gratuitement le secours
de sa voix à des causes nombreuses, celui-là étendra au loin
ses bienfaits et son patronage. Mon sujet m'entraînerait à
déplorer ici l'éclipse fatale, pour ne pas dire l'anéantisse-
ment de l'éloquence, si je ne craignais que ma plainte ne
parût intéressée. Mais, enfin, nous voyons quels orateurs
ont cessé d'être; et que voyons-nous dans leurs succes-
seurs? peu d'espérances, encore moins de talents, beaucoup de présomption. Sans doute tous les hommes, ni même
un grand nombre, ne sauraient être ou jurisconsultes ou
orateurs; cependant on peut rendre beaucoup de services
en sollicitant pour les autres, en les recommandant aux
juges et aux magistrats, en veillant à leurs intérêts, en leur
procurant des conseils ou des défenseurs. C'est un moyen
de se faire de nombreux amis et d'étendre beaucoup son
influence. Il y a une précaution que le bon sens indique et

13 offendant. Sæpe enim aut eos lædunt, quos non debent,
aut eos, quos non expedit : si imprudentes, negligentiæ
14 est; si scientes, temeritatis. Utendum etiam est excu-
satione adversus eos, quos invitus offendas, quacumque
possis, quare id, quod feceris, necesse fuerit, nec aliter
facere potueris : ceterisque operis et officiis erit id,
quod violatum est, compensandum.

XX. Sed quum in hominibus juvandis aut mores
spectari aut fortuna soleat, dictu quidem est proclive,
itaque vulgo loquuntur, se in beneficiis collocandis mo-
2 res hominum, non fortunam sequi. Honesta oratio est.
Sed quis est tandem qui inopis et optimi viri causæ non
anteponat, in opera danda, gratiam fortunati et poten-
3 tis? A quo enim expeditior et celerior remuneratio fore
4 videtur, in eum fere est voluntas nostra propensior. Sed
animadvertendum est diligentius, quæ natura rerum
sit. Nimirum enim inops ille, si bonus est vir, etiamsi
5 referre gratiam non potest, habere certe potest. Commode autem quicumque dixit, pecuniam qui habeat,
non reddidisse, qui reddiderit, non habere : gratiam
autem et qui retulerit, habere; et qui habeat, retulisse.
6 At, qui se locupletes, honoratos, beatos putant, ii ne
obligari quidem beneficio volunt : quin etiam beneficium
se dedisse arbitrantur, quum ipsi quamvis magnum aliquod acceperint : atque etiam a se aut postulari [1], aut
exspectari aliquid suspicantur : patrocinio vero se usos,
7 aut clientes appellari, mortis instar putant. At vero
ille tenuis, quum, quidquid factum sit, se spectatum,
non fortunam putat, non modo illi, qui est meritus,
sed etiam illis, a quibus exspectat (eget enim multis),
gratum se videri studet; neque vero verbis auget suum
munus, si quo forte fungitur, sed etiam extenuat.

---

1. *Sic Heusing., Lall., Zumpt, Dübner; Impr. veter. :* æque etiam;
Græv., Gernh., Beier, Orelli delent aut.

qu'il est inutile de prescrire ; c'est de ne pas offenser les uns pour obliger les autres. Car souvent on blesse des personnes qu'il n'est pas juste, ou qu'il n'est pas bon de mécontenter. Si on le fait sans le savoir, c'est de la négligence; sciemment, c'est de la témérité. Quant à ceux qu'on aurait désobligés malgré soi, il conviendra de s'excuser en leur montrant la nécessité qui a fait agir, et pourquoi l'on n'a pu agir autrement, et il faudra qu'en toute autre chose le zèle et les bons offices compensent le tort dont ils pourraient se plaindre.

XX. D'ordinaire, lorsqu'on oblige, on a égard ou aux mœurs ou à la fortune. Or, il est facile de dire, et l'on dit tous les jours qu'en plaçant ses bienfaits, ce sont les mœurs et non la fortune que l'on considère. Ce langage est spécieux; mais quel est celui qui, dans les services qu'il rend, ne préfère, à la cause de l'honnête homme pauvre, le crédit de l'homme riche et puissant? C'est du côté qui nous promet une réciprocité de services plus certaine et plus prompte, que penche communément notre bonne volonté. Mais il faut examiner de plus près et voir le fond des choses. Ce pauvre, que nous supposons honnête homme, ne pourra peut-être pas vous payer de retour, mais il pourra du moins être reconnaissant. Or, quelqu'un a dit spirituellement, que celui qui a l'argent d'autrui, ne l'a pas rendu, et que celui qui l'a rendu, ne l'a plus; tandis qu'en fait de reconnaissance, celui qui s'est acquitté, en a encore, et que celui qui en a, est déjà quitte. Ceux au contraire qui se croient riches, honorés, heureux, ne veulent pas même se tenir pour obligés par un bienfait. Que dis-je? ils s'imaginent vous faire une grâce en recevant de vous un service, fût-il des plus importants; ils vous soupçonnent même de vouloir ou d'espérer d'eux quelque faveur; mais l'idée d'avoir eu un défenseur ou d'être appelés ses clients, pour eux, c'est la mort. Le pauvre, au contraire, bien persuadé que c'est à lui et non à sa fortune que le service est rendu, s'étudie à paraître reconnaissant, non-seulement aux yeux de son bienfaiteur, mais encore à ceux de quiconque peut lui donner de l'appui (car il a besoin de beaucoup de monde); et, loin d'exagérer ce qu'il fait lui-même d'obligeant, s'il lui arrive de faire quelque chose, il en rabaisse le mérite. Une

8 Videndumque illud est, quod si opulentum fortunatumque defenderis, in uno illo aut forte [1] in liberis ejus
manet gratia; sin autem inopem, probum tamen et
modestum, omnes non improbi humiles (quæ magna in
populo multitudo est) præsidium sibi paratum vident.
9 Quam ob rem melius apud bonos, quam apud fortu
10 natos, beneficium collocari puto. Danda omnino opera
est, ut omni generi satisfacere possimus; sed si res in
contentionem veniet, nimirum Themistocles est auctor
adhibendus : qui quum consuleretur, utrum bono viro
pauperi, an minus probato diviti filiam collocaret :
Ego vero, inquit, malo virum, qui pecunia egeat, quam
11 pecuniam quæ viro. Sed corrupti mores depravatique
sunt admiratione divitiarum. Quarum magnitudo quid
12 ad unumquemque nostrum pertinet? Illum fortasse
adjuvat, qui habet : ne id quidem semper : sed fac juvare; utentior sane sit; honestior vero quomodo?
13 Quodsi etiam bonus erit vir, ne impediant divitiæ,
quominus juvetur, modo ne adjuvent; sitque omne
14 judicium. non quam locuples, sed qualis quisque sit.
Extremum autem præceptum in beneficiis, operaque
danda [2], ne quid contra æquitatem contendas, ne quid
pro injuria. Fundamentum enim est perpetuæ commendationis et famæ justitia, sine qua nihil potest
esse laudabile.

XXI. Sed quoniam de eo genere beneficiorum dictum
est, quæ ad singulos spectant; deinceps de iis, quæ ad
universos, quæque ad rempublicam pertinent, dispu
2 tandum est. Eorum autem ipsorum partim ejusmodi
sunt, ut ad universos cives pertineant, partim singulos
3 ut attingant, quæ sunt etiam gratiora. Danda opera est
omnino, si possit, utrisque, nec minus, ut etiam singulis consulatur, sed ita, ut ea res aut prosit, aut certe ne
4 obsit reipublicæ. C. Gracchi frumentaria magna largi-

---

1. *Sic Heusing., Lall., Gernh., Beier, alii; Orelli :* si forte. — 2. *Sic
Heusing, Orelli, cum Oxon. et Bern. codd., probante Zumpt; Impr.
veter., Lall., Gernh., Beier, alii :* danda est

autre considération, c'est que si vous défendez un homme puissant et fortuné, lui seul, ou tout au plus ses enfants, vous garderont de la reconnaissance; mais si vous prêtez votre voix à un pauvre, pourvu qu'il soit probe et modeste, tous ceux de la même condition, qui ont de la probité (et le nombre en est grand parmi le peuple), verront en vous leur protecteur naturel. J'en conclus qu'un bienfait est mieux placé chez l'honnête homme que chez le riche. En général, il faut tâcher de satisfaire toutes les classes; mais, en cas de concurrence, le mieux est de se conformer à l'avis de Thémistocle. On lui demandait, à titre de conseil, à qui il donnerait plutôt sa fille, d'un honnête homme pauvre ou d'un riche de réputation équivoque : Pour moi, répondit-il, j'aimerais mieux un homme sans argent, que de l'argent sans homme. Mais l'habitude d'admirer les richesses a corrompu les mœurs et faussé les esprits. Eh ! qu'importe à chacun de nous l'opulence d'autrui? Elle peut servir à celui qui la possède, et cela même n'a pas toujours lieu : mais supposons qu'elle lui serve, il en aura plus de jouissances; en sera-t-il plus honnête? S'il est homme de bien en même temps que riche, que sa fortune ne nous empêche pas de lui prêter notre appui; mais qu'elle ne nous y détermine pas. Bornons-nous à examiner, non quelle est sa richesse, mais quel est son mérite. Il est un dernier précepte qui doit nous régler dans nos bienfaits et dans nos services : c'est de ne rien prétendre contre l'équité, rien par des moyens injustes. Car le fondement d'une estime et d'une renommée durables, c'est la justice, sans laquelle rien ne peut être digne d'éloges.

XXI. Après avoir parlé des bienfaits dont les particuliers sont l'objet, il nous reste à traiter de ceux qui se rapportent à l'universalité des citoyens et à la république. Parmi ces derniers, quelques-uns sont de telle nature qu'ils n'intéressent que la société; d'autres arrivent jusqu'aux individus, et ce sont les plus populaires. Ils doivent marcher ensemble, si cela est possible; et le bien des individus n'est pas ce qui doit nous occuper le moins, à condition toutefois que la république en retirera de l'avantage, ou du moins n'en sera pas lésée. Ce que fit C. Gracchus pour le blé, fut

tio; exhauriebat igitur ærarium : modica M. Octavii, et reipublicæ tolerabilis, et plebi necessaria; ergo et civi-
5 bus et reipublicæ salutaris. In primis autem videndum erit ei, qui rempublicam administrabit, ut suum quisque teneat, neque de bonis privatorum publice demi
6 nutio fiat. Perniciose enim Philippus in tribunatu, quum legem agrariam ferret, quam tamen antiquari facile passus est; et in eo vehementer se moderatum præbuit : sed quum in agendo multa populariter, tum illud male, non esse in civitate duo millia hominum,
7 qui rem haberent. Capitalis oratio, et ad æquationem bonorum pertinens : qua peste quæ potest esse major?
8 Hanc enim ob causam maxime, ut sua tenerent[1], respu
9 blicæ civitatesque constitutæ sunt. Nam et si duce natura congregabantur homines, tamen spe custodiæ re
10 rum suarum, urbium præsidia quærebant. Danda etiam opera est ne, quod apud majores nostros sæpe fiebat, propter ærarii tenuitatem assiduitatemque bellorum, tributum sit conferendum; idque ne eveniat, multo ante
11 erit providendum. Sin qua necessitas hujus muneris alicui reipublicæ obvenerit (malo enim alteri, quam nostræ ominari : neque tantum de nostra, sed de omni republica disputo), danda erit opera, ut omnes intelligant,
12 si salvi esse velint, necessitati esse parendum. Atque etiam omnes, qui rempublicam gubernabunt, consulere debebunt, ut earum rerum copia sit, quæ sunt neces
13 sariæ ad victum[2]. Quarum qualis comparatio fieri soleat et debeat, non est necesse disputare : est enim in
14 promptu : tantum locus attingendus fuit. Caput autem est in omni procuratione negotii et muneris publici, ut
15 avaritiæ pellatur etiam minima suspicio. « Utinam, inquit C. Pontius Samnis, ad illa tempora me fortuna reservasset, et tum essem natus, quando Romani dona accipere cœpissent! non essem passus diutius eos im
16 perare. » Næ, illi multa sæcula exspectanda fuerunt:

---

1. Sic Anemac., Heusing., Lall., Gernh., Beier, Orelli, alii; Impr. reter., Zumpt, Dübner : tuerentur — 2. Sic Zumpt, Dübner; ceteri delent ad victum.

8

une largesse immense, qui épuisait le trésor. La libéralité de M. Octavius fut modeste, proportionnée aux ressources de l'État et aux besoins du peuple ; aussi fit-elle le bien des citoyens et celui de la république. Mais le premier devoir de l'homme chargé du gouvernement, est d'assurer le maintien des propriétés particulières, auxquelles l'autorité publique ne doit jamais porter atteinte. Philippus dit un mot très-dangereux dans son tribunat, lorsqu'il proposait une loi agraire (loi que, du reste, il laissa facilement rejeter, et en cela il se montra fort modéré) ; mais enfin, parmi beaucoup d'arguments qui s'adressaient aux passions populaires, il eut le tort de dire qu'il n'y avait pas dans Rome deux mille citoyens qui possédassent quelque chose : langage subversif, et qui allait droit au partage égal des biens, la plus funeste de toutes les calamités. En effet, c'est principalement pour que chacun pût conserver ce qu'il avait, que les sociétés et les États se sont formés. Car, bien que la nature conviât les hommes à se réunir, cependant ils songeaient à la sûreté de leurs propriétés, lorsqu'ils se sont renfermés dans les villes. On tâchera aussi d'échapper a une nécessité où se trouvèrent souvent nos ancêtres, à cause de la pauvreté du trésor et de la continuité des guerres, celle des tributs contre laquelle il faudra se prémunir long-temps d'avance. Si quelque république est réduite à s'imposer ce fardeau (c'est un présage que j'aime mieux appliquer à d'autres qu'à nous, et, d'ailleurs, je parle en général de toute république, et non pas de la nôtre seulement), on s'efforcera de faire comprendre aux citoyens que, s'ils veulent être sauvés, le moyen, c'est d'obéir à la nécessité. Un autre devoir de tous ceux qui gouverneront les États, c'est d'y entretenir l'abondance des choses nécessaires à la vie. Ce qu'elles sont, et comment on se les procure, je n'ai pas besoin de le dire, tant la chose est connue ; il suffisait de cette simple indication. Mais le point capital dans tout emploi, dans toute gestion des affaires publiques, c'est d'écarter jusqu'au moindre soupçon d'avarice. « Plût au ciel, dit le Samnite C. Pontius, que la fortune eût différé ma naissance, et m'eût réservé pour l'époque, si jamais elle arrive, où les Romains recevront des présents ! j'aurais bientôt mis fin à leur empire. » Certes, il lui eût fallu attendre bien des

modo enim hoc malum in hanc rempublicam invasit. Itaque facile patior, tum potius Pontium fuisse, siqui-

17 dem in illo tantum fuit roboris. Nondum centum et decem anni sunt, quum de pecuniis repetundis a L. Pisone lata lex est, nulla antea quum fuisset. At vero postea tot leges, et proximæ quæque duriores, tot rei, tot damnati, tantum italicum bellum propter judiciorum metum excitatum, tanta, sublatis legibus et judiciis, expilatio direptioque sociorum, ut imbecillitate aliorum, non nostra virtute valeamus.

XXII. Laudat Africanum Panætius, quod fuerit abstinens. Quidni laudet? sed in illo alia majora. Laus abstinentiæ non hominis est solum, sed etiam temporum

2 illorum. Omni Macedonum gaza, quæ fuit maxima, potitus est Paullus; tantum in ærarium pecuniæ invexit, ut unius imperatoris præda finem attulerit tributorum. At hic nihil in domum suam intulit[1] præter memo-

3 riam nominis sempiternam. Imitatus patrem Africanus,

4 nihilo locupletior Carthagine eversa. Quid? qui ejus collega fuit in censura, L. Mummius, numquid copiosior, quum copiosissimam urbem funditus sustulisset? Italiam ornare, quam domum suam, maluit; quamquam

5 Italia ornata, domus ipsa mihi videtur ornatior. Nullum igitur vitium tetrius est (ut eo, unde egressa est, referat se oratio) quam avaritia, præsertim in principi-

6 bus et rempublicam gubernantibus. Habere enim quæstui rempublicam non modo turpe est, sed sceleratum

7 etiam et nefarium. Itaque quod Apollo Pythius oraculum edidit, Spartam nulla re alia, nisi avaritia, esse perituram, id videtur non solum Lacedæmoniis, sed

8 etiam omnibus opulentis populis prædixisse. Nulla autem re conciliare facilius benevolentiam multitudinis possunt ii qui reipublicæ præsunt, quam abstinentia

9 et continentia. Qui vero se populares volunt, ob eamque causam aut agrariam rem tentant, ut possessores

---

1. *Sic Guelph. codd. et Impr. veter.; Zumpt, Dübner, cum Bern.* *eodd, delent* in.

générations, car c'est d'hier que cette peste a fait invasion dans la république. Aussi je ne suis pas fâché que Pontius ait vécu dans un autre siècle, s'il est vrai qu'il y eût en lui tant de force. Il n'y a pas cent dix ans qu'une loi sur les concussions a été portée par L. Pison, et ce fut la première. Depuis ce temps, que de lois, et d'une sévérité toujours croissante! Que d'accusés! que de condamnés! Quelle guerre allumée en Italie par la crainte des jugements! Quelles rapines, quelles déprédations commises sur nos alliés, dans le silence des lois et de la justice! Oui, si nous sommes forts, c'est de la faiblesse d'autrui; notre vertu n'y est pour rien.

XXII. Panétius loue le second Africain de son désintéressement; et pourquoi non? Mais il y avait dans l'Africain de plus grandes vertus. Le désintéressement était le mérite du siècle, aussi bien que de l'homme. Paul Émile s'empara de tous les trésors des Macédoniens, et ils étaient immenses. Il versa tant d'argent dans les coffres de l'État, que le butin d'un seul général permit de supprimer les tributs. Mais il n'en rapporta rien dans sa maison, si ce n'est un nom éternellement mémorable. L'Africain imita son père, et la ruine de Carthage n'ajouta rien à ce qu'il possédait. Et celui qui fut son collègue dans la censure, L. Mummius, fut-il plus opulent après avoir détruit de fond en comble la plus opulente des cités? Il aima mieux décorer l'Italie que sa propre maison; ou, pour mieux dire, il décora sa maison, en décorant l'Italie. Ainsi donc (pour revenir au point d'où nous sommes partis), il n'est pas de vice plus hideux que l'avarice, surtout dans les hommes qui sont à la tête de la société, et qui gouvernent les États. En effet, ce n'est pas seulement une honte de trafiquer de la chose publique; c'est un acte criminel et impie. Aussi l'oracle par lequel Apollon Pythien déclara que Sparte ne périrait que par l'avarice, me paraît-il applicable non-seulement aux Lacédémoniens, mais encore à toutes les nations opulentes. Rien, au contraire, n'est plus propre à gagner les cœurs de la multitude aux chefs d'un État, que le désintéressement et la retenue. Mais ceux qui veulent de la popularité, et qui, pour en acquérir, remuent la question des lois agraires, dont le but est de chasser les

pellantur suis sedibus, aut pecunias creditas debitoribus condonandas putant, ii labefactant fundamenta reipublicæ : concordiam primum quæ esse non potest, quum aliis adimuntur, aliis condonantur pecuniæ; deinde æquitatem, quæ tollitur omnis, si habere suum 10 cuique non licet. Id enim est proprium, ut supra dixi, civitatis atque urbis, ut sit libera et non sollicita suæ 11 rei cujusque custodia. Atque in hac pernicie reipublicæ, ne illam quidem consequuntur, quam putant, gratiam. 12 Nam cui res erepta est, est inimicus; cui data est, etiam dissimulat se accipere voluisse, et maxime in pecuniis creditis occultat suum gaudium, ne videatur non fuisse 13 solvendo. At vero ille qui accepit injuriam, et meminit, et præ se fert dolorem suum : nec, si plures sunt ii quibus improbe datum est, quam illi quibus injuste ademptum est, idcirco plus etiam valent. Non enim numero hæc judicantur, sed pondere. Quam autem habet æquitatem, ut agrum multis annis, aut etiam sæculis, ante possessum, qui nullum habuit, habeat; qui autem habuit, amittat?

XXIII. Ac propter hoc injuriæ genus Lacedæmonii Lysandrum ephorum expulerunt; Agin regem, quod nun- 2 quam antea apud eos acciderat, necaverunt. Exque eo tempore tantæ discordiæ secutæ sunt, ut et tyranni exsisterent, et optimates exterminarentur, et præclaris- 3 sime constituta respublica dilaberetur. Nec vero solum ipsa cecidit, sed etiam reliquam Græciam evertit contagionibus malorum, quæ a Lacedæmoniis profectæ ma- 4 narunt latius. Quid? nostros Gracchos, Tiberii Gracchi, summi viri, filios, Africani nepotes, nonne agrariæ 5 contentiones perdiderunt? At vero Aratus Sicyonius jure laudatur : qui, quum ejus civitas quinquaginta annos a tyrannis teneretur, profectus Argis Sicyonem, clandestino introitu urbe est potitus. Quumque tyran-

propriétaires de leurs foyers, ou proposent que les sommes prêtées soient abandonnées aux débiteurs, ceux-là ébranlent les fondements de la république : d'abord la concorde, qui ne peut subsister, lorsqu'on ôte aux uns pour donner aux autres ; ensuite l'équité, qui périt tout entière, s'il n'est pas permis à chacun de conserver ce qu'il a. Car, je l'ai déjà dit, les États, les villes existent spécialement pour assurer à tout homme la libre et tranquille possession de sa propriété. Et, en bouleversant ainsi la république, ces ambitieux n'obtiennent pas même la faveur populaire, objet de leur espérance. Celui qu'ils ont dépouillé de son bien, est leur ennemi ; celui auquel ils l'ont donné, dissimule jusqu'à la bonne volonté qu'il avait de le recevoir ; et c'est surtout le débiteur dispensé de payer qui cache sa joie, pour ne pas laisser croire qu'il était insolvable. Il n'en est pas ainsi de l'homme qui a souffert une injustice : celui-là s'en souvient ; celui-là ne craint pas d'afficher son mécontentement. Et en vain ceux que l'iniquité a enrichis de ses dons, sont-ils plus nombreux que les victimes qu'elle a dépouillées ; ils ne sont pas pour cela les plus forts. Ici les éléments de force ne se comptent pas, ils se pèsent. Eh ! quoi ? un champ possédé depuis de longues années, ou même depuis des siècles, passera dans les mains de celui qui n'en eut jamais, et celui qui l'avait, le perdra ! Est-ce là de l'équité ?

XXIII. C'est pour une injustice de ce genre que les Lacédémoniens bannirent l'éphore Lysandre, et tuèrent le roi Agis, premier exemple chez ce peuple d'un roi mis à mort. Les temps qui suivirent furent si pleins de discordes, qu'on vit des tyrans s'élever, la force chasser du pays les premiers citoyens, et la république la plus admirablement constituée se dissoudre. Et elle ne périt pas seule : avec elle tomba le reste de la Grèce, atteint par la contagion des maux qui, partis de Lacédémone, s'étendirent de proche en proche. Et nos Gracques, les fils de l'illustre Tibérius Gracchus, les petits-fils du premier Africain, n'est-ce pas leur chaleur à soutenir les lois agraires qui les a perdus ? Aratus de Sicyone, au contraire, est l'objet de justes éloges. Depuis cinquante années, sa patrie était opprimée par des tyrans, lorsque, parti d'Argos pour Sicyone, il y entra secrète-

num Nicoclem improviso oppressisset, sexcentos exsules,
qui locupletissimi fuerant ejus civitatis, restituit, rem-
6 que publicam adventu suo liberavit. Sed quum magnam
animadverteret in bonis et possessionibus difficultatem,
quod et eos, quos ipse restituerat, quorum bona alii
possederant, egere iniquissimum esse arbitrabatur, et
quinquaginta annorum possessiones moveri[1] non nimis
æquum putabat, propterea quod tam longo spatio multa
hereditatibus, multa emptionibus, multa dotibus tene-
bantur sine injuria; judicavit, neque illis adimi, neque
7 his non satisfieri, quorum illa fuerant, oportere. Quum
igitur statuisset opus esse ad eam rem constituendam
pecunia, Alexandriam se proficisci velle dixit, remque
integram ad reditum suum jussit esse; isque celeriter
ad Ptolemæum, suum hospitem, venit, qui tum re-
8 gnabat alter post Alexandriam conditam : cui quum
exposuisset patriam se liberare velle, causamque do-
cuisset, a rege opulento vir summus facile impetravit,
9 ut grandi pecunia adjuvaretur. Quam quum Sicyonem
attulisset, adhibuit sibi in consilium quindecim principes, cum quibus causas cognovit et eorum, qui aliena
tenebant, et eorum, qui sua amiserant; perfecitque
æstimandis possessionibus, ut persuaderet[2] aliis, ut
pecuniam accipere mallent, possessionibus cederent :
aliis, ut commodius putarent, numerari sibi quod
tanti esset, quam suum recuperare. Ita perfectum est
ut omnes, concordia constituta, sine querela discede-
10 rent. O virum magnum, dignumque qui in republica
nostra natus esset! Sic par est agere cum civibus, non
(ut bis jam vidimus) hastam in foro ponere, et bona ci-
11 vium voci subjicere præconis. At ille Græcus, id quod
fuit sapientis et præstantis viri, omnibus consulendum
putavit. Eaque est summa ratio et sapientia boni civis,
commoda civium non divellere, atque omnes æquitate

---

1. *Sic Heusing., Lall., Orelli; Edd. vet., Zumpt.* : movere. — 2. *Sic
Heusing., Lall., Gernh., Beier, Orelli, Zumpt, alii; Impr. veter., cum
plur. codd.* : persuaderent.

ment, s'empara de la ville, et, après avoir surpris et tué le tyran Nicoclès, rendit à leurs foyers six cents exilés, autrefois les plus riches du pays, et par son arrivée affranchit la république. Mais, comme il trouvait dans la question des biens et des possessions une immense difficulté, parce qu'il lui paraissait souverainement injuste que les bannis qu'il avait ramenés, et dont les biens étaient passés dans des mains étrangères, fussent réduits à l'indigence, et que, d'un autre côté, il ne croyait pas fort équitable de remuer des possessions d'un demi-siècle, dont un grand nombre, après tant d'années, étaient tenues légitimement à titre ou d'héritage, ou d'achat, ou de dot; il jugea qu'il ne fallait ni dépouiller les nouveaux propriétaires, ni refuser aux anciens une juste satisfaction. Ayant donc reconnu que ces intérêts ne pouvaient se concilier qu'avec de l'argent, il fit savoir qu'il allait partir pour Alexandrie, et recommanda qu'on ne prît aucune décision jusqu'à son retour. Alors il se rendit en toute hâte chez Ptolémée, son hôte, qui régnait alors (c'était le second roi depuis la fondation d'Alexandrie); et, après lui avoir exposé qu'il voulait sauver sa patrie, et l'avoir instruit de l'état des choses, cet homme éminent obtint sans peine de l'opulent monarque un secours d'argent considérable. Revenu à Sicyone avec la somme, il forma un conseil de quinze des principaux citoyens, avec lesquels il examina toutes les causes, et celles des détenteurs du bien d'autrui, et celles des propriétaires dépouillés, et il sut, en estimant chaque propriété, déterminer les uns à recevoir de l'argent, à condition de rendre le bien, et les autres, à trouver plus commode de toucher le prix de leur ancienne possession que de la recouvrer. Il obtint par là que la concorde se rétablît, et que tout le monde renonçât à la plainte. Homme vraiment grand, et qui aurait bien dû naître dans notre république! C'est ainsi qu'il convien: d'agir avec des citoyens, au lieu d'aller, comme nous l'avons vu deux fois, dresser la pique dans le forum, et vendre leurs biens à l'enchère. Le Grec Aratus, en homme sage et magnanime, pensa que tous avaient droit de sa part à la même sollicitude; et c'est, en effet, la perfection de la sagesse politique de ne pas faire de distinction entre les intérêts, et d'étendre sur tous les citoyens la protection d'un

S.

12 eadem continere. Habitent[1] gratis in alieno? Quid ita?
Ut, quum ego emerim, ædificarim, tuear, impendam,
tu, me invito, fruare meo? Quid est aliud aliis sua eri-
13 pere, aliis dare aliena? Tabulæ vero novæ quid habent
argumenti, nisi ut emas mea pecunia fundum; eum
tu habeas, ego non habeam pecuniam?

XXIV. Quam ob rem ne sit æs alienum, quod reipublicæ noceat, providendum est, quod multis rationibus
caveri potest: non, si fuerit, ut locupletes suum per-
2 dant, debitores lucrentur alienum. Nec enim ulla res
vehementius rempublicam continet, quam fides : quæ
esse nulla potest, nisi erit necessaria solutio rerum cre-
3 ditarum. Nunquam vehementius actum est, quam me
consule, ne solveretur. Armis et castris tentata res est
ab omni genere hominum et ordine : quibus ita restiti,
4 ut hoc tantum malum de republica tolleretur. Nunquam
nec majus æs alienum fuit, nec melius nec facilius dis-
solutum est. Fraudandi enim spe sublata, solvendi
5 necessitas consecuta est. At vero hic nunc victor, tum
quidem victus, quæ cogitarat, ea perfecit, quum ejus
jam nihil interesset. Tanta in eo peccandi libido fuit,
ut hoc ipsum eum delectaret, peccare, etiamsi causa
6 non esset. Ab hoc igitur genere largitionis, ut aliis detur,
aliis auferatur, aberunt ii qui rempublicam tuebuntur;
in primisque operam dabunt, ut juris et judiciorum
æquitate suum quisque teneat; et neque tenuiores
propter humilitatem circumveniantur, neque locuple-
tibus ad sua vel tenenda vel recuperanda obsit invidia;
præterea quibuscumque rebus vel belli vel domi poterunt, rempublicam augeant imperio, agris, vectigali-
7 bus. Hæc magnorum hominum sunt; hæc apud majores
nostros factitata; hæc genera officiorum qui persequun-
tur, cum summa utilitate reipublicæ magnam ipsi adi-

1. *Sic Heusing., Lall., Orelli, Zumpt, alii; Facciol., cum plur. codd.:*
habitant.

impartiale équité. On habitera gratuitement la maison d'autrui! Qu'est-ce à dire? J'aurai acheté, bâti, j'entretiendrai, je ferai des dépenses, et vous viendrez jouir de mon bien malgré moi? N'est-ce pas là ravir aux uns ce qu'ils ont, pour le donner aux autres? Et ces lois pour l'abolition des dettes, que signifient-elles, sinon que, lorsque vous aurez acheté de la terre avec mon argent, cette terre, vous la garderez, et moi je ne reverrai pas mon argent?

XXIV. Il faut donc veiller à ce qu'il ne se contracte pas assez de dettes pour mettre la république en danger; et il y a plusieurs manières de prévenir ce malheur. Mais, s'il arrive, il ne faut pas que les riches perdent ce qui est à eux, et que les débiteurs profitent de ce qui est aux autres. En effet, le plus solide appui de l'ordre public, c'est la confiance; or, il n'en peut exister, s'il n'y a nécessité pour chacun de payer ses dettes. Jamais plus d'efforts ne furent faits que sous mon consulat, pour échapper à cette obligation. Des hommes de toutes les conditions et de tous les ordres l'essayèrent à main armée. Je leur résistai si bien que la république fut délivrée de ce redoutable fléau. Jamais les dettes ne furent plus considérables; jamais elles ne furent ni mieux ni plus facilement acquittées. Une fois qu'on eut perdu l'espérance de frauder ses créanciers, il fallut bien les payer. Mais le vainqueur d'aujourd'hui, qui fut alors un des vaincus, a exécuté son ancien dessein, quand il n'avait plus d'intérêt à le faire. Le mal avait pour lui tant d'attraits qu'il le fit pour le seul plaisir qu'il y trouvait, sans s'inquiéter de la cause. Ceux qui dirigeront les affaires publiques s'abstiendront de cette espèce de libéralité qui donne aux uns en prenant aux autres. Surtout, ils feront en sorte qu'une équitable distribution de la justice assure à chacun son droit : que la mauvaise foi n'abuse point à son profit de la faiblesse du pauvre, et que le riche, qui veut conserver ou recouvrer son bien, n'en soit pas empêché par l'envie. Ils devront de plus, en paix comme en guerre, ajouter à la république tout ce qu'ils pourront de puissance, de territoire, de revenus. Voilà ce que doivent se proposer les hommes supérieurs; voilà ce qu'ils pratiquaient chez nos ancêtres. Ceux qui accomplissent de tels devoirs, procurent à l'État les plus grands avantages, et acquerront eux-mêmes

8 piscentur et gratiam et gloriam. In his autem utilitatum præceptis Antipater Tyrius, stoicus, qui Athenis nuper est mortuus, duo præterita censet esse a Panætio, valetudinis curationem, et pecuniæ. Quas res a summo philosopho præteritas arbitror, quod essent faciles; 9 sunt certe utiles. Sed valetudo sustentatur notitia sui corporis, et observatione, quæ res aut prodesse soleant, aut obesse; et continentia in victu omni atque cultu, corporis tuendi causa: et prætermittendis voluptatibus: postremo arte eorum, quorum ad scientiam hæc per- 10 tinent. Res autem familiaris quæri debet iis rebus, a quibus abest turpitudo; conservari autem diligentia et 11 parcimonia; eisdem etiam rebus augeri. Has res commodissime Xenophon Socraticus persecutus est in eo libro, qui OEconomicus inscribitur: quem nos ista fere ætate quum essemus, qua es tu nunc, e græco in latinum convertimus.

XXV. Sed utilitatum comparatio, quoniam hic locus erat quartus, a Panætio prætermissus, sæpe est neces- 2 saria. Nam et corporis commoda cum externis, et externa cum corporis, et ipsa inter se corporis, et externa cum externis comparari solent. Cum externis corporis hoc modo comparantur: valere ut malis, quam dives esse. Cum corporis externa hoc modo: dives esse potius, quam maximis corporis viribus. Ipsa inter se corporis sic: ut bona valetudo voluptati anteponatur, vires celeritati. Externorum autem, ut gloria divitiis, vectigalia urbana rusticis. Ex quo genere comparationis illud est Catonis senis: a quo quum quæreretur, quid maxime in re familiari expediret, respondit, bene pascere. Quid secundum? Satis bene pascere. Quid tertium? Male pascere. Quid quartum? Arare. Et, quum ille, qui quæsierat, dixisset: Quid fenerari? tum Cato: 6 Quid hominem, inquit, occidere? Ex quo et multis aliis intelligi debet, utilitatum comparationes fieri solere, recteque hoc adjunctum esse quartum exquirendorum

beaucoup de crédit et de gloire. Parmi les préceptes sur l'utile, Antipater de Tyr, stoïcien, mort depuis peu à Athènes, pense que Panétius en a omis deux, le soin de la santé et celui de la fortune. Si ce grand philosophe les a passés sous silence, c'est, j'imagine, parce qu'ils sont faciles ; toujours est-il qu'ils sont bons à connaître. La santé se conserve par la connaissance qu'on a de son tempérament, par l'attention à observer ce qui lui est bon et ce qui lui est contraire, par la modération dans le boire et le manger, et dans tous les autres soins qui ont pour objet le bien-être du corps, par l'éloignement des plaisirs, enfin par les secours des gens de l'art. Quant à la fortune, il faut la chercher par des moyens que l'honneur avoue, la conserver par la vigilance et l'économie, qui peuvent aussi aider à l'augmenter. Xénophon, disciple de Socrate, a fort bien traité ce sujet dans son livre intitulé l'Économique, que j'ai traduit du grec en latin, lorsque j'avais à peu près votre âge.

XXV. Mais la comparaison de l'utile avec l'utile, cette quatrième division que Panétius a omise, est souvent nécessaire. Ainsi l'on compare les avantages du corps avec les biens extérieurs, et ceux-ci avec les premiers, et séparément les uns et les autres entre eux. Si vous comparez les avantages corporels avec les biens extérieurs, vous préférerez la santé aux richesses ; si vous comparez les biens extérieurs avec ceux du corps, vous aimerez mieux être riche que doué d'une grande vigueur. Dans le parallèle des avantages du corps entre eux, la santé l'emportera sur le plaisir, la force sur la vitesse ; dans celui des biens extérieurs, on trouvera que la gloire vaut mieux que les richesses, des revenus à la ville mieux que des biens de campagne. Aux comparaisons de ce genre se rapporte un mot du vieux Caton. On lui demandait quelle était la première richesse d'un père de famille : De bons pâturages, répondit-il. La seconde ? D'assez bons pâturages. La troisième ? De mauvais pâturages. La quatrième ? Des terres labourables. Et prêter à usure ? poursuivit le questionneur. Et tuer un homme ? repartit Caton. Cet exemple et beaucoup d'autres prouvent que les choses utiles se comparent souvent entre elles, et qu'il convenait d'ajouter cette quatrième

7 officiorum genus. Sed toto hoc de genere, de quærenda, de collocanda pecunia, vellem etiam de utenda,
commodius a quibusdam optimis viris ad Janum medium sedentibus, quam ab ullis philosophis ulla in
8 schola disputatur. Sunt tamen ea cognoscenda; pertinent enim ad utilitatem, de qua hoc libro disputatum
est. Reliqua deinceps persequemur.

considération à la recherche des devoirs. Mais de toute cette matière de l'art d'amasser de l'argent, de le placer, je ne dirai pas d'en user, ces honnêtes gens, qui siégent entre les deux Janus, raisonnent plus savamment que ne font les philosophes dans aucune de leurs écoles. Toutefois ce sont des choses qu'il faut connaître ; elles appartiennent à l'utile, qui était l'objet de ce livre ; nous parlerons du reste dans le suivant.

LIBER TERTIUS.

1. Publium Scipionem, Marce fili , eum, qui primus Africanus appellatus est, dicere solitum scripsit Cato, qui fuit ejus fere æqualis, nunquam se minus otiosum esse. quam quum otiosus, nec minus solum, quam quum solus esset. Magnifica vero vox et magno viro ac sapiente digna : quæ declarat, illum et in otio de negotiis cogitare, et in solitudine secum loqui solitum; ut neque cessaret unquam, et interdum colloquio alterius non egeret. Itaque duæ res, quæ languorem afferunt ceteris, illum acuebant, otium et solitudo. Vellem nobis hoc idem dicere liceret; sed si minus imitatione tantam ingenii præstantiam consequi possumus, voluntate certe proxime accedimus. Nam et a republica forensibusque negotiis armis impiis vique prohibiti, otium persequimur. et ob eam causam, urbe relicta, rura paragrantes, sæpe soli sumus. Sed neque hoc otium cum Africani otio, nec hæc solitudo cum illa comparanda est. Ille enim requiescens a reipublicæ pulcherrimis muneribus otium sibi sumebat aliquando, et a cœtu hominum frequentiaque interdum, tamquam in portum , se in solitudinem recipiebat. Nostrum autem otium negotii inopia, non requiescendi studio, constitutum est. Exstincto enim senatu deletisque judiciis, quid est quod dignum nobis aut in curia aut in foro agere possimus? Ita. qui in maxima celebritate atque in oculis civium quondam viximus. nunc fugientes conspectum sceleratorum . quibus omnia redundant. abdimus nos. quantum licet, et sæpe soli sumus. Sed quia sic ab hominibus doctis accepimus. non solum ex malis eligere minima oportere.

LIVRE TROISIÈME.

I. Publius Scipion, mon cher Marcus, celui qui le premier reçut le nom d'Africain, avait coutume de dire, au rapport de Caton, qui était à peu près de son âge, que jamais il n'était moins oisif que lorsqu'il avait du loisir, ni moins seul, que lorsqu'il était seul. Parole admirable, et bien digne d'un grand homme et d'un sage ! Elle nous apprend, qu'aux heures du repos, il songeait aux affaires, et que dans la solitude, il s'entretenait avec lui-même ; en sorte qu'il n'était jamais inoccupé, et qu'il savait se passer des entretiens d'autrui. Ainsi deux choses qui, pour d'autres esprits, sont une cause de langueur, donnaient au sien de l'activité : le loisir et la solitude. Je voudrais bien pouvoir en dire autant de moi-même ; mais, si je ne peux m'élever par l'imitation à la hauteur de ce noble génie, l'intention du moins m'en rapproche beaucoup. Éloigné violemment des affaires publiques et des luttes judiciaires par des armes impies, je cherche le loisir ; et pour le trouver, fuyant la ville, et parcourant les campagnes, je suis souvent seul. Mais ni mon loisir n'est celui de l'Africain, ni ma solitude ne ressemble à la sienne. C'était pour se reposer des fonctions publiques les plus honorables, que ce grand homme prenait quelquefois du loisir ; et la solitude était un port où il se réfugiait de temps en temps, pour échapper au bruit et à la foule. Mon loisir à moi, c'est le manque d'affaires qui me l'a imposé, et non le désir du repos. Qu'irais-je faire en effet, qui fût digne de moi, aux séances d'un sénat qui n'existe plus, dans un forum d'où la justice est bannie ? Aussi, après une vie passée sur le plus brillant théâtre, et sous les yeux des citoyens, fuyant aujourd'hui l'aspect des scélérats que l'on rencontre partout, je me cache autant que cela m'est permis, et souvent je vis en solitaire. Mais, comme j'ai appris à l'école des sages, que de plusieurs maux il ne suffit pas

sed etiam excerpere ex his ipsis, si quid inesset boni : propterea et otio fruor, non illo quidem, quo debebat[1] is qui quondam peperisset otium civitati : nec eam solitudinem languere patior, quam mihi affert necessitas, non voluntas. Quamquam Africanus majorem laudem meo judicio assequebatur. Nulla enim ejus ingenii monumenta mandata litteris, nullum opus otii, nullum solitudinis munus exstat. Ex quo intelligi debet, illum mentis agitatione investigationeque earum rerum, quas cogitando consequebatur, neque otiosum nec solum unquam fuisse. Nos autem, qui non tantum roboris habemus, ut cogitatione tacita a solitudine abstrahamur, ad hanc scribendi operam omne studium curamque convertimus. Itaque plura brevi tempore, eversa, quam multis annis, stante republica, scripsimus.

II. Sed quum tota philosophia, mi Cicero, frugifera et fructuosa, nec ulla pars ejus inculta ac deserta sit; tum nullus feracior in ea locus est nec uberior, quam de officiis, a quibus constanter honesteque vivendi praecepta ducuntur. Quare quamquam a Cratippo nostro, principe hujus memoriae philosophorum, haec te assidue audire atque accipere confido : tamen conducere arbitror, talibus aures tuas vocibus undique circumsonare; nec eas, si fieri possit, quidquam aliud audire. Quod quum omnibus est faciendum, qui vitam honestam ingredi cogitant, tum haud scio an nemini potius, quam tibi. Sustines enim non parvam exspectationem imitandae industriae nostrae, magnam honorum, nonnullam fortasse nominis. Suscepisti onus praeterea grave et Athenarum et Cratippi : ad quos quum tamquam ad mercaturam bonarum artium sis profectus, inanem redire turpissimum est, dedecorantem et urbis auctoritatem et magistri. Quare quantum conniti animo po-

---

1. *Sic Ernest., Beier. Orelli. Zumpt, Dübner; Heusing., Lallem., Gernh., alii : debeat.*

de choisir les moindres, et qu'il faut encore en tirer le bien
qui peut y être contenu, je jouis de mon loisir, tout différent qu'il est de celui auquel avait droit l'homme à qui la
république dut jadis son repos ; et je ne laisse pas languir
cette solitude que m'a faite non mon choix, mais la nécessité. Du reste, Scipion, je ne crains pas de l'avouer, eut un
mérite bien plus grand que le mien ; il n'existe en effet aucun monument écrit de son génie, aucun fruit de son loisir,
aucune œuvre de sa solitude ; d'où il faut conclure que
c'est au mouvement de sa pensée, et à la recherche des vé-
rités que ses méditations lui révélaient, qu'il dut de n'être
jamais ni oisif, ni seul. Pour moi, qui n'ai pas assez de
force d'esprit pour remplir, par la méditation pure, le vide
de ma solitude, j'ai tourné toutes mes vues et tous mes
efforts vers le travail de la composition. Aussi ai-je plus
écrit en peu de temps, depuis la chute de la république ,
que je n'avais fait en beaucoup d'années, pendant qu'elle
subsistait.

II. Quoique la philosophie tout entière, mon cher Cicéron,
soit une terre fertile et productive, dont aucune partie n'est
inculte et abandonnée, cependant il n'y a pas chez elle de
matière plus féconde et plus riche que celle des devoirs,
d'où se tirent les règles d'une vie honnête et constante en
ses maximes. Ces règles, j'en suis assuré, vous les apprenez,
vous vous en pénétrez chaque jour aux leçons de notre
ami Cratippe, le prince des philosophes de ce siècle ; et
pourtant je crois utile que de tels enseignements arrivent
de toutes parts à vos oreilles, et je voudrais qu'elles pussent n'entendre jamais d'autres paroles. Ces préceptes sont
nécessaires à quiconque veut fournir une carrière honorable, et à vous, mon fils, peut-être plus qu'à personne.
L'attente publique voit en vous le continuateur de mes travaux, ce qui n'est pas un petit engagement ; de mes honneurs, ce qui en est un grand ; de mon nom, ce qui est
peut-être aussi quelque chose. Athènes et Cratippe vous
imposent d'ailleurs de graves obligations ; et après un
voyage d'où vous deviez rapporter la sagesse comme une
précieuse marchandise, il serait honteux de revenir les
mains vides, faisant affront tout ensemble à la réputation
de la ville et à celle du maître. Tous les efforts dont votre

tes, quantum labore contendere (si discendi labor est
potius, quam voluptas), tantum fac ut efficias; **neve
committas**, ut quum omnia suppeditata sint a nobis,
7 tute tibi defuisse videare. Sed hæc hactenus; **multa**
enim sæpe ad te cohortandi gratia scripsimus. Nunc
ad reliquam partem propositæ divisionis revertamur.
8 Panætius igitur, qui sine controversia de officiis accu-
ratissime disputavit, quemque nos, correctione quadam
adhibita, potissimum secuti sumus, tribus generibus
propositis, in quibus deliberare homines et consultare
de officio solerent: uno, quum dubitarent, honestumne
id esset, de quo ageretur, an turpe; altero, utilene esset, an inutile; tertio, si id, quod speciem haberet
honesti, pugnaret cum eo, quod utile videretur, quo
modo ea discerni oporteret: de duobus generibus primis, tribus libris explicavit; de tertio autem **genere**
deinceps se scripsit dicturum, nec exsolvit quod pro-
9 miserat. Quod eo magis miror, quia scriptum a discipulo ejus Posidonio est, triginta annis vixisse Panæ-
10 tium, posteaquam illos libros edidisset. Quem locum
miror a Posidonio breviter esse tactum in quibusdam
commentariis; præsertim quum scribat, nullum **esse**
11 locum in tota philosophia tam necessarium. Minime
vero assentior iis qui negant, cum locum a Panætio
prætermissum, sed consulto relictum, nec omnino scri-
bendum fuisse, quia nunquam posset utilitas cum ho-
12 nestate pugnare. De quo alterum potest habere dubitationem, adhibendumne fuerit hoc genus, quod in
divisione Panætii tertium est, an plane omittendum:
alterum dubitari non potest, quin a Panætio susceptum
13 sit, sed relictum. Nam qui e divisione tripartita duas
partes absolverit, huic necesse est restare tertiam. Præterea in extremo libro tertio, de hac parte pollicetur **se**
14 deinceps esse dicturum. Accedit eodem testis **locuples**,
Posidonius, qui etiam scribit in quadam **epistola**,
P. Rutilium Rufum dicere solere, qui Panætium au-
dierat, ut nemo pictor esset inventus, qui Coæ **Veneris**

âme est capable, faites-les donc ; tout ce que peut un travail opiniâtre (si c'est un travail que d'apprendre et non un plaisir), essayez-le courageusement ; et quand aucun moyen de succès ne vous a manqué de ma part, ne méritez pas le reproche de vous être manqué à vous-même. Mais c'en est assez sur ce point ; souvent en effet je vous ai écrit pour animer votre zèle. Passons maintenant à la dernière partie marquée dans notre division. Panétius, qui, sans contredit, a le mieux traité la question des devoirs, et que j'ai principalement suivi, en le corrigeant quelquefois, divise en trois chefs les considérations où les hommes ont coutume d'entrer, lorsqu'ils délibèrent sur ce qu'ils ont à faire : premièrement, la chose dont il s'agit est-elle honnête ou honteuse ? Ensuite est-elle utile ou nuisible ? Enfin comment se décider, en cas d'opposition entre ce qui a l'apparence de l'honnête et ce qui semble utile ? Or Panétius a discuté en trois livres les deux premières questions ; quant à la troisième, il a promis de la traiter à son tour, et il n'a pas tenu sa promesse. Je m'en étonne d'autant plus que nous lisons dans Posidonius, son disciple, qu'il vécut encore trente ans après avoir publié son ouvrage. Je suis également surpris que Posidonius n'ait fait qu'effleurer ce sujet dans de simples notes, lui surtout qui déclare qu'il n'y en a pas d'aussi important dans toute la philosophie. Du reste, je ne suis pas de l'avis de ceux qui prétendent que Panétius ne l'a pas oublié, mais qu'il l'a omis à dessein, et qu'il n'avait nullement à s'en occuper, puisque jamais l'utile ne peut être opposé à l'honnête. De dire s'il fallait tenir compte de ce chef qui vient le troisième dans la division de Panétius, ou l'omettre entièrement, c'est ce qui peut souffrir quelque difficulté ; mais ce qui ne peut faire l'objet d'un doute, c'est que Panétius s'est proposé d'en parler, et qu'il ne l'a pas fait ; car lorsque, des trois points d'une division, vous en avez traité deux, vous êtes nécessairement en reste du troisième. D'ailleurs, à la fin de son troisième livre, Panétius annonce qu'il va passer à cette troisième partie. A ces preuves se joint le témoignage imposant de Posidonius, qui écrit, dans une de ses lettres, que P. Rutilius Rufus, auditeur comme lui de Panétius, avait coutume de dire que, de même qu'il ne s'était pas trouvé de peintre pour achever,

eam partem, quam Apelles inchoatam reliquisset, absol-
veret (oris enim pulchritudo reliqui corporis imitandi
spem auferebat), sic ea, quæ Panætius prætermisisset
et non perfecisset, propter eorum, quæ perfecisset,
præstantiam, neminem esse persecutum.

III. Quamobrem de judicio Panætii dubitari non potest : rectene autem hanc tertiam partem ad exquiren-
dum officium adjunxerit, an secus, de eo fortasse disputari potest. Nam sive honestum solum bonum est, ut
stoicis placet; sive quod honestum est, id ita summum
bonum est, quemadmodum peripateticis vestris videtur,
ut omnia ex altera parte collocata vix minimi momenti
instar habeant : dubitandum non est, quin nunquam
possit utilitas cum honestate contendere. Itaque accepimus, Socratem exsecrari solitum eos, qui primum
4 hæc, natura cohærentia, opinione distraxissent. Cui
quidem ita sunt stoici assensi, ut et quidquid honestum esset, id utile esse censerent; nec utile quid-
5 quam, quod non honestum. Quod si is esset Panætius,
qui virtutem propterea colendam diceret, quod ea efficiens utilitatis esset, ut ii, qui res expetendas vel voluptate vel indolentia metiuntur : liceret ei dicere, utili-
6 tatem aliquando cum honestate pugnare. Sed quum sit
is, qui id solum bonum judicet, quod honestum sit,
quæ autem huic repugnent specie quadam utilitatis,
eorum neque accessione meliorem vitam fieri, nec de-
cessione pejorem : non videtur ejusmodi debuisse deliberationem introducere, in qua, quod utile videretur,
7 cum eo, quod honestum est, compararetur. Etenim
quod summum bonum a stoicis dicitur, convenienter
naturæ vivere, id habet hanc, ut opinor, sententiam,
cum virtute congruere semper; cetera autem, quæ secundum naturam essent, ita legere, si ea virtuti non
8 repugnarent. Quod quum ita sit, putant quidam, hanc
comparationem non recte introductam, nec omnino de

dans la Vénus de Cos, ce que la main d'Apelle n'avait qu'ébauché (car nul n'osait espérer que le reste du corps égalât jamais la beauté de la tête), de même personne n'avait entrepris de suppléer dans l'ouvrage de Panétius les parties que ce philosophe avait omises, à cause de la perfection de celles qu'il avait achevées.

III. On ne peut donc avoir aucun doute sur la pensée de Panétius ; mais a-t-il bien fait ou non, d'ajouter ce troisième point à ceux qu'il faut considérer dans la recherche du devoir, c'est ce que peut-être il est permis de mettre en question. Que l'honnête en effet soit le seul bien, comme le veulent les stoïciens, ou que, selon le sentiment de vos péripatéticiens, ce soit tellement le bien suprême, que tous les autres mis en balance ne pèsent presque rien, il est hors de doute que l'utile ne peut jamais entrer en concurrence avec l'honnête. Aussi lisons-nous que Socrate avait coutume de maudire ceux qui, les premiers, avaient séparé par l'opinion deux choses si étroitement unies par la nature. Et les stoïciens ont si bien partagé l'avis de Socrate que, selon eux, tout ce qui est honnête est utile, et qu'il n'y a rien d'utile de ce qui n'est pas honnête. Que si Panétius était homme à dire que la vertu doit être cultivée à cause de l'utilité dont elle est la source, comme font ceux qui prennent pour mesure des choses désirables, ou le plaisir, ou l'absence de la douleur, il lui serait permis d'avancer que l'utile et l'honnête sont quelquefois en opposition. Mais comme il est de ceux qui ne trouvent bon que ce qui est honnête, et qui pensent que des avantages apparents qui répugnent à l'honnêteté, ne rendent la vie ni meilleure, quand on les obtient, ni moins bonne, quand on les perd, il semble qu'il ne devait pas introduire une délibération où ce qui paraît utile serait comparé à ce qui est honnête. En effet, lorsque les stoïciens disent que le souverain bien consiste à vivre selon la nature, ils veulent dire, sans doute, à ne jamais s'écarter de la vertu, et à choisir, parmi les autres choses que la nature approuve, celles-là seulement que la vertu ne désavoue pas. En partant de ce principe, quelques-uns pensent que la comparaison dont il s'agit ne devait pas être proposée, et qu'en général, il n'y

9 eo genere quidquam præcipiendum fuisse. Atque illud quidem honestum, quod proprie vereque dicitur, id in sapientibus est solis, neque a virtute divelli unquam potest; in iis autem, in quibus sapientia perfecta non est, ipsum illud quidem perfectum honestum nullo 10 modo, similitudines honesti esse possunt. Hæc enim omnia officia, de quibus his libris disputamus, media stoici appellant, ea communia sunt, et late patent : quæ et ingenii bonitate multi assequuntur et progressione 11 discendi. Illud autem officium, quod rectum iidem appellant, perfectum atque absolutum est, et, ut iidem dicunt, omnes numeros habet, nec, præter sapientem, 12 cadere in quemquam potest. Quum autem aliquid actum est, in quo media officia compareant, id cumulate videtur esse perfectum, propterea quod vulgus, quid absit a perfecto, non fere intelligit; quatenus autem 13 intelligit, nihil putat prætermissum. Quod item in poematis[1], in picturis usu venit, in aliisque compluribus, ut delectentur imperiti laudentque ea quæ laudanda non sint, ob eam, credo, causam, quod insit in his aliquid probi, quod capiat ignaros, qui iidem, quid in unaquaque re vitii sit, nequeant judicare. Itaque quum sunt docti a peritis, desistunt facile sententia.

IV. Hæc igitur officia, de quibus his libris disserimus, quasi secunda quædam honesta esse dicunt, non sapientium modo propria, sed cum omni hominum genere communia. Itaque his omnes, in quibus est vir2 tutis indoles, commoventur. Nec vero cum duo Decii aut duo Scipiones fortes viri commemorantur, aut quum Fabricius aut Aristides justus nominatur, aut ab illis fortitudinis, aut ab his justitiæ, tamquam a sapiente, 3 petitur exemplum. Nemo enim horum sic sapiens, ut sapientem volumus intelligi: nec ii, qui sapientes habiti et nominati, M. Cato et C. Lælius, sapientes fuerunt; ne illi quidem septem : sed ex mediorum offi-

1. *Sic Heusing. Gernh., Orelli post Non.; Lall., alii :* poematibus.

avait sur ce point aucun précepte à donner. Et il est vrai que l'honnête, dans le sens exact et précis de ce mot, n'appartient qu'aux sages, et ne peut jamais être séparé de la vertu; mais si les hommes qui ne possèdent pas la perfection de la sagesse, ne peuvent atteindre en aucune manière à cette honnêteté parfaite, il s'en peut trouver au moins en eux des ressemblances. En effet, les devoirs dont nous traitons dans cet ouvrage, et que les stoïciens appellent devoirs moyens, sont communs, d'une application étendue, et de ceux que beaucoup de personnes pratiquent, par le seul effet d'un heureux naturel, ou d'une bonne éducation; tandis que le devoir que ces philosophes appellent *rectum*, la droite règle, est parfait, absolu, accompli de tout point, comme ils disent encore, et n'est à la portée de personne, excepté du sage. Or, lorsqu'une action s'est produite avec le caractère du devoir moyen, elle paraît suffisamment parfaite, parce que le vulgaire n'a pas une idée juste de la perfection, et que celle qu'il en a lui semble réalisée. C'est ainsi qu'en poésie, en peinture, et dans les autres arts, on voit des hommes, faute de s'y connaître, admirer et louer des ouvrages dépourvus de mérite, sans doute parce qu'il s'y trouve quelque chose de bon qui séduit leur ignorance, tandis que les mêmes hommes sont incapables de juger ce qu'il y a de mauvais. Aussi, lorsqu'ils sont éclairés par des connaisseurs, reviennent-ils facilement de leur illusion.

IV. Les devoirs qui font l'objet de cet ouvrage, forment donc, selon les stoïciens, comme une honnêteté du second ordre, qui n'appartient pas exclusivement aux sages, mais qui leur est commune avec tout le genre humain, et à laquelle est sensible en effet toute âme née avec des instincts vertueux. Et certes, lorsque l'on cite les deux Décius et les deux Scipions comme des hommes courageux, lorsqu'on appelle justes Fabricius ou Aristide, on ne les donne pas comme modèles, ceux-ci de la justice du sage, ceux-là de sa force d'âme. Aucun d'eux ne fut un sage, dans le sens que nous attachons à ce mot. Ils ne furent pas des sages, ceux qui passèrent pour tels et en reçurent le nom, M. Caton et C. Lélius. Les sept eux-mêmes ne furent pas des sages;

ciorum frequentia similitudinem quamdam gerebant
4 speciemque sapientium. Quocirca nec id, quod vere
honestum est, fas est cum utilitatis repugnantia comparari, nec id, quod communiter appellamus honestum,
quum colitur ab iis, qui bonos se viros haberi volunt,
5 cum emolumentis unquam est comparandum. Tamque
id honestum, quod in nostram intelligentiam cadit,
tuendum conservandumque nobis est, quam illud, quod
proprie dicitur vereque est honestum, sapientibus.
6 Aliter enim teneri non potest, si qua ad virtutem est
facta progressio. Sed haec quidem de his, qui conser-
7 vatione officiorum existimantur boni. Qui autem omnia
metiuntur emolumentis et commodis, neque ea volunt
praeponderari honestate, ii solent in deliberando honestum cum eo, quod utile putant, comparare : boni
8 viri non solent. Itaque existimo, Panaetium, quum dixerit, homines solere in hac comparatione dubitare, hoc
ipsum sensisse, quod dixerit, solere modo, non etiam
9 oportere. Etenim non modo pluris putare quod utile
videatur, quam quod honestum, sed haec etiam inter
se comparare, et in his addubitare, turpissimum est.
10 Quid ergo est, quod nonnunquam dubitationem afferre
soleat, considerandumque videatur? Credo, si quando
dubitatio accidit, quale sit id de quo consideretur.
11 Saepe enim tempore fit, ut, quod turpe plerumque haberi soleat, inveniatur non esse turpe. Exempli causa
12 ponatur aliquid, quod pateat latius. Quod potest majus
esse scelus, quam non modo hominem, sed etiam familiarem hominem occidere? Num igitur se astrinxit scelere, si quis tyrannum occidit, quamvis familiarem?
13 Populo quidem romano non videtur, qui ex omnibus
praeclaris factis illud pulcherrimum existimat. Vicit ergo
utilitas honestatem? Immo vero honestatem utilitas est
14 consecuta[1]. Itaque, ut sine ullo errore dijudicare possimus, si quando cum illo, quod honestum intelligimus,
pugnare id videbitur quod appellamus utile, formula

---

1. *Sic fere omnes post Muret.; vid. not. ad calcem.*

9.

mais l'observation constante des devoirs moyens leur en donna les dehors et la ressemblance. Ainsi, ni l'honnête par excellence ne peut être comparé à l'utile qui lui serait contraire; ni cette honnêteté commune qui est pratiquée par tous ceux qui tiennent à la réputation de gens de bien, ne peut jamais être mise en balance avec l'intérêt. Enfin l'honnêteté qui tombe sous notre intelligence, doit être maintenue et respectée par nous aussi fidèlement, que le doit être par les sages l'honnêteté proprement dite, la véritable honnêteté. C'est le seul moyen de ne point perdre les pas que nous pouvons avoir faits dans le chemin de la vertu. Mais je parle ici des hommes qui, grâce à l'observation des devoirs, sont réputés honnêtes gens. Il en est d'autres qui pèsent tout au poids de l'intérêt, et qui ne veulent pas que l'honnêteté emporte la balance; ceux-là, dans leurs délibérations, ne manquent pas de comparer l'honnête avec ce qu'ils croient utile; les honnêtes gens ne le font jamais. Ainsi, lorsque Panétius a dit que les hommes avaient coutume d'hésiter dans cette comparaison, j'imagine que sa pensée n'a pas été au delà de ses paroles : il a dit qu'ils avaient coutume d'hésiter; il n'a pas dit qu'ils le devaient. En effet, lorsque de deux choses, l'une semble utile et l'autre honnête, c'est la plus honteuse faiblesse, non-seulement de préférer la première, mais encore de les comparer entre elles, et de balancer sur le choix. Quels sont donc les objets qui donnent quelquefois matière à un doute, et qui semblent mériter un examen? Ce sont, je crois, ceux dont la véritable nature ne nous apparaît pas avec certitude. Il est, en effet, des rencontres où ce qui d'ordinaire est considéré comme honteux, se trouve ne pas l'être. Prenons un exemple d'une grande portée. Quel crime plus odieux que de tuer, je ne dis pas un homme, mais un homme qui est votre ami? S'est-il donc rendu criminel, celui qui a tué un tyran, quoique son ami? Ainsi n'en juge pas au moins le peuple romain, qui, de toutes les belles actions, regarde cette action comme la plus admirable. L'utile l'a donc emporté sur l'honnête? non, mais l'honnête a entraîné l'utile à sa suite. Afin donc de pouvoir nous décider sans crainte d'erreur, dans le cas où ce que nous concevons comme honnête semblerait contraire à ce que nous appelons utile,

quædam constituenda est : quam si sequemur in com-
15 paratione rerum, ab officio nunquam recedemus. Erit
autem hæc formula stoicorum rationi disciplinæque
maxime consentanea : quam quidem his libris propterea sequimur, quod, quamquam et a veteribus Academicis et a peripateticis vestris, qui quondam iidem
erant, quæ honesta sunt anteponuntur iis, quæ videntur utilia; tamen splendidius hæc ab eis disseruntur,
quibus, quidquid honestum est, idem utile videtur, nec
utile quidquam, quod non honestum, quam ab iis,
quibus aut honestum aliquid non utile, aut utile non
16 honestum. Nobis autem nostra Academia magnam licentiam dat, ut quodcumque maxime probabile oc-
currat, id nostro jure liceat defendere. Sed redeo ad
formulam.

V. Detrahere igitur alteri aliquid, et hominem hominis incommodo suum augere commodum, magis est
contra naturam, quam mors, quam paupertas, quam dolor, quam cetera, quæ possunt aut corpori accidere aut
2 rebus externis. Nam principio tollit convictum humanum et societatem. Si enim sic erimus affecti ut propter
suum quisque emolumentum spoliet aut violet alterum,
dirumpi[1] necesse est eam, quæ maxime est secundum na-
3 turam, humani generis societatem. Ut, si unumquodque
membrum sensum hunc haberet, ut posse putaret se valere, si proximi membri valetudinem ad se traduxisset,
debilitari et interire totum corpus necesse esset : sic, si
unusquisque nostrum ad se rapiat commoda aliorum,
detrahatque quod cuique possit, emolumenti sui gratia,
societas hominum et communitas evertatur necesse est.
4 Nam sibi ut quisque malit, quod ad usum vitæ pertineat, quam alteri acquirere, concessum est, non repugnante natura : illud natura non patitur, ut aliorum
5 spoliis nostras facultates, copias, opes augeamus. Neque vero hoc solum natura, id est jure gentium, sed

---

1. *Sic Heusing., cum Guelph. codd. et Zumpt, Dübner ; Lall., Gernh.,
Beier, Orelli :* disrumpi.

il faut tracer une règle, qu'il suffira de suivre dans le choix que nous avons à faire, pour ne dévier jamais de la ligne du devoir. Or, cette règle sera parfaitement conforme aux principes et à la doctrine des stoïciens, que je suis de préférence dans cet ouvrage. En effet, quoique l'ancienne Académie, et vos péripatéticiens, qui autrefois ne formaient avec l'Académie qu'une seule et même école, préfèrent ce qui est honnête à ce qui semble utile, cependant il y a plus de grandeur dans le système d'après lequel tout ce qui est honnête est utile, et rien n'est utile de ce qui n'est pas honnête, que dans celui qui admet des choses honnêtes qui ne sont pas utiles, et des choses utiles qui ne sont pas honnêtes. Pour nous, notre Académie nous laisse une grande liberté, et les maximes qui me paraissent les plus probables, de quelque côté qu'elles viennent, j'ai tout droit de les défendre. Mais je reviens à la règle.

V. Le tort qu'on fait à autrui, les avantages que l'homme se procure au préjudice de l'homme, sont plus contraires à la nature que la mort, que la pauvreté, que la douleur, que tous les coups qui peuvent nous frapper dans notre personne ou dans ce qui est hors de nous. Et d'abord, de tels actes sont la destruction de cette communauté qui forme la vie sociale. En effet, si chacun de nous, pour un intérêt personnel, est toujours prêt à dépouiller son semblable ou à lui faire violence, le lien de la société humaine, ce premier vœu de la nature, sera nécessairement rompu. Supposez que chacun de vos membres eût ses vues particulières, et crût augmenter sa vigueur, en attirant à lui la substance du membre voisin ; l'affaiblissement et la destruction du corps tout entier seraient inévitables. De même, si chacun de nous entreprend sur les intérêts d'un autre, et s'empare pour soi-même de tout ce qu'il peut lui ôter, l'association qui unit les hommes entre eux ne peut manquer de périr. Que l'on aime mieux acquérir pour soi que pour autrui, ce qui sert aux besoins de la vie, c'est un droit que la nature ne nous conteste pas ; ce qu'elle ne saurait permettre, c'est que nous accroissions, aux dépens des autres, nos ressources, nos biens, notre puissance. Et ce n'est pas seulement la nature, c'est-à-dire le droit des gens, qui le

etiam legibus populorum, quibus in singulis civitatibus respublica continetur, eodem modo constitutum
6 est, ut non liceat sui commodi causa nocere alteri. Hoc
enim spectant leges, hoc volunt, incolumem esse civium
conjunctionem : quam qui dirimunt, eos morte, exsilio,
7 vinclis, damno coerceent. Atque hoc multo magis efficit
ipsa naturæ ratio, quæ est lex divina et humana : cui
parere qui velit (omnes autem parebunt, qui secundum
naturam volent vivere), numquam committet ut alienum appetat, et id, quod alteri detraxerit, sibi assu-
8 mat. Etenim multo magis est secundum naturam excel-
sitas animi et magnitudo, itemque comitas, justitia,
liberalitas, quam voluptas, quam vita, quam divitiæ;
quæ quidem contemnere et pro nihilo ducere, compa-
rantem cum utilitate communi, magni animi et excelsi
9 est. Detrahere autem de altero sui commodi causa, magis est contra naturam, quam mors, quam dolor, quam
10 cetera generis ejusdem. Itemque magis est secundum
naturam, pro omnibus gentibus, si fieri possit, conser-
vandis aut juvandis maximos labores molestiasque
suscipere, imitantem Herculem illum, quem hominum
fama, beneficiorum memor, in concilio cœlestium collo-
cavit, quam vivere in solitudine, non modo sine ullis
molestiis, sed etiam in maximis voluptatibus, abun-
dantem omnibus copiis, ut excellas etiam pulchritudine
11 et viribus. Quocirca optimo quisque et splendidissimo
12 ingenio longe illam vitam huic anteponit. Ex quo efficitur, hominem naturæ obedientem homini nocere non
13 posse. Deinde qui alterum violat, ut ipse aliquid commodi consequatur, aut nihil existimat se facere contra
naturam, aut magis fugiendam censet mortem, paupertatem, dolorem, amissionem etiam liberorum, propin-
14 quorum, amicorum, quam facere cuipiam injuriam. Si
nihil existimat contra naturam fieri hominibus violan-
dis, quid cum eo disseras, qui omnino hominem ex
15 homine tollat? Sin fugiendum id quidem censet, sed
multa illo pejora, mortem, paupertatem, dolorem, errat

veut ainsi : il n'est pas de peuple chez lequel les lois consti-
tutives de la cité n'interdisent à tout homme de chercher
son bien dans le mal d'autrui. Quel est en effet le but des
lois? Que veulent-elles, sinon le maintien du pacte social?
Aussi prononcent-elles, contre ceux qui le brisent, la mort,
l'exil, les fers, les amendes. Elle le veut encore plus impé-
rieusement, cette raison naturelle, qui est la loi divine et
humaine, loi dont le fidèle observateur (et elle sera observée de quiconque voudra vivre selon la nature) ne se permettra jamais de convoiter ce qui n'est pas à lui, ni de rien
ôter à personne pour se l'approprier. En effet, la grandeur
et l'élévation de l'âme, la douceur, la justice, la libéralité,
sont beaucoup plus dans l'ordre de la nature que le plaisir,
que la vie, que les richesses : toutes choses que méprisent
et regardent comme un pur néant auprès de l'utilité commune, tous les cœurs élevés et magnanimes. Mais dérober
à son profit ce qui est à un autre, c'est un acte plus contraire à la nature que la mort, que la douleur, que les
autres accidents de cette espèce. J'ajouterai qu'il est bien
plus selon la nature de sauver, s'il est possible, ou de secourir des nations entières, au prix des plus rudes travaux
et de peines infinies, à l'exemple de cet Hercule, que la
reconnaissance des hommes a placé au rang des immortels,
que de vivre dans la solitude, je ne dirai pas exempt de
toute peine, mais jouissant de tous les plaisirs et comblé
de tous les biens, dût-on joindre à tant d'avantages ceux de
la force et de la beauté. Aussi les plus grands cœurs et les
plus nobles esprits mettent-ils le premier genre de vie
bien au-dessus du dernier. Il est donc vrai que l'homme
qui obéit à la nature ne peut nuire à son semblable. Ensuite celui qui fait tort à un autre, pour se procurer quelque avantage, s'imagine sans doute, ou qu'il n'agit pas
contre la nature, ou que la mort, la pauvreté, la douleur,
la perte de ses enfants, de ses proches, de ses amis, sont
plus à redouter que le malheur de commettre une injustice. S'il croit ne rien faire contre la nature, lorsqu'il attente aux droits d'autrui, à quoi bon discuter avec un adversaire qui dépouille l'homme de son caractère d'homme?
S'il pense que l'injustice est un mal à éviter, mais qu'il en
est de plus grands encore, tels que la mort, la pauvreté,

in eo, quod ullum aut corporis aut fortunæ vitium vitiis animi gravius existimat.

VI. Ergo unum debet esse omnibus propositum, ut eadem sit utilitas uniuscujusque et universorum : quam si ad se quisque rapiet, dissolvetur omnis humana con- 2 sortio. Atque etiam, si hoc natura præscribit, ut homo homini, quicumque sit, ob eam ipsam causam, quod is homo sit, consultum velit, necesse est secundum eamdem naturam omnium utilitatem esse communem. 3 Quod si ita est, una continemur omnes et eadem lege naturæ : idque ipsum si ita est, certe violare alterum naturæ lege prohibemur. Verum autem primum, verum 4 igitur extremum. Nam illud quidem absurdum est, quod quidam dicunt, parenti se aut fratri nihil detra- cturos sui commodi causa, aliam rationem esse civium 5 reliquorum. Ii sibi nihil juris, nullam societatem com- munis utilitatis causa statuunt esse cum civibus : quæ 6 sententia omnem societatem distrahit civitatis. Qui autem civium rationem dicunt habendam, externorum negant, ii dirimunt communem humani generis socie- tatem : qua sublata, beneficentia, liberalitas, bonitas, justitia funditus tollitur. Quæ qui tollunt, etiam adver- 7 sus deos immortales impii judicandi sunt. Ab iis enim constitutam inter homines societatem evertunt : cujus societatis arctissimum vinculum est, magis arbitrari esse contra naturam, hominem homini detrahere sui commodi causa, quam omnia incommoda subire vel externa, vel corporis, vel etiam ipsius animi, quæ non 8 vacent justitia[1]; hæc enim una virtus omnium est do- mina et regina virtutum. Forsitan quispiam dixerit : Nonne igitur sapiens, si fame ipse conficiatur, abstulerit 9 cibum alteri homini ad nullam rem utili? Minime vero. Non enim mihi est vita mea utilior, quam animi talis 10 affectio, neminem ut violem commodi mei gratia. Quid?

1. Sic Græv., Orelli, cum Basil. codd.; Lall., Gernh., vulg. del. non Heusing., Zumpt, Dübner : quæ vacent injustitia.

la douleur, son erreur est de supposer qu'aucun des maux
du corps, aucun des coups de la fortune puisse jamais être
pire que les vices de l'âme.

VI. Nous devons donc nous proposer tous un seul et
même but, c'est que l'intérêt des individus se confonde avec
l'intérêt général, sur lequel les prétentions particulières
ne sauraient usurper, sans que la société se dissolve. Je dis
plus : si la nature veut que l'homme s'intéresse au bonheur
de son semblable, quel qu'il soit, par la seule raison qu'il
est homme, il s'ensuit nécessairement que, selon cette
même nature, tous les intérêts sont communs. S'il en est
ainsi, nous sommes tous régis par une seule et même loi
naturelle ; et si cette loi nous régit tous, il est certain qu'elle
nous défend de nuire à personne. Or, le principe étant vrai,
la conséquence est également vraie. C'est contre toute raison que certains hommes disent qu'ils se garderaient bien
d'ôter quelque chose à un père ou à un frère, pour en tirer
profit, mais qu'avec le reste des citoyens, le cas n'est pas
le même. Ils partent de l'idée qu'entre eux et leurs concitoyens, il n'existe aucune relation de droit, aucune alliance
fondée sur l'utilité commune ; doctrine faite pour briser
tous les nœuds de l'association qui constitue la cité. Quant
à ceux qui disent qu'on doit tenir compte des citoyens, mais
non des étrangers, ceux-là rompent l'association univer-
selle du genre humain ; et avec elle disparaissent sans retour la bienfaisance, la libéralité, la bonté, la justice. Or,
anéantir ces vertus, c'est être impie envers les dieux eux-
mêmes ; car c'est détruire la société qu'ils ont établie entre
les hommes, société dont le lien le plus fort est dans la foi
à ce principe, qu'il est plus contraire à la nature de prendre
pour soi ce qui est à autrui, que de subir toutes les dis-
grâces de la fortune, toutes les infirmités du corps et même
celles de l'âme qui ne seraient pas incompatibles avec la
justice, cette vertu par excellence, la maîtresse et la reine
de toutes les vertus. Quelqu'un dira peut-être : Mais le
sage, sur le point de mourir de faim, ne pourra-t-il donc
ravir un peu de nourriture à un autre homme, incapable
d'aucune œuvre utile ? Non certainement ; car ma vie ne
m'est pas plus utile, à moi, que la disposition morale qui
m'empêche de nuire à autrui pour mon avantage personnel.

si Phalarim, crudelem tyrannum et immanem, vir bonus, ne ipse frigore conficiatur, vestitu spoliare possit,

11 nonne faciat? Hæc ad judicandum sunt facillima. Nam si quid ab homine ad nullam partem utili, utilitatis tuæ causa detraxeris, inhumane feceris contraque naturæ legem : sin autem is tu sis, qui multam utilitatem reipublicæ atque hominum societati, si in vita remaneas, afferre possis, si quid ob eam causam alteri detraxeris,

12 non sit reprehendendum. Sin autem id non sit ejusmodi, suum cuique incommodum ferendum est potius,

13 quam de alterius commodis detrahendum. Non igitur magis est contra naturam morbus, aut egestas, aut quid ejusmodi, quam detractio atque appetitio alieni. Sed communis utilitatis derelictio contra naturam est; est

14 enim injusta. Itaque lex ipsa naturæ, quæ utilitatem hominum conservat et continet, decernit[1] profecto, ut ab homine inerti atque inutili, ad sapientem, bonum fortemque virum transferantur res ad vivendum necessariæ : qui si occiderit, multum de communi utilitate detraxerit; modo hoc ita faciat, ut ne ipse de se bene existimans seseque diligens hanc causam habeat ad in-

15 juriam. Ita semper officio fungetur; utilitati consulens hominum, et ei, quam sæpe commemoro, humanæ socie-

16 tati. Nam quod ad Phalarim attinet, perfacile judicium est. Nulla est enim societas nobis cum tyrannis, sed potius summa distractio est; neque est contra naturam, spoliare eum, si possis, quem est honestum necare :

17 atque hoc omne genus pestiferum atque impium ex hominum communitate exterminandum est. Etenim ut

18 membra quædam amputantur, si et ipsa sanguine et tamquam spiritu carere cœperunt, et nocent reliquis partibus corporis, sic ista in figura hominis feritas et immanitas belluæ, a communi tamquam humanitatis

19 corpore segreganda est. Hujus generis quæstiones sunt omnes eæ, in quibus ex tempore officium exquiritur.

VII. Ejusmodi igitur credo res Panætium persecuturum fuisse, nisi aliqui casus aut occupatio consilium

1. Sic Lall., Heusing., Zumpt, alii; Orelli : decernet

Mais supposons un Phalaris, ce tyran cruel et impitoyable;
si un honnête homme, pour ne pas mourir de froid, peut le
dépouiller de son manteau, ne le fera-t-il pas ? Ces questions
sont faciles à résoudre. Un homme ne fût-il bon à rien, si
vous lui ôtez quelque chose en vue de votre seul intérêt,
vous violez la loi de l'humanité et de la nature. Mais si vous
êtes capable de rendre à la république et à la société humaine des services signalés en restant dans la vie, et que
cette considération vous détermine à dérober quelque
chose à un autre, vous ne serez pas répréhensible. Dans
tout autre cas, c'est à chacun de supporter son infortune,
plutôt que de toucher à la fortune d'autrui. La maladie,
l'indigence, tous les maux semblables répugnent donc moins
à la nature, que l'action de ravir ou de convoiter ce qui n'est
pas à nous. Mais l'abandon de l'utilité générale est aussi
contre la nature, car il est injuste. C'est pour cela que la loi
naturelle, qui est la garantie et le lien des intérêts humains,
veut évidemment que les choses indispensables à la vie
passent au besoin des mains de l'homme oisif et inutile,
dans celles du sage, du citoyen dévoué et courageux, dont
la mort serait une calamité publique. Seulement, il ne faut
pas que ce soit la bonne opinion qu'il a de lui-même, ou
l'amour de sa conservation, qui le porte à faire une injustice. Sous cette réserve, il s'acquittera toujours de son devoir, lorsqu'il servira l'intérêt public, et cette communauté
humaine que je rappelle sans cesse. Pour ce qui est de Phalaris, la décision est facile. Aucun pacte, en effet, ne nous
lie avec les tyrans, ou plutôt tout nous en sépare ; et il n'est
pas contre la nature de dépouiller celui qu'il est honorable
de tuer. C'est une race pernicieuse et impie qu'il faudrait
exterminer du milieu des hommes. On ne craint pas de retrancher un membre que le sang et les esprits vitaux ont
cessé de nourrir, et qui nuit aux autres parties du corps :
pourquoi ces monstres, qui, sous une forme humaine,
cachent toute la cruauté de la bête féroce, ne seraient-ils
pas retranchés du grand corps de la société humaine? A ce
genre de questions se rattachent toutes celles où les conjonctures influent sur le devoir.

VII. Ce sont là, je pense, les matières que Panétius aurait
traitées, si quelque circonstance ou d'autres occupations

2 ejus peremisset. Ad quas ipsas consultationes ex superioribus libris satis multa præcepta sunt, quibus perspici possit quid sit propter turpitudinem fugiendum ; quid sit, quod idcirco fugiendum non sit, quod omnino

3 turpe non est[1]. Sed quoniam operi inchoato, prope tamen absoluto, tamquam fastigium imponimus, ut geometræ solent, non omnia docere, sed postulare ut quædam sibi concedantur, quo facilius, quæ volunt, explicent : sic ego a te postulo. mi Cicero, ut mihi concedas. si potes, nihil, præter id quod honestum sit,

4 propter se esse expetendum; sin hoc non licet per Cratippum, at illud certe dabis, quod honestum sit, id esse maxime propter se expetendum. Mihi utrumvis satis est : et tum hoc, tum illud probabilius videtur, nec præterea quidquam probabile. Ac primum in hoc Panætius

5 defendendus est, quod non utilia cum honestis pugnare aliquando posse dixerit (neque enim ei fas erat), sed ea, quæ viderentur utilia. Nihil vero utile, quod non

6 idem honestum, nihil honestum, quod non idem utile sit, sæpe testatur, negatque ullam pestem majorem in vitam hominum invasisse, quam eorum opinionem, qui

7 ista distraxerint. Itaque non ut aliquando anteponeremus utilia honestis, sed ut ea sine errore dijudicaremus, si quando incidissent, induxit eam, quæ videretur

8 esse, non quæ esset, repugnantiam. Hanc igitur partem relictam explebimus, nullis adminiculis, sed, ut

9 dicitur, marte nostro. Neque enim quidquam est de hac parte post Panætium explicatum, quod quidem mihi probaretur, de iis, quæ in manus meas venerunt.

VIII. Quum igitur aliqua species utilitatis objecta est, commoveri necesse est. Sed si, quum animum attenderis, turpitudinem videas adjunctam ei rei, quæ speciem utilitatis attulerit, tum non utilitas relinquenda est, sed intelligendum, ubi turpitudo sit, ibi utilitatem esse

---

1. *Sic Heusing., Lall. Beier, Zumpt, Dübner; Ernest., Gernh., Orelli, alii : sit.*

n'avaient rompu son dessein. Pour éclaircir les doutes qu'elles font naître, on pourra déduire des deux livres précédents un assez bon nombre de préceptes, qui apprendront à discerner les choses qu'il faut fuir à cause de leur caractère honteux, et celles qu'il est permis de ne pas fuir, comme n'étant pas absolument honteuses. Mais puisque j'ajoute, pour ainsi dire, le couronnement à l'œuvre que j'ai entreprise, et qui est presque achevée, je ferai comme les géomètres, qui ne démontrent pas tout, mais qui demandent qu'on leur accorde certains axiomes propres à faciliter leurs démonstrations. Je vous demanderai donc, mon cher Cicéron, de m'accorder, si vous le pouvez, que rien, excepté l'honnête, n'est désirable en soi ; et si Cratippe ne vous permet pas cette concession , vous me concéderez au moins que ce qu'il y a de plus désirable en soi , c'est l'honnête. L'un ou l'autre me suffira. Ces deux probabilités se balancent dans mon esprit, et hors de là, je ne vois rien de probable. Et d'abord, je dois remarquer , à la décharge de Panétius, qu'il n'a pas dit que l'honnête pût jamais être en opposition avec l'utile (ses principes ne le lui permettaient pas), il a dit seulement, avec l'apparence de l'utile. Du reste, il témoigne en vingt endroits qu'il n'y a rien d'utile qui ne soit honnête en même temps , et rien d'honnête qui ne soit utile, et il soutient que jamais fléau plus dangereux ne fît invasion dans le monde, que la doctrine qui sépare ces deux choses. Aussi n'est-ce pas pour nous autoriser à préférer quelquefois l'utile à l'honnête, mais bien pour éclairer notre choix, dans le cas où un choix serait à faire, que ce philosophe admet une lutte possible en apparence, impossible en réalité. Cette partie de son plan qu'il a laissée intacte, je vais la remplir sans l'aide de personne, et en faisant, comme on dit, la guerre avec mes propres armes. Car depuis Panétius, rien qui me satisfasse n'a été dit sur cette matière, dans les écrits qui sont venus à ma connaissance.

VIII. Lorsqu'une apparence d'utilité nous est offerte, elle fait nécessairement impression sur nous. Mais si, après examen, vous reconnaissez à cette utilité prétendue le caractère d'une action honteuse, il faut alors, je ne dis pas renoncer à l'utilité, mais comprendre qu'une action honteuse

2 non posse. Quod si nihil est tam contra naturam, quam turpitudo (recta enim, et convenientia, et constantia natura desiderat, aspernaturque contraria), nihilque tam secundum naturam, quam utilitas, certe in eadem re

3 utilitas et turpitudo esse non potest. Itemque si ad honestatem nati sumus, eaque aut sola expetenda est, ut Zenoni visum est, aut certe omni pondere gravior habenda quam reliqua omnia, quod Aristoteli placet, necesse est, quod honestum sit, id esse aut solum aut summum bonum : quod autem bonum, id certe utile;

4 ita quidquid honestum, id utile. Quare error hominum non proborum, quum aliquid, quod utile visum est,

5 arripuit, id continuo secernit ab honesto. Hinc sicæ, hinc venena, hinc falsa testamenta nascuntur; hinc furta, peculatus, expilationes direptionesque sociorum et civium; hinc opum nimiarum potentiæ non ferendæ, postremo etiam in liberis civitatibus regnandi exsistunt cupiditates, quibus nihil nec tetrius nec fœdius exco-

6 gitari potest. Emolumenta enim rerum fallacibus judiciis vident; pœnam, non dico legum, quas[1] sæpe perrumpunt, sed ipsius turpitudinis, quæ acerbissima est,

7 non vident. Quam ob rem hoc quidem deliberantium genus pellatur e medio (est enim totum sceleratum et impium), qui deliberant, utrum id sequantur, quod honestum esse videant, an se scientes scelere contaminent. In ipsa enim dubitatione facinus inest, etiam si

8 ad id non pervenerint. Ergo ea deliberanda omnino non sunt, in quibus est turpis ipsa deliberatio. Atque etiam ex omni deliberatione celandi et occultandi spes opi-

9 nioque removenda est. Satis enim nobis, si modo in philosophia aliquid profecimus, persuasum esse debet, si omnes deos hominesque celare possimus, nihil tamen avare, nihil injuste, nihil libidinose, nihil incontinenter esse faciendum.

IX. Hinc ille Gyges inducitur a Platone : qui, quum

1. *Sic Heusing., Lall., Orelli, alii. Zumpt, Dübner :* quam.

ne peut jamais être utile. Que si rien n'est aussi opposé à la nature que ce qui est honteux (car la nature aime la rectitude, l'harmonie, la régularité, et repousse leurs contraires), si, d'un autre côté, rien n'y est aussi conforme que l'utile, assurément la même action ne peut être à la fois et utile et honteuse. De plus, si nous sommes nés pour l'honnêteté, et qu'elle seule soit désirable, comme le veut Zénon, ou qu'au moins elle l'emporte de tout son poids sur toutes les autres choses, selon le sentiment d'Aristote, il s'ensuit nécessairement, ou que l'honnête est le seul bien, ou qu'il est le bien suprême ; or, ce qui est un bien est certainement utile ; donc tout ce qui est honnête est utile. L'erreur vient des hommes sans probité, dont l'imagination n'a pas plutôt saisi le fantôme de l'utile qu'elle le sépare de l'honnêteté. De là les poignards, les poisons, les testaments supposés ; de là aussi les vols, le péculat, les rapines et la spoliation des alliés et des citoyens ; de là, dans des fortunes insolentes, cette puissance qui révolte ; de là enfin ces ambitions de régner qui s'élèvent au sein des États libres, et dont la pensée est ce qu'on peut concevoir de plus monstrueux et de plus détestable. Ces esprits dépravés ne voient que le profil des choses ; le châtiment, je ne dis pas celui que les lois infligent (ils savent souvent échapper aux lois), mais celui qui s'attache à une conscience souillée, et qui est le plus cruel de tous, c'est là ce qu'ils ne voient pas. Il est donc une espèce d'hommes qu'il faut mettre ici hors de cause, comme une race scélérate et impie : ce sont ceux qui délibèrent s'ils se rangeront du côté où ils voient l'honnête, ou s'ils iront sciemment se souiller d'un crime. En pareil cas, le doute seul est coupable, quand même on n'irait pas jusqu'à l'acte. Il ne faut donc jamais délibérer sur une alternative où l'incertitude elle-même est déjà honteuse. Souvenons-nous aussi d'écarter de toute délibération l'espérance du secret, et l'idée que notre action sera ignorée. Nous devons être assez convaincus (pour peu que nous ayons fait de progrès dans la philosophie) que rien, pas même la certitude de tromper les regards des dieux et des hommes, ne peut autoriser un acte de cupidité, d'injustice, de débauche ou d'incontinence.

IX. C'est à ce propos que Platon met en scène le fameux

terra discessisset magnis quibusdam imbribus, descendit in illum hiatum, æneumque equum, ut ferunt fabulæ, animadvertit, cujus in lateribus fores essent; quibus apertis corpus hominis mortui vidit magnitudine inusitata[1], annulumque aureum in digito, quem ut detraxit, ipse induit (erat autem regius pastor), tum

2 in concilium se pastorum recepit. Ibi quum palam ejus annuli ad palmam converterat, a nullo videbatur, ipse autem omnia videbat. Idem rursus videbatur, quum in

3 locum annulum inverterat. Itaque hac opportunitate annuli usus, reginæ stuprum intulit, eaque adjutrice, regem dominum interemit; sustulit quos obstare arbitrabatur : nec in his cum facinoribus quisquam potuit videre. Sic repente annuli beneficio rex exortus est

4 Lydiæ. Hunc igitur ipsum annulum si habeat sapiens, nihilo plus sibi licere putet peccare. quam si non haberet. Honesta enim bonis viris, non occulta quæruntur.

5 Atque hoc loco philosophi quidam, minime mali illi quidem, sed non satis acuti, fictam et commentitiam fabulam prolatam dicunt a Platone : quasi vero ille,

6 aut factum id esse. aut fieri potuisse defendat. Hæc est vis hujus annuli et hujus exempli : si nemo sciturus, nemo ne suspicaturus quidem sit. quum aliquid divitiarum, potentiæ, dominationis. libidinis causa feceris, si id diis hominibusque futurum sit semper ignotum,

7 sisne facturus. Negant id fieri posse. Quamquam potest id quidem: sed quæro, quod negant posse, id si

8 posset, quidnam facerent. Urgent rustice sane; negant enim posse, et in eo perstant; hoc verbum quid valeat,

9 non vident. Quum enim quærimus, si celare possint, quid facturi sint, non quærimus possintne celare; sed tamquam tormenta quædam adhibemus, ut, si responderint, se, impunitate proposita, facturos quod expediat, facinorosos se esse fateantur : si negent, omnia turpia per se ipsa fugienda esse concedant. Sed jam ad propositum revertamur.

---

1. *Sic Heusing., Orelli, Zumpt, alii; Ernest.. Lall. :* **invisitata.**

Gygès. Une ouverture s'étant formée dans la terre à la suite de grandes pluies, cet homme descendit dans l'abîme, et y vit, si l'on en croit la tradition, un cheval de bronze aux flancs duquel était une porte. Il l'ouvrit, et aperçut un cadavre d'une taille plus qu'humaine, qui avait au doigt un anneau d'or. Il l'ôte et le met au sien ; puis, comme il était berger des troupeaux du roi, il va se réunir aux autres bergers. Là, chaque fois qu'il tournait le chaton vers la paume de la main, il devenait invisible, et lui-même voyait tout. On recommençait à le voir lorsqu'il avait remis le chaton à sa place. A la faveur de cet anneau merveilleux, il séduisit la reine, et, secondé par elle, il tua le roi son maître, se défit de tous ceux qui lui faisaient ombrage, et consomma ces attentats sans que personne pût le voir. C'est ainsi qu'un anneau le fit soudainement roi de Lydie. Donnez au sage ce même anneau, il ne se croira pas plus libre de faire le mal que s'il ne l'avait point. C'est l'honnêteté et non le secret que cherche l'homme de bien. Et ici quelques philosophes, honnêtes gens sans contredit, mais un peu trop simples, objectent que le récit de Platon n'est qu'une fable inventée à plaisir, comme si Platon prétendait que la chose ait eu lieu, ou même qu'elle soit possible. Voici ce que signifient cet anneau et cet exemple : personne ne saura, personne ne soupçonnera même le mal que vous aurez pu faire par amour des richesses, du pouvoir, de la domination, des plaisirs ; les dieux et les hommes l'ignoreront à jamais ; dites, le ferez-vous ? La supposition, répondent-ils, est impossible. Impossible ou non, je leur demande ce qu'ils feraient, si ce qu'ils déclarent impossible pouvait arriver. Leur obstination est vraiment stupide ; ils nient que la chose puisse être, et ils s'en tiennent là. Ces hommes ne comprennent pas la valeur des mots. Quand nous leur demandons ce qu'ils feraient s'ils pouvaient cacher leur faute, nous ne leur demandons pas s'ils peuvent la cacher. Nous les mettons pour ainsi dire à la question, afin que, s'ils répondent que, sûrs de l'impunité, ils prendraient conseil de leur intérêt, ils se reconnaissent par là capables de tous les crimes, ou que, s'ils font une réponse contraire, ils nous accordent qu'on doit fuir pour elle-même toute action honteuse. Mais revenons à notre sujet.

X. Incidunt multæ sæpe causæ, quæ conturbent animos utilitatis specie; non, quum hoc deliberetur, relinquendane sit honestas propter utilitatis magnitudinem (nam id quidem improbum est), sed illud, possitne id,

2 quod utile videatur, fieri non turpiter. Quum Collatino collegæ Brutus imperium abrogabat, poterat videri facere id [1] injuste. Fuerat enim in regibus expellendis socius Bruti consiliorum et adjutor. Quum autem consilium hoc principes cepissent, cognationem Superbi nomenque Tarquiniorum, et memoriam regni esse tollendam, quod erat utile patriæ consulere, id erat ita honestum, ut etiam ipsi Collatino placere deberet. Itaque

3 utilitas valuit propter honestatem, sine qua ne utilitas

4 quidem esse potuisset. At in eo rege, qui urbem condidit, non item. Species enim utilitatis animum pepulit ejus, cui quum visum esset utilius, solum, quam cum

5 altero regnare, fratrem interemit. Omisit hic et pietatem et humanitatem, ut id, quod utile videbatur, neque erat, assequi posset; et tamen muri causam opposuit, speciem honestatis neque probabilem, nec sane idoneam. Peccavit igitur, pace vel Quirini vel Romuli dixerim.

6 Nec tamen nostræ nobis utilitates omittendæ sunt, aliisque tradendæ, quum iis ipsi egeamus, sed suæ cuique utilitati, quod sine alterius injuria fiat, serviendum est.

7 Scite Chrysippus, ut multa : « Qui stadium, inquit, currit, eniti et contendere debet, quam maxime possit, ut vincat; supplantare eum, quicum certet, aut manu depellere, nullo modo debet. » Sic in vita sibi quemque petere quod pertineat ad usum, non iniquum est;

8 alteri deripere, jus non est. Maxime autem perturbantur officia in amicitiis : quibus et non tribuere quod recte possis, et tribuere, quod non sit æquum, contra

9 officium est. Sed hujus generis totius breve et non difficile præceptum est. Quæ enim videntur utilia, honores, divitiæ, voluptates, cetera generis ejusdem, hæc

1. Sic Lall., Gernh., Orelli cum omnib. Bern. codd.; *Heusing.*, *Beier.* *Zumpt* delent id.

X. Il y a mille rencontres où l'apparence de l'utile nous jette daus une grande perplexité : comme lorsqu'il s'agit de savoir, non pas si l'on trahira l'honneur en vue d'un grand intérêt (la délibération même est coupable), mais si la chose qui semble utile peut se faire sans honte. Lorsque Brutus retirait à Collatin sa part de l'autorité, cet acte pouvait avoir un semblant d'injustice ; Collatin s'était associé aux desseins de Brutus, et avait concouru avec lui à l'expulsion des rois. Mais les principaux de l'État ayant jugé nécessaire que toute la parenté du Superbe, le nom des Tarquins, et le souvenir de la royauté fussent proscrits de la république, l'utile, qui consistait à sauver la patrie, se trouvait être si honnête qu'il devait agréer à Collatin lui-même. Ainsi l'utile prévalut en considération de l'honnête, sans lequel d'ailleurs il n'aurait pas existé. Mais l'action du roi qui fonda Rome n'a pas ce caractère. Une utilité apparente frappa son esprit ; et comme il lui parut plus avantageux de régner seul que de partager l'empire, il tua son frère. Il oublia, lui, la nature et l'humanité, pour atteindre un but qu'il croyait utile et qui ne l'était pas. Et cependant il allégua sa muraille franchie, motif qui n'a d'honnête que l'apparence, et qui n'était ni plausible ni suffisant. Il fit donc une mauvaise action, soit dit sans offenser ou Romulus ou Quirinus. Toutefois nous ne devons pas renoncer à nos avantages, ni les abandonner à autrui, quand nous avons besoin d'en user pour nous-mêmes ; chacun doit veiller à ses intérêts, pourvu qu'il le fasse sans nuire à personne. Voici une belle pensée de Chrysippe, qui en a tant d'autres : « Un homme, dit-il, qui dispute le prix de la course, doit employer pour vaincre tout ce qu'il a de vigueur et d'agilité ; mais faire manquer le pied à son rival, ou l'écarter de la main, cela ne lui est pas permis. » De même, dans la vie, chacun a droit de chercher ce qui peut lui être utile ; il n'a pas droit de l'enlever à autrui. Mais c'est surtout en amitié que les devoirs se heurtent et se confondent, puisqu'il est également contre le devoir de refuser à nos amis ce qui est légitime, et de leur accorder ce qui ne l'est pas. Du reste, dans toutes les questions de ce genre, la règle à suivre est simple et facile. Rien de ce qui paraît utile, comme les honneurs, les richesses, les plaisirs et les autres choses de cette espèce, ne doit en

10 amicitiæ nunquam anteponenda sunt. At neque contra rempublicam, neque contra jusjurandum ac fidem, amici causa, vir bonus faciet; ne si judex quidem erit de ipso amico; ponit enim personam amici, quum in-
11 duit judicis. Tantum dabit amicitiæ, ut veram amici causam esse malit, ut orandæ litis tempus, quoad per
12 leges liceat, accommodet. Quum vero jurato sententia dicenda sit, meminerit, deum se adhibere testem, id est, ut ego arbitror, mentem suam, qua nihil homini dedit
13 deus ipse divinius. Itaque præclarum a majoribus accepimus morem rogandi judicis, si cum teneremus : quæ salva fide facere posset [1]. Hæc rogatio ad ea pertinet,
14 quæ paullo ante dixi honeste amico a judice posse con-
15 cedi. Nam si omnia facienda sint, quæ amici velint, non amicitiæ tales, sed conjurationes putandæ sint. Loquor
16 autem de communibus amicitiis; nam in sapientibus viris perfectisque nihil potest esse tale. Damonem et Phintiam, pythagoreos, ferunt hoc animo inter se fuisse, ut, quum eorum alteri Dionysius tyrannus diem necis destinavisset, et is, qui morti addictus esset, paucos sibi dies commendandorum suorum causa postulavisset, vas factus est alter ejus sistendi, ut, si ille non
17 revertisset, moriendum esset ipsi. Qui quum ad diem se recepisset, admiratus eorum fidem tyrannus, pe-
18 tivit, ut se ad amicitiam tertium adscriberent. Quum igitur id quod utile videtur in amicitia, cum eo quod honestum est, comparatur, jaceat utilitatis species, va-
19 leat honestas. Quum autem in amicitia, quæ honesta non sunt, postulabuntur, religio et fides anteponatur [2] amicitiæ. Sic habebitur is, quem exquirimus, delectus officii.

XI. Sed utilitatis specie in republica sæpissime peccatur, ut in Corinthi disturbatione nostri. Durius etiam Athenienses, qui sciverunt, ut Æginetis, qui classe

---

1. *Sic Orelli, cum plur. Bern. codd.; ceteri : possit.* — 2. *Sic Heusing., Gernh., Beier. Zumpt, Orelli, cum plur. Bern. codd.; Ernest., Lall. et vulg. : anteponantur.*

aucun cas prévaloir sur l'amitié. Mais sacrifier à ce sentiment l'intérêt public, le serment, la probité, c'est ce que l'honnête homme ne fera jamais, eût-il à juger son ami lui-même; car il dépouille le caractère d'ami en revêtant celui de juge. Tout ce qu'il peut accorder à l'amitié, c'est de souhaiter que la cause de son ami soit bonne; c'est de lui donner, pour ce qui regarde le temps et la défense, toutes les facilités que les lois autorisent. Mais comme il doit prononcer sous la foi du serment, qu'il se souvienne qu'il a pris Dieu à témoin, c'est-à-dire, j'imagine, sa propre conscience, qui est ce que Dieu a donné à l'homme de plus divin. Nos ancêtres nous ont appris une manière admirable, si elle était suivie, de solliciter un juge : qu'il fasse ce qu'il pourra faire sans blesser sa conscience. Cette formule a pour objet les faveurs que le juge, comme je viens de le dire, peut accorder honnêtement à son ami. Car s'il fallait faire tout ce que voudraient nos amis, ce ne seraient plus là des amitiés, ce seraient des conjurations. Je parle, au reste, des amitiés vulgaires; entre hommes sages et parfaits, rien de pareil ne peut exister. Damon et Phintias, pythagoriciens, furent, dit-on, si dévoués l'un à l'autre, que, le tyran Denys ayant condamné l'un d'eux au dernier supplice, et celui qui devait mourir ayant demandé quelques jours de délai, afin de pourvoir au sort de sa famille, l'autre se rendit caution pour lui, et prit l'engagement de le représenter, ou, s'il ne revenait pas, de mourir à sa place. Mais il revint au jour convenu; et le tyran, vivement frappé de cette fidélité mutuelle, les pria de l'admettre en tiers dans leur amitié. Lors donc qu'en amitié, ce qui semble utile se trouve opposé à ce qui est honnête, il faut que l'utilité prétendue succombe, et que l'honnêteté l'emporte. Mais quand nos amis nous demanderont des choses qui ne sont pas honnêtes, la religion et l'équité devront passer avant l'amitié. Voilà le moyen de faire entre les devoirs ce choix éclairé qui est le but de nos recherches.

XI. C'est en politique surtout que l'apparence de l'utilité fait commettre bien des fautes. Tel fut le sac de Corinthe par nos aïeux. Telle et plus dure encore fut la conduite des Athéniens, qui firent couper les pouces aux Éginètes, à

2 valebant, pollices præciderentur. Hoc visum est utile;
nimis enim imminebat, propter propinquitatem, Ægina
Piræeo. Sed nihil, quod crudele, utile; est enim hominum naturæ, quam sequi debemus, maxime inimica
3 crudelitas. Male etiam qui peregrinos urbibus uti pro-
hibent, eosque exterminant, ut Pennus apud patres
4 nostros, Papius nuper. Nam esse pro cive, qui civis
non sit, rectum est non licere : quam legem tulerunt
sapientissimi consules Crassus et Scævola; usu vero
5 urbis prohibere peregrinos, sane inhumanum est. Illa
præclara, in quibus publicæ utilitatis species præ ho-
6 nestate contemnitur. Plena exemplorum est nostra
respublica. quum sæpe alias[1], tum maxime bello punico
secundo : quæ, cannensi calamitate accepta, majores
7 animos habuit, quam unquam rebus secundis. Nulla
timoris significatio, nulla mentio pacis. Tanta vis est
8 honesti, ut speciem utilitatis obscuret. Athenienses
quum Persarum impetum nullo modo possent sustinere,
statuerentque, ut, urbe relicta, conjugibus et liberis
Trœzene depositis, naves conscenderent, libertatemque
Græciæ classe defenderent; Cyrsilum quemdam sua-
dentem, ut in urbe manerent, Xerxemque reciperent,
9 lapidibus cooperuerunt. Atqui ille utilitatem sequi vi-
10 debatur; sed ea nulla erat. repugnante honestate. Themistocles post victoriam ejus belli, quod cum Persis
fuit. dixit in concione, se habere consilium reipublicæ
salutare, sed id sciri non opus esse. Postulavit, ut ali-
11 quem populus daret, quicum communicaret. Datus est
Aristides. Huic ille, classem Lacedæmoniorum, quæ
subducta esset ad Gytheum, clam incendi posse : quo
12 facto frangi Lacedæmoniorum opes necesse esset. Quod
Aristides quum audisset, in concionem magna exspe-
ctatione venit, dixitque, perutile esse consilium, quod
Themistocles afferret, sed minime honestum. Itaque

1. *Sic Anemæc., Facciol. Beier, Orelli; Lall. Heusing., Zumpt delent* alias.

cause de leur puissance sur mer. Cette rigueur leur parut utile ; Égine, en effet, par son voisinage, menaçait trop le Pirée. Mais rien de ce qui est cruel n'est utile ; car la nature, qui doit nous servir de guide, n'a pas de plus grande ennemie que la cruauté. Ils agissent mal aussi, ceux qui ferment leurs villes aux étrangers, et les chassent du pays, comme fit Pennus du temps de nos pères, et comme a fait récemment Papius. Qu'il ne soit pas permis à celui qui n'est point citoyen d'en exercer les droits, rien de plus juste ; et ainsi le veut une loi de deux consuls pleins de sagesse, Crassus et Scévola. Mais interdire aux étrangers le séjour d'une ville, c'est de l'inhumanité. Des actes admirables sont ceux où une apparence d'utilité publique est sacrifiée à l'honneur. Notre patrie en a donné de nombreux exemples à toutes les époques, et particulièrement dans la seconde guerre punique, où, après la désastreuse journée de Cannes, elle se montra plus fière que dans ses plus grandes prospérités. Pas un signe de découragement ; pas un mot qui eût rapport à la paix. Telle est la puissance de l'honnête, qu'elle fait évanouir jusqu'à l'apparence de l'utile. Les Athéniens, dans l'impossibilité où ils étaient de soutenir le choc des Perses, avaient résolu d'abandonner leur ville, de placer leurs femmes et leurs enfants en dépôt à Trézène, et de s'embarquer sur la flotte, afin de défendre avec leurs forces maritimes la liberté de la Grèce, lorsqu'un certain Cyrsilus, ayant voulu leur persuader de rester dans Athènes, et d'y recevoir Xerxès, fut lapidé par le peuple. Le conseil de cet homme semblait utile ; mais il ne l'était pas, l'honneur le repoussait. Thémistocle, après l'issue glorieuse de la guerre contre les Perses, annonça dans une assemblée des Athéniens qu'il avait un dessein d'un intérêt capital pour la république, mais qui ne pouvait pas être divulgué. Il demanda que le peuple lui donnât une personne à laquelle il pût en faire confidence ; Aristide fut désigné. Thémistocle lui dit que la flotte lacédémonienne, qui était rentrée aux chantiers de Gythium, pouvait être brûlée secrètement, ce qui ruinerait à coup sûr la puissance de Lacédémone. Après cette révélation, Aristide revint à l'assemblée, où l'on était impatient de l'entendre, et il déclara que le dessein conçu par Thémistocle était fort utile, mais fort contraire à

Athenienses, quod honestum non esset, id ne utile
quidem putaverunt, totamque eam rem, quam ne au-
13 dierant quidem, auctore Aristide repudiaverunt. Melius
hi, quam nos, qui piratas immunes, socios vectigales
habemus.

XII. Maneat ergo, quod turpe sit, id nunquam esse
utile; ne tum quidem, quum id, quod esse utile putes,
adipiscare. Hoc enim ipsum utile putare, quod turpe
2 sit, calamitosum est. Sed incidunt, ut supra dixi, sæpe
causæ, quum repugnare utilitas honestati videatur, ut
animadvertendum sit, repugnetne[1] plane, an possit cum
3 honestate conjungi. Ejus generis hæ sunt quæstiones :
Si, exempli gratia, vir bonus Alexandria Rhodum
magnum frumenti numerum advexerit in Rhodiorum
inopia et fame summaque annonæ caritate; si idem
sciat, complures mercatores Alexandria solvisse, na-
vesque in cursu, frumento onustas, petentes Rhodum
viderit : dicturusne sit id Rhodiis, an silentio suum
4 quam plurimo venditurus? Sapientem et bonum virum
fingimus: de ejus deliberatione et consultatione quærimus : qui celaturus Rhodios non sit, si id turpe judi-
5 cet, sed dubitet an turpe non sit[2]. In hujusmodi causis
aliud Diogeni Babylonio videri solet, magno et gravi
stoico; aliud Antipatro, discipulo ejus, homini acu-
tissimo. Antipatro, omnia patefacienda, ut ne quid
omnino, quod venditor norit, emptor ignoret; Diogeni,
venditorem, quatenus jure civili constitutum sit, dicere
vitia oportere, cetera sine insidiis agere; et quoniam
6 vendat, velle quam optime vendere. Advexi, exposui,
vendo meum non pluris quam ceteri, fortasse etiam
7 minoris, quum major est copia : cui fit injuria? Exori-
tur Antipatri ratio ex altera parte : Quid ais? tu quum
hominibus consulere debeas, et servire humanæ societati, eaque lege natus sis, et ea habeas principia na-

---

1. *Sic Heusing., Beier, Orelli, Zumpt, Dübner; Lall., Gernh.* : repu-
gnetque. — 2. *Sic Heusing., Lall., Zumpt, Dübner; Gernh.* : turpe sit an
turpe non sit ; *Beier* : an turpe sit, a. t. n. s.

l'honneur. Les Athéniens pensèrent que ce qui n'était pas honnête ne pouvait pas même être utile, et, sans avoir pris connaissance du projet, ils le repoussèrent tout entier, sur la seule parole d'Aristide. Ils agirent mieux que nous, qui ne demandons rien aux pirates, et chargeons d'impôts nos alliés.

XII. Qu'il demeure donc établi que rien de ce qui est honteux n'est jamais utile, et ne le serait pas, même quand le dessein que vous croyez tel réussirait. Car de croire utile ce qui n'est pas honnête, cela seul est funeste. Mais, comme je l'ai dit plus haut, il est des rencontres où l'utile semble en désaccord avec l'honnête, auquel cas il faut examiner si l'opposition est réelle, ou si les deux choses peuvent se concilier. A ce genre appartiennent les questions suivantes. Supposez un honnête homme arrivant d'Alexandrie à Rhodes avec une cargaison considérable de blé, dans un temps où les Rhodiens, affamés par la disette, payent les vivres un prix excessif. Cet homme sait qu'un bon nombre de marchands ont quitté le port d'Alexandrie, et il a vu dans le trajet leurs vaisseaux chargés de grains se diriger vers Rhodes. Le dira-t-il aux Rhodiens, ou gardera-t-il le silence, afin de mieux vendre son blé ? C'est un sage, un homme de bien, que nous plaçons dans cette alternative ; celui dont nous voulons connaître la décision et les motifs est incapable de rien cacher aux habitants de Rhodes, s'il le croit honteux ; mais il doute si cela ne serait pas honteux. Dans les questions de cette nature, Diogène de Babylone, grave et célèbre stoïcien, et son disciple Antipater, dialecticien des plus habiles, sont d'avis opposés. Antipater veut que l'on dise tout, afin que l'acheteur n'ignore absolument rien de ce que sait le vendeur. Selon Diogène, le vendeur doit, autant qu'il y est tenu par le droit civil, déclarer les vices de sa marchandise ; du reste, agir sans fraude, et puisqu'il vend, vendre le mieux possible. J'apporte mon blé, je l'expose en vente, je ne le vends pas plus cher que les autres ; peut-être même le donné-je à meilleur marché que tout autre, quand l'abondance est plus grande : à qui fais-je tort ? Écoutons comme Antipater raisonne de son côté. Qu'avez-vous dit ? Eh quoi ? lorsque vous devez faire le bien de vos semblables, et vous dévouer au service de la société humaine, lorsque la loi de votre naissance, lorsque

turæ, quibus parere, et quæ sequi debeas, ut **utilitas**
tua communis sit utilitas, vicissimque communis utilitas tua sit : celabis homines, quid iis adsit **commodita-**
8 **tis** et copiæ? Respondebit Diogenes fortasse sic : **Aliud**
est celare, aliud tacere; neque ego nunc te celo, si tibi
non dico, quæ natura deorum sit, qui sit finis bonorum : quæ tibi plus prodessent cognita, quam tritici
vilitas [1]. Sed non, quidquid tibi audire utile est, id mihi
9 dicere necesse est. Immo vero, inquiet ille, necesse est,
si quidem meministi, esse inter homines natura con-
10 junctam societatem. Memini, inquiet ille : sed num
ista societas talis est, ut nihil suum cujusquam sit?
quod si ita est, ne vendendum quidem quidquam est,
sed donandum.

XIII. Vides in hac tota disceptatione non illud dici :
Quamvis hoc turpe sit, tamen, quoniam expedit, faciam :
sed ita expedire, ut turpe non sit : ex altera autem
2 parte, ea re, quia turpe sit, non esse faciendum. Vendat
ædes vir bonus propter aliqua vitia, quæ ipse norit,
ceteri ignorent; pestilentes sint, et habeantur salubres :
ignoretur, in omnibus cubiculis apparere serpentes;
male materiatæ sint, ruinosæ; sed hoc, præter domi-
3 num, nemo sciat : quæro, si hæc emptoribus venditor
non dixerit, ædesque vendiderit pluris multo, quam se
venditurum putarit, num id injuste aut improbe fece-
4 rit. Ille vero, inquit Antipater. Quid est enim aliud,
erranti viam non monstrare, quod Athenis exsecratio-
nibus publicis sanctum est, si hoc non est, emptorem
pati ruere, et per errorem in maximam fraudem in-
5 currere? Plus etiam est, quam viam non monstrare :
6 nam est scientem in errorem alterum inducere. Diogenes contra : Num te emere coegit, qui ne hortatus
quidem est? Ille, quod non placebat, proscripsit : tu.

1. Sic Olivet, Pearce Heusing., Gernh., Beier, Orelli, **Zumpt**; Lall.
cum codd.: utilitas.

les principes que la nature a mis en vous, pour être obéis, et pour diriger votre conduite, exigent que votre utilité soit l'utilité commune, et que réciproquement l'utilité commune soit la vôtre, vous irez celer à des hommes les ressources et l'abondance qui sont à leur portée! Diogène répondra peut-être : Il y a de la différence entre celer et se taire. Vous ne trouverez pas que je vous cèle en ce moment quelque chose, si je ne vous dis point quelle est la nature des dieux, ou quel est le souverain bien, connaissances qui pourtant vous seraient plus avantageuses que le bas prix du froment ; mais tout ce qu'il vous est utile de savoir, ce n'est pas une obligation pour moi de vous l'apprendre. C'en est une au contraire, dira l'autre, si vous n'avez pas oublié qu'il existe entre les hommes une association fondée par la nature. Je ne l'ai pas oublié, répliquera Diogène ; mais cette association est-elle donc si étroite, que personne n'ait rien à soi ? S'il en est ainsi, il ne faut pas même vendre ; il faut donner.

XIII. Vous voyez que, dans toute cette discussion, l'on ne dit pas : Quoique la chose soit honteuse, cependant comme elle est utile, je la ferai ; on dit qu'elle est utile sans être honteuse, et, dans l'autre système, c'est parce qu'on la trouve honteuse qu'on défend de la faire. Un honnête homme met en vente une maison à cause de certains défauts qu'il connaît, et que tout le monde ignore. Elle est malsaine, et on la croit salubre ; on ne sait pas que, dans toutes les chambres, il vient des serpents ; la charpente est mauvaise, l'édifice ruineux ; mais, excepté le maître, personne ne s'en doute. Je demande si le propriétaire qui n'avertirait pas les acquéreurs, et qui vendrait sa maison beaucoup plus cher qu'il ne s'y était lui-même attendu, ferait un acte injuste et déloyal. Assurément, dit Antipater ; n'est-ce pas, en effet, refuser au voyageur égaré de lui montrer son chemin (délit que les Athéniens flétrissaient par des imprécations publiques), que de laisser un acheteur courir au précipice, et s'exposer, sans le savoir, à une perte énorme ? C'est plus encore que de ne pas montrer le chemin ; c'est induire sciemment un autre en erreur. Diogène répond : Vous a-t-il contraint d'acheter ? Il ne vous y a pas même engagé. Il a mis en vente un bien qui ne lui plaisait pas ; vous

7 quod placebat. emisti. Quod si qui proscribunt villam bonam beneque ædificatam. non existimantur fefellisse, etiam si illa nec bona est, nec ædificata ratione: multo minus. qui domum non laudarunt. Ubi enim judicium emptoris est, ibi fraus venditoris quæ potest esse?

8 Sin autem dictum non omne præstandum est, quod dictum non est. id præstandum putas? Quid vero est stultius. quam venditorem ejus rei, quam vendat, vitia narrare? Quid autem tam absurdum, quam si domini jussu ita præco prædicet : Domum pestilentem vendo?

9 Sic ergo in quibusdam causis dubiis, ex altera parte defenditur honestas, ex altera ita de utilitate dicitur. ut id. quod utile videatur, non modo facere honestum sit. sed etiam. non facere, turpe. Hæc est illa, quæ vi-

10 detur utilium fieri cum honestis sæpe dissensio. Quæ dijudicanda sunt: non enim, ut quæreremus, exposui-

11 mus. sed ut explicaremus. Non igitur videtur nec frumentarius ille Rhodios [1], nec hic ædium venditor celare emptores debuisse. Neque enim id est celare, quidquid reticeas, sed quum, quod tu scias, id ignorare emolu-

12 menti tui causa velis eos, quorum intersit id scire. Hoc autem celandi genus quale sit, et cujus hominis, quis non videt? Certe non aperti, non simplicis, non ingenui, non justi, non viri boni : versuti potius, obscuri, astuti, fallacis, malitiosi, callidi, veteratoris, vafri. Hæc tot, et alia plura, nonne utile est vitiorum subire nomina?

XIV. Quod si vituperandi qui reticuerunt, quid de iis existimandum est, qui orationis vanitatem adhibue-

2 runt? C. Canius, eques romanus. nec infacetus, et satis litteratus. quum se Syracusas otiandi, ut ipse dicere solebat. non negotiandi causa, contulisset, dictitabat, se hortulos aliquos emere velle, quo invitare amicos,

3 et ubi se oblectare sine interpellatoribus posset. Quod quum percrebuisset. Pythius ei quidam, qui argen-

---

1. *Sic Victor, Græv., Heusing., Lall., Gernh., Beier, Orelli; Zumpt, Dubner alii : Rhodius.*

avez acheté un bien qui vous plaisait. Ceux qui font afficher : « Maison de campagne bonne et bien bâtie, » ne sont pas accusés d'avoir trompé, quand même la maison ne serait ni bonne ni bâtie selon l'art ; encore moins doit-il l'être, celui qui n'a pas fait l'éloge de la sienne. Quand le jugement de l'acheteur est libre, où pourrait être la fraude du vendeur ? Et si l'on n'est pas responsable de tout ce que l'on a dit, comment le serait-on de ce que l'on n'a pas dit ? Quelle folie à un vendeur que d'énumérer les défauts de la chose qu'il veut vendre ! Et quoi de plus ridicule que d'entendre crier publiquement, par l'ordre d'un propriétaire : A vendre une maison malsaine ! C'est ainsi que, dans certains cas douteux, on plaide d'un côté la cause de l'honnête , tandis que de l'autre, si l'on parle de l'utilité, c'est sous la réserve que la chose qui paraît utile, sera de celles qu'on peut faire honnêtement, de celles même qu'il serait honteux de ne pas faire. Tels sont les points sur lesquels il arrive souvent que l'utile et l'honnête semblent divisés. Il faut vider le débat ; car ce n'est pas pour agiter la question que nous l'avons posée ; c'est pour la résoudre. Non, je ne pense pas que le marchand de blé ait dû celer ce qu'il savait aux Rhodiens , ni le propriétaire de la maison aux acheteurs. Et, si ce n'est pas celer ce qu'on sait, que de le taire, on le cèle du moins, lorsque, par un intérêt personnel, on le laisse ignorer à ceux auxquels il importe d'en avoir connaissance. Or, qui ne voit ce que c'est qu'une telle réticence, et de quel homme elle peut venir ? Ce n'est certainement pas d'un homme ouvert, simple, juste, sincère, d'un honnête homme enfin. C'est plutôt le fait d'un esprit souple, dissimulé, astucieux, trompeur, malicieux, rusé , tout pétri de fourbe et d'artifice. N'est-ce pas un mal de se faire attribuer de pareilles qualités et d'autres non moins flétrissantes ?

XIV. Que si la simple réticence mérite d'être blâmée, que penser de ceux qui ont parlé, mais pour mentir ? C. Canius, chevalier romain, qui ne manquait ni d'esprit ni de lettres, étant allé à Syracuse, non pour affaires, disait-il, mais pour ne rien faire, parlait d'acheter une petite maison de plaisance, où il pût inviter ses amis, et passer agréablement son temps loin des importuns. Sur le bruit qui s'en répandit, un certain Pythius, qui faisait la banque à Syra-

tariam faceret .Syracusis. venales quidem se hortos non habere. sed licere uti Canio, si vellet, ut suis; et simul ad cœnam hominem in hortos invitavit in poste-

4 rum diem. Quum ille promisisset, tum Pythius, qui esset, ut argentarius, apud omnes ordines gratiosus, piscatores ad se convocavit, et ab his petivit, ut ante suos hortulos postridie piscarentur; dixitque, quid eos

5 facere vellet. Ad cœnam tempore venit Canius; opipare a Pythio apparatum convivium; cymbarum ante oculos multitudo; pro se quisque, quod ceperat, afferebat;

6 ante pedes Pythii pisces abjiciebantur. Tum Canius : Quæso, inquit, quid est hoc, Pythi? tantumne piscium, tantumne cymbarum? Et ille : Quid mirum? inquit; hoc loco est. Syracusis quidquid est piscium : hic aquatio : hac villa isti carere non possunt. Incensus Canius cupiditate contendit a Pythio, ut venderet. Gravate ille

7 primo. Quid multa? impetrat. Emit homo cupidus et locuples tanti quanti Pythius voluit, et emit instru

8 ctos. Nomina facit, negotium conficit. Invitat Canius postridie familiares suos. Venit ipse mature. Scalmum nullum videt. Quærit ex proximo vicino, num feriæ quædam piscatorum essent, quod eos nullos videret. Nullæ, quod sciam, ille inquit; sed hic piscari nulli

9 solent; itaque heri mirabar, quid accidisset. Stomachari Canius. Sed quid faceret? Nondum enim Aquillius, collega et familiaris meus, protulerat de dolo malo

10 formulas. In quibus ipsis, quum ex eo quæreretur, quid esset dolus malus, respondebat, quum esset aliud simulatum, aliud actum. Hoc quidem sane luculente, ut

11 ab homine perito detiniendi. Ergo et Pythius et omnes aliud agentes, aliud simulantes, perfidi, improbi, malitiosi. Nullum igitur eorum factum potest utile esse, quum sit tot vitiis inquinatum.

XV. Quod si Aquilliana definitio vera est, ex omni vita simulatio dissimulatioque tollenda est. Ita nec ut emat melius, nec ut vendat, quidquam simulabit aut dissi-

2 mulabit vir bonus. Atque iste dolus malus et legibus

cuse, lui dit qu'il avait une maison qui n'était pas à vendre,
mais dont Canius pouvait disposer comme de la sienne, et
en même temps, il lé pria d'y venir souper le lendemain.
Canius accepte ; alors Pythius, que sa qualité de banquier
avait mis en crédit auprès des gens de tous les états, as-
semble chez lui les pêcheurs, les engage à pêcher le lendemain devant ses jardins, et leur prescrit ce qu'ils auront à
faire. Canius est exact au rendez-vous ; il trouve une table
splendidement servie ; une multitude de barques est devant
ses yeux. Chacun apportait à l'envi ce qu'il avait pris ; les
poissons tombaient entassés aux pieds de Pythius. Canius
alors de se récrier : Qu'est-ce que cela, Pythius, je vous
prie ? Eh ! quoi ? tant de poissons, tant de barques ! Rien
d'étonnant, répondit ce dernier ; tout le poisson de Syracuse est dans ce lieu ; on ne prend de l'eau qu'ici ; ces
gens-là ne sauraient se passer de ma maison. Aussitôt Canius
se passionne, il presse son hôte de vendre. On commence
par refuser ; bref, il obtient. Riche et impatient d'acquérir,
il achète la maison ce que veut Pythius, et il l'achète toute
meublée. On passe écriture, et l'affaire est conclue. Le
lendemain, Canius invite ses amis ; il vient lui-même de
bonne heure, et ne voit pas une rame. Il s'informe au plus
proche voisin, s'il ne serait pas fête pour les pêcheurs,
qu'il n'en voyait aucun. Il n'est pas fête, que je sache, dit le
voisin ; mais jamais on ne pêche ici ; et hier je me deman-
dais avec étonnement ce qui était arrivé. Canius s'indigne ;
mais que faire ? Aquillius, mon collègue et mon ami, n'avait
pas encore publié ses formules sur le dol ; au sujet des-
quelles, lorsqu'on lui demandait, Qu'est-ce que le dol ?
il répondait, C'est de feindre une chose et d'en faire une
autre ; explication lumineuse, et d'un homme qui sait définir. Pythius donc, et tous ceux qui font autre chose que ce
qu'ils semblent faire, sont des gens artificieux, perfides,
sans probité. Comment aucune de leurs actions pourrait-
elle être utile, étant ainsi entachée des vices les plus honteux ?

XV. Si la définition d'Aquillius est vraie, il faut bannir entièrement de la vie les faux-semblants et la dissimulation ;
et jamais, ni pour mieux acheter, ni pour mieux vendre,
l'honnête homme n'emploiera la feinte. Du reste, le dol

erat vindicatus, ut tutela duodecim Tabulis, circum-
scriptio adolescentium lege Plætoria[1]; et, sine lege,
3 judiciis, in quibus additur EX FIDE BONA. Reliquorum
autem judiciorum hæc verba maxime excellunt, in arbitrio rei uxoriæ : MELIUS ÆQUIUS, in fiducia : UT INTER
BONOS BENE AGIER. Quid ergo? aut in eo, quod MELIUS
ÆQUIUS, potest ulla pars inesse fraudis? aut, quum
dicitur INTER BONOS BENE AGIER, quidquam agi dolose
5 aut malitiose potest? Dolus autem malus in simulatione, ut ait Aquillius, continetur. Tollendum est igitur
6 ex rebus contrahendis omne mendacium. Non illicita-
torem[2] venditor, non qui contra liceatur, emptor ap-
ponet. Uterque, si ad eloquendum venerit, non plus,
7 quam semel, eloquetur. Q. quidem Scævola, Publii
filius, quum postulasset, ut sibi fundus, cujus emptor
erat, semel indicaretur, idque venditor ita fecisset,
8 dixit, se pluris æstimare; addidit centum millia. Nemo
est qui hoc viri boni fuisse neget; sapientis, negant :
9 ut si minoris, quam potuisset, vendidisset. Hæc igitur
est illa pernicies, quod alios bonos, alios sapientes
existimant. Ex quo Ennius : Nequidquam sapere sapientem, qui ipse sibi prodesse non quiret. Vere id
quidem, si, quid esset prodesse, mihi cum Ennio con-
10 veniret. Hecatonem quidem Rhodium, discipulum Panætii, video in iis libris, quos de officiis scripsit Q. Tuberoni, dicere : Sapientis esse, nihil contra mores,
leges, instituta facientem, habere rationem rei familia-
11 ris. Neque enim solum nobis divites esse volumus, sed
liberis, propinquis, amicis, maximeque reipublicæ; singulorum enim facultates et copiæ divitiæ sunt civitatis.
12 Huic Scævolæ factum, de quo paullo ante dixi, placere
nullo modo potest. Etenim qui[3] omnino tantum se

1. Sic Manut., e Tabul. Heracl., Beier, Orelli, Zumpt; Ernest.,
Lall., Heusing., Gernh., Dübner : Lætoria. — 2. Sic Anemœc., Heusing.,
Beier, Orell., Zumpt; Lall., Gernh., cum vulg. : licitatorem. — 3. Sic
Heusing., Gernh., Beier, Orelli; Lall., cum vulg. om. qui.

était réprimé déjà par certaines lois, comme celle des Douze Tables sur les tutèles, et la loi Plétoria sur les manœuvres frauduleuses pratiquées au préjudice des mineurs. A défaut de loi, il l'était par les jugements, à la formule desquels on ajoute D'APRÈS LA BONNE FOI. Et dans les autres jugements, quels sont les mots les plus saillants de la formule ? C'est, dans l'arbitrage en matière dotale : CE QUI SERA LE MIEUX ET LE PLUS ÉQUITABLE ; c'est, dans les affaires de gage ou de fidéicommis : BIEN AGIR, COMME ON LE FAIT ENTRE HONNÊTES GENS. Quoi donc ? Dans ces paroles, LE MIEUX, LE PLUS ÉQUITABLE, peut-il y avoir place pour la fraude ? Et lorsque l'on dit, ENTRE HONNÊTES GENS, BIEN AGIR, peut-on employer le dol et l'artifice ? Or, le dol, comme le dit Aquillius, consiste à déguiser la vérité. Il faut donc bannir des transactions toute espèce de mensonge. Ni le vendeur ni l'acheteur ne s'entendront avec un enchérisseur fictif, et, s'ils s'abouchent pour conclure, l'un et l'autre n'auront qu'une parole. Quintus Scévola, fils de Publius, voulant acheter un bien, pria le vendeur de lui dire son dernier mot, et celui-ci l'ayant fait, Scévola dit qu'il l'estimait davantage, et ajouta cent mille sesterces. Personne ne nie que ce trait ne soit d'un honnête homme ; qu'il soit d'un sage, on le nie, comme on ferait, si Scévola eût vendu moins cher qu'il n'aurait pu vendre. Et voilà précisément la perte de toute morale ; c'est qu'on distingue l'homme sage de l'homme honnête. De là cette parole d'Ennius, que « celui-là est sage en pure perte, qui ne sait pas l'être à son avantage, » parole qui serait vraie, si Ennius était d'accord avec moi sur le vrai sens du mot avantage. Je lis chez Hécaton de Rhodes, disciple de Panétius, dans les livres sur les devoirs qu'il adresse à Tubéron, que le sage, sans rien faire contre les usages, les lois, les institutions publiques, doit prendre soin de sa fortune. En effet, dit-il, ce n'est pas pour nous seuls que nous voulons être riches, c'est encore pour nos enfants, pour nos proches, pour nos amis, et principalement pour la république ; car la fortune et le bien-être des particuliers font la richesse de l'État. Voilà un philosophe auquel l'action de Scévola que je viens de rapporter, ne plairait certainement pas, et en vérité, celui qui fait profession de pousser le désintéressement tout juste jus-

negat facturum compendii sui causa, quod non liceat,
13 huic nec laus magna tribuenda nec gratia est. Sed sive
et simulatio et dissimulatio dolus malus est. perpaucæ
res sunt, in quibus non dolus iste malus versetur : sive
vir bonus est is, qui prodest quibus potest, nocet nemini : certe istum virum bonum non facile reperiemus.
14 Nunquam igitur est utile peccare, quia semper est
turpe : et quia semper est honestum virum bonum esse,
semper est utile.

XVI. Ac de jure quidem prædiorum sanctum apud
nos est jure civili, ut in iis vendendis vitia dicerentur,
2 quæ nota essent venditori. Nam quum ex duodecim
Tabulis satis esset ea præstari, quæ essent lingua nun-
cupata, quæ qui infitiatus esset, dupli pœnam subiret :
a jureconsultis etiam reticentiæ pœna est constituta.
3 Quidquid enim esset in prædio vitii, id statuerunt, si
venditor sciret, nisi nominatim dictum esset, præstari
4 oportere. Ut, quum in arce augurium augures acturi
essent, jussissentque Tib. Claudium Centumalum, qui
ædes in Cœlio monte habebat, demoliri ea quorum
altitudo officeret auspiciis, Claudius proscripsit insu-
5 lam, vendidit : emit P. Calpurnius Lanarius. Huic ab
auguribus illud idem denuntiatum est. Itaque Calpurnius quum demolitus esset, cognossetque, Claudium
ædes postea proscripsisse, quam esset ab auguribus
demoliri jussus, arbitrum illum adegit, quidquid sibi
6 dare facere oporteret EX FIDE BONA. M. Cato sententiam
dixit, hujus nostri Catonis pater. Ut enim ceteri ex patribus, sic hic, qui illud lumen progenuit, ex filio est
7 nominandus. Is igitur judex ita pronuntiavit, quum in
vendendo rem eam scisset, et non pronuntiasset, emptori damnum præstari oportere. Ergo ad fidem bonam
statuit pertinere, notum esse emptori vitium, quod

qu'à s'abstenir de ce qui est défendu, ne mérite ni de grands éloges, ni beaucoup de reconnaissance. Au reste, si la feinte et la dissimulation constituent le dol, il faut convenir qu'il est bien peu d'actes où le dol n'ait quelque part ; et si, d'un autre côté, l'honnête homme est celui qui rend autant de services qu'il peut, et ne nuit à personne, il est certain que cet honnête homme est difficile à trouver. Concluons qu'il n'est jamais utile de mal faire, parce que cela est toujours honteux ; et qu'il est toujours utile d'être homme de bien, parce que cela est toujours honnête.

XVI. A l'égard des biens-fonds, le droit civil prescrit chez nous au vendeur de déclarer les vices qu'il connait à l'immeuble mis en vente. La loi des Douze Tables ne le rendait garant que de ceux qu'il avait énoncés formellement, et s'il en avait nié quelques-uns, elle le condamnait à payer le double du préjudice causé. Les jurisconsultes ont soumis à une peine la simple réticence. Ils ont voulu que tout vice d'une propriété que le vendeur connaitrait et ne dénoncerait pas expressément, tombât à sa charge. Ainsi les augures, qui avaient à prendre les auspices dans la citadelle, ayant signifié à Tib. Claudius Centumalus, propriétaire d'une maison sur le mont Cœlius, l'ordre d'abattre les étages qui gênaient leurs opérations, Claudius afficha sa maison et la vendit. Elle fut achetée par P. Calpurnius Lanarius, qui reçut bientôt des augures la même injonction. Calpurnius obéit, et il apprit ensuite que Claudius n'avait mis sa maison en vente qu'après avoir été sommé de démolir. Alors il l'appela en justice, afin d'obtenir le dédommagement qui lui était dû D'APRÈS LA BONNE FOI. La sentence fut rendue par M. Caton, père de notre illustre Caton (car si les fils sont ordinairement désignés par le nom de leur père, celui qui donna le jour à un si grand homme, le doit être par le nom de son fils). Ce juge prononça donc que le vendeur ayant connu l'ordre des augures et ne l'ayant pas révélé, devait indemniser l'acquéreur. Ainsi la bonne foi exige, d'après cette décision, qu'il soit donné connaissance à l'acheteur de tout vice que le vendeur connait. Si Caton a bien jugé, ni le marchand de blé, ni le propriétaire de la maison malsaine, n'ont bien

8 nosset venditor. Quod si recte judicavit, non recte frumentarius ille, non recte ædium pestilentium venditor
tacuit. Sed hujusmodi reticentiæ jure civili omnes com-
prehendi non possunt: quæ autem possunt, diligenter
9 tenentur. M. Marius Gratidianus, propinquus noster,
C. Sergio Oratæ vendiderat ædes eas, quas ab eodem
ipse paucis ante annis emerat. Eæ serviebant[1]: sed hoc
10 in mancipio Marius non dixerat. Adducta res in judicium est. Oratam Crassus, Gratidianum defendebat
Antonius. Jus Crassus urgebat, quod vitii venditor non
dixisset sciens, id oportere præstari: æquitatem Antonius, quoniam id vitium ignotum Sergio non fuisset,
qui illas ædes vendidisset, nihil fuisse necesse dici;
nec eum esse deceptum, qui id, quod emerat, quo jure
11 esset, teneret. Quorsus hæc? ut illud intelligas, non
placuisse majoribus nostris astutos.

XVII. Sed aliter leges, aliter philosophi tollunt astu-
tias: leges, quatenus manu tenere possunt: philosophi,
quatenus ratione et intelligentia. Ratio ergo hoc postulat, ne quid insidiose, ne quid simulate, ne quid fal-
2 laciter. Suntne igitur insidiæ, tendere plagas, etiam
si excitaturus non sis, nec agitaturus? Ipsæ enim feræ
nullo insequente sæpe incidunt. Sic tu ædes proscribas,
tabulam, tamquam plagam, ponas, domum propter vi-
3 tia vendas, in eam aliquis incurrat imprudens? Hoc
quamquam video propter depravationem consuetudinis,
neque more turpe haberi, neque aut lege sanciri aut
4 jure civili: tamen naturæ lege sanctum[2] est. Societas
est enim (quod etsi sæpe dictum est, dicendum tamen
est sæpius), latissime quidem quæ pateat hominum
inter homines[3]: interior eorum, qui ejusdem gentis
5 sunt[4]: propior eorum, qui ejusdem civitatis. Itaque

1. Sic conject. Pearce, Heusing., Gernh.; edid. Beier, Orelli, Zumpt,
Dubner; Lall., cum vulg.: eæ Sergio serviebant. — 2. Sic Græv.,
Facciol., Gernh., Beier, Orelli, Zumpt, Dubner; Heusing., Lall.,
cum vulg.: sanctum. — 3. Sic Græv., Facciol., Olivet, Ernest., Heusing., Lall, Gernh., Beier, Zumpt, Dubner; Pearce, Orelli, cum plur.
codd.: omnium inter omnes. — 4. Sic Heusing., Lall., Gernh., Zumpt;
Orelli, cum Bern. codd.: sint.

fait de se taire. Mais les réticences de cette nature ne peuvent pas toutes être prévues par le droit civil; celles qui le peuvent être sont soigneusement réprimées. M. Marius Gratidianus, parent de notre famille, avait vendu à Caïus Sergius Orata une maison qu'il avait achetée du même Sergius peu d'années auparavant. Cette maison était grevée d'une servitude, et Marius ne l'avait pas dit en transmettant la propriété. L'affaire alla en justice. Crassus plaidait pour Orata, Antoine pour Gratidianus. Le premier, insistant sur le droit, voulait que le vendeur, qui connaissait cette condition onéreuse, et ne l'avait pas déclarée, en fût responsable. Antoine, au nom de l'équité, soutenait que, la servitude n'étant pas ignorée de Sergius qui lui-même avait vendu cette maison, Gratidianus n'avait rien à lui apprendre; qu'il n'était pas trompé, puisque, en achetant l'immeuble, il en connaissait les charges. Pourquoi ces exemples? Pour vous montrer que la finesse en affaires ne plut jamais à nos ancêtres.

XVII. Mais les lois et les philosophes en combattent diversement les ruses : les lois, dans les seuls actes où elles peuvent les saisir comme avec la main; les philosophes, partout où peuvent les atteindre la raison et l'intelligence. Or, la raison proscrit toute embûche, toute feinte, toute supercherie. Et l'embûche en est-elle moins dressée, parce que le chasseur a tendu ses toiles sans lancer la bête ou lui donner la chasse? Elle s'y jette bien d'elle-même et sans être poursuivie. Le chasseur, c'est vous qui annoncez une maison à vendre; vous posez l'affiche comme un filet; c'est pour les vices de la propriété que vous vendez, et vous attendez qu'un acheteur qui ne soupçonne rien, se vienne prendre au piége! Ces manœuvres, grâce à la dépravation des mœurs, ne sont ni flétries par l'opinion, ni réprimées par la loi ou par le droit civil; mais elles sont interdites par la loi naturelle. En effet (je l'ai dit plusieurs fois et je ne saurais trop le redire), il existe une première et vaste société qui embrasse tous les hommes. Une autre, plus restreinte, unit les hommes de la même nation; une plus étroite encore, ceux de la même cité. Aussi nos an-

majores aliud jus gentium, aliud civile esse voluerunt.
Quod civile, non idem continuo gentium; quod autem
gentium, idem civile esse debet. Sed nos veri juris
germanæque justitiæ solidam et expressam effigiem
nullam tenemus; umbra et imaginibus utimur. Eas
ipsas utinam sequeremur! Feruntur enim ex optimis
naturæ et veritatis exemplis. Nam quanti verba illa:
UTI NE PROPTER TE FIDEMVE TUAM CAPTUS FRAUDATUSVE
SIM! Quam illa aurea: UT INTER BONOS BENE AGIER OPOR-
TET ET SINE FRAUDATIONE! Sed, qui sint boni, et quid
sit bene agi, magna quæstio est. Q. quidem Scævola,
pontifex maximus, summam vim esse dicebat in omnibus iis arbitriis, in quibus adderetur EX FIDE BONA;
fideique bonæ nomen existimabat manare latissime, idque versari in tutelis, societatibus, fiduciis, mandatis,
rebus emptis, venditis, conductis, locatis, quibus vitæ
societas contineretur: in his magni esse judicis sta-
tuere (præsertim quum in plerisque essent judicia contraria) quid quemque cuique præstare oporteret. Quocirca astutiæ tollendæ sunt, eaque malitia, quæ vult
illa quidem videri, se esse prudentiam, sed abest ab ea
distatque plurimum. Prudentia est enim locata in de-
lectu bonorum et malorum: malitia, si omnia, quæ
turpia sunt, mala sunt, mala bonis ponit ante. Nec
vero in prædiis solum jus civile ductum a natura malitiam fraudemque vindicat; sed etiam in mancipiorum
venditione venditoris fraus omnis excluditur. Qui enim
scire debuit, de sanitate, de fuga, de furtis, præstat[1]
edicto ædilium. Heredum alia causa est. Ex quo intelligitur, quoniam juris natura fons sit, hoc secundum
naturam esse, neminem id agere, ut ex alterius præ-
detur inscitia. Nec ulla pernicies vitæ major inveniri

---

1. Sic codd. fere omn. et edit.; Orelli: Is præstat.

cêtres ont-ils distingué le droit des gens du droit civil.
Tout ce qui est de droit civil n'appartient pas pour cela au
droit des gens ; tout ce que prescrit le droit des gens doit
au contraire être aussi de droit civil. Mais nous ne possé-
dons pas l'expression réelle et sensible du véritable droit
et de la justice absolue ; nous n'en avons qu'une ombre et
des images : heureux encore, si nous les suivions, car
elles émanent des parfaits modèles de la nature et de la
vérité ! Qu'elle est précieuse, en effet, cette formule : « de
sorte qu'à cause de vous, et de la foi que j'ai en vous, je
ne sois ni surpris ni lésé ! » et que cette autre est admirable : « comme il faut entre honnêtes gens bien agir et
sans fraude ! » Mais quels sont les honnêtes gens, et qu'est-ce
que bien agir ? c'est là une grande question. Q. Scévola,
grand pontife, attachait la plus haute signification à tous
les jugements à la formule desquels on ajoute : D'APRÈS LA
BONNE FOI ; à son avis, ce nom de bonne foi a une très-vaste
portée, puisqu'il s'applique aux tutèles, aux sociétés, aux
gages et fidéicommis , aux mandats , aux achats et ventes ,
aux conductions et locations, c'est-à-dire aux principaux
actes de la vie civile ; et dans ces matières, où la plupart
du temps le défenseur a l'action réciproque, il faut un juge
parfaitement éclairé pour déterminer exactement ce à quoi
chaque partie est tenue envers l'autre. Bannissons donc à
jamais les subtilités et cette finesse malicieuse, qui voudrait se faire passer pour de la prudence , mais qui en est
si éloignée et si différente. La prudence , en effet , consiste
à discerner le bien d'avec le mal ; tandis que la finesse
(si tout ce qui n'est pas honnête est un mal) préfère le mal
au bien. Mais ce n'est pas seulement en matière de biens-
fonds que le droit civil, puisé dans la nature, réprime
la ruse et la mauvaise foi. Il y a aussi , dans la vente des
esclaves, une garantie contre les fraudes du vendeur.
L'esclave est-il sain ? est-il sujet à s'enfuir ? prévenu
de vol ? Celui qui a dû le savoir en répond d'après l'or-
donnance des édiles. Si l'esclave provient d'héritage , le
cas n'est pas le même. Toutes ces preuves démontrent
que, la nature étant la source du droit, le vœu de la nature
est que personne ne cherche à lever tribut sur l'ignorance
d'autrui. Et certes, il est impossible d'imaginer rien de

potest, quam in malitia simulatio intelligentiæ : ex quo
ista innumerabilia nascuntur, ut utilia cum honestis
pugnare videantur. Quotus enim quisque reperietur,
qui, impunitate et ignoratione omnium proposita, abs-
tinere possit injuria?

XVIII. Periclitemur, si placet, in iis quidem exemplis, in quibus peccari vulgus hominum fortasse non
2 putet. Neque enim de sicariis, veneficis, testamentariis,
furibus, peculatoribus hoc loco disserendum est : qui
non verbis sunt et disputatione philosophorum, sed
vinclis et carcere fatigandi. Sed hæc consideremus, quæ
3 faciunt ii, qui habentur boni. L. Minucii Basili, locu-
pletis hominis, falsum testamentum quidam e Græcia
4 Romam attulerunt. Quod quo facilius obtinerent, scri-
pserunt heredes secum M. Crassum et Q. Hortensium,
homines ejusdem ætatis potentissimos : qui, quum
illud falsum esse suspicarentur, sibi autem nullius essent conscii culpæ, alieni facinoris munusculum non
5 repudiaverunt. Quid ergo? satin' est hoc, ut non deli-
quisse videantur? Mihi quidem non videtur; quamquam
6 alterum vivum amavi, alterum non odi mortuum. Sed
quum Basilus M. Satrium, sororis filium, nomen suum
ferre voluisset, eumque fecisset heredem (hunc dico
patronum agri piceni et sabini : o turpem notam temporum illorum!); num erat æquum, principes cives
rem habere, ad Satrium nihil præter nomen pervenire?
7 Etenim si is, qui non defendit injuriam, neque pro-
pulsat [1], quum potest, injuste facit, ut in primo libro
disserui : qualis habendus est is, qui non modo non re-
8 pellit, sed etiam adjuvat injuriam? Mihi quidem etiam
veræ hereditates non honestæ videntur, si sunt mali-
tiosis blanditiis, officiorum non veritate, sed simula-
9 tione quæsitæ. Atqui in talibus rebus aliud utile interdum, aliud honestum videri solet. Falso. Nam eadem

<hr>

1. Sic post Heusing. Gernh., Beier, Orelli, Zumpt, Dübner; vet.
edit., Lall. cum vulg., add. a suis.

plus funeste à la société que la ruse parée des dehors de l'intelligence. C'est là ce qui fait naître ces innombrables conjonctures, où l'utile semble en opposition avec l'honnête. Combien d'hommes, en effet, rencontrerez-vous, qui, sûrs de l'impunité et du secret, s'abstiennent d'une injustice !

XVIII. Prenons, si vous le voulez, pour exemple, quelques-unes de ces actions que le commun des hommes croit peut-être innocentes. Car il ne s'agit pas ici d'assassins, d'empoisonneurs, de fabricateurs de faux testaments, de voleurs, de concussionnaires. Ce sont gens qu'on ne réprime pas avec des paroles et des raisonnements philosophiques : les fers et le cachot en viennent mieux à bout. Mais voyons les actes de ceux qu'on appelle honnêtes gens. L. Minucius Basilus était un homme riche dont on apporta de Grèce à Rome un faux testament. Pour le faire valoir avec plus de succès, les faussaires s'y étaient donné pour cohéritiers M. Crassus et Q. Hortensius, deux des hommes les plus puissants de ce temps-là. Ceux-ci soupçonnèrent bien la fausseté de la pièce; mais ils n'en étaient nullement complices, et cela leur suffit pour ne point refuser un léger bénéfice sur le vol d'autrui. Eh quoi? cela suffit-il aussi pour qu'ils nous paraissent innocents? Je ne le pense pas, quoique ami de l'un, tant qu'il vécut, et sans haine pour l'autre, depuis qu'il est mort. Mais Basilus ayant voulu que son nom passât avec son héritage à M. Satrius, fils de sa sœur (je parle de celui qui, à la honte de ces temps désastreux, fut le patron du Picénum et du pays des Sabins), était-il juste que de puissants citoyens recueillissent la fortune, et que Satrius n'héritât que du nom? S'il est vrai en effet, comme je l'ai établi dans le premier livre, que c'est être injuste que de ne pas combattre et empêcher l'injustice, quand on le peut, que penser de celui qui, loin de l'empêcher, y prête son concours? Pour moi, les hérédités même véritables ne me paraissent pas honnêtes, si elles ont été mendiées par des caresses insidieuses et par les empressements d'une feinte amitié. Or, c'est en pareille matière que l'on croit voir quelquefois d'un côté l'intérêt, l'honnêteté de l'autre. Illusion ! Car la règle de l'utile est la

10 utilitatis, quæ honestatis, est regula. Qui hoc non per-
11 viderit, ab hoc nulla fraus aberit, nullum facinus. Sic
enim cogitans : Est istuc quidem honestum, verum hoc
expedit. res a natura copulatas audebit errore divellere; qui fons est fraudium, maleficiorum, scelerum
omnium.

XIX. Itaque si vir bonus habeat hanc vim, ut, si
digitis concrepuerit, possit in locupletium testamenta
nomen ejus irrepere, hac vi non utatur, ne si exploratum quidem habeat, id omnino neminem unquam su-
2 spicaturum. At dares hanc vim M. Crasso, ut digitorum
percussione heres posset scriptus esse, qui re vera
non esset heres; in foro, crede mihi, saltaret. Homo
autem justus, isque quem sentimus virum bonum,
nihil cuiquam, quod in se transferat, detrahet. Hoc
qui admiratur, is se, quid sit vir bonus, nescire fa-
4 teatur. At vero si quis voluerit animi sui complicatam
notionem evolvere. jam se ipse doceat, eum virum bonum esse, qui prosit quibus possit; noceat nemini,
5 nisi lacessitus injuria. Quid ergo? hic non noceat, qui
quodam quasi veneno perficiat, ut veros heredes mo-
6 veat. in eorum locum ipse succedat? Non igitur faciat,
dixerit quis, quod utile sit, quod expediat? Immo intelligat, nihil nec expedire, nec utile esse, quod sit
injustum. Hoc qui non didicerit, bonus vir esse non
7 poterit. Fimbriam consularem audiebam de patre nostro
puer judicem M. Lutatio Pinthiæ fuisse, equiti romano
sane honesto. quum is sponsionem fecisset, ni vir bonus esset; itaque ei dixisse Fimbriam, se illam rem
nunquam judicaturum. ne aut spoliaret fama probatum
hominem, si contra judicavisset, aut statuisse videretur, virum bonum esse aliquem, quum ea res innume-
rabilibus officiis et laudibus contineretur. Huic igitur
8 viro bono, quem Fimbria etiam, non modo Socrates

même que celle de l'honnête. Celui qui n'en sera pas convaincu, ne s'interdira aucune fraude, aucun attentat. En effet, cette pensée : Voilà l'honnête, mais voici l'utile, ne va pas à moins qu'à séparer, par une erreur de l'esprit, ce qui est uni par la nature ; et c'est là le principe de toutes les fourberies, de toutes les mauvaises actions, de tous les crimes.

XIX. Oui ; s'il suffisait à un honnête homme de faire claquer ses doigts, pour que son nom se glissât dans les testaments des riches, il ne le ferait pas, quand même il aurait la certitude que personne n'en soupçonnerait jamais rien. Mais donnez à un Crassus le secret de se trouver, à l'aide d'un simple mouvement de doigts, nommé dans un testament où le testateur ne l'aurait pas inscrit, vous le verrez, croyez-moi, danser en plein forum. L'homme juste au contraire, l'honnête homme, tel que nous le concevons, n'ôtera rien à personne pour se l'approprier. S'étonner de ce désintéressement, c'est convenir qu'on ignore ce que c'est qu'un honnête homme. Cependant, qui voudrait dégager des replis de son âme la notion qu'ils recèlent, apprendrait de sa propre conscience que l'homme de bien est celui qui sert tous ceux qu'il peut servir, et qui ne nuit à personne, s'il n'y est contraint par une attaque injuste. Quoi donc ? ce ne serait pas nuire, que d'employer une espèce de sortilége pour écarter les véritables héritiers, et se mettre à leur place ? Il faut donc, dira quelqu'un, sacrifier son avantage, manquer une bonne affaire ? Non ; mais il faut comprendre qu'une affaire n'est ni bonne ni avantageuse, lorsqu'elle est injuste. Quiconque ignore cette vérité, ne peut être un honnête homme. Le consulaire Fimbria, suivant ce que mon père nous racontait dans mon enfance, avait été donné pour juge à M. Lutatius Pinthia, chevalier romain des plus honorables, qui s'était engagé à prouver en justice qu'il était honnête homme. Fimbria lui dit qu'il ne prononcerait jamais dans une telle affaire, de peur d'enlever à un homme estimé sa réputation, s'il jugeait contre lui, ou de paraître établir qu'il existait un parfait honnête homme, malgré les innombrables devoirs et les mérites infinis dont cette qualité se compose. Or, cet homme de bien, dont la notion se révélait à Fimbria, et non pas seulement à Socrate, ne

noverat, nullo modo videri potest [1] quidquam esse utile,
9 quod non honestum sit. Itaque talis vir non modo facere, sed ne cogitare quidem quidquam audebit, quod
10 non audeat prædicare. Hæc non turpe est dubitare philosophos, quæ ne rustici quidem dubitent? a quibus natum est id, quod jam contritum est vetustate proverbium. Quum enim fidem alicujus bonitatemque laudant, dignum esse dicunt, quicum in tenebris mices.
11 Hoc quam habet vim, nisi illam, nihil expedire, quod non deceat, etiam si id possis nullo refellente obtinere?
12 Videsne hoc proverbio, neque Gygi illi posse veniam dari; neque huic, quem paullo ante fingebam digitorum percussione hereditates omnium posse converrere? Ut enim, quod turpe est, id quamvis occultetur, tamen honestum fieri nullo modo potest : sic, quod honestum non est, id utile ut sit, effici non potest, adversante et repugnante natura.

XX. At enim, quum permagna præmia sunt, est causa peccandi. C. Marius, quum a spe consulatus longe abesset, et jam septimum annum post præturam jaceret, neque petiturus unquam consulatum videretur, Q. Metellum, cujus legatus erat, summum virum et civem, quum ab eo, imperatore suo, Romam missus esset, apud populum romanum criminatus est, bellum illum ducere, si se consulem fecissent, brevi tempore, aut vivum, aut mortuum Jugurtham se in potestatem
2 populi romani redacturum [2]. Itaque factus est ille quidem consul : sed a fide justitiaque discessit, qui optimum et gravissimum civem, cujus legatus, et a quo
3 missus esset, in invidiam falso crimine adduxerit. Ne noster quidem Gratidianus officio boni viri functus est tum, quum prætor esset, collegiumque prætorum tribuni plebis adhibuissent, ut res nummaria de communi sententia constitueretur. Jactabatur enim temporibus illis nummus sic, ut nemo posset scire, quid haberet.

<hr>

1. Sic Heusing., Lall., Orelli, Zumpt, alii; Dübner : posset. — 2. Sic Lall., Orelli, cum plur. codd., alii Heusing., Gernh., Beier, Zumpt, Dübner : daturum.

peut en aucune façon trouver utile une chose qui ne serait pas honnête. Aussi un tel homme ne se permettra pas une action, pas même une pensée qu'il ne puisse avouer publiquement. N'est-il pas honteux que des philosophes aient là-dessus des doutes que n'ont pas de simples villageois, comme le prouve un vieux proverbe qui est né parmi eux? Lorsqu'ils louent la probité et la candeur de quelqu'un, C'est un homme, disent-ils avec lequel on pourrait jouer à la mourre dans les ténèbres. Que signifient ces paroles, si ce n'est qu'une affaire n'est jamais bonne, si elle n'est honorable, dût-elle réussir sans aucune contradiction? Voyez-vous bien maintenant qu'on ne peut excuser ni ce fameux Gygès, ni l'homme auquel je supposais tout à l'heure le pouvoir d'absorber tous les héritages par un simple mouvement de ses doigts? Oui : s'il est vrai qu'une action honteuse, quelque secrète qu'elle puisse être, ne pourra jamais devenir honnête, il est également vrai que ce qui n'est pas honnête ne saurait jamais être utile en dépit de la nature et contre ses lois.

XX. Mais, dira-t-on, un grand intérêt peut excuser certaines fautes. C. Marius, à une époque où il se voyait bien peu de chances d'être consul, et lorsqu'après sept ans d'oubli écoulés depuis sa préture, il n'y avait plus même d'apparence qu'il briguât jamais le consulat, fut envoyé à Rome par Q. Métellus, dont il était le lieutenant ; et là, oubliant que cet homme illustre, ce grand citoyen, était son général, il l'accusa devant le peuple de traîner la guerre en longueur, et promit, si on le faisait lui-même consul, de remettre bientôt Jugurtha, mort ou vif, en la puissance du peuple romain. Marius fut donc fait consul ; mais il s'écarta du devoir et de la justice, lorsque, sans respect pour les vertus d'un bon citoyen, dont il était le lieutenant et l'envoyé, il l'exposa par ses calomnies à la haine publique. Notre parent, Marius Gratidianus, ne remplit pas non plus le devoir d'un honnête homme, lorsque, pendant sa préture, les tribuns du peuple s'adjoignirent le collége des préteurs, pour régler d'un commun accord l'affaire des monnaies. La valeur du denier était alors si flottante, que personne ne pouvait savoir ce qu'il possé-

4 Conscripserunt communiter edictum cum pœna atque
judicio; constitueruntque, ut omnes simul in rostra
5 post meridiem escenderent. Et ceteri quidem alius alio.
Marius a subselliis in rostra recta, idque, quod communiter compositum fuerat, solus edixit. Et ea res, si
quæris. ei magno honori fuit. Omnibus vicis statuæ;
ad eas tus, cerei. Quid multa? Nemo unquam multi-
6 tudini fuit carior. Hæc sunt quæ conturbent in deliberatione nonnunquam, quum id, in quo violatur æquitas, non ita magnum, illud autem, quod ex eo paritur.
permagnum videtur : ut Mario, præripere collegis et
tribunis plebis popularem gratiam, non ita turpe; consulem ob eam rem fieri, quod sibi tum proposuerat,
7 valde utile videbatur. Sed omnium una regula est,
quam tibi cupio esse notissimam : aut illud, quod utile
videtur, turpe ne sit; aut si turpe est, ne videatur
8 esse utile. Quid igitur? possumusne aut illum Marium
virum bonum judicare, aut hunc? Explica atque excute
intelligentiam tuam, ut videas, quæ sit in ea species,
9 forma et notio viri boni. Cadit ergo in virum bonum
mentiri emolumenti sui causa, criminari, præripere,
10 fallere? Nihil profecto minus. Est ergo ulla res tanti,
aut commodum ullum tam expetendum, ut viri boni et
11 splendorem et nomen amittas? Quid est quod afferre
tantum utilitas ista. quæ dicitur, possit, quantum au-
ferre, si boni viri nomen eripuerit, fidem justitiamque
12 detraxerit? Quid enim interest, utrum ex homine se
convertat quis in belluam, an in hominis figura imma-
nitatem gerat belluæ?

XXI. Quid? qui omnia recta et honesta negligunt,
dummodo potentiam consequantur, nonne idem faciunt,
quod is, qui etiam socerum habere voluit eum, cujus
2 ipse audacia potens esset? Utile ei videbatur plurimum
posse alterius invidia; id quam injustum in patriam,

dait. Ils rédigèrent de concert un édit, avec sanction pénale et action judiciaire, et convinrent de monter ensemble dans l'après-midi à la tribune aux harangues. Là-dessus, chacun s'en alla de son côté, hormis Gratidianus qui, de l'assemblée, courut droit aux rostres et publia seul l'édit rédigé en commun. Cette action, si vous le demandez, le mit en grande faveur. Des statues lui furent dressées dans toutes les rues; à côté fumait l'encens, brûlaient des flambeaux. Bref, jamais homme ne fut plus cher à la multitude. Voilà de ces cas où l'esprit s'embarrasse quelquefois, en croyant voir d'une part, une infraction assez peu grave aux lois de l'équité, et de l'autre un avantage considérable. Ainsi Gratidianus n'estimait pas qu'il fût très-honteux de ravir à ses collègues et aux tribuns du peuple leur part de la faveur populaire, et il lui paraissait fort utile d'obtenir par ce moyen la dignité de consul, objet de son ambition. Mais il est pour tous ces cas une seule règle, que je tiens à vous faire bien connaître : c'est de s'assurer que la chose que l'on croit utile, n'est pas honteuse, ou, si elle est honteuse, c'est de croire qu'elle n'est pas utile. Quoi donc? Pouvons-nous reconnaître un honnête homme, ou dans le premier Marius ou dans celui-ci? Consultez votre intelligence, ouvrez-en les replis, afin d'y chercher le type idéal et la notion de l'honnête homme. Un honnête homme est-il capable de mentir par intérêt, de calomnier, de supplanter, de tromper? Non, évidemment non. Y a-t-il donc un bien assez précieux, un avantage assez désirable, pour mériter qu'on lui sacrifie et la dignité et le nom d'honnête homme? Et que peut cette utilité prétendue vous apporter d'aussi grand que ce qu'elle vous ôte, si elle vous dépouille du titre d'homme de bien, si elle vous enlève la justice et la bonne foi? Que l'on passe en effet de l'état d'homme à celui de bête féroce, ou que, sous la figure humaine, on cache la férocité de la bête, où est la différence?

XXI. Et ceux pour qui la justice et l'honnêteté ne sont rien, pourvu qu'ils acquièrent du pouvoir, que font-ils autre chose que celui qui alla jusqu'à se choisir un beau-père dont l'audace pût le rendre puissant? Il voyait de l'avantage à posséder une autorité dont l'odieux retombait

et quam turpe, et quam inutile esset, non videbat.
3 Ipse autem socer in ore semper græcos versus de Phœnissis habebat, quos dicam ut potero; incondite fortasse, sed tamen ut res possit intelligi :

Nam si violandum est jus, regnandi gratia
Violandum est . aliis rebus pietatem colas.

4   Capitalis Eteocles, vel potius Euripides, qui id unum,
quod omnium sceleratissimum fuerit, exceperit! Quid
igitur minuta colligimus, hereditates, mercaturas, ven-
5 ditiones fraudulentas? Ecce tibi, qui rex populi romani dominusque omnium gentium esse concupiverit,
6 idque perfecerit. Hanc cupiditatem si honestam quis
esse dicit, amens est. Probat enim legum et libertatis
interitum ; earumque oppressionem, tetram et detesta-
7 bilem. gloriosam putat. Qui autem fatetur, honestum
non esse in ea civitate, quæ libera fuit, quæque esse
debeat, regnare, sed ei, qui id facere possit, esse
utile : qua hunc objurgatione aut quo potius convicio a
8 tanto errore coner avellere? Potest enim, dii immortales! cuiquam esse utile fœdissimum et teterrimum
parricidium patriæ : quamvis is, qui se eo obstrinxerit,
9 ab oppressis civibus Parens nominetur? Honestate igitur dirigenda utilitas est, et quidem sic, ut hæc duo,
verbo inter se discrepare, re unum sonare videantur.
10 Non habeo, ad vulgi opinionem, quæ major utilitas,
quam regnandi, esse possit : nihil contra inutilius ei,
qui id injuste consecutus sit, invenio, quum ad verita-
11 tem cœpi revocare rationem. Possunt enim cuiquam
esse utiles angores, sollicitudines, diurni et nocturni
metus, vita insidiarum periculorumque plenissima?

12   Multi iniqui atque infideles regno, pauci sunt boni,

inquit Attius. At cui regno? Quod a Tantalo et Pelope
13 proditum jure obtinebatur. Nam quanto plures ei regi

sur un autre; il ne voyait pas tout ce que cette politique avait d'injuste envers la patrie, de funeste, de honteux. Quant au beau-père, il avait toujours à la bouche deux vers grecs des Phéniciennes que je traduirai comme je pourrai, peut-être sans élégance, de manière toutefois à en rendre le sens : « S'il faut violer la justice, c'est pour régner qu'il la faut violer; dans tout le reste soyez fidèle au devoir. » O condamnable pensée d'Étéocle, ou plutôt d'Euripide, qui du nombre des crimes excepte le plus affreux ! Eh ! qu'allons-nous ramasser ici de misérables délits, héritages volés, marchés où l'on trompe, ventes frauduleuses? Voici venir un homme qui a conçu le désir d'être le roi du peuple romain et le maître de toutes les nations, et qui est arrivé à son but. Quiconque tient pour honnête une telle ambition, a perdu le bon sens; il approuve le renversement des lois et de la liberté; il glorifie celui qui les étouffe sous une monstrueuse et détestable oppression. Que si quelqu'un, tout en convenant qu'il n'est pas honnête de se faire roi d'une cité qui fut libre, et qui a droit de l'être, soutient que cela est utile à qui peut y réussir, par quelles paroles de blâme, ou plutôt de colère, essayerai-je de l'arracher à cette prodigieuse erreur? Se peut-il, dieux immortels! qu'il y ait un homme auquel soit utile le plus odieux et le plus effroyable des parricides, celui de la patrie, dût ce grand coupable recevoir des citoyens opprimés le glorieux nom de Père? C'est donc l'honnêteté seule qui doit être la mesure de l'utilité, à ce point que ces deux choses de noms différents se confondent pour nous dans une même idée. Je ne vois pas, à en juger comme le vulgaire, ce qu'il peut y avoir de plus utile que de régner; tandis qu'au point de vue de la vérité, je ne trouve rien qui le soit moins, pour celui qui s'est injustement saisi du pouvoir. De quelle utilité peuvent être, en effet, les angoisses, les inquiétudes, des jours et des nuits passés dans la crainte, une vie pleine d'embûches et de périls? « Beaucoup de malveillants et de traîtres, peu d'amis fidèles, entourent la royauté, » dit Attius. Et quelle royauté? celle qui, transmise par Tantale et Pélops, était possédée au plus juste titre. Combien dut-il avoir plus d'ennemis ce roi qui, avec une armée

putas, qui exercitu populi romani populum ipsum romanum oppressisset, civitatemque non modo liberam, sed etiam gentibus imperantem, servire sibi coegisset! Hunc tu quas conscientiæ labes in animo censes ha-

14 buisse! quæ vulnera! Cujus autem vita ipsi potest utilis esse, quum ejus vitæ ea conditio sit, ut qui illam eripuerit, in maxima et gratia futurus sit et gloria?

15 Quod si hæc utilia non sunt, quæ maxime videntur, quia plena sunt dedecoris ac turpitudinis, satis persuasum esse debet, nihil esse utile, quod non honestum sit.

XXII. Quamquam id quidem, quum sæpe alias, tum Pyrrhi bello a C. Fabricio, consule iterum, et a senatu

2 nostro judicatum est. Quum enim rex Pyrrhus populo romano bellum ultro intulisset, quumque de imperio certamen esset cum rege generoso ac potente, perfuga ab eo venit in castra Fabricii, eique est pollicitus, si præmium sibi proposuisset, se, ut clam venisset, sic clam in Pyrrhi castra rediturum, et cum veneno necaturum. Hunc Fabricius reducendum curavit ad Pyr-

3 rhum, idque ejus factum laudatum a senatu est. Atqui si speciem utilitatis opinionemque quærimus, magnum illud bellum perfuga unus et gravem adversarium imperii sustulisset; sed magnum dedecus et flagitium, quicum laudis certamen fuisset, cum non virtute, sed

4 scelere superatum. Utrum igitur utilius vel Fabricio, qui talis in hac urbe, qualis Aristides Athenis fuit, vel senatui nostro, qui nunquam utilitatem a dignitate se-

5 junxit. armis cum hoste certare, an venenis! Si gloriæ causa imperium expetendum est, scelus absit, in quo non potest esse gloria : sin ipsæ opes expetuntur quo-

6 quo modo, non poterunt utiles esse cum infamia. Non igitur utilis illa L. Philippi, Quinti filii, sententia, quas civitates L. Sulla, pecunia accepta, ex senatusconsulto liberavisset, ut eæ rursus vectigales essent, neque iis pecuniam, quam pro libertate dederant, redderemus.

11.

du peuple romain, accabla le peuple romain lui-même, et réduisit une cité libre, une cité souveraine des nations, à subir ses lois! Quels durent être les tourments de sa conscience, les plaies de son âme! Et pour quel homme la vie peut-elle être un bien, lorsque telle est la condition de cette vie, que la reconnaissance publique et la gloire attendent quiconque l'en privera? Si donc les choses qui paraissent le plus utiles ne le sont point, à cause du déshonneur et de la turpitude dont elles sont entachées, vous devez être suffisamment persuadé qu'aucune chose n'est utile, à moins qu'elle ne soit honnête.

XXII. Cette vérité, consacrée par tant d'exemples, l'a été surtout, dans la guerre de Pyrrhus, par celui que donnèrent Fabricius, consul pour la seconde fois, et le sénat romain. Pyrrhus était agresseur, et dans la lutte avec ce roi brave et puissant, il s'agissait de l'empire. Un transfuge vint de son camp dans le nôtre, et promit au consul, s'il lui assurait une récompense, de retourner chez Pyrrhus aussi secrètement qu'il en était venu, et de l'empoisonner. Fabricius le fit reconduire à son maître, et cette action fut louée par le sénat. Or, à ne regarder que l'apparence de l'utile et l'idée qu'on s'en forme, un seul transfuge délivrait la république d'une grande guerre et d'un adversaire redoutable; mais quelle honte et quelle ignominie, qu'un rival de gloire eût été vaincu par le crime et non par la valeur! Lequel des deux était donc le plus utile, soit pour Fabricius, qui fut à Rome un second Aristide, soit pour notre sénat, qui jamais ne sépara l'utilité de l'honneur, de combattre un ennemi avec les armes ou avec le poison? Si c'est pour la gloire que l'empire est désirable, qu'on s'abstienne du crime, dans lequel il n'y a jamais de gloire; si c'est la puissance que l'on veut à tout prix, elle ne peut être utile avec l'infamie. Ce n'était donc pas un conseil utile que donnait L. Philippus, fils de Quintus, en proposant que les villes affranchies par Sylla, en vertu d'un sénatus-consulte, et qui avaient payé cette faveur, redevinssent tributaires, sans qu'on leur rendît le prix de leur rançon. Le sénat suivit ce

7 Est ei senatus assensus. Turpe imperio! piratarum
enim melior fides[1]. At aucta vectigalia : utile igitur.
8 Quousque audebunt dicere quidquam utile, quod non
honestum? Potest autem ulli imperio, quod gloria ful-
tum esse debet, et benevolentia sociorum, utile esse
9 odium et infamia? Ego etiam cum Catone meo saepe
dissensi. Nimis mihi praefracte videbatur aerarium
vectigaliaque defendere . omnia publicanis negare ,
multa sociis : quum in hos benefici esse deberemus,
cum illis sic agere. ut cum colonis nostris soleremus :
eoque magis. quod illa ordinum conjunctio ad salutem
10 reipublicae pertinebat. Male etiam Curio, quum causam
Transpadanorum aequam esse dicebat ; semper autem
11 addebat : Vincat utilitas[2]. Potius diceret, non esse
aequam, quia non esset utilis reipublicae, quam quum
utilem non diceret esse, aequam fateretur.

XXIII. Plenus est sextus liber de officiis Hecatonis
talium quaestionum : Sitne boni viri, in maxima caritate annonae, familiam non alere? In utramque partem
disputat : sed tamen ad extremum utilitate officium di-
2 rigit magis quam humanitate. Quaerit, si in mari jactura facienda sit, equine pretiosi potius jacturam
faciat, an servuli vilis? Hic alio res familiaris, alio du-
3 cit humanitas. Si tabulam de naufragio stultus arripue-
4 rit, extorquebitne eam sapiens, si potuerit? Negat,
quia sit injurium. Quid? dominus navis, eripietne
suum ? Minime, non plus, quam[3] navigantem in alto
ejicere de navi velit, quia sua sit. Quoad enim perven-
tum sit eo, quo sumpta navis est, non domini est navis.
5 sed navigantium. Quid? si una tabula sit, duo nau-
fragi . eique sapientes, sibine uter[4] rapiat, an alter

---

1. Sic, post Lang., Facciol., Heumann., Gernh., Beier. Orelli ; Heusing.. Lall.. Zumpt. Dübner, cum vulg. add. quam senatus. — 2. Orelli,
ex uno cod.. add. reipublicae. — 3. Sic Heusing., Gernh., Beier, Orelli,
Zumpt. Dübner; Impr. veter. et vulg. : quam si. — 4. Sic, e codd.,
Lang.. Fabric.. Gernh., Beier, Orelli ; Pearce, Facciol. : sibine uterque ,
Lall. : sibine utervis Heusing., Dübner, Zumpt. cum Bern. codd. :
sibi neuter

conseil, à la honte de l'empire ; car des pirates montrent
plus de bonne foi. Mais cette mesure grossit nos revenus ;
elle était donc utile. Jusques à quand osera-t-on dire qu'une
chose est utile, lorsqu'elle n'est pas honnête ? Quand tout
empire doit avoir pour appui la gloire et l'affection de ses
alliés, en est-il un auquel puissent être utiles la haine et
l'infamie ? Quoique ami de Caton, j'ai souvent pensé autrement que lui. Il me paraissait d'une excessive âpreté à défendre le trésor et les revenus publics. Il refusait tout aux
fermiers de l'État, beaucoup aux alliés ; tandis que nous
aurions dû nous montrer généreux envers ceux-ci, et agir
avec ceux-là comme chacun de nous agit avec ses propres
fermiers, d'autant plus que cette union des deux ordres
importait au salut de la république. Curion avait tort aussi,
lorsqu'après avoir dit que la cause des Transpadans était
juste, il ne manquait jamais d'ajouter ces mots : Que l'utilité l'emporte ! Mieux eût valu dire qu'elle n'était pas juste,
par cela même qu'elle n'était pas avantageuse à la république, que de la combattre comme désavantageuse,
et d'avouer qu'elle était juste.

XXIII. Le sixième livre d'Hécaton sur les devoirs est plein
de questions comme celles-ci : Est-il d'un honnête homme,
dans une extrême cherté de vivres, de ne pas nourrir ses
esclaves ? Il discute les raisons pour et contre ; mais, en dernière analyse, il règle le devoir sur l'intérêt plutôt que sur
l'humanité. Il demande si, pour alléger un vaisseau en péril, on doit jeter à la mer un cheval de prix ou un esclave de
peu de valeur. Ici l'intérêt conseille une chose, l'humanité
une autre. Un sot, dans un naufrage, s'est emparé d'une
planche ; si un sage peut la lui arracher, le fera-t-il ? Non,
dit le philosophe, car cela serait injuste. Et le maître du
navire reprendra-t-il son bien ? Nullement, pas plus qu'en
pleine mer, il ne voudrait chasser un passager du vaisseau,
parce que ce vaisseau est à lui. En effet, jusqu'à ce qu'on
soit arrivé au lieu pour lequel on a pris passage, le navire
n'est pas à son maître ; il est aux passagers. Et s'il n'y a
qu'une planche et deux naufragés, tous les deux sages ? se
la disputeront-ils, ou l'un doit-il la céder à l'autre ? Elle doit

cedat alteri ? Cedat vero : sed ei, cujus magis intersit
vel sua vel reipublicæ causa, vivere. Quid? si hæc paria
6 in utroque? Nullum erit certamen, sed, quasi sorte aut
7 micando victus, alteri cedet alter. Quid ? si pater fana
expilet, cuniculos agat ad ærarium, indicetne id magistratibus filius ? Nefas id quidem est ; quin etiam
defendat patrem, si arguatur. Non igitur patria præstat
omnibus officiis ? Immo vero : sed ipsi patriæ condu-
8 cit, pios cives habere in parentes. Quid ? si tyrannidem
occupare, si patriam prodere conabitur pater, silebitne
filius ? Immo vero obsecrabit patrem, ne id faciat ; si
nihil proficiet, accusabit, minabitur etiam ; ad extremum, si ad perniciem patriæ res spectabit, patriæ sa-
9 lutem anteponet saluti patris. Quærit etiam, si sapiens
adulterinos nummos acceperit imprudens pro bonis,
quum id rescierit, soluturusne sit eos, si cui debeat,
pro bonis. Diogenes ait ; Antipater negat, cui potius as-
10 sentior. Qui vinum fugiens vendat sciens, debeatne
dicere ? Non necesse putat Diogenes ; Antipater viri
11 boni existimat. Hæc sunt quasi controversa jura[1] stoicorum. In mancipio vendendo dicendane vitia, non ea,
quæ nisi dixeris, redhibeatur mancipium jure civili, sed
hæc, mendacem esse, aleatorem, furacem, ebriosum ?
12 Alteri dicenda videntur, alteri non videntur. Si quis
aurum vendens, orichalcum se putet vendere, indicetne
ei vir bonus, aurum illud esse, an emat denario, quod
sit mille denarium ? Perspicuum est jam, et quid mihi
videatur, et quæ sit inter eos philosophos, quos nominavi, controversia.

XXIV. Pacta et promissa semperne servanda sint,
quæ nec vi nec dolo malo, ut prætores solent, facta
2 sint ? Si quis medicamentum cuipiam dederit ad aquam
intercutem, pepigeritque, si eo medicamento sanus
factus esset, ne illo medicamento unquam postea ute-

1. Sic post Heusing. optim. edit.; Impr. veter.: controversiæ in jure.

être cédée, mais à celui dont la vie importe le plus ou à lui-même, ou à la république. Mais si toutes les choses sont égales entre eux ? Alors point de dispute : l'un des deux cédera spontanément, comme si le sort ou le jeu de mourre en avaient décidé. Et si un père fait métier de piller les temples, s'il pratique des souterrains pour voler le trésor, son fils le dénoncera-t-il aux magistrats ? Ce serait une impiété ; il doit même défendre son père, si un autre l'accuse. L'intérêt de la patrie ne passe donc pas avant tous les devoirs ? Si vraiment ; mais il importe à la patrie elle-même d'avoir des citoyens qui chérissent leurs pères. Et si un père aspire à la tyrannie, s'il cherche à trahir l'État, son fils se taira-t-il ? Non sans doute. il suppliera son père de renoncer à un tel projet ; si la prière ne réussit pas, il emploiera les reproches, les menaces même ; à la fin, si l'existence de la république est compromise, il préférera le salut de la patrie à celui de son père. Hécaton demande encore si un sage qui, sans le savoir, aurait reçu pour bonnes des pièces fausses, pourrait, après s'en être aperçu, les passer lui-même en payement, comme si elles étaient bonnes. Diogène dit oui ; Antipater dit non, et c'est à ce dernier avis que je me range. Un homme vend du vin qui n'est pas de garde, et il le sait ; doit-il en avertir ? Selon Diogène, il n'y est pas obligé ; selon Antipater, c'est un devoir d'honnête homme. Ce sont là comme les points litigieux de la jurisprudence du portique. Lorsqu'on vend un esclave, doit-on déclarer ses défauts, je ne dis pas ceux qui, en cas de réticence, donnent lieu à l'action rédhibitoire, mais le mensonge, par exemple, le jeu, le larcin, l'ivrognerie ? L'un pense qu'il faut parler ; l'autre, qu'on peut se taire. Si une personne vend de l'or, en croyant vendre du cuivre, un acheteur honnête l'avertira-t-il que c'est de l'or, ou achètera-t-il un denier ce qui en vaut mille ? On voit assez et quel est mon avis, et comment ces questions sont débattues entre les philosophes que j'ai nommés.

XXIV. Faut-il toujours exécuter les conventions et les promesses qui ne sont le fait, pour parler comme les préteurs, ni de la violence ni du dol ? Supposez un malade auquel on ait donné un remède contre l'hydropisie, à la condition expresse, que s'il guérit, il n'en fera usage que

retur; si eo medicamento sanus factus sit, et annis aliquot post inciderit in eumdem morbum, nec ab eo, quicum pepigerat, impetret, ut item eo liceat uti : quid faciendum sit ? Quum sit is inhumanus, qui non concedat, nec ei quidquam fiat injuriæ, vitæ et saluti consulendum. Quid? si quis sapiens rogatus sit ab eo, qui eum heredem faciat, quum ei testamento sestertium millies relinquatur, ut ante quam hereditatem adeat, luce palam in foro saltet, idque se facturum promiserit, quod aliter heredem eum scripturus ille non esset : faciat, quod promiserit, necne ? Promisisse nollem, et id arbitror fuisse gravitatis. Sed quoniam promisit, si saltare in foro turpe ducet, honestius mentietur, si ex hereditate nihil ceperit, quam si ceperit[1] ; nisi forte eam pecuniam in reipublicæ magnum aliquod tempus contulerit, ut vel saltare, quum patriæ consulturus sit, turpe non sit.

XXV. Ac ne illa quidem promissa servanda sunt, quæ non sunt iis ipsis utilia, quibus illa promiseris. Sol Phaethonti filio, ut redeamus ad fabulas, facturum se esse dixit, quidquid optasset. Optavit ut in currum patris tolleretur. Sublatus est. Atque insanus, antequam constitit, ictu fulminis deflagravit. Quanto melius fuerat, in hoc promissum patris non esse servatum ! Quid? quod Theseus exegit promissum a Neptuno. Cui quum tres optationes Neptunus dedisset, optavit interitum Hippolyti filii, quum is patri suspectus esset de noverca : quo optato impetrato, Theseus in maximis fuit luctibus. Quid ? Agamemnon quum devovisset Dianæ, quod in suo regno pulcherrimum natum esset illo anno, immolavit Iphigeniam, qua nihil erat eo quidem anno natum pulchrius. Promissum potius non faciendum, quam tam tetrum facinus admittendum fuit. Ergo et promissa non facienda nonnunquam, neque semper deposita

---

[1] Sic Codd., Zumpt, cum vulg.; Heusing. Orelli del. q. s. ceperit.

cette fois seulement. Ce remède l'a guéri ; mais au bout de quelques années, la maladie est revenue , et il ne peut obtenir de celui avec lequel il avait traité, la permission de s'en servir de nouveau. Que doit-il faire ? Comme celui qui refuse cette permission est inhumain, et que d'ailleurs on peut s'en passer sans lui faire aucun tort, le malade verra ce qu'exigent sa vie et sa santé. Autre question : un sage est prié par une personne qui le fait son héritier, et lui lègue cent millions de sesterces, de danser en plein jour sur la place publique, avant de recueillir la succession qu'elle lui laisse, et ce sage promet de le faire, parce qu'autrement le testateur ne le nommerait pas héritier. Doit-il, ou non, tenir sa promesse ? Je voudrais qu'il n'eût pas promis , et cela pour l'honneur de son caractère. Mais puisqu'il a donné sa parole, s'il tient pour honteux de danser dans le forum, le mieux est de se dédire, en n'acceptant rien de l'héritage , à moins toutefois qu'il ne survienne quelque grande nécessité publique à laquelle il puisse appliquer ce trésor, en sorte que le service qu'il va rendre à la patrie lui permettra même de danser sans encourir la honte.

XXV. Il ne faut pas non plus accomplir les promesses qui nuiraient à ceux mêmes à qui on les a faites. Le Soleil (pour en revenir à la fable) promit à Phaéthon, son fils, de lui accorder tout ce qu'il désirerait. Phaéthon désira de monter sur le char de son père. Il y monta ; et l'imprudent, avant de pouvoir s'arrêter, périt consumé par la foudre. Combien eût-il mieux valu que son père n'eût pas tenu la parole qu'il lui avait donnée ? Que dire de Thésée réclamant l'accomplissement des promesses de Neptune ? Comme ce dieu lui avait permis de former trois souhaits, il souhaita la mort d'Hippolyte , son fils, qu'il soupçonnait d'un amour coupable pour sa belle-mère. Ce vœu fut exaucé, et Thésée tomba dans d'inconsolables douleurs. Que dire d'Agamemnon, qui, s'étant obligé par un vœu d'immoler à Diane ce que son royaume verrait naître de plus beau dans l'année, immola Iphigénie, parce que , cette année-là en effet, rien n'était né de plus beau ? Il valait mieux ne pas remplir sa promesse, que de commettre une action si horrible. Il est donc telle promesse qu'il ne faut pas tenir, comme il est tel dépôt qu'il ne faut pas rendre. Si un homme sain d'esprit a

6 reddenda. Si gladium quis apud te sana mente depo-
suerit, repetat insaniens; reddere peccatum sit, officium
7 non reddere. Quid? si is, qui apud te pecuniam de-
posuerit, bellum inferat patriæ, reddasne depositum?
Non, credo. Facias enim contra rempublicam, quæ
8 debet esse carissima. Sic multa. quæ honesta natura
videntur esse, temporibus fiunt non honesta. Facere
promissa, stare conventis, reddere deposita, commu-
9 tata utilitate. fiunt non honesta. Ac de iis quidem, quæ
videntur esse utilitates contra justitiam, simulatione
10 prudentiæ, satis arbitror dictum. Sed quoniam a quatuor fontibus honestatis primo libro officia duximus, in
eisdem versabimur. quum docebimus, ea quæ videntur
11 esse utilia. neque sunt, quam sint virtutis inimica. Ac
de prudentia quidem, quam vult imitari malitia.
itemque de justitia, quæ semper est utilis, disputatum
12 est. Reliquæ sunt duæ partes honestatis, quarum altera in animi excellentis magnitudine et præstantia
cernitur. altera in conformatione et moderatione conti-
nentiæ et temperantiæ.

XXVI. Utile videbatur Ulixi (ut quidem poetæ tragici
prodiderunt; nam apud Homerum, optimum auctorem,
talis de Ulixe nulla suspicio est), sed insimulant eum
tragœdiæ. simulatione insaniæ militiam subterfugere
2 voluisse. Non honestum consilium. At utile, ut aliquis
fortasse dixerit, regnare, et Ithacæ vivere otiose cum
parentibus, cum uxore, cum filio. Ullum tu decus in
quotidianis laboribus et periculis cum hac tranquillitate
3 conferendum putas? Ego vero istam contemnendam et
abjiciendam; quoniam, quæ honesta non sit, ne utilem
4 quidem esse arbitror. Quid enim auditurum putas fuisse
Ulixem, si in illa simulatione perseveravisset? qui quum
maximas res gesserit in bello, tamen hæc audiat ab
Ajace:

> Cujus ipse princeps jurisjurandi fuit,
> Quod omnes scitis, solus neglexit fidem.
> Furere assimulare ne coiret institit.

déposé chez vous son épée, et qu'à l'époque où il la rede-
mande , il soit en démence , la rendre serait une faute, la
retenir est un devoir. Et si le propriétaire d'une somme
d'argent qui vous est confiée , vient à faire la guerre à la
patrie, lui rendrez-vous son dépôt? Je ne le crois pas : ce
serait agir contre la république, qui doit vous être chère
par-dessus tout. Ainsi bien des choses qui, par nature,
semblent honnêtes, cessent de l'être par circonstance. Faire
ce qu'on a promis, observer une convention, rendre un dépôt, sont des actes qui cessent d'être honnêtes, lorsqu'ils
vont contre leur but. Je crois en avoir assez dit sur ces utili-
tés prétendues, qui se produisent en opposition à la justice,
sous le masque de la prudence. Mais , puisque nous avons
indiqué, dans le premier livre, quatre sources de l'honnête, d'où les devoirs découlent , c'est rester fidèle à notre
plan que de montrer combien les choses qui paraissent utiles
sans l'être en effet, sont ennemies de la vertu. Or, nous avons
déjà traité de la prudence, que la ruse essaye de contrefaire,
et de la justice, qui est toujours utile. Restent deux parties
de l'honnête, dont l'une se manifeste dans la grandeur et la
force d'une âme élevée, l'autre dans la mesure et l'harmonie d'une conduite réglée par la tempérance.

XXVI. Il semblait utile à Ulysse de jouer la folie (si toutefois l'on en croit les poëtes tragiques ; car Homère , la
meilleure des autorités, ne dit rien qui autorise un tel soupçon), mais enfin les tragédies accusent Ulysse d'avoir voulu,
en jouant la folie, échapper à la guerre. Ce dessein n'était
pas honnête. Mais , dira-t-on peut-être, il est avantageux
pour Ulysse de régner, de vivre en paix à Ithaque avec ses
parents, auprès de sa femme et de son fils. Et quelle gloire
peuvent donner des périls et des travaux chaque jour re-
naissants, qui soit comparable à cette vie tranquille? Je dis,
moi, que cette vie est à mépriser et à fuir, puisque, à mon
sens, n'étant pas honnête, elle ne peut pas non plus être
utile. Et quels discours eussent retenti aux oreilles
d'Ulysse, s'il eût persévéré dans sa feinte, lui qui, après
d'admirables exploits, s'entend dire par Ajax : « Ce serment solennel qu'il fit le premier, vous le savez tous, lui
seul a osé le trahir. Il s'est couvert du masque de la folie
pour ne pas suivre l'armée ; et si l'œil pénétrant de Pala-

Quod ni Palamedis perspicax prudentia
Istius percepset malitiosam audaciam,
Fide sacratum jus perpetuo falleret.

5 Illi vero non modo cum hostibus, verum etiam cum
fluctibus, id quod fecit, dimicare melius fuit, quam
descrere consentientem Græciam ad bellum barbaris
6 inferendum. Sed omittamus et fabulas, et externa : ad
7 rem factam nostramque veniamus. M. Atilius Regulus,
quum consul iterum in Africa ex insidiis captus esset,
duce Xanthippo Lacedæmonio, imperatore autem patre
Annibalis Hamilcare, juratus missus est ad senatum,
ut, nisi redditi essent Pœnis captivi nobiles quidam,
8 rediret ipse Carthaginem. Is quum Romam venisset,
utilitatis speciem videbat, sed eam, ut res declarat,
falsam judicavit ; quæ erat talis : manere in patria, esse
domi suæ cum uxore, cum liberis, quam calamitatem
accepisset in bello, communem fortunæ bellicæ judi-
cantem, tenere consularis dignitatis gradum. Quis hæc
neget esse utilia ? Quem censes ? Magnitudo animi et
fortitudo negat.

XXVII. Num locupletiores quæris auctores ? Harum
enim est virtutum proprium, nihil extimescere, omnia
2 humana despicere, nihil, quod homini accidere possit,
intolerandum putare. Itaque quid fecit ? In senatum venit, mandata exposuit ; sententiam ne diceret, recusa-
vit : quamdiu jurejurando hostium teneretur, non esse
3 se senatorem. Atque illud etiam (o stultum hominem,
dixerit quispiam, et repugnantem utilitati suæ !) reddi
captivos negavit esse utile : illos enim adolescentes
4 esse et bonos duces, se jam confectum senectute. Cujus quum valuisset auctoritas, captivi retenti sunt,
ipse Carthaginem rediit : neque eum caritas patriæ re-
5 tinuit, nec suorum. Neque vero tum ignorabat, se ad
crudelissimum hostem et ad exquisita supplicia profi-
6 cisci ; sed jusjurandum conservandum putabat. Itaque
tum, quum vigilando necabatur, erat in meliore causa,
quam si domi senex captivus, perjurus consularis re-

mède n'eût deviné sa ruse audacieuse, il tromperait encore aujourd'hui les droits sacrés de la foi promise. » Oui : ce fut pour Ulysse un plus grand avantage de lutter non-seulement contre l'ennemi, mais contre les flots, ainsi qu'il le fit, que de déserter la cause de la Grèce, liguée pour faire la guerre aux barbares. Mais laissons là les fables et les exemples étrangers; passons à des faits réels et tirés de notre histoire. M. Atilius Régulus, consul pour la seconde fois, ayant été pris en Afrique, dans une embuscade dressée par le Lacédémonien Xanthippe, qui commandait sous Hamilcar, père d'Annibal, fut envoyé vers le sénat, après avoir promis par serment que, si l'on ne rendait pas aux Carthaginois certains prisonniers de distinction, il reviendrait lui-même à Carthage. Arrivé à Rome, une apparence d'utilité s'offrait à ses yeux; mais sa conduite prouve qu'il la jugea fausse; la voici : rester dans sa patrie, être chez lui avec sa femme et ses enfants, et, s'absolvant d'un revers qu'il imputerait au sort journalier des armes, tenir avec dignité son rang de consulaire. Qui peut nier que tout cela ne soit utile? Qui? Le courage et la grandeur d'âme.

XXVII. Voudriez-vous de plus graves autorités? Le caractère de ces vertus est de ne rien craindre, de mépriser toutes les choses humaines, de penser que, parmi tous les accidents qui peuvent arriver à l'homme, il n'en est pas un qu'il ne puisse supporter. Que fit donc Régulus? Il vint au sénat; il exposa l'objet de sa mission; requis de donner son avis, il s'y refusa, en disant que, tant qu'il serait lié par le serment fait aux ennemis, il n'était pas sénateur. Il alla même (ô l'insensé, va-t-on dire, ô l'homme ennemi de ses intérêts!), il alla jusqu'à nier qu'il fût à propos de rendre les captifs, qui étaient des hommes jeunes, de bons officiers, tandis qu'il n'était, lui, qu'un vieillard fatigué par les ans. Son autorité prévalut. Les prisonniers furent retenus, et lui-même reprit le chemin de Carthage, sans être arrêté par les douces affections de la patrie ou de la famille. Et cependant il n'ignorait pas qu'il allait se livrer à un ennemi cruel et à des supplices raffinés; mais il croyait devoir garder son serment. Aussi, pendant qu'il mourait dans les tourments d'une longue insomnie, il était moins à plaindre que s'il eût vieilli dans Rome, prisonnier de Carthage et consulaire par-

7 mansisset. At stulte, qui non modo non censuerit ca-
8 ptivos remittendos, verum etiam dissuaserit. Quomodo stulte? Etiamne si reipublicæ conducebat? Potest autem quod inutile reipublicæ sit, id cuiquam civi utile esse?

XXVIII. Pervertunt homines ea, quæ sunt fundamenta naturæ, quum utilitatem ab honestate sejungunt. Omnes enim expetimus utilitatem, ad eamque rapimur,
2 nec facere aliter ullo modo possumus. Nam quis est qui utilia fugiat? aut quis potius, qui ea non studiosissime
3 persequatur? Sed quia nusquam possumus, nisi in laude, decore, honestate utilia reperire, propterea illa prima[1] et summa habemus; utilitatis nomen non tam
4 splendidum quam necessarium ducimus. Quid est igitur, dixerit quis, in jurejurando? Num iratum timemus Jovem? At hoc quidem commune est omnium philosophorum, non eorum modo, qui deum nihil habere ipsum negotii dicunt, nihil exhibere alteri, sed eorum etiam, qui deum semper agere aliquid et moliri volunt,
5 nunquam nec irasci deum, nec nocere. Quid autem iratus Jupiter plus nocere potuisset, quam nocuit sibi ipse Regulus? Nulla igitur vis fuit religionis, quæ
6 tantam utilitatem præverteret[2]. An, ne turpiter face-
7 ret? Primum, minima de malis. Num igitur tantum mali turpitudo ista habebat, quantum ille cruciatus? Deinde illud etiam apud Attium:

> . . . . Fregistin' fidem?
> Neque dedi, neque do infideli cuiquam,

quamquam ab impio rege dicitur, luculente tamen di-
8 citur. Addunt etiam, quem ad modum nos dicamus, videri quædam utilia, quæ non sint, sic se dicere, videri quædam honesta, quæ non sint: ut hoc ipsum videtur honestum, conservandi jurisjurandi causa ad cruciatum revertisse, sed fit non honestum; quia, quod per vim hostium esset actum, ratum esse non debuit.

---

1. Sic Heusing., Lall., Gernh., Zumpt cum vulg.; Beier, Orelli e Beda: ille et prima. — 2. Sic Lall., Beier, Orelli, post Lang.; vid. not. ad calc.

jure. Mais quelle folie de n'avoir pas conseillé le renvoi des captifs; bien plus, de s'y être opposé! Quelle folie, dites-vous? Et si le bien public le voulait ainsi? Ce qui nuirait à l'État peut-il jamais être utile à un citoyen?

XXVIII. Les hommes renversent les lois fondamentales de la nature, en séparant l'utile de l'honnête. En effet, tous nous cherchons l'utile; tous nous sommes entraînés du côté où il se montre, et il ne dépend pas de nous qu'il en soit autrement. Où est l'homme qui fuit ce qui est utile, ou plutôt qui ne court pas après avec ardeur? Mais cette utilité, nous ne pouvons la trouver nulle part, si ce n'est dans une conduite estimable, bienséante, honnête; aussi est-ce là que nous plaçons le premier des biens, le bien suprême, tandis que nous tenons ce qu'on nomme utile pour chose moins brillante que nécessaire. Après tout, dira quelqu'un, que voyez-vous donc dans le serment? Est-ce que nous craignons la colère de Jupiter? Mais il est un principe commun à toutes les écoles de philosophie, soit qu'elles enseignent que Dieu ne se met en peine de rien, et ne cause de peine à personne, soit qu'elles le représentent comme toujours agissant et toujours occupé; c'est que Dieu ne s'irrite jamais, que jamais il ne nuit. Et quel mal Jupiter en courroux eût-il pu faire à Régulus, qui surpassât le mal que Régulus se fit à lui-même? Il n'y avait donc ici aucun motif religieux qui dût prévaloir sur la grandeur de l'utilité. Craignait-il de commettre une action honteuse? D'abord de deux maux, il faut choisir le moindre. Or, la honte qu'il fuyait était-elle un mal comparable aux tortures qu'il endura? Ensuite ces paroles d'Attius: « As-tu assez violé ta foi? — Je ne l'ai donnée ni ne la donne à qui ne garde pas la sienne, » ces paroles, quoique dans la bouche d'un méchant roi, n'en sont pas moins frappantes. On ajoute que, s'il est, comme nous disons, des choses qui paraissent utiles sans l'être en effet, il peut bien y en avoir aussi qui semblent honnêtes, et qui ne le sont pas. Ainsi rien de plus honnête en apparence que d'être allé se remettre au bourreau pour tenir son serment; et au fond, rien de moins honnête, parce qu'il ne fallait pas donner force obligatoire à une convention imposée par la violence de l'ennemi. Enfin on va jusqu'à dire qu'un grand

9 Addunt etiam, quidquid valde utile sit, id fieri hone-
10 stum, etiamsi antea non videretur. Hæc fere contra
Regulum. Sed prima videamus.

XXIX. Non fuit Jupiter metuendus, ne iratus noce-
2 ret, qui neque irasci solet, nec nocere. Hæc quidem
ratio non magis contra Reguli, quam contra omne jus-
3 jurandum valet. Sed in jurejurando, non qui metus,
sed quæ vis sit, debet intelligi. Est enim jusjurandum
4 affirmatio religiosa. Quod autem affirmate, quasi deo
teste, promiseris, id tenendum est. Jam enim non ad
iram deorum, quæ nulla est, sed ad justitiam et ad
5 fidem pertinet. Nam præclare Ennius :

O Fides alma, apta pinnis, et jusjurandum Jovis.

Qui jus igitur jurandum violat, is Fidem violat, quam
in Capitolio vicinam Jovis Optimi Maximi, ut in Cato-
6 nis oratione est, majores nostri esse voluerunt. At enim
ne iratus quidem Jupiter plus Regulo nocuisset, quam
7 sibi nocuit ipse Regulus. Certe, si nihil malum esset,
nisi dolere. Id autem non modo non summum malum,
sed ne malum quidem esse, maxima auctoritate philo-
8 sophi affirmant. Quorum quidem testem non medio-
crem, sed haud scio an gravissimum, Regulum, nolite,
9 quæso, vituperare. Quem enim locupletiorem quærimus, quam principem populi romani, qui retinendi
10 officii causa, cruciatum subierit voluntarium ? Nam
quod aiunt, minima de malis, id est, ut turpiter potius, quam calamitose, an est ullum majus malum turpitudine ? Quæ si in deformitate corporis habet aliquid
offensionis, quanta illa depravatio et fœditas turpificati
11 animi debet videri ? Itaque nervosius qui ista disserunt,
solum audent malum dicere id, quod turpe sit : qui
autem remissius, ii tamen non dubitant summum ma-
12 lum dicere. Nam illud quidem :

Neque dedi, neque do infideli cuiquam.

idcirco recte a poeta, quia, quum tractaretur Atreus,

intérêt fait devenir honnête une chose qui auparavant ne le paraissait pas. Telles sont à peu près les objections qu'on adresse à Régulus. Voyons d'abord les premières.

XXIX. Il n'avait aucun mal à craindre de la colère de Jupiter, qui ne se met pas en colère, et ne fait jamais de mal. — Ce raisonnement peut s'opposer à tous les serments, aussi bien qu'à celui de Régulus. Mais, dans le serment, ce n'est pas la crainte des suites, c'est la valeur de l'acte, qu'il faut envisager. Le serment est une affirmation religieuse. Or, ce qu'on promet affirmativement, comme sous l'œil de Dieu, il faut le tenir. Il y va, non de la colère céleste, qui est une chimère, mais de la justice, mais de la bonne foi. Car Ennius dit fort bien : « O Foi sainte, déesse aux ailes rapides, serment de Jupiter ! » Celui donc qui viole le serment, viole la Foi, cette Foi que nous voyons au Capitole, où nos ancêtres, comme le dit Caton dans un de ses discours, voulurent qu'elle fût placée à côté de Jupiter très-bon et très-grand. — Mais Jupiter, même en colère, n'eût pas fait plus de mal à Régulus que Régulus ne s'en fît lui-même. Sans doute, s'il n'existait pas d'autre mal que la douleur. Or, bien loin d'être le plus grand des maux, la douleur n'est pas même un mal, si l'on en croit ce qu'affirment des philosophes d'une grande autorité ; et ils ont pour eux non pas un témoin vulgaire, mais le plus grave peut-être de tous les témoins, Régulus, que l'on voudra bien, je pense, ne pas récuser. Où en trouverions-nous un plus ir-réprochable, que le premier citoyen de Rome, qui, pour rester fidèle au devoir, va de son plein gré se livrer aux tortures ? Quant à la maxime : de deux maux le moindre, c'est-à-dire la honte plutôt que le malheur, y a-t-il un mal plus grand que la honte ? Que si la laideur physique a quelque chose de repoussant, combien la dégradation et les souillures d'une âme avilie doivent-elles choquer davantage ! Aussi les partisans d'une morale rigide osent-ils avancer, que ce qui est honteux est le seul mal qui existe ; et ceux qui professent une doctrine moins absolue, n'hésitent pas à dire que c'est le plus grand mal. Pour ce qui est de la réponse : « Je n'ai donné ni ne donne ma foi à qui trahit la sienne, » elle est bien placée dans le poëte, qui,

13 personæ serviendum fuit. Sed si hoc sibi sumunt [1], nullam esse fidem, quæ infideli data sit, videant, ne quæ-
14 ratur latebra perjurio. Est jus etiam bellicum, fidesque
15 jurisjurandi sæpe cum hoste servanda. Quod enim ita
juratum est, ut mens conciperet fieri oportere, id ser-
vandum est : quod aliter, id si non feceris, nullum est
16 perjurium. Ut, si prædonibus pactum pro capite pretium non attuleris, nulla fraus est, ne si juratus qui-
17 dem id non feceris. Nam pirata non est perduellium
numero definitus, sed communis hostis omnium. Cum
hoc nec fides debet nec jusjurandum esse commune.
18 Non enim falsum jurare, perjurare est ; sed, quod ex
animi tui sententia juraris, sicut verbis concipitur
19 more nostro, id non facere, perjurium est. Scite enim
Euripides :

Juravi lingua, mentem injuratam gero.

20 Regulus vero non debuit conditiones pactionesque bel-
21 licas et hostiles perturbare perjurio. Cum justo enim et
legitimo hoste res gerebatur, adversus quem et totum
22 jus feciale, et multa sunt jura communia. Quod ni ita
esset, nunquam claros viros senatus vinctos hostibus
dedidisset.

XXX. At vero T. Veturius et Sp. Postumius, quum
iterum consules essent, quia, quum male pugnatum
apud Caudium esset, legionibus nostris sub jugum mis-
sis, pacem cum Samnitibus fecerant, dediti sunt his ;
2 injussu enim populi senatusque fecerant. Eodemque
tempore, Tib. Numicius, Q. Mælius, qui tum tribuni
plebis erant, quod eorum auctoritate pax erat facta,
3 dediti sunt, ut pax Samnitium repudiaretur. Atque
hujus deditionis ipse Postumius, qui dedebatur, suasor
et auctor fuit. Quod idem multis annis post C. Mancinus, qui, ut Numantinis, quibuscum sine senatus au-

1. Sic Heus ing... all. Gernh., Beier Zumpt. alii; Orelli, cum Bern.
codd. sumunt.

faisant parler Atrée, a dû s'accommoder au personnage. Mais d'en conclure que la foi donnée à un perfide n'engage point, ne serait-ce pas, qu'on y prenne garde, ménager un faux-fuyant au parjure? La guerre a ses lois aussi ; et l'on doit souvent garder avec un ennemi la foi du serment. Toute chose jurée avec la conviction qu'elle est moralement exigible, doit être accomplie; hors de là, vous pouvez vous abstenir sans qu'il y ait parjure. Si, par exemple, vous n'apportez pas à des pirates la rançon convenue pour racheter votre vie, ce n'est pas un manque de foi, eussiez-vous promis avec serment ce que vous ne tenez point. Un pirate n'est pas un simple ennemi de guerre; c'est l'ennemi du genre humain tout entier; entre vous et lui, rien de commun, ni foi, ni serment. Dans le fait, tout faux serment n'est pas un parjure ; mais ce que vous avez juré avec l'acquiescement de votre raison, suivant la formule consacrée parmi nous, ne pas le tenir, c'est se parjurer. « J'ai juré de bouche, je n'ai pas juré de cœur, » est fort bien dit chez Euripide ; mais Régulus ne devait pas rompre à l'aide du parjure un accord conclu entre ennemis, sous la garantie des lois de la guerre. Car l'adversaire était de ceux qui sont avec nous en hostilité réglée et légitime, et qui ont des droits communs, tout le droit fécial et beaucoup d'autres. S'il n'en était pas ainsi, jamais on n'aurait vu d'illustres citoyens enchaînés par ordre du sénat, et livrés aux ennemis.

XXX. Et cependant T. Véturius et Sp. Postumius, consuls pour la seconde fois, qui, après un combat malheureux à Caudium, avaient laissé passer nos légions sous le joug, et fait la paix avec les Samnites, furent livrés à ce peuple. Ils avaient traité en effet sans l'ordre du sénat et du peuple romain. A la même époque, Tib. Numicius et Q. Melius, alors tribuns du peuple, mais par le conseil desquels la paix avait été faite, furent également livrés, afin que Rome eût le droit de repousser la paix des Samnites. Et cette résolution qui livrait Postumius aux ennemis, ce fut Postumius lui-même qui la proposa et la fit prévaloir. Il fut imité, bien des années après, par C. Mancinus, qui, pour être livré aux Numantins avec lesquels il avait traité sans l'autorisation

ctoritate fœdus fecerat, dederetur, rogationem suasit
eam, quam L. Furius[1] et Sext. Atilius ex senatuscon-
4 sulto ferebant : qua accepta. est hostibus deditus. Honestius hic quam Q. Pompeius, quo, quum in eadem
5 causa esset, deprecante, accepta lex non est. Hic ea,
quæ videbatur utilitas, plus valuit, quam honestas :
apud superiores utilitatis species falsa ab honestatis
6 auctoritate superata est. At non debuit ratum esse,
7 quod erat actum per vim. Quasi vero forti viro vis possit adhiberi. Cur igitur ad senatum proficiscebatur,
8 quum præsertim de captivis dissuasurus esset? Quod
maximum in eo est, id reprehenditis. Non enim suo
judicio stetit, sed suscepit causam, ut esset judicium
senatus : cui nisi ipse auctor fuisset, captivi profecto
Pœnis redditi essent; ita incolumis in patria Regulus
9 restitisset. Quod quia patriæ non utile putavit, idcirco
10 sibi honestum et sentire illa et pati credidit. Nam quod
aiunt, quod valde utile sit, id fieri honestum : immo
vero esse, non fieri. Est enim nihil utile, quod idem
non honestum[2] : nec quia utile, honestum[3]; sed quia
11 honestum, utile. Quare ex multis mirabilibus exemplis,
haud facile quis dixerit hoc exemplo aut laudabilius
aut præstantius.

XXXI. Sed ex tota hac laude Reguli unum illud est
admiratione dignum. quod captivos retinendos censuit.
2 Nam quod rediit, nobis nunc mirabile videtur : illis
quidem temporibus aliter facere non potuit. Itaque ista
3 laus non est hominis, sed temporum. Nullum enim vinculum ad astringendam fidem jurejurando majores ar-
4 ctius esse voluerunt. Id indicant leges in duodecim Tabulis, indicant sacratæ, indicant fœdera. quibus etiam
cum hoste devincitur fides : indicant notiones animad-
versionesque censorum, qui nulla de re diligentius
5 quam de jurejurando judicabant. L. Manlio, Auli filio,

<hr>

1. Sic mel. not. codd., et omn. fere edit.; Beier, Orelli, post Ou-
dend. P. Furius — 2. Sic codd. et edit.; Lall. add. sit. — 3. Sic Lall.
Beier, Orelli cu... Bern. codd.: Heusing., Gernh., Zumpt, alii add. est.

du sénat, soutint la loi que proposaient, d'après un sénatus-consulte, L. Furius et Sext. Atilius; la loi passa, et Mancinus fut livré; exemple bien plus honorable que celui de Q. Pompéius, qui, se trouvant dans le même cas, obtint par ses prières qu'une loi pareille fût rejetée. Ici l'utilité prétendue l'emporta sur l'honnêteté; chez les précédents, la fausse apparence de l'utile fut vaincue par l'ascendant de l'honnête. — Mais il ne fallait pas exécuter une promesse arrachée par la force! — Comme si la force pouvait rien sur un homme de cœur. — Pourquoi donc aller au sénat, et cela encore, pour y combattre le renvoi des prisonniers? — Vous blâmez ce qu'il y a de plus grand dans l'action de Régulus. Il ne s'en tint pas à son propre jugement; mais il se chargea d'une cause dont il voulut que le sénat fût juge. Et certes, sans l'autorité de ses conseils, les prisonniers retournaient à Carthage, et Régulus restait sain et sauf dans sa patrie. Mais l'intérêt de l'État lui parut s'y opposer; et c'est pour cela qu'il crut de son honneur de penser et de souffrir ce que nous savons. On dit encore : Ce qui est utile à un haut degré devient honnête. Dites plutôt, est honnête; ne dites pas, le devient. Car il n'y a rien d'utile que ce qui est honnête en même temps; et une chose n'est pas honnête, parce qu'elle est utile; elle est utile, parce qu'elle est honnête. Aussi parmi tant d'illustres exemples, il serait difficile d'en trouver un qui fût plus glorieux et plus noble que celui de Régulus.

XXXI. Du reste dans ce beau dévouement, une seule chose est digne d'admiration : c'est le conseil qu'il donna de garder les prisonniers. Son retour à Carthage nous paraît admirable maintenant; dans ce temps-là, toute autre conduite était impossible. Aussi en doit-on faire honneur non à l'homme, mais au siècle. En effet, nos ancêtres ont voulu que de tous les liens qui enchaînent la foi, le serment fût le plus indissoluble. On en voit la preuve dans les lois des douze Tables; on la voit dans les lois sacrées; on la voit dans les traités, par lesquels on engage sa foi même à un ennemi; on la voit enfin dans les jugements et les notes des censeurs, qui ne prononçaient jamais avec plus de sévérité qu'en matière de serment. L. Manlius, fils d'Aulus, après

quum dictator fuisset, M. Pomponius tribunus plebis diem dixit, quod is paucos sibi dies ad dictaturam gerendam addidisset. Criminabatur etiam, quod Titum filium, qui postea est Torquatus appellatus, ab hominibus relegasset, et ruri habitare jussisset. Quod quum audivisset adolescens filius, negotium exhiberi patri, accurrisse Romam, et cum prima luce Pomponii domum venisse dicitur. Cui quum esset nuntiatum, qui illum iratum allaturum ad se aliquid contra patrem arbitraretur, surrexit e lectulo, remotisque arbitris, ad se adolescentem jussit venire. At ille, ut ingressus est, confestim gladium destrinxit, juravitque, se illum statim interfecturum, nisi jusjurandum sibi [1] dedisset, se patrem missum esse facturum. Juravit hoc terrore coactus Pomponius; rem ad populum detulit; docuit, cur sibi causa desistere necesse esset: Manlium missum fecit. Tantum temporibus illis jusjurandum valebat. Atque hic T. Manlius is est, qui ad Anienem Galli, quem ab eo provocatus occiderat, torque detracto, cognomen invenit: cujus tertio consulatu Latini ad Veserim fusi et fugati. Magnus vir in primis, et qui perindulgens in patrem, idem acerbe severus in filium.

XXXII. Sed ut laudandus Regulus in conservando jurejurando, sic decem illi, quos post cannensem pugnam juratos ad senatum misit Annibal, se in castra redituros ea, quorum erant potiti Pœni, nisi de redimendis captivis impetravissent, si non redierunt, vituperandi. De quibus non omnes uno modo. Nam Polybius, bonus auctor in primis, ex decem nobilissimis, qui tum erant missi, novem revertisse dicit [2], a senatu re non impetrata : unum ex decem qui paullo post, quam egressus erat e castris, redisset, quasi aliquid esset oblitus, Romæ remansisse. Reditu enim in castra liberatum se esse jurejurando interpretabatur. Non recte : fraus enim adstringit, non dissolvit perjurium. Fuit

---

1. Sic Lall., Orelli, cum Bern. codd.; ceteri omitt. sibi. — 2. Sic cum trib. codd., edid. Zumpt et Dübner, verbo dicit uncis incluso; omiserunt Beier et Orelli; Lall., Heusing., alii : scribit, post verb. in primis.

avoir été dictateur, fut cité devant le peuple par le tribun
M. Pomponius, pour avoir gardé la dictature quelques jours
de trop. Le tribun lui reprochait en outre d'avoir séquestré
du commerce des hommes, et relégué à la campagne Titus
son fils, qui depuis fut appelé Torquatus. Instruit de la que-
relle que l'on faisait à son père, le jeune homme, dit-on,
accourut à Rome, et se rendit au point du jour à la maison
de Pomponius, qui, averti de sa présence, et comptant sur
les nouveaux chefs d'accusation que lui apportait sans doute
un fils mécontent, quitta le lit, fit sortir tout le monde, et
ordonna que le jeune homme fût introduit. Mais Titus, à
peine entré, tire son épée, et menace le tribun de le tuer
sur la place, s'il ne renonce par serment à poursuivre son
père. Pomponius jure sous l'impression de la terreur. Puis,
il fait son rapport au peuple, explique le motif qui le contraint de se désister, et renvoie Manlius de l'accusation.
Tant le serment avait alors de puissance ! Ce Titus Manlius
est le même qui, provoqué par un Gaulois, sur les bords
de l'Anio, tua le barbare, et lui enleva ce collier auquel il
dut son surnom ; le même, sous le troisième consulat duquel les Latins furent battus et mis en fuite auprès du Vé-
séris : homme remarquable entre les plus grands, et qui,
pieusement généreux à l'égard de son père, fut pour son
fils d'une impitoyable sévérité.

XXXII. Mais autant Régulus est louable par son respect
pour la foi jurée, autant les dix hommes qui, après la
bataille de Cannes, furent envoyés au sénat par Annibal,
avec serment de revenir dans le camp dont les Carthaginois
s'étaient rendus maîtres, s'ils n'obtenaient le rachat des
prisonniers, autant, dis-je, ces dix hommes sont à blâmer,
s'ils n'y revinrent pas. Le fait qui les concerne est diversement raconté. Selon Polybe, historien d'une autorité imposante, sur dix envoyés de la plus haute distinction, neuf
revinrent, après avoir échoué auprès du sénat ; un seul,
qui, à peine sorti des retranchements, y était rentré sous
prétexte d'avoir oublié quelque chose, resta à Rome. Son
retour dans le camp l'avait, disait-il, délié de son serment. Vain subterfuge ! la fraude aggrave le parjure ; elle
ne dégage pas la foi. Le calcul de cet homme n'était qu'une

igitur stulta calliditas perverse imitata prudentiam. Itaque decrevit senatus, ut ille veterator et callidus
5 vinctus ad Annibalem duceretur. Sed illud maximum : octo hominum millia tenebat Annibal, non quos in acie cepisset, aut qui periculum mortis defugissent[1], sed qui relicti in castris fuissent a Paullo et a Varrone con-
6 sulibus. Eos senatus non censuit redimendos, quum id parva pecunia fieri posset; ut esset insitum militi-
7 bus nostris aut vincere, aut emori. Qua quidem re audita, fractum animum Annibalis scribit idem, quod senatus populusque romanus rebus afflictis tam excelso
8 animo fuisset. Sic honestatis comparatione ea, quæ
9 videntur utilia, vincuntur. Acilius autem, qui græce scripsit historiam, plures ait fuisse, qui in castra revertissent, eadem fraude, ut jurejurando liberarentur,
10 eosque a censoribus omnibus ignominiis notatos. Sit jam hujus loci finis. Perspicuum est enim, ea quæ timido animo, humili, demisso, fractoque fiant (quale fuisset Reguli factum, si aut de captivis, quod ipsi opus esse videretur, non quod reipublicæ, censuisset, aut domi remanere voluisset), non esse utilia, quia sint flagitiosa, fœda, turpia.

XXXIII. Restat quarta pars, quæ decore, moderatione, modestia, continentia, temperantia continetur.
2 Potest igitur quidquam esse utile, quod sit huic talium
3 virtutum choro contrarium? Atqui ab Aristippo cyrenaici, atque annicerii philosophi nominati, omne bonum in voluptate posuerunt, virtutemque censuerunt ob eam rem esse laudandam, quod efficiens esset voluptatis : quibus obsoletis, floret Epicurus, ejusdem fere
4 adjutor auctorque sententiæ. Cum his, viris equisque, ut dicitur, si honestatem tueri ac retinere sententia est,
5 decertandum est. Nam si non modo utilitas, sed vita omnis beata, corporis firma constitutione ejusque con-

---

1. Sic Orelli; ceteri : periculo mortis diffugissent.

fausse habileté, indigne imitatrice de la prudence. Aussi le sénat ordonna-t-il que ce maître en fait de ruse et de finesse fût reconduit enchaîné au camp d'Annibal. Mais voici ce qu'il y a de plus grand. Annibal tenait prisonniers huit mille hommes, qu'il n'avait pas pris sur le champ de bataille, qui n'avaient pas fui pour échapper à la mort, mais qui avaient été laissés dans le camp par les consuls Paulus et Varron. Le sénat, qui pouvait les racheter à peu de frais, refusa de le faire, afin que nos soldats se pénétrassent de l'idée qu'il faut vaincre ou mourir. A cette nouvelle, selon le même Polybe, Annibal sentit défaillir son courage, en voyant le sénat et le peuple romain montrer, dans un si grand désastre, une telle hauteur d'âme. C'est ainsi, qu'en présence de l'honnête, s'évanouit le fantôme de l'utile. Acilius, qui a écrit notre histoire en grec, raconte que, parmi les dix envoyés, il y en eut plusieurs qui rentrèrent dans le camp, pour éluder leur serment par la même fraude que celui dont parle Polybe, et qu'ils furent ignominieusement flétris par les censeurs. Mais bornons ici cette partie de nos recherches. Il est clair en effet que les actions qui partent d'une âme timide, rampante, abattue, découragée (et telle eût été l'action de Régulus, si, dans son vote sur les captifs, il eût consulté son intérêt plutôt que celui de l'État, ou s'il fût resté à Rome par le seul droit de sa volonté), il est clair, dis-je, que ces actions ne sont pas utiles, puisqu'elles sont lâches, honteuses, flétrissantes.

XXXIII. Reste la quatrième partie de l'honnête, qui consiste dans la bienséance, la modération, la modestie, la retenue, la tempérance. Peut-il y avoir quelque chose d'utile dans ce qui serait contraire à cette imposante réunion de vertus? Cependant les sectateurs d'Aristippe, c'est-à-dire les philosophes cyrénaïques et ceux qu'on appelle annicériens, n'ont reconnu de bien que dans la volupté, et s'ils trouvent la vertu louable, c'est à cause du plaisir dont elle est la source. Leur vogue est passée, et à leur place fleurit Épicure, soutien et coryphée d'une doctrine à peu près semblable. Voilà des hommes qu'il nous faut combattre, comme on dit, à pied et à cheval, si nous voulons défendre et maintenir les droits de l'honnêteté.

stitutionis spe explorata, ut a Metrodoro scriptum est,
continetur : certe hæc utilitas, et quidem summa (sic
6 enim censent), cum honestate pugnabit. Nam ubi primum prudentiæ locus dabitur? An, ut conquirat undi-
7 que suavitates? Quam miser virtutis famulatus, ser-
vientis voluptati! Quod autem munus prudentiæ? An
legere intelligenter voluptates? Fac nihil isto esse ju-
8 cundius : quid cogitari potest turpius? Jam, qui dolorem summum malum dicat, apud eum quem habet
locum fortitudo, quæ est dolorum laborumque con-
9 temptio? Quamvis enim multis locis[1] dicat Epicurus,
sicut hic[2] dicit, satis fortiter de dolore : tamen non id
spectandum est, quid dicat, sed quid consentaneum
sit ei dicere, qui bona voluptate terminaverit, mala
dolore : ut, si illum audiam de continentia et temperantia; dicit ille quidem multa multis locis, sed aqua
10 hæret, ut aiunt. Nam qui potest temperantiam lau-
dare is, qui ponat summum bonum in voluptate? Est
enim temperantia libidinum inimica, libidines autem
11 consectatrices voluptatis. Atque in his tamen tribus
generibus, quoquo modo possunt, non incallide ter-
12 giversantur. Prudentiam introducunt, scientiam sup-
peditantem voluptates, depellentem dolores. Fortitudinem quoque aliquo modo expediunt, quum tradunt
rationem negligendæ mortis perpetiendique doloris.
13 Etiam temperantiam inducunt, non facillime illi quidem, sed tamen quoquo modo possunt. Dicunt enim,
voluptatis magnitudinem doloris detractione finiri.
Justitia vacillat, vel jacet potius, omnesque eæ virtutes, quæ in communitate cernuntur et in societate
14 generis humani. Neque enim bonitas, nec liberalitas,
nec comitas esse potest, non plus quam amicitia, si
hæc non per se expetantur, sed ad voluptatem utilita-
15 temve referantur. Conferamus igitur in pauca. Nam ut

1. Sic, post Asconæc., Heusing., Gernh., Beier, Orelli, Zumpt,
Dübner, Facciol., Lall. : multis in locis. — 2. Sic Edit. ante Heusing.,
Lall., cum vulg.; Heusing., Gernh., Orelli, Zumpt, Dübner : sicut
dicit.

12.

Car, s'il est vrai, comme l'a écrit Métrodore, que non-seulement l'utilité, mais le bonheur tout entier de la vie consiste dans une bonne constitution du corps, et dans la certitude qu'on en jouira toujours, certes, une pareille utilité, qui est selon eux le bien suprême, sera en guerre avec l'honnêteté. Où la prudence, en effet, trouvera-t-elle sa place? Elle ira peut-être quêter partout des plaisirs? Étrange abaissement d'une vertu devenue l'esclave de la volupté! Et à quoi emploiera-t-elle son discernement? A choisir les délices avec goût? En supposant que rien ne soit plus agréable, peut-on rien imaginer de plus honteux? D'un autre côté, si l'on fait de la douleur le plus grand des maux, quelle place donner à la force d'âme, qui est le mépris des souffrances et des fatigues? C'est en vain qu'à ce propos comme en beaucoup d'endroits, Épicure débite sur la douleur des maximes assez courageuses; il faut s'arrêter, non pas à ce qu'il dit, mais à ce qu'il devrait dire pour être d'accord avec sa doctrine, d'après laquelle il n'y a de bien que la volupté, de mal que la douleur. C'est comme si je voulais l'entendre sur la retenue et la tempérance. Sans doute, il ne se fait pas faute d'en parler, et en bien des endroits; mais l'eau lui manque, comme on dit. Comment, en effet, peut-on louer la tempérance, lorsqu'on prend la volupté pour le souverain bien? La tempérance n'est-elle pas l'ennemie des passions, et les passions amantes de la volupté? Du reste, sur ces trois vertus, ils équivoquent de leur mieux, et non sans adresse. Ils admettent la prudence comme une science qui procure les plaisirs, écarte les douleurs. Ils s'en tirent également d'une façon quelconque avec la force, en disant qu'elle fournit le moyen de mépriser la mort et d'endurer la souffrance. Ils donnent même un rôle à la tempérance, difficilement sans doute, mais aussi bien qu'ils le peuvent : ils disent que la volupté suprême n'est que l'absence de la douleur. La justice les embarrasse, ou plutôt ils la laissent de côté, comme toutes les vertus qui sont le lien de la société humaine. En effet, ni la bonté, ni la libéralité, ni la douceur ne peuvent exister, non plus que l'amitié, si, au lieu de les rechercher pour elles-mêmes, on les rapporte au plaisir ou à l'intérêt. Renfermons-nous en peu de mots : nous avons

utilitatem nullam esse docuimus, quæ honestati esset contraria, sic omnem voluptatem dicimus honestati

16 esse contrariam. Quo magis reprehendendos Calliphontem et Dinomachum judico, qui se dirempturos controversiam putaverunt, si cum honestate voluptatem,

17 tamquam cum homine pecudem, copulavissent. Non recipit istam conjunctionem honestas, aspernatur, repellit. Nec vero finis bonorum, qui simplex esse debet, ex dissimillimis rebus misceri et temperari potest.

18 Sed de hoc (magna enim res est) alio loco pluribus.

19 Nunc ad propositum. Quem ad modum igitur, si quando ea, quæ videtur, utilitas honestati repugnat, dijudi-

20 canda res sit, satis est supra disputatum. Sin autem speciem utilitatis etiam voluptas habere dicetur, nulla

21 potest esse ei cum honestate conjunctio. Nam ut tribuamus aliquid voluptati, condimenti fortasse nonni-

22 hil, utilitatis certe nihil habebit. Habes a patre munus, Marce fili, mea quidem sententia magnum; sed perinde erit, ut acceperis. Quamquam hi tibi tres libri inter Cratippi commentarios tamquam hospites erunt

23 recipiendi. Sed ut, si ipse venissem Athenas (quod quidem esset factum, nisi me medio cursu clara voce patria revocasset), aliquando me quoque audires : sic, quoniam his voluminibus ad te profecta vox est mea, tribues his temporis quantum poteris : poteris autem,

24 quantum voles. Quum vero intellexero, te hoc scientiæ genere gaudere, tum et præsens tecum propediem, ut

25 spero, et dum aberis, absens loquar. Vale igitur, mi Cicero, tibique persuade, esse te quidem mihi carissimum, sed multo fore cariorem, si talibus monumentis præceptisque lætabere.

montré que rien n'est utile de ce qui est contraire à l'honnête; nous disons maintenant que la volupté y est toujours contraire. Aussi ne puis-je assez blâmer Calliphon et Dinomaque, qui ont cru terminer le débat, en associant la volupté avec l'honnêteté, c'est presque dire la brute avec l'homme. L'honnête n'admet pas une telle union, elle la dédaigne, elle la repousse. Et certes, le souverain bien, qui doit être une chose simple, ne peut se former du mélange d'éléments incompatibles. Mais cette question (et c'en est une grande), je l'ai traitée amplement ailleurs. Je reviens à mon sujet. Les principes qui doivent régler notre décision, lorsqu'une chose, utile en apparence, répugne à l'honnêteté, sont exposés plus haut avec assez d'étendue. Or, quand on dirait que la volupté a du moins l'apparence de l'utile, elle ne peut avoir rien de commun avec l'honnête. Et, pour ne pas lui refuser tout, peut-être sera-t-elle un assaisonnement aux choses de la vie; mais de l'utilité, elle n'en aura jamais. Voilà, mon cher fils, le présent que vous offre un père; la valeur en est grande selon moi; elle dépend néanmoins de la manière dont vous le recevrez. Du reste, c'est à titre d'hôtes que vous devrez admettre ces trois livres parmi ceux où vous recueillez les leçons de Cratippe. Mais sans doute, si j'étais allé en personne à Athènes (et je l'aurais fait, si la patrie ne m'eût rappelé à haute voix du milieu de ma course), vous m'auriez aussi entendu quelquefois; eh bien! vous donnerez à cet écrit, qui vous porte mes paroles, tout le temps que vous pourrez, et ici vouloir, c'est pouvoir. Lorsque je saurai que ce genre de connaissances vous plaît, j'en parlerai avec vous et de vive voix (j'espère que ce sera bientôt), et de loin, tant que vous serez éloigné. Portez-vous bien, mon cher Cicéron, et persuadez-vous que vous m'êtes très-cher, mais que vous me serez bien plus cher encore, si vous faites vos délices des ouvrages où sont déposés de tels enseignements.

NOTES.

LIVRE PREMIER.

I. 1. *Le fils de Cicéron* avait à cette époque vingt ans ; il était né sous le consulat de L. Julius César et de C. Marius Figulus, l'an de Rome 689, av. J. C. 64. Le traité des Devoirs, commencé par Cicéron sous le cinquième consulat de C. J. César et sous celui de M. Antoine, fut terminé après la mort de César, l'an de Rome 709, 44 ans avant J. C.

Cratippum. C'est le péripatéticien Cratippe, de Mitylène, ville de l'île de Lesbos, où il reçut Pompée fuyant après la bataille de Pharsale. Voy. Plutarque, *Pomp.*, 75.

Præceptis institutisque. Il y a cette nuance entre ces deux mots, que *præceptum*, qui désigne la théorie, les principes sur lesquels on a délibéré, regarde le maître, tandis que *institutum*, qui désigne la pratique et en quelque manière les lois mises à exécution, semble se rapporter à la ville où le jeune Marcus se trouve en ce moment. Voyez la note de Zumpt, sur l'édition de 1837.

6. *Dulcis tamen.* C'est le caractère que Cicéron attribue à l'élocution de Théophraste, ce célèbre disciple d'Aristote, que Zumpt nomme si justement πολυγραφώτατος. Voy. Cicéron, *Brutus*, 31. Cicéron s'est également expliqué sur l'éloquence de Démétrius, *Brut.*, 9.

II. 7. *Alio loco.* C'est-à-dire dans les livres *de Finibus bon. et mal.*, et dans le IV° livre des Tusculanes, comme l'a depuis longtemps remarqué Facciolati.

III. 1. *Quod pertinet ad finem bonorum.* La conduite de la vie dépend de la connaissance de la véritable nature du bien et du mal. Car les actions sont bonnes ou mauvaises indépendamment de leurs résultats. Il faut donc savoir si ce qui paraît un bien, en est réellement un ou n'en a que l'apparence.

2. *Omniane officia perfecta sint.* Cicéron confond ici le devoir, et les actes par lesquels on l'accomplit.

Num quid. Presque toutes les éditions lisent ainsi ; il me semble que la grammaire voudrait *num quod*, qu'adoptent ici Lallemand et Gernhard, tandis que Heusinger, Orelli et Zumpt ont *num quid.* Orelli notamment rassemble un assez grand nombre de passages de notre auteur en faveur de cette dernière leçon.

4. *Quod Græci κατόρθωμα.* Cicéron avait exposé ailleurs cette idée, *de Finib.*, III, 18 : *Quoniam enim videmus esse quidquam quod recte factum appellemus ; id autem est perfectum officium ; erit autem etiam inchoatum. — De Finib.*, III, 7 : *Quæ autem nos aut recta aut recte facta dicamus, si placet (illi autem appellant κατορθώματα), omnes numeros virtutis continent.* — Les actions peuvent être parfaites ou imparfaites ; mais les devoirs sont toujours parfaits, en ce qu'ils dérivent tous de la justice éternelle.

6. *Triplex igitur.* Le mot *igitur* est une liaison pour entrer en matière.

7. *Tum autem aut anquirunt.* J'ai suivi cette leçon que donne le plus grand nombre des manuscrits, et que reproduisent les meilleures éditions, telles que celles d'Heusinger, Orelli, Zumpt ; cependant *autem* me paraît peu nécessaire ici. *Anquirere* signifie chercher des arguments tout autour de soi ; *consultare*, peser les raisons, quand on les a trouvées. La disjonctive *aut* signifie donc ici *tour à tour.* Voyez, sur le mot *anquirere*, Festus, dans *Gramm. vet.*, t. II, p. 19, éd. Lindemann. Comp. ci-dessous. II, II. 5.

IV. 1. *Anquirat et paret.* Ces mots ne disent rien de plus que *se procurer.*

3. *Quod adest quodque præsens est. Adest* est pour le lieu, *præsens* pour le temps.

4. *Impellitque ut.* Facciolati propose de lire : *impellitque ut hominum cœtus et concilia esse ac celebrari velit ;* d'Olivet et Lallemand : *ut hominum cœtus celebrari inter se et a se obiri velit.* J'ai suivi la leçon adoptée par Heusinger, Gernhard, Beier, Orelli, Zumpt et Dübuer. Les *cités* sont définies dans le Songe de Scipion, 3 : *Concilia cœtusque hominum jure sociati.* Mais ici il doit être question d'autre chose.

6. *Præcipienti aut docenti.* Ici *præcipienti* équivaut à *præceptabene vivendi tradenti;* et *docenti*, à *quæ vera sint monstranti.*

V. 1. *Quæ si oculis cerneretur.* Cicéron dit ailleurs : *de Finibus*, II, 16 : *Oculorum, inquit Plato, est in nobis sensus acerrimus : quibus sapientiam non cernimus. Quam illa ardentes amores excitaret sui, si videretur !* Ceci n'est guère qu'une traduction de ce que dit Platon dans le Phèdre , 65 , p. 251, éd. Tauchnitz , t. VIII , p. 34 : Ὄψις γὰρ ἡμῖν ὀξυτάτη τῶν διὰ τοῦ σώματος ἔρχεται αἰσθήσεων, ᾗ φρόνησις οὐχ ὁρᾶται · δεινοὺς γὰρ ἂν παρεῖχεν ἔρωτας, εἴ τι τοιοῦτον ἑαυτῆς ἐναργὲς εἴδωλον παρείχετο εἰς ὄψιν ἰόν.

2. *Veri sollertia.* On dérive *sollertia* de *sollus* et de *ars*, c'est-à-dire *totus* et *ars*, sur l'autorité de Festus au mot *SAULITAURILIA : SOLLUM osce totum et solidum significat, unde tela quædam SOLLIFERREA vocantur tota ferrea, et homo bonarum artium SOLLERS.* (Festus , sub v°, dans *Gramm. vet.*, t. II , p. 238 , édit. Lindemann.) Freund, dans son excellent dictionnaire latin , cite cet exemple de Cicéron pour prouver que ce mot peut prendre un génitif objectif. Il est du reste facile de comprendre la distinction qui existe entre *perspicientia* et *sollertia :* le premier désigne la sagacité , la pénétration qui nous fait démêler la vérité; le second est l'habileté pratique , qui fait que nous savons tirer parti de la vérité , une fois qu'elle est connue.

4. *Prudentissimus et sapientissimus.* Il y a cette différence entre *prudentia* et *sapientia*, que *prudentia* est la lumière de l'esprit qui met à même de choisir entre le bien et le mal ; *prudens*, c'est celui qui voit le bien. *Sapientia* est la qualité qui fait voir le but le plus honnête , et qui nous le fait poursuivre avec constance , avec fermeté , avec égalité d'âme ; *sapiens* est l'homme qui voit le bien et le pratique.

5. *Reliquis autem tribus virtutibus.* Facciolati et Gernhard suppriment *virtutibus.* Je l'ai conservé avec Grævius, Heusinger, Lallemand, Beier, Orelli, Zumpt et Dübner. Cette phrase est difficile : non pas qu'elle manque de clarté ni de netteté , mais les mots y sont employés dans un sens fort étendu , et d'une manière un peu vague , et il n'est pas aisé de les bien préciser.

VI. 5. *Ut in astrologia*. Avant Sénèque, *Epist.* 95, qui est l'inventeur du mot *astronomia*, on se servait du terme d'*astrologia*. C. Sulpicius Gallus, qui fut consul avec M. Claudius Marcellus en 587, est le premier qui ait su prédire une éclipse, au moment où les armées romaines allaient combattre Persée.

VII. 2. *Nisi lacessitus*. Il ne s'agit pas ici de vengeance, mais de défense personnelle ; Cicéron répète les mêmes expressions, III, 19. Lactance, Tertullien et saint Ambroise ont cru voir ici le conseil de se venger ; je crois avec Beier que c'est à tort. Il faut rapprocher de ce passage le commencement du *pro Milone*, 4 : *Si tempus est ullum jure hominis necandi, quæ multa sunt, certe illud est non modo justum, verum etiam necessarium, quum vi vis illata defenditur... Silent enim leges inter arma, nec se exspectari jubent, quum ei qui exspectare velit, ante injusta pœna luenda sit quam justa repetenda.*

5. *A Platone.* Le passage auquel Cicéron fait allusion, se trouve dans la lettre II à Archytas de Tarente, comme l'ont bien remarqué Heusinger et Facciolati (*Epist.* IX, t. VII, p. 183, Tauchnitz).

6. *Quia fiat, quod dictum est.* Il est inutile de nous arrêter à démontrer la fausseté de cette explication. On peut voir à ce sujet une note de M. Leclerc, *Œuvres de Cicéron*, t. XXIII, p. 164, 2ᵉ édition.

VIII. 6. *Nulla sancta societas.* C'est aussi ce qu'exprime Lucain, *Pharsal.*, 1, 93 : *Nulla fides regni sociis, omnisque potestas Impatiens consortis erit;* et Tite-Live, *Hist.*, I, 14 ; *Eam rem minus ægre, quam dignum erat, tulisse Romulum, ob infidam societatem regni.*

X. 1. *Reddere depositum.* Après ces mots, plusieurs manuscrits ajoutent : *etiamne furioso?* J'ai suivi la leçon de Heusinger, Lallemand, Gernhard, Beier, Orelli, Zumpt et Dübner. Comp. ci-dessous, III, XXV. 1.

Migrare équivaut à *transilire*. Cicéron, de *Fin.*, III, 20 : *Qui id [jus civile] conservaret, eum justum; qui migraret, eum injustum fore.* On connaît ces paroles de Pascal : « On ne voit presque rien de juste ou d'injuste qui ne change de qualité en changeant de climat. Trois degrés d'élévation du pôle renversent toute la jurisprudence. Un méridien décide de la vérité, ou peu d'années de possession. Les lois fondamentales changent. Le droit a ses époques. Plaisante justice qu'une rivière ou une montagne borne! Vérité en deçà des Pyrénées, erreur au delà. »

4. *Neptunus, quod Theseo promiserat.* Le scoliaste d'Euripide, sur *Hippolyte*, v. 1349, rapporte les trois vœux adressés à Neptune par Thésée ; ces vœux étaient de revenir des enfers, de sortir du labyrinthe, et de voir Hippolyte puni de mort.

5. *Inutilia.* Ce mot est ici pris dans une acception assez rare ; *inutilis* est l'opposé d'*utilis*, comme *injustus* est l'opposé de *justus*. Or, l'opposé de l'*utile*, c'est ce qui est *nuisible*.

Advocatum in rem præsentem. On sait que le mot *advocatus* ne veut pas dire *avocat*, mais quelqu'un qui est appelé pour servir de conseil, *ad-vocatus*. Du temps de Cicéron, on se servait de *patronus* ou d'*orator* pour dire un avocat, et jamais d'*advocatus*. Ce n'est que plus tard que ce mot a pris le sens du français *avocat*. Les mots *in rem præsentem* sont, en cet endroit, synonymes de *in jus,* où, comme le dit bien Zumpt, *litigantes congrediuntur, et res agitur solenni et forensi dicendi formula.* Voyez Cicéron, *Cæcin.,* 7 : *Placuit Cæcinæ de amicorum sententia constituere, quo die in rem præsentem veniretur.* Ajoutez Sénèque, *de Benef.,* IV, 35 ; A. Gell., *Noct. att.,* XX, 10, et Cicéron, *de Orat.,* I, 58.

8. *Calumnia.* Ce mot veut souvent dire *chicane,* et vient du vieux verbe *calvor,* qui signifie *tromper.*

Sed malitiosa. Heusinger, Lallemand, Beier, Orelli, Zumpt, Dübner : *sed ;* Gernhard : *et.*

9. *Ut ille.* Il s'agit ici de Cléomènes, roi de Sparte, qui monta sur le trône en 519 et mourut en 489. Le fait eut lieu pendant la guerre qu'il faisait aux Argiens. Voy. Plutarque, *Lacon. Apophth.,* p. 223 ; p. 273, éd. Dübner. Gernhard remarque justement que, d'après Plutarque, la trève fut de sept jours et non de trente.

10. *Q. Fabium Labeonem.* C'est le Quintus Fabius Labéo,

consul en 570 avec M. Claudius Marcellus. Voy. Valère-Maxime, *de Dict. et Fact.*, VII, 3, 4.

XI. 1. *Ulciscendi.* En bonne morale, la vengeance est condamnée : l'Etat soutient son droit et défend son honneur ; le simple particulier demande justice aux magistrats.

Haud scio an. C'est une expression familière à Cicéron, qui veut toujours dire *peut-être*, qui n'annonce pas la conviction, mais qui indique une propension à croire la chose que l'on va énoncer, et qui répond à cette tournure française : Je ne sais pas trop si je ne dois pas le croire.

Ut... ne quid tale posthac. Sans verbe, comme dans Térence, *Phorm.*, 1, 2, 142 : *Posthac si quidquam, nihil precor.* Cicéron, *pro Ligar.*, 10 : *Si unquam posthac.*

3. *Immanes.* Au propre cet adjectif signifie : démesurément grand, monstrueux.

9. *Feciali populi romani jure.* C'est-à-dire l'ensemble des rites par lesquels on déclarait la guerre, on la poursuivait, et on la terminait par des alliances ; voyez sur l'institution du collége des féciaux, Tite-Live, *Hist.*, 1, 24 et 32 ; Varron, *de Ling. lat.*, V. 86, p. 34, éd. Müller.

10. *Popilius imperator.* C'est C. Popilius Lænas, consul en 581 avec P. Ælius Ligus ; ils furent les premiers consuls qui aient été pris dans le peuple.

XII. 1. *Perduellis.* La synonymie de *perduellis* et d'*hostis* est donnée par Gaius, *Dig.*, L. 16, 234, à peu près dans les mêmes termes que par Cicéron : *Quos nos hostes vocamus, eos veteres perduelles vocabant, per eam adjectionem indicantes, cum quibus bellum esset.* On sait au reste que *duellis* se rattache à *bellum* par *duellum*, comme *Duellona* et *Bellona, duonus* et *bonus* et d'autres. Mais ce changement de *du* en *b* s'est souvent étendu au delà de ses limites, et il a quelquefois altéré la véritable étymologie des mots, ainsi que le prouve le passage suivant de Cicéron, *Orat*, 45 : *Quid vero licentius quam quod hominum etiam nomina contrahebant quo essent aptiora? Nam ut duellum bellum, ut duis bis, sic Duellium eum qui Pœnos classe devicit, Bellium nominaverunt, quum superiores semper essent Duellii.* Quintilien répète également la critique de Cicéron dans ce passage, *Inst.*, I, 4, 13 : *Nec non eadem fecit ex duello bellum, unde Duellios quidam dicere Bellios ausi.* Il faut donc se tenir en garde contre la tendance qu'on aurait à généraliser ce changement de *du* en *b ;* car, par exemple, *bellus,* beau, ne vient pas plus de *duo,* que *dubenus* pour *dominus* ne vient de *dubius.*

2. *Auctoritas.* Le mot *auctor,* dans les contrats, signifie le *vendeur,* celui qui transmet la propriété à l'acheteur, qui est en un mot l'*auteur* de la possession de ce dernier. Ce texte de la loi des Douze Tables signifie donc que le citoyen romain a toujours contre l'étranger le droit de revendiquer la propriété, et d'interrompre l'usucapion, que l'étranger ne peut jamais invoquer contre lui, quelque longue qu'ait pu être sa possession.

6. Voici comment Barett traduit ces beaux vers :

> Cette rançon, cet or, sont indignes de moi.
> Combattons pour la gloire, et dédaignons de faire
> Des périls de la guerre un métier mercenaire ;
> Et le fer à la main, en généreux soldats,
> Disputons notre vie, et ne nous vendons pas.
> Que la valeur ici décide de l'empire,
> Romains, et retenez ce que je vais vous dire,
> Vos soldats dès ce jour ne sont plus prisonniers :
> Pyrrhus n'a point de fers pour de braves guerriers
> Dont le sort des combats respecta le courage.
> Je vous les rends, ma main brise leur esclavage ;
> Pyrrhus le veut, les dieux le veulent avec lui.

Cauponantes bellum. Eschyle, dans les *Sept devant Thèbes,* v. 530, éd. Boissonade, avait déjà dit :

> Ἐλθὼν δ' ἔοικεν οὐ καπηλεύσειν μάχην,
> μακρᾶς κελεύθου δ' οὐ καταισχυνεῖν πόρον.

Fabricius dit la même chose dans la lettre par laquelle il annonce à Pyrrhus qu'un de ses familiers avait offert de l'empoisonner : *Quod nobis non placet pretio, aut præmio, aut dolis pugnare* (A. Gelle, *Noct. att.,* III, 8). Les historiens romains accusent, on le sait, Pyrrhus d'avoir employé la corruption contre eux : *Benevolentiam populi romani mercari, quia virtutem debilitare nequiverat, cupiens* (Valère-Maxime, *de Dict. et Fact.,* IV, III, 14), *per legatum Cineam non virorum modo, sed etiam mulierum animos donis tentavit* (Tite-Live, *Hist.*, XXXIV, 4) ; et le même Tite-Live, quelques lignes plus bas : *Si nunc cum illis donis Cineas urbem circumiret, stantes in publico invenisset qui acciperent.* Il voulut, dit-on, corrompre jusqu'à Fabricius lui-même, lui offrant ou de l'or pour en acheter la paix, ou la moitié de son royaume, pour qu'il passât à son service (Florus, *Epitom.*, I, 18).

Æacidarum. Pyrrhus, roi d'Épire, descendait, dit-on, de Pyrrhus, fils d'Achille, et était le douzième des rois Pyrrhides dans les listes généalogiques. Cette famille se nommait les *Æacides*, d'Æacus, fils de Jupiter et d'Europe, ou d'Égine, et père de Pélée. Le Pyrrhus dont il est ici question naquit vers 318 avant J. C. d'Æacide, roi d'Épire et de Phthia, fille du Thessalien Ménon. Or, Ménon passait pour être de la race d'Hercule, et Pyrrhus avait ainsi deux héros pour aïeux. La descendance de Pyrrhus n'est guère certaine que jusqu'à Alexandre, roi d'Épire, fils de Néoptolème et frère d'Olympias, et par conséquent oncle d'Alexandre le Grand. Cet Alexandre fut tué en Italie, en 328 avant J. C., dans un combat contre les Lucaniens et les Bruttiens réunis. Il avait été appelé, comme son descendant, par les Tarentins. Ce dernier en fut chassé l'an 479 de Rome, avant J. C. 275.

XIII. 2. *Non censuit.* Il ne faut pas déplacer la négation : il en est ici comme du grec οὔ φησι, qui signifie *negat*. Régulus n'opinait pas comme sénateur, parce qu'il était, ainsi que le dit admirablement Horace dans ces vers si connus, *capitis minor* (*Od.*, III, 5). Festus nous donne ainsi la raison de cette déchéance : « *Capite deminutus est... qui in hostium potestatem venit.* (*Gramm. vet.*, t. II, p. 53 et 401. éd. Lindemann.) Comp. Tite-Live, *Hist.*, XXII, 60 ; et ci-dessous III, 27.

5. *In ærariis.* Les censeurs excluaient un sénateur de son ordre, *senatu movebant*, ôtaient à un chevalier son cheval, *equum publicum adimebant*, transféraient un citoyen dans une tribu inférieure, *tribu movebant*, ou le privaient de tous les priviléges de la cité romaine, excepté de la liberté, *ærarium faciebant*, ce qu'Asconius explique ainsi : *Ac per*

h c non esset in Albo centuriæ suæ, sed ad hoc non esset civis, tantum modo, ut pro capite suo, tributi nomine æra penderet. (Ascon. ad. Cic. *Divin. in Cæcil.* p. 103, éd. Orelli.)

Jurisjurandi fraude. Pline a dit à peu près de même, *Hist. Nat.,* X, 61 (50) : *In fraudem legum.*

XIV. 1. *Naturæ hominis.* La nature personnifiée s'exprime par *Natura ;* la nature, dans le sens de l'univers, par *natura rerum.* Enfin *natura hominis* signifie *l'homme même,* avec toutes ses qualités naturelles. C'est ainsi que la définit ailleurs Cicéron, *de Fin.,* V, 11 : *Hoc intelligant, si quando naturam hominis dicam hominem dicere me ; nihil enim differt.*

Accommodatius. La société en effet ne se soutient que par un échange de services.

4. *Abest officio.* Ici *officio* est à l'ablatif; *abesse* ne se joint au datif que dans le sens de *manquer,* et les exemples en sont rares.

6. *L. Syllæ et C. Cæsaris.* On ne peut se lasser de citer ici ces réflexions de Montesquieu : « C'était une ancienne « coutume des Romains que celui qui triomphait, distri- « buait quelques deniers à chaque soldat ; c'était peu de « chose. Dans les guerres civiles, on augmenta ces dons. « On les faisait autrefois de l'argent pris sur les ennemis ; « dans ces temps malheureux, on donna celui des citoyens ; « et les soldats voulaient un partage là où il n'y avait pas « de butin. »

XVII. 1. *Gentis, nationis. Gens* et *natio* se prennent en général dans une acception physique et ethnographique, *populus* et *civitas,* dans une acception politique. Les deux premiers n'indiquent qu'une communauté d'origine, les deux derniers supposent un degré quelconque de civilisation. De plus, *gens* est une race, une famille de peuples; *natio,* une peuplade; Tacite, *German.,* 2 : *Nationis nomen in nomen gentis evaluisse paulatim;* Hist., 38 : *de Suevis... quorum non una... gens... propriis adhuc nationibus nominibusque discreti.* Et Velléius, *Hist.,* II, 98 : *Omnibus ejus gentis nationibus in arma accensis.* — *Populus,* comme désignant une nation civilisée, peut faire partie de *gens;* Virgile, *Énéid.,* X, 202 : *Gens illi triplex, populi sub gente* *quaterni.* D'un autre côté, lorsque *gens* est pris dans un sens politique, il peut bien faire partie de *populus*, comme dans Justin, *Hist.*, VII, 1 : *Adunatis gentibus variorum populorum.*

4. *Conjugio.* Le *conjugium* est l'union générale envisagée au point de vue physique : le *connubium* est cette même union envisagée au point de vue civil.

5. *Consobrinorum sobrinorumque.* Le *consobrinus* est le cousin germain, de *cum* et *soror* ; *sobrinus* est le fils de *consobrinus*. Cependant il n'est pas rare de voir confondus ces deux substantifs.

6. *Propagatio et soboles.* Ces mots expriment des métaphores empruntées à l'agriculture. *Propagatio*, qui désigne l'action de *provigner*, de *propager par jets*, se dit d'une plante qui s'étend horizontalement ; *soboles* de *subolescere*, croître, pousser, indique au contraire l'extension verticale.

Eisdem uti sacris. Voyez sur les *sacra*, Macrobe, *Saturnal.*, I, 3. On connaît la règle de la loi des Douze Tables : *Sacra privata perpetua manento.* L'importance politique de cette institution paraît bien dans ce passage de Tite-Live, *Hist.*, IV, 2 : *C. Canuleium... colluviem gentium perturbationem auspiciorum publicorum privatorumque afferre. .. ut qui natus sit ignoret cujus sanguinis, quorum sacrorum sit, dimidius patrum sit, dimidius plebis, ne secum quidem ipse concors.* Elle paraît encore dans la courageuse action de C. Fabius Dorso, qui, pour aller célébrer un *sacrificium statum genti Fabiæ in Quirinali colle*, traversa les bataillons gaulois qui assiégeaient le Capitole (Tite-Live, *Hist.*, V, 46). Enfin les *privata sacra* se transmettaient avec l'héritage.

10. *Datis acceptis.* Ces mots sont employés sans copule, comme *dando accipiendo*, *vendendo emendo*, *conducendo locando.* On dit de même : *discernere bona mala, æqua iniqua, honesta turpia, utilia inutilia, magna parva.*

XVIII. 5. *Quæ sunt in jure.* C'est-à-dire *quæ pertinent ad jus ;* comme en grec, τὰ περὶ τὸ δίκαιον.

Aptum. Ce participe est parfaitement expliqué par ce passage de Festus : *Comprehendere antiqui vinculo APERE dicebant.* (Festus, v° *Apex,* dans *Gramm. vet.* t. II, p. 16, éd. Lindemann.) C'est le même que le grec ἅπτω, et *apiscor* en dérive. Le participe *aptus* signifie donc *ce qui dépend d'une chose : Quum rerum causas alias ex aliis aptas et necessitate nexas videt* (Cicéron, *Tusc.,* V, 25). *Causa... ex æternis causis apta* (Id. *de Fato,* 15). On le trouve rapproché de *pendere : non ex verbis aptum pendere jus (Pro Cæcin.,* 18). C'est le sens du grec ἀνηρτημένος.

7. *Vos etenim.* Vers tirés, suivant quelques-uns, du IVe livre des Annales d'Ennius, et faisant allusion au trait de Clélie.

XIX. 4. *Illud Platonis.* Platon dans le *Ménexène,* 19, p. 247 ; Tauchnitz, t. IV, p. 20 : Πᾶσά τε ἐπιστήμη χωριζομένη δικαιοσύνης καὶ τῆς ἄλλης ἀρετῆς, πανουργία, οὐ σοφία, φαίνεται.

5. *Ex media laude justitiæ,* c'est-à-dire *ex intima laude justitiæ.* Comp. Cicéron, *de Leg.,* II, 21 : *et e medio est jure civili.* C'est comme si l'on disait : « Ce mérite appartient au fond même de la justice. »

7. *Morem Lacedæmoniorum.* La leçon *moram,* cohorte, est absurde. Ce n'est point non plus l'esprit de chaque individu : c'est celui de la république.

XX. 11. *Removerint.... perfugerint.* Heusinger, Gernhard, Beier, Orelli ont *removerunt.... perfugerunt,* au lieu du subjonctif que donnent cependant beaucoup de manuscrits, et d'après eux, Lallemand et Zumpt.

XXI. 5. *Ignominiam... et infamiam. Ignominia* affecte l'honneur politique et résulte d'un manquement dans l'exercice de fonctions ou de devoirs publics, constaté ordinairement par une note des censeurs. L'*infamia,* qui répond au grec δυσφημία, affecte l'honneur moral et la considération personnelle ; le sens en est moins fort que celui de notre mot *infamie.* Quant à *offensio* qui précède, il signifie à proprement parler *échec, disgrâce,* c'est-à-dire *actus offendendi, id est, incidendi in aliquid et impingendi.* Au figuré, il est à peu près synonyme de *calamitas, infortunium.* Forcellini cite la phrase même de Cicéron pour appuyer ce sens.

XXII. 3. *Vere autem*. Comparez *pro Murena*, 9, où Cicéron dit à peu près le contraire.

8. *M. Scaurus*. M. Æmilius Scaurus fut consul en 638 et en 645. Cicéron naquit en 647 ; mais Scaurus vivait encore à une époque où Cicéron pouvait déjà avoir une opinion. Scaurus était prince du sénat. (*Jug.* 15.) Salluste en fait un ambitieux et un avare, et Pline, *Hist. Nat.*, XXXVI, 24 (15), le juge comme Salluste. Valère-Maxime (*de Dict. et fact.*, III, 7, 8) rapporte un trait qui prouve que l'opinion lui était favorable. Voyez encore Aurélius Victor, *de Vir. illustr.*, 72, Arntzen., p. 267.

Q. Catulus. Catulus le père, consul avec Marius, contribua à la défaite des Cimbres. Ce fut son fils qui, après la conjuration de Catilina, déclara Cicéron *Père de la patrie*. En 675, il avait résisté à son collègue Lépidus qui voulait renverser les lois de Sylla. Il s'opposa également à l'élévation de Pompée.

11. *Cesserunt*, et non *cessere*. Orelli remarque justement que *cessere* serait contre l'usage ordinaire de Cicéron.

15. *Fortitudines*. Ces pluriels de substantifs abstraits comme *tarditates, celeritates, reticentiæ,* sont devenus de plus en plus communs après le siècle de Cicéron.

Operæ studiique. *Opera* est le dévouement, l'action d'un homme qui s'emploie tout entier à une œuvre, et qui s'y met sans réserve. Quant à *studium,* il est ainsi défini : *Studium est animi assidua et vehemens ad aliquam rem applicata magna cum voluntate occupatio, ut philosophiæ, poeticæ, geometriæ, litterarum.* Cic. *Inv.* I, 25.

XXIII. 2. *Totum est positum in animi cura*. C'est ce que répète ailleurs Cicéron, *de Senect.*, 6 : *Non viribus, aut velocitatibus, aut celeritate corporum res magnæ geruntur, sed consilio, auctoritate, sententia.*

4. *Bellum autem ita suscipiatur*. Le sens de cette phrase est fixé par ces mots du ch. X : *Quare suscipienda quidem sunt bella ob eam causam, ut sine injuria in pace vivatur,* et par ce mot que C. Népos prête à Épaminondas : *Nam paritur pax bello (Epamin.* 5). Thucydide a dit de même, I, 124 : Ἐκ πολέμου μὲν γὰρ εἰρήνη μᾶλλον βεβαιοῦται.

XXIV. 1. *Rebus agitatis*. Gernhard et Beier font *agitatis*
synonyme de *perturbatis* ; je crois que c'est à tort. Heusinger, au contraire, explique ces mots par *rebus cognitis,
perpensis :* c'est le sens que j'ai suivi. Zumpt propose aussi
cette explication, puis il se décide pour *après un mouvement,
une révolte (Aufstand), quum res sint turbatæ, vehementius
motæ,* parce que, dit-il, un vainqueur n'a le droit de sévir,
que lorsqu'il y a eu violation des traités ou rébellion. Il y
a des peuples, et les Romains ont été de ce nombre, qui ne
prennent pas tant de précaution.

2. *Calida consilia.* Les résolutions passionnées ; Zumpt :
Rasche, hitzige Entschlüsse, les résolutions précipitées,
chaudes.

5. *Re explicata.* Je ne pense pas qu'on doive expliquer
ces mots, comme Zumpt, *re ad felicem exitum perducta,
confecta,* mais *une fois l'affaire arrivée au dénoûment.* Je
ne crois pas davantage que *re addubitata* signifie *infeliciter
gesta.* Cette dernière expression veut dire : « pendant que
l'affaire est encore indécise, qu'elle est en suspens, qu'on
ne sait pas comment l'intrigue se débrouillera, idée que
l'on exprime ainsi en d'autres mots : *ancipite adhuc rei
discrimine.*

7. *Promptiores igitur.* C'est faire un contre-sens que de
traduire avec Barett : « le péril qui nous menace doit nous
affecter plus vivement que le péril commun ; » ou avec
Brosselard : « Il est d'autant moins permis d'affronter un
danger, que d'autres le partageraient. »

9. *Ut Callicratidas.* Ce général prit d'assaut Méthymne de
Lesbos ; il défit Conon et l'assiégea dans Mitylène. Les
Athéniens ayant envoyé cent cinquante vaisseaux pour
venger cet échec, Callicratidas risqua le combat malgré
les représentations d'Hermon, son pilote ; et comme son
devin lui annonçait qu'il périrait dans le combat, il répondit qu'il serait bien plus facile aux Lacédémoniens de
réparer la perte d'un seul homme, que d'effacer la honte
d'une fuite devant l'ennemi. Xénophon, *Hellen.,* I, 6, 32 :
Καλλικρατίδας δὲ εἶπεν, ὅτι ἡ Σπάρτη οὐδὲν μὲν κάκιον οἰκεῖ-
ται, αὐτοῦ ἀποθανόντος· φεύγειν δὲ αἰσχρὸν εἶναι ἔφη. Il
livra bataille, son vaisseau fut submergé, et il périt ; ce
qui entraîna la défaite de toute la flotte, 407 ans avant

J. C., de Rome 347, deux ans avant le siége de Véies par les Romains.

Arginusis. On sait que les Arginuses sont trois petites îles situés entre Lesbos et l'Éolide ; leur nom grec est Ἀργινόεσσαι, ou les Blanches. Zumpt en conclut justement qu'il faudrait écrire avec deux *s*, *Arginussis.*

10. *Cleombrotus.* Ce général, arrière-petit-fils du Pausanias qui commandait les Grecs à Platées, et fils de Pausanias second, n'osa refuser la bataille que lui offrait Épaminondas près de Leuctres en Béotie. Il fut battu et tué en combattant vaillamment, 371 ans avant J. C., de Rome 383 ; dix-neuf ans après la prise de Rome par les Gaulois.

Invidiam timens. On soupçonnait Cléombrote d'un penchant secret pour les Thébains, ennemis de Lacédémone (Xénophon, *Hellen.*, VI, 44). Ses amis et ses ennemis le poussaient également à combattre.

XXV. 1. *Tueantur.* Zumpt explique bien ce verbe de cette manière : 1° *avoir sous les yeux, voir, regarder ;* 2° *avoir égard à ;* enfin *protéger.*

Quæcumque agunt. Le verbe est ici à l'indicatif, parce que c'est une périphrase de l'objet, du régime direct.

Ne dum.... tuentur. Gernhard et Beier lisent *nec* au lieu de *ne;* quelques manuscrits ont *tueantur;* j'ai suivi la leçon adoptée par Heusinger, Lallemand, Orelli, Zumpt et Dübner.

6. *Similiter.... ut si.* On trouve plusieurs exemples de cette tournure dans Cicéron ; cependant la locution *ac si* est plus usitée. Voyez la note de Zumpt sur ce passage. Le passage de Platon auquel Cicéron renvoie, se trouve *de Rep.*, VI.

9. *Altitudo animi.* L'*altitudo animi* est cette vertu qui fait qu'on renferme au fond de son âme les sentiments pénibles, sans en rien laisser paraître sur son visage. Cicéron emploie le grec βαθύτης dans ce sens, *ad Attic.*, IV, 6 : *Ne* βαθύτης *mea, quæ in agendo apparuit,* c'est-à-dire *mon peu de sensibilité.* Cicéron, au même, V, 10 : *Admirabere meam* βαθύτητα, « vous admirerez ma patience. » Cicéron, *Orat. Partit.*, 22, définit ainsi *altitudo animi : Altitudo animi in capiendis incommodis et maxime injuriis ;*

c'est *generosa animi indoles, qua sine ira ferimus homines molestos.*

11. *Castigat.* Heusinger, Gernhard, Beier, Orelli ont *fatigat* (comme ci-dessous, III, 18, 2), au lieu de *castigat,* d'après Nonius, VII, 27, sur le mot *punitur.* Zumpt, dans sa Grammaire latine développée, a noté cinq exemples de cette forme de déponent, pour *punit.* J'ai conservé *castigat* avec Lallemand et Zumpt.

XXVI. 2. *Idem semper vultus... ut de Socrate.* Cicéron dit de Socrate, *Tusc.,* III, 15 : *Hic est enim ille vultus semper idem, quem dicitur Xanthippe prædicare solita in viro suo fuisse Socrate, eodem semper se vidisse exeuntem illum domo et revertentem. Nec vero ea frons erat quæ M. Crassi illius veteris, quem semel ait omni vita risisse Lucilius, sed tranquilla et serena.*

Itemque de C. Lælio. C'est le célèbre Lælius, consul en 614, vainqueur de Viriathe et ami du second Africain, qu'on appelait *sapiens ;* sur lequel on peut voir ci-dessous, XXX, 9, et liv. II, 11 ; Horat., *Sat.,* II, 1, 72 : *mitis sapientia Læli.*

5. *In gyrum rationis.* Je continue à écrire *gyrum,* en le tirant du grec γῦρος; c'est, au propre, le cercle que l'on fait faire aux chevaux que l'on dresse. Virg., *Georg.,* III, 190 :

> At tribus exactis, ubi quarta accesserit ætas,
> Carpere mox gyrum incipiat, gradibusque sonare
> Compositis. . . . .

7. *Nec adulari.* Nonius définit ainsi l'action exprimée par le verbe *adulari : Adulatio est blandimentnm proprie canum.* Cicéron, *Nat. deor.,* II, 63 : *Canum.... tam fida custodiu, tamque amans dominorum adulatio.* Lucrèce, *Rer. nat.,* V, 1069 :

> Longe alio pacto gannitu vocis adulant.

Et Cicéron, *Tusc.,* II, 10 :

> Clangorem fundit vastum, et sublime avolans,
> Pinnata cauda nostrum adulat sanguinem.

Enfin la nuance propre de ce verbe s'explique d'une manière complète par ce rapprochement : *adulamur gestu, assentamur verbis, blandimur utroque.*

XXVII. 1. *Modestia... et rerum modus.* Le *modus* latin est le τὸ μέτριον des Grecs; *modestia* est le sentiment de cette mesure; *moderatio* est une conduite conforme à ce sentiment. Cic., *ad Herenn.*, III, 2 : *Modestia est in animo continens moderatio cupiditatum.* — *Tuscul.*, III, 8 : Σωφροσύνην..... *soleo equidem tum temperantiam, tum moderationem appellare, non nunquam etiam modestiam.* Du reste, *modestia* signifie également *modestie ;* en ce sens, il se rapproche de *verecundia* et de *pudor.* Tacite a dit : *Omissa modestia ac pudore verborum.*

Quant à *verecundia,* c'est la source de *temperantia* et *modestia,* comme plus haut, *rerum externarum despicientia* est donné pour la source de *magnificentia.* Cic., *de Finib.,* I, 14 : *Temperantiam.... expetendam.... quia pacem animis afferat, et eos quasi concordia quadam placet ac leniat.*

XXVIII. 7. *Est... quod differat.* Cette tournure se trouve, *de Amic.,* 17 : *Est.... quatenus amicitiæ dari venia possit.* Plaute, *Captiv.,* II, 2, 77 :

Est etiam ubi profecto damnum præstet facere quam lucrum.

Horace, *Od.,* III, 1, 10 :

Est ut viro vir latius ordinet
Arbusta sulcis.

Au reste, *est quod* signifie ordinairement « il y a lieu de. » 8. *Non offendere.* A l'actif, *offendo aliquem* signifie *choquer quelqu'un ;* au passif, *offendor in aliquo* veut dire *se sentir blessé par la conduite de quelqu'un.*

9. *Officium autem.* Dubois, dans sa traduction, fait suivre ce paragraphe de ces réflexions : « Qui serait vivement touché de ce qu'on appelle *ordre, convenance* et *bienséance,* et qui le saurait discerner en tout, irait par cela seul à tout ce que la vertu et l'honneur demandent, et ne ferait jamais aucun mal, puisque, comme on a vu au ch. XXVII, rien n'est bienséant que ce qui est honnête, et que les mauvaises actions ne sont pas moins contraires à la bienséance qu'à la vertu. Il est donc vrai que cela seul

nous amène à ce que la nature nous prescrit, puisqu'elle ne nous demande autre chose que de suivre la vertu et l'honnêteté en tout, et de ne faire jamais aucun mal. Ainsi le présent qu'elle nous a fait, quand elle nous a imprimé le sentiment de la convenance et de la bienséance, est plus grand que nous ne pensons; et il est si vrai qu'il ne nous faudrait pas d'autre règle pour nous conduire, si nous voulions en bien user, que c'est là que toutes les règles sont prises. » (Les *Offices* de Cicéron, par M. Dubois, p. 128; Paris, 1725.)

XXIX. 6. *Ad ludum et jocum.* Quintilien, *Inst. Orat.*, VI, 3 : *Jocum vero accipimus quod est contrarium serio.* Suivant Valla et d'autres, *ludus in factis, jocus in verbis est.* Cette définition est vraie en général; mais *ludus* et *lusus* présentent plutôt une idée négative; c'est un moyen de passer ou de tuer le temps; *jocus* au contraire exprime une idée positive; c'est une plaisanterie, un jeu d'esprit. L'homme *ludens* est inactif; l'homme *jocans* exerce son esprit, et veut faire rire. *Jocus* vient de *juvare* comme *focus* de *fovere;* comparez *jucundus.* Cette transformation est dans l'analogie de *nix* qui vient de *nivis*, comme *vixi* de *vivo.*

10. *Petulans. Petulantia* se tire de *petere;* Fragm. Cic. ap. Nonium : *Petulantes et petulci appellantur qui protervo impetu et crebro petunt, lædendi alterius gratia.*

12. *Alter est.* Les manuscrits sont altérés en cet endroit; Heusinger, Orelli : *Alter est, si tempore fit, remisso homine dignus; alter ne libero quidem*, et de même Gernhard et Beier, Zumpt et Dübner ajoutent *libero* après *homine.* Sénèque a dit de Lælius : *remissioris animi virum;* mais je voudrais qu'on citât un exemple de *remissus homo.* Aussi ai-je cru pouvoir conserver, moins l'addition de *homine* avant *libero*, la leçon de Lallemand, qui est celle des anciennes éditions, notamment de celles de Manuce, Lambin, Pearce et Facciolati.

XXX. 3. *Erectior.* Zumpt l'explique bien par *excitatior, paullo quam decet hilarior.*

9. *In L. Philippo.* L. Marcius Philippus fut consul en 662.

C'est après avoir prononcé contre lui dans le sénat cette harangue que Cicéron appelle divine, que Crassus tomba malade et mourut.

In C. Cæsare. Ce Cæsar est C. Julius Cæsar Strabo, qui fut tué par Cinna, et dont la tête fut attachée aux rostres avec celle d'Antonius.

13. *Ut Sullam et M. Crassum.* Sur Sylla, voyez Salluste, *Jug.* 95 et 96 : *Callidus, amicitia facilis,.. milites benigne appellare...., joca atque seria cum humillimis agere, etc.* (Voy. Plutarque, *In Sull.*, 5 et 6, p. 455.) Quant à Crassus, suivant Plutarque, *In Crass.*, 1 et 3, p. 544, il cachait et obligeait des malfaiteurs pour en tirer de l'argent.

15. *Alium quem*, suivant Heusinger, Gernhard, Orelli ; Lallemand lit *alium quemque;* Beier, *aliquem;* Zumpt, *alium.*

16. *In P. Scipione Nasica.* C'est P. Cornélius Scipion Nasica, qui fut consul en 642, avec Calpurnius Bestia, et qui mourut pendant l'exercice de sa charge.

Xenocratem. C'est Xénocrate de Chalcédoine, disciple de Platon, et maître de Démosthène.

XXXI. 5. *Qui notus est nobis.* Heusinger, Gernhard et Zumpt : *qui natus est nobis.* J'ai suivi la leçon vulgaire, qu'adopte Lallemand, et qu'Orelli appuie de l'autorité de ses manuscrits et de ses excellentes remarques.

11. *Epigonos.* Ce sont les fils aînés des chefs qui périrent devant Thèbes, dans la guerre d'Étéocle et de Polynice. Les Épigones prirent Thèbes sous la conduite d'Alcméon. L'un d'eux était Thersandre, fils de Polynice (Hygin., *Fab.* 70 et 71). Attius en avait fait le sujet de ses tragédies.

Medumque. Ce héros était le sujet d'une tragédie de Pacuvius. Médus, fils de Médée et d'Égée, est livré à Persée, son grand-oncle maternel ; reconnu par sa mère et sauvé de la mort, il tue lui-même Persée, et règne à sa place.

Melanippam, Clytæmnestram. Ce sont deux tragédies d'Attius, imitées d'Euripide. Les éditions vulgaires portent *Menalippa;* mais Zumpt a bien fait voir qu'on doit lire *Melanippa.* Mélanippe, fille d'Éole, fut délivrée de captivité par deux fils qu'elle avait eus de Neptune.

Rupilius. Vulg. *Rutilius*. C'était un comédien que Cicéron avait encore vu dans son enfance. Il jouait dans une tragédie de Pacuvius le rôle d'Antiope, fille de Nyctéus, mère de Zéthus et d'Amphion. Antiope, opprimée par Dircé, femme de son oncle, implora le secours de ses fils qu'elle ne connaissait pas, et qui ne la connaissaient pas davantage. Elle fut enfin reconnue et sauvée par eux. C'est encore une tragédie imitée d'Euripide.

Ajacem. C'est une tragédie d'Ennius ou de Livius Andronicus.

XXXII. 4, *Q. Mucius*. Quintus Mucius Scévola l'augure, et le gendre de Lélius, fut le premier maître de Cicéron. Celui dont il est parlé dans le texte est Q. Mucius le pontife, maître de Cicéron après son cousin. Il publia plusieurs ouvrages de jurisprudence, et fut tué en 671 par le préteur Damasippus, exécuteur des ordres du jeune Marius, pendant que celui-ci combattait contre Sylla.

5. *Timotheus*, Timothée, fils de Conon, nommé chef de la flotte en 376, seconda son père dans le combat où il fut vainqueur des Lacédémoniens à Cnide, en 394 avant J. C. Il avait eu pour précepteur Isocrate. (Cornél. Nepos, *in Timoth.*, 1; Cic. *de Orat.*, III, 34.)

10. *Herculem Prodicium*. Cette belle allégorie a été plusieurs fois développée. Voy. Xénophon, *Memor.*, II, 1; Silius Italicus, *Bell. Pun.*, XIV, 18; Thémistius, *Orat.*, III, sans parler de Lucius, de Maxime de Tyr, de Philon et de saint Basile.

XXXIII. 1. *Spatium etiam*. Plusieurs éditions, notamment celles de Gernhard et de Beier, n'ont pas *etiam*, qu'Orelli rétablit d'après les manuscrits, comme le font Heusinger, Lallemand, Zumpt et Dübner.

3. *Est ei rei cura major adhibenda*. Leçon de Heusinger, Lallemand, Gernhard, Beier, Orelli, Zumpt; Ernesti et Dübner suppriment *ei rei*.

4. *Ad hanc autem rationem*. En grec κατὰ τουτονὶ τὸν λόγον, et non pas *in hac re deliberanda et constituenda*, comme le veut Heusinger, que suit Zumpt. Cette locution signifie « les choses envisagées sous ce point de vue. »

Des Devoirs.

13

13. *Optima autem hereditas.* Ces mots se rapportent à *imitandos esse majores.*

Nefas et impium. Nefas est l'action abominable, l'attentat; *impietas*, c'est le sentiment qui produit cette action. C'est le sens de *nefantia* dans ce vers de Lucilius : *Tantalu' qui pœnas ob facta nefantia luvit.* (Nonius, VIII, 47; éd. Godefroy, p. 759). En effet, *nefas* est ce que le sentiment religieux défend de nommer (*nefandum*). L'essence du *nefas* est dans la témérité de celui qui s'attaque à ce qu'il y y a de plus saint; de là attentat contre les dieux, contre la nature, les parents, etc.

XXXIV. 1. *Non eadem disparibus ætatibus tribuuntur.* Littéralement « sont diversement répartis entre les différents âges. »

4. *Ejusmodi quidem.* Beier, après Facciolati : *ejusmodi quoque.* Le plus grand nombre des éditeurs, depuis Heusinger, ont *quidem.*

11. *Curiosum.* Cic., *pro Flacco*, 29 : *Negotiaris in libera civitate. Primum patere me esse curiosum : Quousque negotiabere, præsertim quum sis isto loco natus.*

XXXV. 3. *Formam.... figuram.* Le mot *figura* exprime les traits, la conformation, la figure mathématique; *forma* est la forme, la figure sous le rapport esthétique, en tant qu'expression visible de l'être intérieur; de là *formosus.* *Forma*, qu'on peut souvent bien rendre par l'ensemble de la personne, est opposé à *species*, qui n'exprime que ce qui frappe la vue. La nuance qui distingue ces deux mots l'un de l'autre serait bien exprimée par ces deux phrases : *Quam pingis figuram? quam das figuræ formam?*

6. *Sunt.* Orelli a *sunt* aux deux places, comme Heusinger. Zumpt a *sint* à la première et *sunt* à la seconde; cette leçon m'a paru préférable à l'autre, à cause du caractère négatif de la proposition *quæ re turpia non sint.*

XXXVI. 2. *Forma.* Ici ce mot désigne l'ensemble de la personne, sens que j'indiquais tout à l'heure dans la note 3 du chapitre précédent.

3. *Palæstrici motus.* Quintil., *Institut. orat.*, I, 11, 16: *Ne*

13.

*illos quidem reprehendendos putem qui paullum etiam pa-
læstricis vacaverint. Non de his loquor quibus pars vitæ in
oleo, pars in vino consumitur;... sed nomen est idem iis a
quibus gestus motusque formantur, ut recta sint brachia,
ne indoctæ rusticæve manus, ne status indecorus, ne qua
in proferendis pedibus inscitia, ne caput oculique ab alia
corporis inclinatione dissideant.* Et II, 8, 7 : *Sic discernet
hæc dicendi magister, quo modo palæstricus ille cursorem
faciet, aut pugilem aut luctatorem, etc.*

7. *Ut pomparum ferculis.* Ces deux défauts sont bien ex-
primés dans ces vers d'Horace, *Sat.*, I, 3, 10 :

> Nil æquale homini fuit illi : sæpe velut qui
> Currebat fugiens hostem ; persæpe velut qui
> Junonis sacra ferret.

8. *Exanimationes.* D'après Cicéron, *Tusc.*, IV, 8, les stoïciens définissaient *PAVOREM*, *metum mentem loco moven-
tem;... EXANIMATIONEM, metum subsequentem, et quasi
comitem pavoris; CONTURBATIONEM, metum excutientem
cogitata: FORMIDINEM, metum permanentem.* Dans un autre
endroit (IV, 6), Cicéron s'exprime ainsi : *Est igitur Zenonis
hæc definitio, ut perturbatio sit, quod* πάθος *ille dicit, aversa
a recta ratione, contra naturam animi commotio. Quidam bre-
vius, perturbationem esse appetitum vehementiorem ; sed vehementiorem eum volunt esse, qui longius discesserit a naturæ constantia.*

XXXVII. 3. *Rhetorum turba referta omnia.* Ce que Beier
explique ainsi : *in omnibus rhetorum ludis est magna disci-
pulorum frequentia;* littéralement « tout est encombré de
la foule qui se presse autour des rhéteurs. » Horace a dit
de même, *Sat.* II, 3, 44 : *Chrysippi porticus et grex.* Le
mot *referta* est employé de même dans Cicéron, *in Verr.*,
II, 1, 52 : *Domus erat prætoria turba referta.*

5. *Sed et alii.* C'est la leçon de Heusinger, Lallemand,
Gernhard, Orelli, Zumpt. Orelli conjecture *sed etiam alii,*
et Beier lit *sed ut alii.*

6. *Neque expressæ.* Sans *nimis,* suivant Heusinger, Orelli,
Zumpt. Voici le précepte que donne Quintilien, *Instit. Orat.*,
XI, 3 : *Dilucida erit pronuntiatio primum, si verba tota exe-
gerit, quorum pars devorari, pars destitui solet, plerisque*

*extremas syllabas non proferentibus, dum priorum sono in-
dulgent. Ut autem est necessaria verborum explanatio, ita
omnes computare, et velut adnumerare litteras molestum et
odiosum. Nam et vocales frequentissime coeunt, et consonan-
tium quædam, insequente vocali, dissimulantur..., Ideoque
laudatur in Catulo suavis appellatio litterarum.*

XXXVIII. 3. *Ut ea facere videamur irati.* Zumpt, pour justifier cette leçon, qui consiste à supprimer la négation
manquant dans beaucoup de manuscrits et donnée par d'autres, cite Sénèque, *de Ira,* II, 14 : *Numquam itaque iracundia
admittenda est ; aliquando simulanda, si segnes audientium
animi concitandi sunt.* Si l'on préférait conserver la négation, on devrait traduire : « Il faudra éviter aussi de paraître
irrité en parlant sur ce ton ; » on supprimerait aussi le *mais,*
qui commence la phrase suivante.

XXXIX. 2. *Cn. Octavio.* C'est Cnéius Octavius qui, étant
préteur en 586, vainquit Persée dans une bataille navale,
et qui fut consul en 558. Il était le frère du trisaïeul (*aba-
vus*) d'Auguste. (Suétone ; *August.,* 2, Cic. *Philipp.,* IX, 2.)
3. *Scaurus.* C'est Scaurus, le fils de Marcus, né de Métella
et beau-fils de Sylla. Il fut édile en 696, puis préteur, mais
ne put être consul. Accusé *repetundarum,* il fut défendu
par Cicéron et absous. Mais accusé de brigue deux ans
après, il s'exila. Voyez, sur sa maison, Pline, *Hist. nat.,*
XXXVI, 24 (15).
9. *Ut L. Luculli.* C'est le célèbre Lucullus qui était appelé
Xerxes togatus par Pompée. Voyez sa vie par Plutarque, son
éloge par Cicéron, *de Leg. Manil.,* 8, et dans le IIᵉ livre des
Académiques, qui porte son nom.

XLI. 4. *Ut magis in aliis cernamus.* Sénèque a dit, *de Ira,*
II, 28 : *aliena vitia in oculis habemus, a tergo nostra sunt ;*
et Horace, *Sat.,* I, 3, 25 :

> Quum tua pervideas oculis mala lippus inunctis,
> Cur in amicorum vitiis tam cernis acutum,
> Quam aut aquila aut serpens epidaurius?

Tout le monde connait les deux Besaces de La Fontaine.
11. *Cynicorum vero ratio.* Les cyniques sont ainsi nommés

à cause de la liberté de leurs paroles et de leur amour pour la vérité; car on trouvait que le chien a, dans son instinct, quelque chose de philosophique et qui lui apprend à distinguer les personnes. En effet, il aboie contre les étrangers et flatte ceux de la maison. De même, les cyniques accueillent et chérissent la vertu et ceux qui la pratiquent, tandis qu'ils réprouvent et blâment les passions et ceux qui s'y livrent, fussent-ils assis sur le trône. Antisthène, dont la doctrine fut exagérée par ses disciples, disait : *populares deos multos, naturalem unum esse*. On sait jusqu'où allait Diogène.

XLII. 1. *Jam de artificiis*. Ce chapitre et toutes ces condamnations portées contre le travail et ceux qui s'y livrent dans l'intérêt de la société, donneraient une triste idée de la libéralité d'esprit de Cicéron, si l'on ne se rappelait que les arts mécaniques étaient, chez les anciens, le partage des esclaves. Un homme, même un homme de génie, ne peut, quoi qu'il fasse, échapper complétement à tous les préjugés qui dominent son siècle.

XLIII. 6. *Princepsque omnium virtutum illa sapientia.* Voici, sous une forme syllogistique, le résumé de ce raisonnement : La sagesse est la première des vertus ; or la sagesse comprend l'association des dieux et des hommes, et celle des hommes entre eux ; donc c'est du principe d'association que dérivent les plus grands des devoirs : conséquence sous laquelle est implicitement sous-entendue cette raison : car les plus grands devoirs ne peuvent découler que de la plus grande des vertus.

8. *Etenim cognitio contemplatioque naturæ.* Toute cette partie du raisonnement revient à ceci : Le maintien de la société est préférable au savoir ; car le savoir n'est rien sans l'action, et l'action a surtout pour but de maintenir la société ; ou autrement encore : L'action est préférable au savoir, qui sans elle ne serait rien ; or l'action a pour but le maintien de la société ; donc le maintien de la société est préférable au savoir.

XLIV. 4. *Et otium suum.* Voici quelques-unes des traductions qu'on a données de ce passage. Dubois, en 1691 :

« ainsi on peut dire que leur loisir est le soutien de ceux
« qui sont dans l'action ; » Barett, en 1759 : « en sorte qu'ils
« semblent n'avoir rien fait, pour nous apprendre à tout
« faire ; » Brosselard, en 1792 : « et leur repos semble avoir
« été consacré à notre activité. »

7. *Atque ut apum examina.* Aristote a dit de même dans
sa Politique, I, 2 : πολιτικὸν ὁ ἄνθρωπος ζῷον πάσης μελίττης
καὶ παντὸς ἀγελαίου ζῴου μᾶλλον δῆλον.

Cogitandique. Beier veut à tort *congregandi ;* les deux ma-
nuscrits *a* et *b* d'Orelli (ix⁰ et x⁰ siècle) portent *cogitandi.*
C'est la leçon de Heusinger, Lallemand, Gernhard, Orelli,
Zumpt et Dübner.

10. *Nec verum est.* Cicéron a dit à peu près la même chose,
de Repub., I, 25 : *Prima causa coeundi est non tam imbecillitas quam naturalis quædam hominum quasi congregatio.*
Platon donnait la raison suivante de la formation des sociétés : γίγνεται... πόλις,... ἐπειδὴ τυγχάνει ἡμῶν ἕκαστος
οὐκ αὐτάρκης, ἀλλὰ πολλῶν ἐνδεής. (*De Repub.,* II, p. 369 ;
éd. Tauchnitz, t. V, p. 60.)

XLV. 6. *Etenim cognitionem prudentiamque sequitur considerata actio.* Voici les diverses traductions qu'on a données
de ce passage. Barett : « On ne sait et on ne voit que pour
« agir avec connaissance de cause. » Brosselard : « On n'es-
« time la sagesse et les lumières, que parce qu'elles con-
« duisent à bien agir. » Dubois : « Car toutes les connais-
« sances et toutes les lumières de la prudence doivent se
« terminer à quelque sorte d'action sage, réglée et bien
« ordonnée. »

Sequitur. Orelli, *sequetur ;* avec cette leçon, il faudrait
traduire littéralement : « L'instruction et la prudence amè-
« neront une action réglée. »

LIVRE SECOND.

I. 2. *Ad vitæ cultum*. Le substantif *cultus* qui vient de *colere*, signifie : 1° la culture de la terre ; 2° au figuré, les soins qui ont pour but l'embellissement, le perfectionnement de la vie ; 3° la manière de vivre.

Ad... facultatem. Ce mot au singulier diffère de *facultates* au pluriel. Il diffère aussi de *facilitas*. Pline, *Epist.*, VI, 29 : *Assiduitate nimia facilitas magis quam facultas [dicendi], nec fiducia sed temeritas paratur*. César, *Bell. gall.* III, 9 : *Facultatem navium habere*. Le sens est *disposition, usage*.

Inutile. Ici cet adjectif signifie *nuisible, funeste*; comme dans ce passage de Tite-Live, *Hist.*, V. 5 : *Videte quot res, quam inutiles sequantur illam viam consilii*.

De instituto ac de judicio meo, c'est-à-dire le dessein que j'ai formé de cet ouvrage, et les motifs qui m'ont déterminé.

3. *Philosophiæ nomen sit invisum*. Ceci est une allusion à Caton l'ancien, qui avait un des premiers attaqué la philosophie.

5. *Consilio aut auctoritati*. Le premier signifie les lumières, le second l'ascendant du caractère, l'autorité des conseils.

6. *Quo cœperat*. Parmi les commentateurs, les uns rapportent ces mots à l'époque où Sylla rétablit la liberté en abdiquant la dictature, ou à celle où Cicéron la sauva des complots de Catilina ; d'autres, et mieux, aux premiers temps qui suivirent la mort de César, et où Octave sembla s'abandonner aux conseils du vieux consulaire. Cicéron, *de Divin.*, II, 2 : *Nunc, quoniam de republica consuli cœpti sumus, tribuenda est opera reipublicæ, vel omnis potius in ea cogitatio et cura ponenda; tantum huic studio relinquendum quantum vacabit a publico officio et munere*. Enfin *quo cœperat* signifient peut-être seulement *son ancien état*.

9. *In his studiis*. La philosophie et non pas la plaidoirie. On sait que *studium* a le double sens de *goût* et d'*étude*.

II. 5. *Anquirunt*. Et non pas *acquirunt*. Selon Festus, *anquirere est circumquærere* (Gramm. vet., t. II, p, 19 , 331 : éd. Lindemann), de *ambi, amb , am, an*, préposition inséparable qui se retrouve au commencement des mots : *ambages , amburo , amplector, amicio, anceps, anfractus*.

8. *Quod alio quodam libro fecimus*. C'est le livre perdu de l'Hortensius , sur lequel saint Augustin, *Confess.*, III, 4 , s'exprime ainsi : *Ille liber mutavit affectum meum, et ad te ipsum, Domine , mutavit preces meas, et vota ac desideria fecit alia.*

9. *Orbati reipublicæ muneribus*. L'adjectif *orbatus* appartient au même radical que le grec ὀρφανός, de ὀρφός, *privé de*. Le pluriel *munera* n'est que la forme première de *munia*, en passant par *munesa ;* son synonyme *officium* désigne le devoir politique. Le premier dépend de la conscience , le second de la charge. Cicéron, *de Senect.*, 10 : *Omnia exsequi regis officia et munera.*

10. *Occurritur*. Le sens qu'a ici ce verbe est rare.

A doctis et eruditis. La différence qui distingue *doctus* d'*eruditus*, ou *doctrina* d'*eruditio*, c'est que *doctrina* exprime l'instruction dans un sens plus particulier, et *eruditio*, la même dans un sens plus général; *doctrina* peut supposer une simple théorie , tandis que *eruditio* contient la pratique et l'application.

Percipi. Le sens propre du verbe *percipere* est *saisir;* c'est ainsi que Plaute a dit (*Amph.*, V, 166) : *Mihi horror misero membra percipit*. Il signifie ensuite *percevoir* par les sens : *Percipere auribus sonum;* puis *comprendre : præcepta artis percipere* (ci-dessus , 1, 18, 4); puis *savoir par cœur ;* Cicéron, *de Senect.*, 7 : *Themistocles omnium civium nomina perceperat*. Le participe *perceptus* a le sens de *certain, avéré*, dans ce passage d'Aulu-Gelle, *Noct. Att.*, XIV, 1 : *Mirabatur id cuiquam pro percepto liquere;* passage qui rappelle le suivant de Cicéron , *de Fato*, 6 : *Etenim si est divinatio, qualibusnam a perceptis artis proficiscitur? Percepta appello quæ dicuntur græce* θεωρήματα. *Non enim credo nullo percepto aut ceteros artifices versari in suo munere, aut eos qui divinatione utantur, futura prædicere.*

11. *Quid sequatur.* On a eu tort de vouloir mettre *quod;* au moins faudrait-il : *Nec habeat quidquam....*

14. *Temeritatem.* Ce mot désigne le défaut de direction certaine, une marche incertaine et sans principes, une aveugle indifférence, l'influence du hasard. Le sens de *temeritas* est parfaitement déterminé par ce passage de Cicéron, *pro Marc.*, 2 : *Numquam enim temeritas cum sapientia commiscetur, nec ad consilium casus admittitur.*

15. *Contentio.* Ce mot n'exprime pas ici *le débat, la lutte,* mais la comparaison, le rapprochement, comme dans cet ouvrage même, ci-dessus, I, 17, 14 : *Si contentio quædam et comparatio fiat.*

III. 1. *Quinque... rationibus.* Cicéron a donné ces cinq divisions, I, 3, 10; Panétius n'en avait donné que trois : l'honnête, l'utile, la lutte entre l'utile et l'honnête. Cicéron ajoute : entre deux choses honnêtes, quelle est la plus honnête; entre deux choses utiles, la plus utile. (Voy. ci-dessous, II, 25, 1.)

Rationibus. Le mot *ratio* signifie à la fois manière d'être et manière d'envisager, point de vue, rapport sous lequel on considère, considération. Ce mot se rattache à *res,* de cette manière : *res, reor, ratus, ratio.*

Ad decus. Ce mot vient de *decere,* et celui-ci de δίκη (ή δίκη ἐστί), auquel se rattache *dignus, dignitas.* De *decus* vient *decorum,* bienséance.

Pertinent. Suivant d'autres *pertinerent :* le subjonctif n'est pas indispensable. Le second subjonctif *viderentur* dépend d'*eligendi.*

Copias. Ce mot vient selon les uns de *co-ops,* selon les autres de *cupio,* sorte de dérivatif de *capio,* lequel marque une passion intérieure, tandis que *captare,* fréquentatif de *capio,* marque une action extérieure.

3. *Sensim.* Cic., *de Senect.*, 11 : *Sensim sine sensu ætas senescit.* L'adverbe *paulatim* se rapporte mieux aux choses, *sensim* aux personnes ou aux choses personnifiées. Comment *sensim* signifie-t-il insensiblement? est-ce par anti-phrase? Je ne le crois pas. C'est, il me semble, parce qu'il

13.

est opposé à *subito, repente, necopinato*. Cicéron a dit dans ses Offices mêmes, I, 38, 8 : *Amicitias magis decere... sensim dissuere, quam repente præcidere*. Priscien donne une autre interprétation de ce mot : *Sensim pro paulatim, quia ea maxime faciunt sensum quæ morantur;* c'est là une explication à laquelle je ne puis croire.

Pernicies. Substantif formé de *per* avec un sens augmentatif, et de *nex*.

4. *Summa quidem auctoritate philosophi*. Par exemple Aristide, etc.

6. *Malitiam*. Cic.. de Nat. deor., III, 30 : *Est enim malitia versuta et fallax nocendi ratio*.

7. *Ad eam spem*. Quelques anciennes éditions ont *speciem*.

8. *Impetus et rerum appetitus*. Le premier est un mot dont le sens est complet en lui-même; le second est un terme relatif; *impetus* est l'instinct, le mouvement interne qui naît spontanément dans l'être doué de force; quelquefois ce n'est qu'une simple velléité, comme *conatus*. Au contraire *appetitus* est un désir excité par un objet extérieur. Il semble que le premier vienne de *petere*, marcher, en grec πατεῖν, et le second de *petere*, demander, en grec ποθεῖν, d'où le dérivé *postulare*.

9. *Pecudes*. Le mot *pecus, pecŭdis* signifie à proprement parler un animal en général, comme quand on dit : *Anates, pecudes natantes*. Le synonyme *pecus, pecoris*, signifie un troupeau, comme *pecus volatile, aquatile*. Ces deux mots désignent également les animaux domestiques. Ils dérivent du même radical que πῶυ et *pasco*. Il faut remarquer que *pecus, pecudis*, est quelquefois une injure, au figuré, mais que *pecora* ne s'emploie jamais qu'au propre.

11. *Pietas... et sanctitas*. Le mot *sanctitas* signifie une conduite irréprochable, l'innocence; son synonyme *honestas* signifie l'honneur; c'est le sentiment qui dirige l'homme *honestus;* c'est le désir de plaire à la divinité qui dirige le *sanctus*. Quant aux deux autres synonymes, *pietas* et *caritas*, le premier a son fondement dans le sentiment religieux, le second, dans la raison ; *pietas* est ce devoir que l'on ne peut violer sans *nefas*. A *caritas* on peut comparer *amor*, lequel a sa source dans le sentiment naturel et la passion.

12. *Administratione*. Ce mot vient de *manus*.

14. *Frugum fructuumque.* Le premier désigne les fruits des champs, céréales et légumes; le second, les fruits des arbres; ou plus généralement encore, *fruges* est le produit du labourage, *fructus* le produit de la plantation. Peut-être dans le présent paragraphe, *fruges* est-il à *fructus*, comme l'espèce au genre. On peut dire que *fruges* désigne absolument les productions de la terre, aussi bien les légumes que le *frumentum*, ou les céréales. Mais *fructus* les désigne relativement, c'est-à-dire avec rapport à celui qui les possède, comme le produit de son travail, ou le revenu de sa propriété.

IV. 2. *Derivationes fluminum.* Il y a cette différence entre *flumen*, *fluvius* et *amnis*, que *flumen* désigne toute eau courante, tout ce qui coule; *fluvius* est une rivière, et *amnis* un fleuve. Ce dernier nom vient du radical *ap* avec le suffixe *ni-s*, suffixe qui se retrouve dans *ig-nis*, de *icere*, *seg-nis* de *sequi*, et *om-nis* du grec ἅμα.

Agrorum irrigationes. Le substantif *irrigatio* vient du verbe *irrigare*, qui semble être le causatif du radical ῥέω couler; comp. *casti-gare*, *fati-gare*, *pur-gare*. Au grec ῥέω se rattache *rivus*, *ripa*.

4. *Quæ commoditas.* Ce mot *commoditas* est bien employé par Cicéron dans ce passage, *Amic.*, 7 : *plurimas et maximas commoditates amicitia continet.* La nuance qui distingue plusieurs mots de ce paragraphe peut s'exprimer ainsi : *fructus* est ce dont on jouit; *utilitas* est la faculté d'user d'une chose; le parti qu'on en tire; *commoditas*, la facilité avec laquelle on en use, facilité résultant de ce qu'elle est *accommodée* à nos besoins, et qu'elle s'y prête sans obstacle.

Adjuvarent. Adjuvare diffère d'*opitulari* en ce qu'il signifie *aider, seconder*, concourir *d'égal à égal*, tandis que *opitulari* signifie *secourir*, porter secours, *du fort au faible*.

5. *Bellua.* Ce mot désigne un gros animal, mais non pas nécessairement un animal féroce; car dans les jeux du cirque, on emploie toujours le mot *bestia*, et Isidore dit que ce dernier convient *leonibus, pardis et lupis, tigribus et vulpibus, canibus, etc. (Origin.*, XII, 2, 1).

8. *Mansuetudo animorum.* L'adjectif *mansuetus*, qui revient à *manu assuetus*, se dit des hommes et des animaux;

cicur, au contraire, s'applique exclusivement aux animaux. Comparez le grec χείρ, main, et le vieux latin *hir*, la main, ou la paume de la main, qui se trouve dans un passage de Lucilius cité par Cic., *de Fin.*, II, 8 (Freund., *Latein. Wœrterbuch*, t. II, p. 860, col. I) ; de sorte que *cicur* paraît signifier proprement « dompté avec la main. » C'est probablement dans ce sens que Varron a dit : *Cicurare mansuefacere* (*Ling. lat.*, VII, 91 ; p. 135, Mueller.)

V. 1. *Neque ducem bello.* On a vu dans la note placée sous le texte, que d'excellentes éditions, telles que celles d'Orelli, Heusinger et autres, ont *belli* pour répondre à *domi ;* mais il est probable que Cicéron a voulu éviter l'équivoque. Du reste on sait que l'on dit *belli domique.*

4. *Dicæarchi.* C'est Dicéarque, disciple d'Aristote ; il nous reste, sous son nom, 150 vers d'une Description de la Grèce, et deux fragments d'un poëme géographique intitulé : Βίος Ἑλλάδος. Ses ouvrages philosophiques sont perdus.

Pestilentiæ, vastitatis. Cic. *de Nat. deor.*, II, 5, joint également ces deux mots *vastitate, pestilentia ; vastitas* y signifie évidemment *stérilité,* comme dans Sénèque, *Herc. fur.*, v. 701 :

Sterilis profundi vastitas squalet soli.

Belluarum. Le mot *bellua*, dont il a été parlé au chapitre précédent, signifie sans doute ici animal en général. Plaute, dans l'Aululaire, III, 6, 26, emploie ce mot en parlant d'un agneau ; aussi Facciolati et Heusinger pensent-ils que, dans le présent passage de Cicéron, il s'agit de grenouilles, de rats et autres animaux semblables.

6. *In usu et tractatione belluarum.* Il s'agit ici des animaux que nous faisons servir à nos besoins. *Tractatio* signifie *l'action de manier.* C'est tout à la fois, dans ce passage, *les soins* que nous prenons des animaux domestiques, et *l'action d'en disposer* à notre gré, de les plier à notre usage.

Artibus... operosis. Les travaux de l'industrie.

Hominum... studia. C'est-à-dire *les volontés humaines.*

Amplificationem. Ce mot vient d'*amplus*, qui, dérivé lui-même d'*ambi*, désigne la grandeur, particulièrement avec allusion à l'apparence extérieure, à la circonférence. Il est opposé à *tenuis*, comme *magnus* à *parvus*. De là vient que *amplitudo* se définit : *potentiæ aut majestatis aut aliquarum copiarum magna abundantia.*

Prompta. C'est ce que l'on a sous la main, à sa disposition. Ce sens primitif se retrouve presque dans le vers célèbre :

> Leur *prompte* obéissance a fatigué Tibère.

Promptus est le participe de *promere*, pour *pro-emere, tirer un trait du carquois,* l'épée du fourreau, le vin du cellier, etc.

7. *Virtus omnis;* non pas *toute vertu,* mais *la vertu en général,* prise dans son ensemble, considérée dans toutes ses parties.

Verum sincerumque. Verum, réel; *sincerum,* vrai, naturel. Cic., *de Amic.,* 25; *Secerni... omnia fucata et simulata a sinceris atque veris.*

Alterum cohibere. La suite de *una est in perspiciendo* devrait être *altera in cohibendo.*

Moderate et scienter. Avec mesure et intelligence.

Cumulata. Ce mot vient de *cumulus,* dérivé lui-même de *cum,* de même que *amplus de ambi;* ou peut-être de *culmus,* pour *culmulus,* dans le sens de *hauteur.* Festus, sur le mot ancien *auctarium,* définit le *cumulus : quod super mensuram vel pondus justum adjiciebatur (Gramm. vet.,* t. I, p. 13, éd. Lindem.), et Cic. *beneficium cumulo augere (Epist. Fam.,* XIII, 62). Le latin *culmen* a fait en français *comble* d'une maison. Enfin *cumulare* est *culmen imponere.*

Ulciscamur. Le verbe *ulcisci* vient du grec ἄλκω, ἀλάλκω, ἀλέκω, ἀλέξω, proprement, repousser par la force, et par extension, *rendre mal pour mal.* C'est une loi de l'euphonie et de la dérivation latine, que *l* suivi d'une consonne veut être précédé de la voyelle *u.* Ex. *facultas* et *facilitas; vult* et *volo; culmus* et *calamus; perculsus* et *percellere, cultus* et *colere, vulpes* et ἀλώπηξ, etc. Au reste, *ultio* est un acte de la colère privée, et *vindicta* un acte de la justice publique; Velléius Paterculus. *Hist. Rom.,* II. 7 : *Visa ultio privato odio magis quam vindictæ publicæ data.* C'est en ce sens même que nous disons en français *la vindicte publique.* Les autres synonymes de ces deux mots se différencient par les nuances suivantes : *pœna* est proprement une punition ordonnée par la loi offensée ; *mulcta*, une expiation commandée par l'équité pour dédommagement d'un tort, surtout une *amende ; castigatio* , un châtiment qui a pour but de rendre meilleur.

VI. 3. *Affligimur*. Conf. πλήσσω et *flagellum*.

4. *Procellas*. Le mot *procella* , ouragan, n'est qu'une partie de *tempestas ;* celle-ci est plus durable , souvent accompagnée de tonnerre, de pluie , de grêle. Pline, *Hist. nat.*, XVIII , 69 (28) : *Cœlestis injuriæ… [genus] unum, quod tempestates vocamus , in quibus grandines, procellæ celeraque similia intelliguntur.* — *Procella* est un coup de vent , de *procello*.

5. *Opibus et studiis*. *Opes* signifie les ressources, le crédit ; *studiis* se prend en bonne et en mauvaise part, et signifie les dispositions favorables ou contraires ; de là *studia* se rend bien par *esprit de parti*.

8. *Diligunt*. Le verbe *diligere* est synonyme d'*amare*. Ce dernier part du sentiment opposé à *odisse ; diligere* suppose l'estime, et comme tel, il est opposé à *negligere* ou *spernere*. En somme , *diligere* exprime un sentiment plus faible qu'*amare*. Cic. *ad Brut.*, I, 1 : *Clodius… valde me diligit, vel, ut* ἐμφατικώτερον *dicam , valde me amat.* Et dans ses lettres familières, XIII, 47 : *Ut scires eum a me non diligi solum, verum etiam amari.*

Suspiciunt. Ce verbe exprime l'estime comme *diligere* , mais une estime portée jusqu'au respect. Celui qui *suspicit* se met au-dessous de l'objet de son admiration ; *diligere* au contraire suppose égalité ou même *supériorité*.

Largitiones. Largesses le plus souvent intéressées ; dans un sens général, *concessions :* Salluste, *Catil.*, I, *Cæsar dando, sublevando, ignoscendo ; Cato nihil largiundo gloriam adeptus.*

9. *Pretio ac mercede*. *Pretium* , de *precari*, est le prix demandé et reçu pour un objet livré ; c'est le sens du grec poétique ὦνος ; *merces* est le salaire d'un travail , d'un service personnel, de *mer-eri* ; c'est le grec μισθός. Quant à *præmium* de *præ-emere*, c'est une préférence honorifique disputée par plusieurs contendants et obtenue par l'un d'eux, c'est le sens du grec ἄθλον : aussi ce mot signifie-t-il quelquefois *privilége*.

inquinatissima. Le radical du verbe *inquinare* est *cœnum*.

Conantur. Le verbe *conari* signifie entreprendre, essayer, risquer, prendre sur soi de ; il indique la *résolution* de l'esprit. Au contraire, *niti* indique l'effort de l'esprit ou du corps pour accomplir ce qu'on a résolu.

VII. 4. *Paretque quum maxime mortuo.* Ces mots manquent dans un grand nombre d'exemplaires ; c'est Grævius qui le premier les a tirés d'un manuscrit qui était excellent, et les meilleurs éditeurs les ont reçus depuis. La locution *quum maxime* signifie *plus que jamais,* c'est-à-dire *quæ nunc etiam paret, ut quum maxime paruit.* Cicéron, *pro Cluent.,* 5 : *quæ multos jam annos, et nunc quum maxime filium interfectum cupit.* Térence, *Hecyr.,* I, 2, 40 : *Bacchidem amabat, ut quum maxime, tum Pamphilus.*

6. *Sævitia. Sævus* est opposé à *clemens* et à *lenis.* Cicéron, *Orat. Partit.,* IV, 11 : *Sibi proponet... orator... aut sævitiam, aut clementiam judicis.* Ce mot signifie donc *rigueur, dureté.* Il suppose de la colère, de la vengeance, le désir de punir ; de plus, il suppose de la puissance. Quant à *crudelitas,* c'est, d'après Sénèque, *Clement.,* II, 4, *inclinatio ad asperiora,* ou encore *atrocitas animi in exigendis pœnis.* Lucrèce, *Rer. nat.,* III, 72 :

> Crudeles gaudent in tristi funere fratris.

8. *Judiciis tacitis.* En voici des exemples dans Suétone, *Cæs.,* 80 : *Bonum factum : ne quis senatori novo curiam monstrare velit. Et illa vulgo canebantur :*

> *Gallos Cæsar in triumphum ducit ; idem in curiam.*
> *Galli bracas deposuerunt ; latum clavum sumpserunt.*

On avait écrit sous la statue du premier Brutus : *Utinam viveres ;* et sous celle de César :

> *Brutus quia reges ejecit, consul primus factus est :*
> *Hic quia consules ejecit, rex postremo factus est.*

César avait destitué du tribunat Césétius et Marullus ; aux comices suivants, ils eurent des voix pour être consuls.

9. *Acriores... morsus.* C'est-à-dire : *Acrius remordet, pungit, exstimulat animos.* Quintilien a dit de même : *Hunc mordebit objurgatio, hunc amor excitabit.* Et Ovide, *Heroid.,* XIII, 30 : *Pectora mordit amor.*

10. *Ad incolumitatem.* Le sens d'*incolumitas* est *salutis*

tuta atque integra conservatio. Cic. *de Invent.*, III, 56. Il vient de l'adjectif *columis*, employé dans Plaute , *Trinum.*, III , 3. 15 : *columem te sistere*, où d'autres cependant lisent *incolumem*, et expliqué dans les gloses d'Isidore *columes salvos*. Voy. Freund , *Lat. Wœrterb.*, v° *Columis*.

IX. 9. *Utilem... veramque prudentiam.* La prudence nommée ici *utilis*, est distincte de la prudence théorique, des simples lumières de l'esprit. L'adjectif *prudens* se tire de *providens*; mais peut-être devrait-on plutôt le dériver de φραδής ou φράζων. Cic., *de Invent.*, II, 53 : *Partes ejus [prudentiæ] sunt memoria, intelligentia et providentia.* L'homme prudent embrasse dans sa pensée le présent aussi bien que l'avenir ; l'homme prévoyant n'a les yeux fixés que sur l'avenir. La prudence est un don naturel; l'habileté de l'homme adroit , *callidus*, est le fruit de l'expérience, c'est une qualité acquise. Cic., *Scaur.*, II, 24 : *homines prudentes natura, callidi usus doctrina eruditi.*

10. *Fidis hominibus.* L'adjectif *fidus* désigne un homme *sûr;* *fidelis*, un homme *fidèle*. Un ancien grammairien a dit : *fidelis fit, fidus nascitur.* Le second tient au caractère naturel, le premier aux mœurs. On peut être *fidus* pour quelqu'un , et n'être pas en général *vir fidelis*. L'un est en quelque sorte passif et l'autre actif. Ce mot appartient au radical du grec ἔ-πιθ-ον, de πείθω. Les aspirées se sont déplacées en latin, comme dans βένθος *fundus*, βότρος *fodere*, βράχω, *fragor*, *fidelia* (un vase de terre) πίθος.

11. *Auctoritatis.* L'*auctoritas* est ce qui détermine les volontés, comme dit Suétone : *Suadendi auctoritate magis, quam jubendi potestate.*

X. 1. *A meque ipso sæpe disputatum.* Dans les Tusculanes, et dans le III⁰ livre *de Finibus*.

2. *Veritas ipsa limatur.* Au propre , le mot *limare* signifie 1° limer; 2° retrancher le superflu, polir, rendre uni , perfectionner, rendre élégant, *limatus moribus;* 3° donner de la finesse : *limatius judicium;* 4° enfin rechercher avec un jugement fin et subtil. Phèdre , III , 10 , 47 :

> Quod si delata perscrutatus crimina
> Pater familias esset , si mendacium
> Subtiliter limasset a radicibus.

Subtilitas. C'est cette finesse, cette délicatesse, cette rigueur des termes qui tient compte des nuances les plus subtiles et les plus légères.

6. *Communiter.* Cet adverbe, qui est opposé à *proprie*, ne signifie pas *en général*, mais *en commun, tout ensemble*, et ce mot se rapporte ici aux choses admirées, et non aux admirateurs. Horace, *Epist.*, I, 2, 13 :

> Hunc amor, ira quidem communiter urit utrumque.

La phrase signifie : « L'admiration publique s'étend à tout ce qui porte le caractère de la grandeur, et dépasse les idées communes, » c'est-à-dire : cette admiration est commune à...., s'étend sans distinction sur tout ce qui est grand. Ce sens ressort très-bien de l'opposition formée par les mots suivants : *separatim autem*, « mais elle s'attache particulièrement à ceux en qui se révèlent des qualités qu'on ne soupçonnait pas. »

8. *Despiciunt autem eos et contemnunt.* Le verbe *despicere* est opposé à *suspicere ; despicimus infra nos posita, ut vulgi opiniones ; spernimus rejicienda, fugienda, ut voluptatem ; contemnimus magna metuenda, ut pericula, mortem ;* et encore : *despicimus vultu, contemnimus animo.* Il est opposé à *metuere*, mais aussi à *vereri*, respecter, honorer, priser.

9. *Putant.... existimant.* Le verbe *putare* signifie compter ; il appartient à la même racine que le grec πυθέσθαι, comp. *pati* et παθεῖν. L'autre sens de *putare*, émonder, nettoyer, se rattache au mot *putus.* Quant à *æstimare*, du grec αἰσθέσθαι, il signifie apprécier une chose examinée et connue, comme fait un juge. Avec *ex*, il forme le verbe *existimare*, qui a le sens de juger d'une chose sur des probabilités, comme un moraliste. Cicéron oppose souvent *existimatio* à *judicium*.

10. *Industria.* C'est l'activité ; peut-être ce mot appartient-il à la même racine que *dexter.* Dœderlein le tire de *induere : Munia ducis induere ; Seditionem induerint.* Homère, *Il.*, XXXII, 622 :

> Οὐδέ τ' ἀκοντιστὺν ἐνδύσεαι.

Carere. Ce verbe signifie être privé d'un bien ou exempt d'un mal, mais plus souvent être privé d'une chose désirable. Au contraire, *egere* signifie manquer d'une chose indispensable.

11, *Majores partes animi.* Passage tourmenté par les critiques; ils veulent, comme Pearce, supprimer *animi*, et lire *majorem partem*, à savoir des hommes; ou *majoris partis animos*, comme Beier, Orelli et Zumpt. Il me semble que *majores partes animi*, leçon conservée par Heusinger, Lallemand et Gernhard, sont les facultés morales et intellectuelles opposées à la partie concupiscible; c'est la raison opposée à l'appétit.

XI. 1. *Admirabilitatem.* Ce mot exprime la qualité qui rend admirable. Cic. *de Nat. deor.*, II, 36 : *Quanta sit admirabilitas cœlestium rerum atque terrestrium;* et 40 : *cum admirabilitate magna igneœ formœ cursus ordinatos definiunt.* L'*admiratio* va du sujet admirant à l'objet admiré; il est actif; *admirabilitas* est dans l'objet admirable; il est passif. Cicéron a dit : *magna est admiratio copiose sapienterque dicentis.*

Justitia. La justice n'accorde à autrui que son droit, et elle diffère ainsi d'*æquitas*, qui signifie au propre *juste proportion, symétrie, équilibre*, et au moral, équité, en grec ἐπιείκεια. L'équité se laisse conduire par le sentiment du devoir, et traite les autres à l'égal de soi-même. C'est pourquoi Cicéron a dit : *de Orat.*, I, 56 : *pro æquitate contra jus dicere.*

Mirifica quœdam. Θαυμάσιός τις. *De Amic.*, 13 : *qui virtutem duram et quasi ferream esse quamdam volunt.*

3. *Igni spectatum.* C'est une locution proverbiale empruntée à Platon : τὸν δὲ πανταχοῦ ἀκήρατον ἐκϐαίνοντα, ὥσπερ χρυσὸν ἐν πυρὶ βασανιζόμενον, στατέον ἄρχοντα. (*De Rep.*, VI, p. 503; Tauchnitz, t. V, p. 235.)

4. *Aviditate.* Ce mot vient du verbe *avere*, et il dénote plus d'impatience que *cupere*. Tacit., *Hist.*, I, 7 : *servorum manus subitis avidœ et tanquam apud senem festinantes.* Cicéron, *ad Att.*, II, 18 : *Intellexi quam suspenso animo et sollicito scire averes quid esset novi. — De Sen. 8 : grœcas litteras... sic avide arripui, quasi diuturnam sitim explere cupiens.* Selon Dœderlein, *havere* (ainsi que ce verbe est souvent écrit dans les inscriptions), est le transitif de *hiare*,

comme χατέω et χαρίζω de χαίνω; Cic., *in Verr.* II, 2, 54 : *semper avaritia hiante et imminenti fuisse.* Tacite, *Hist.*, I, 12 : *hiantes amicorum cupiditates.*

5. *Sermones.* Le substantif *sermo, sermonis*, vient de *serere*, inusité dans le sens de *parler*, mais conservé dans *disserere;* c'est le grec εἴρω. En tant que synonyme de *colloquium, sermo* signifie un *entretien*, et *colloquium*, un *pourparler*, un colloque ayant un but déterminé. Cic., *de Orat.*, II, 21 : *Insperanti mihi... cecidit ut in istum sermonem delaberemini.* Cic., *Philipp.*, IX, 1 : *quum... ad congressum colloquiumque ejus pervenisset.*

6. *Opinio.* Ce mot est à la fois actif et passif. Exemples du sens actif : Cicéron, *Cæcin.*, 5 : *Adducere aliquem in eam opinionem ut putet.* Cic., Tusc., IV, 7 : *Lætitia opinio recens boni præsentis*, et encore : *evellere ex animo opinionem, imbibere animo opinionem.* Cic., *ad Att.*, VII, 2 : *opinione quam is vir habet integritatis meæ.* Exemples du sens passif avec la signification de *réputation : Maximam opinionem virtutis habet* (César, *Bell. Gall.*, VII, 59). La racine de ce mot est *opinus* dans *nec-opinus*, d'où *opinari*, *etc.;* du grec ὄψ, ὀπός, œil, visage, apparence; *opinus* est formé comme *festinus, divinus, supinus, vicinus, etc.*, du suffixe *inus.*

10. *Pareant.* Ce verbe, qui revient à *præsto esse*, indique une soumission habituelle, par exemple celle d'un serviteur à son maître, d'un sujet à son prince. Son synonyme *obedire* exprime un acte d'obéissance, l'action même d'obéir dans un cas donné. Quant à *observare*, il signifie *observer, respecter, se régler sur;* ainsi on dit : *observantior æqui, observantissimus officiorum, observantissimus mei.*

11. *Bardylis, illyrius latro.* Suivant Plutarque *in Pyrrh.*, p. 387, Pyrrhus épousa sa fille. Suivant Diodore, XVI, princip., il fut roi d'Illyrie, et combattit contre Philippe, à l'âge de 90 ans. Le mot *latro* signifie primitivement *soldat mercenaire;* Plaute, *Mil. glor.*, I, 1, 75 :

> Nam rex Seleucus me opere oravit maxumo,
> Ut sibi latrones cogerem et conscriberem.

XII. 1. *Ut ait Herodotus.* C'est au livre I, c. 96 sqq., qu'Hérodote raconte comment Déjocès devint roi des Mèdes, vers 700 avant J. C.

Justitiæ fruendæ. Les participes suivants des verbes déposents ont la signification passive : *fruendus, fungendus, potiundus, vescendus, utendus, gloriandus, medendus.* Cicéron, *de Fin.* I : [*Sapientia*] *non paranda nobis solum ea, sed fruenda etiam est.* Id. *de Off.* I, 8, 1 : *expetuntur autem divitiæ, quum ad usus vitæ necessarios, tum ad perfruendas voluptates.* César, *Bell. gall.*, III, 6 : [*hostes*] *in spem potiundorum castrorum venerant.*

5. *Adjuncto.* Voici des exemples analogues de cet emploi du participe à l'ablatif absolu : Quinte-Curce, *de Reb. Alex.*, V, 13 : *Alexander, audito Darium movisse ab Ecbatanis.... fugientem insequi pergit.* Tacite, *Annal.* II, 28 : *addito, consultandum super re magna et atroci.* Cette construction est assez fréquente avec *audito, cognito, comperto, explorato, nuntiato, edicto.* Horace, *Epist.*, I, 10, 50 :

> Excepto quod non simul esses cetera lætus.

Voyez Zumpt, *Lat. Gramm.*, § 647. Bossuet, *Disc. sur l'hist. univ.*, IIIe part., 6, a dit de même : *Joint qu'étant une fois enfoncée, elle ne sait plus se rallier.*

8. *Compendiariam.* Le substantif *compendium*, opposé à *dispendium*, signifie ce que l'on économise, ce que l'on amasse par l'épargne. Plaute, *Pers.*, IV, 3, 2 : *Ego hodie compendi feci binos panes.* Cicéron, ci-dessous, III, 15, 42 : *Compendii sui causa.* De là vient le sens de *ménager* toute espèce de choses ; Plaute, *Bacchid.*, II, 2, 6 : *Compendi verba multa jam faciam tibi.* Pline, *Paneg.*, 95 : *Quæ ad honores compendia paterent.*

10. *Propagatur. Propagare* se dit proprement des plantes que l'on multiplie, soit en les plantant, soit en les semant, soit par bouture, soit en les provignant : *Vites in propagines deprimere.*

XIII. 1. *Adipisci.* Ce verbe, qui vient d'*apiscor* (primitif *apo*, qui se trouve dans le grec ἄπτω), signifie atteindre à un but avec effort, en triomphant d'obstacles ou d'empêchements naturels. C'est aussi parvenir dans un lieu où l'on s'efforce d'atteindre. Plaute, *Epid.*, I, 1, 43 :

> Nam ut apud portum te conspexi, curriculo occepi sequi :
> Vix adipiscendi potestas modo fuit.

Les synonymes de ce verbe sont *nancisci*, qui répond au grec λαγχάνειν, et signifie *obtenir par le sort*, trouver accidentellement, et *impetrare*, obtenir par prières, en triomphant de la volonté d'un homme.

3. *Oculi omnium conjiciuntur*. Salluste, *Catil.*, 51 : *Qui demissi in obscuro vitam habent, si quid iracundia deliquere, pauci sciunt; fama atque fortuna pares sunt. Qui magno imperio prœditi in excelso œtatem agunt, eorum facta cuncti mortales novere.* Pline, *Paneg.*, 83 : *Habet hoc magna fortuna, quod nihil tectum, nihil occultum esse patitur.* Juvénal, *Sat.*, VIII, 138 :

> Incipit ipsorum contra te stare parentum
> Nobilitas, claramque facem præferre pudendis.
> Omne animi vitium tanto conspectius in se
> Crimen habet, quanto major qui peccat, habetur.

Salluste, *Jug.*, 85 : *Et profecto ita se res habet : majorum gloria posteris quasi lumen est; neque bona, neque mala in occulto patitur.*

7. *Alœ alteri*. On appelait *ala* un corps de cavalerie composé ordinairement de 300 hommes ou de dix *turmœ* de trois décuries chacune, qui était attaché à chaque légion. L'adjectif *alteri* se rapporte sans doute à ce que, outre la cavalerie légionnaire, il y avait encore auprès de chaque légion une *ala auxiliarium*.

12. *P. Mucii*. C'est P. Mucius Scévola, consul en 620, puis grand pontife, et père de Q. Mucius Scévola, l'augure, premier maître de Cicéron et cousin de M. Scévola le pontife.

13. *L. Crassus*. C'est L. Licinius Crassus, né en 613 de Rome, trente-quatre ans avant Cicéron, et mort en 662. Il accusa C. Papirius Carbon à 21 ans (comp. Cicéron, *Brutus*, 43). On sait que Démosthène plaida contre ses tuteurs à 18 ans; mais il n'en continua pas moins de s'exercer dans la retraite.

Meditari. C'est-à-dire *s'exercer*. C'est ce que Pline exprime par le substantif *meditatio*. *Paneg.*, 13 : *in illa meditatione campestri*. Tacite a dit de même, *Hist.*, IV, 26 : *Belli meditamenta*. En grec μελέτη signifie *declamatio*.

XIV. 1. *Comitas*. Cicéron, *pro Balbo*, 16, donne pour synonymes à *comis* : *benignus, facilis, suavis ;* le premier, *comis,* exprime la politesse d'un supérieur envers un inférieur; *facilis,* la politesse entre deux égaux. *Pro Mur.,* 31 : *Si illius comitatem et facilitatem tuæ gravitati severitatique asperseris.* Id., *Orat.,* 10 : *Quid enim tam distans quam a severitate comitas?* Cornélius Népos, *Attic.,* 15 : *Ejus comitas non sine severitate erat, neque gravitas sine facilitate.*

2. *Antipatri ad Cassandrum.* Antipater, disciple d'Aristote, premier ministre de Philippe, lieutenant d'Alexandre en Macédoine, puis roi de ce pays, mourut en 317 avant J. C. Cassandre, son fils, soupçonné à tort d'avoir empoisonné Alexandre à l'instigation de son père, plaça Démétrius de Phalère à la tête du gouvernement d'Athènes, et fut lui-même chargé par un traité conclu entre Antigone et Ptolémée, du gouvernement de la Macédoine, 311 ans avant J. C. : Ptolémée devint roi d'Égypte et Antigone d'Asie. Cassandre fit périr Olympias, en la livrant à la vengeance des Macédoniens. Il fit aussi mourir Alexandre et Hercule, fils d'Alexandre le Grand, ainsi que Roxane, sa femme. Il mourut en 298. Cassandre aimait les lettres, et avait, dit-on, copié Homère de sa main.

Antigoni ad Philippum. Antigone, roi d'Asie, eut deux fils, Démétrius Poliorcète et Philippe, celui même dont parle Cicéron. Un jour que le poëte Hermodore l'avait appelé *fils du soleil :* Mon esclave, dit-il, sait bien le contraire. Thrasylle le cynique lui demandant une drachme : C'est trop peu, dit-il, pour un roi. — Un talent : — C'est trop pour un cynique.

3. *Cum contentione.* Prononcé avec chaleur.

8. *P. Sulpicii.* Né en 629, tué par ordre de Sylla, en 665. Une année auparavant, il avait contribué à faire nommer Sylla consul ; mais bientôt il s'était déclaré pour Marius. L. Norbanus, que poursuivit Sulpicius, avait, pendant son tribunat, en 658, accusé Cépion pour l'or de Toulouse. Deux de ses collègues étant intervenus, il excita la grande sédition dont on connaît les suites.

9. *Duo Luculli.* Lucullus, père du grand Lucullus, fut accusé de concussion par Servilius et condamné. Ses deux fils le vengèrent.

Pro Sardis. Suétone, *Cæs.,* 55, parle du procès intenté

pour les habitants de la Sardaigne à **T. Albucius** par **J. César Strabon**, dont **Jules César**, son parent, cherchait à imiter l'éloquence. Il fut tué en 655 avec l'orateur Antoine.

M. Aquilio. M. Aquilius, collègue de Marius dans son cinquième consulat, avait terminé en 651 la guerre des esclaves en Sicile, et tué de sa main leur chef Athénion. Accusé de concussion, trois ans après sa victoire, il dut son salut à l'éloquence d'Antoine. Comp. Cicéron, *Brutus*, 62.

12. *M. Bruto.* C'est de lui que Cicéron, *Brutus*, 34, porte ce jugement : « A cette même époque vivait M. Brutus, dont la conduite fut un affront pour votre famille. Sans respect pour le nom qu'il portait, ni pour les vertus d'un père, excellent citoyen et grand jurisconsulte, il se fit, comme l'Athénien Lycurgue, un métier de l'accusation. Il ne demanda point les magistratures, mais ce fut un accusateur violent et redouté. Il était facile de voir qu'une perversité réfléchie avait étouffé en lui le germe des vertus héréditaires. »

XV. 1. *Liberalitate.* Ce mot, employé avec le sens abstrait au singulier, ne se trouve au pluriel comme concret, que dans le second âge de la littérature latine, par exemple, dans Tacite, et seulement en parlant des empereurs, pour exprimer les largesses. Comparés à *beneficentia* et à *munificentia*, *liberalitas* et *benignitas* expriment le sentiment qui porte à faire du bien ; les deux premiers au contraire expriment les actions de bienfaisance. L'adjectif *liberalis* indique quelque chose de plus élevé moralement, en ce que le sentiment qui dure est plus noble que l'acte contingent. Quelquefois cependant ces nuances se confondent ; Cicéron, dans le *de Officiis* même, I, 7, 1, a dit : *beneficentia, quam eamdem benignitatem vel liberalitatem appellare licet.* L'adjectif *benignus* désigne l'homme doué d'une bonté d'âme qui oblige sans retour sur elle-même ; *liberalis*, l'homme doué d'une grandeur d'âme qui oblige pour ne pas déroger à sa propre dignité.

2. *Lautior ac splendidior :* littéralement plus honorable et plus brillant. Au propre, *lauta vestimenta, lauta supellex, epulæ lautiores ;* et au figuré, *lautum patrimonium, lautus paterfamilias.*

9. *Idoneis.* Cet adjectif s'emploie eu bonne et en mauvaise part. Salluste, *Catil.*, 51 : *Novum illud exemplum a dignis et idoneis ad indignos et non idoneos transfertur.* Térence, *Andr.*, III, 2, 12 :

>. . . . . Itane tandem idoneus
> Tibi videor esse, quem tam aperte fallere incipias dolis?

Il est synonyme d'*aptus*, avec cette différence que *idoneus* exprime une qualité naturelle, et *aptus* une aptitude acquise. Horace, *Epist.*, II, 2, 15 :

> Verna ministeriis ad nutus aptus heriles,
> Literulis græcis imbutus, idoneus arti
> Cuilibet.

Et Properce, *Eleg.*, 1, 6, 29 :

> Non ego sum laudi, non natus idoneus armis.

Enfin *idoneus* désigne l'homme propre à une destination quelconque, en bien ou en mal, indépendamment de la volonté de celui qui est *idoneus;* c'est une acception purement passive. Au contraire *aptus* signitie *propre, convenable, habile*, ayant de l'aptitude, et cela en bonne part. Aussi Lactance, *Instit.*, VI, 2, se trompe-t-il, comme l'a bien fait remarquer Forcellini, en disant : *Quid est idoneis? nempe iis qui restituere et referre gratiam possunt.* Voyez l'excellent article de Dœderlein dans ses *Latein. Synonym.*, t. III, p. 274 sqq.

Diligenter. Avec discernement.

12. *Benefici.* Les mots *benignus, beneficus, liberalis, munificus,* sont opposés à *sordidus, malignus, avarus ; largus* l'est à *parcus : largus* est celui qui donne beaucoup, n'importe à qui et dans quelle vue. Cicéron va dire dans le chapitre suivant, XVI, 1 : *Duo sunt genera largorum, alteri prodigi, alteri liberales.* Le même, *de Nat. deor.*, II, 47 : *Pastum animantibus large et copiose natura eum qui cuique aptus erat, comparavit.* Ici *large* se rapporte à la richesse de la main qui donne, *copiose* à la satisfaction complète des besoins de ceux qui reçoivent. Quant au verbe *largiri*, il se prend souvent en mauvaise part : *faire des largesses intéressées.*

XVI. 6. *Quanto Aristoteles, etc.* C'est peut-être au passage suivant de la Politique d'Aristote que Cicéron fait ici allusion, *Polit.*, V, 7, 11 : « Mais dans les démocraties, il faut ménager les riches, et non-seulement ne point avoir recours au partage des terres, mais pas même à celui des produits, ce qui se pratique, sans qu'on s'en aperçoive, dans quelques États. Il vaut mieux même interdire les dépenses publiques et considérables, mais qui ne seraient pas utiles, lorsque les riches veulent s'en charger, comme celles que l'on fait pour les spectacles, pour les courses avec des flambeaux et autres solennités de ce genre. »

Plusieurs éditeurs doutent que Cicéron ait voulu parler ici d'Aristote, et Heusinger avance qu'il est constant qu'on ne lit rien de pareil à l'opinion de Cicéron dans aucun des livres qui nous restent du Stagirite. Il ne trouve pas non plus que ce qu'on rencontre dans un passage d'Aristote (*Nicomach.*, IV, 2), convienne suffisamment avec le sentiment de Cicéron sur les jeux. Puis, rappelant que Muret pensait que Cicéron avait écrit *quanto Aristo stoicus*, parce que Ariston fut un stoïcien très-célèbre, Heusinger suppose qu'il faut lire *Aristo Chius*, parce que ce fut là le surnom du stoïcien, dont il est parlé *de Fin.*, II, 13, et qui était de Chios, à la différence de l'*Aristo Ceus*, autre philosophe, mais péripatéticien, de l'île de Céos, qui vivait en 252 avant J. C., et dont il reste trois épigrammes. Beier adopte la leçon *Aristo Ceus*, qui, au rapport de Diogène Laërce citant Panétius (VII, 163), était auteur de livres intitulés Ὑπομνήματα ὑπέρ κενοδοξίας, et il pense même que c'est aux mémoires de cet Ariston que Plutarque (*Cat. Maj.*, 18) emprunte un passage qu'il cite. C'est aussi l'opinion que suivent Zumpt et Dübner. Mais d'un autre côté, Orelli, dont le sentiment est toujours d'un si grand poids, conserve la leçon ordinaire que donnent tous les manuscrits, de l'aveu même de Zumpt, et ne doute pas que le passage tout entier de Cicéron ne soit emprunté à quelque écrit d'Aristote.

7. *Sextarium mina.* C'est un peu moins d'un demi-litre, ou la sixième partie d'un *congius*, lequel est la huitième partie d'une amphore, qui égale 26 litres et demi. Quant à la mine, on sait qu'elle égale cent drachmes, la drachme un denier romain, ou quatre cinquièmes de franc.

8. *Breve exiguumque.* L'adjectif *brevis*, opposé à *longus*,

signifie court dans une seule dimension ; *exiguus* (d'*exĕgĕre*, ou de *exigere*) signifie petit dans toutes les dimensions, opposé à *magnus, grandis, etc.*

10. *Splendor ædilitatum.* Une des fonctions des édiles était de célébrer les jeux publics prescrits par la religion, savoir : *ludi romani* ou *circenses, megalesia*, ou jeux en l'honneur de Cybèle ; c'est surtout à ces derniers qu'on joignait *ludi scenici*; *ludi Cereris, Liberi Liberæque*; *florales ludi*; la célébration de ces jeux était attribuée aux édiles curules. Quant aux édiles plébéiens, c'est à eux qu'appartenaient les *plebeii ludi*. D'autres jeux, par exemple les *Apollinares ludi*, étaient célébrés par le *prætor urbanus*. Jusqu'aux guerres puniques, le sénat votait annuellement pour les grands jeux, *ludi romani*, cinq cents mines, c'est-à-dire cinquante mille drachmes ou deniers, ou encore deux cent mille sesterces ; c'est ce que nous apprend Denys d'Halicarnasse, *Antiq. Rom.*, VII, p. 475. La dépense des jeux plébéiens était prise sur l'argent des amendes, déposé dans le temple de Cérès. Le luxe croissant, l'argent fourni par l'État ne suffit plus, et les édiles se ruinèrent pour y suppléer. C'est ce qui fait dire à Asconius : *Milo in largitione tria patrimonia effudit*. De plus, ils ruinèrent leurs créanciers; ils ruinèrent même les provinces, en les forçant, par l'autorité des gouverneurs leurs amis, de leur envoyer des dons gratuits pour la célébration des jeux, ou de leur fournir à grands frais des lions ou des panthères, ou de leur prêter des statues, des tableaux, etc., que souvent ils s'appropriaient, après en avoir momentanément orné le forum et le théâtre, ou les scènes temporaires qui en tenaient lieu. L'abus était porté si loin, qu'un sénatus-consulte fut rendu pour le réprimer; mais il n'en subsista pas moins. Voy. Cicéron, *ad Quint. frat.*, 1, 1, 9.

11. *P. Crassus.* C'est P. Licinius Crassus, père de M. Crassus; il ne faut pas le confondre avec le fameux triumvir Crassus.

C. Claudius. C'est C. Claudius Pulcher, qui, en 655, fit, le premier, combattre des éléphants dans le cirque. Vingt ans après, les deux Lucullus firent battre des éléphants contre des taureaux. C'est Q. Mucius Scévola qui le premier mit aux prises plusieurs lions à la fois. Sylla, pendant

14.

sa préture, fit voir un combat de cent lions à crinière ;
César, dictateur, en donna un de quatre cents, et Pompée,
de six cents.

XVII. 2. *Nos ipsi.* Cicéron était désigné édile, lorsqu'il
plaida contre Verrès. On voit (*Act.*, II, 5, 14) qu'il se proposait alors de célébrer des jeux en l'honneur de Cérès,
Bacchus et Proserpine, sans compter les jeux floraux et les
grands jeux, ou jeux du cirque, en l'honneur de Jupiter, Junon et Minerve. Il rappelle (*pro Mur.*, 19) qu'il s'est
acquitté de cette charge imposée à l'édilité, et qu'il s'en est
bien trouvé ; car, ajoute-t-il : *nos quoque habuimus scenam
competitricem.* De plus, ayant reçu des présents des Siciliens pour prix de ses services dans l'affaire de Verrès, il
les consacra en entier à faire baisser le prix des vivres
à Rome.

3. *Ut Oresti.* Cn. Aufidius Orestes, de la maison Aurélia,
et portant le nom d'Aufidius, parce qu'il avait été adopté
par Cn. Aufidius, fut consul en 682 avec P. Lentulus Sura.
On apprend par Cicéron, *pro Plancio*, 21, qu'il avait échoué
dans la demande du consulat.

M... Seio. M. Séius fut édile en 680 ; Pline, *Hist. nat.*, XV,
1, dit que, pendant son édilité, il réduisit le prix de l'huile
à un as les dix livres.

Modium. C'est à peu près neuf litres, le tiers de l'amphore.

Invidia. Cicéron, *pro Planc.*, 5, dit que M. Séius avait
perdu, par suite d'une condamnation qui le ruina, le rang
de chevalier.

4. *Miloni.* Pline, *Hist. nat.*, XXXVI, 24 (15), dit que Milon
s'endetta de soixante-dix millions de sesterces. Cicéron *ad
Quint. frat.*, II, 6, raconte la manière plaisante dont Milon
acheta, par l'entremise du tribun Racilius, les gladiateurs
de C. Caton, son ennemi. Dion, *Hist. Rom.*, XXXIX, 18, sur
l'année 697, peint les combats sanglants que se livraient
Milon et Clodius au milieu de Rome.

6. *L.... Philippus.* Cicéron, *Brutus*, 47, le place immédiatement après Crassus et Antoine comme orateur. Il fut
consul en 662 ; c'est après avoir prononcé contre lui une
harangue que Cicéron appelle divine, que Crassus tomba
malade et mourut. (*De Orat.*, III, 1 et 2.)

Cotta, Curio. Je lis ainsi avec Orelli et les meilleurs éditeurs allemands, quoique la leçon C. Curio, pour désigner C. Scribonius Curio, puisse très-bien se défendre; mais le relevé des variantes qu'on doit à Orelli, nous apprend qu'elle n'a pour elle aucun manuscrit connu. Il y avait à cette époque à Rome trois Cotta, Caïus, Marcus et Lucius, tous trois consulaires. Il s'agit ici, suivant Heusinger, de Caïus Aurélius Cotta, qui, ayant obtenu la Gaule au sortir de son consulat, en 678, et sur le point de triompher de cette province, mourut avant d'avoir obtenu le triomphe (Ascon. *in Pis.*, 26). Quant à C. Scribonius Curio, il fut consul en 677 avec Cn. Octavius. Cicéron, *Brutus*, 59-61, loue beaucoup son élocution, mais il blâme son geste, son défaut de mémoire, et sa profonde ignorance des lettres, du droit et de l'histoire.

9. *Præsens tanquam*. Ce qui se donne pour ainsi dire argent comptant, et de la main à la main.

11. *Phalereus Demetrius*. Célèbre orateur, disciple de Théophraste, qui, suivant Cicéron, *Brutus*, 9, altéra le premier le véritable caractère de l'éloquence, et lui ôta son nerf et sa vigueur. C'est lui qui donna au premier des Ptolémées l'idée de fonder la bibliothèque et le musée d'Alexandrie. Il mourut en 284 avant J. C.

XVIII. 3. *Restricti*. C'est l'opposé de *remissi*; le sens est : « Je ne dis pas que nous devions leur fermer absolument « notre bourse. »

5. *Temeritate enim remota*. Le sens est : « La libéralité, « lorsqu'elle est éclairée, est la plus populaire des vertus. »

9. *Assentatorum populi*. Le verbe *assentiri* signifie être de l'avis de quelqu'un, et *assentari* exprime un assentiment, soit réel, soit feint. L'opposé d'*assentiri* est *dissentire*; celui d'*assentari* est *adversari*. Cicéron, *de Amic.*, 26 : *Quippe qui etiam adversando sæpe assentetur, et litigare se simulans blandiatur*. Le synonyme le plus rapproché d'*assentator* est *adulator* (de *ad aulam*). Nonius : *adulatio est blandimentum proprie canum*.

Lucrèce, *de Nat. rer.*, V. 1069 :

Longe alio pacto gannitu vocis adulant.

10. *Vicinitatibus et confiniis*. Le premier de ces substan-

tifs vient de *vicinus*, qui lui-même dérive de *vicus*, οἶκος; il signifie *voisinage d'habitation*. Le second, *confinium*, vient de *confinis*, celui ou ceux dont les propriétés se touchent, mot employé par tous les bons auteurs, excepté par Cicéron. Tacite l'emploie au propre : *in confinio Germaniæ*, et au figuré, *Ann.*, IV, 58 : *mox patuit breve confinium artis et falsi*.

Abhorrentem. Avec l'ablatif, ce verbe exprime l'éloignement; avec l'accusatif, *horrere* peint l'horreur.

Nescio an. A proprement parler *peut-être*. Dans ce sens, il est toujours suivi d'une négation, si après le français *peut-être*, il doit y en avoir une. Cicéron, écrivant à Quintus son frère, lui dit : *Tanti tibi honores habiti sunt, quanti haud scio an nemini*. Id. *Brutus*, 33 : *Eloquentia quidem [C. Gracchus] nescio an habuisset parem neminem*. Quand il ne doit pas y avoir de négation après *peut-être*, Cicéron n'en met pas après *haud scio an*. Ainsi : *Pro Lig.*, 9 : *Quæ fuit unquam in ullo homine tanta constantia? constantiam dico; nescio an melius patientiam possim dicere*. Id. *de Fin.*, V, 5 : *[Peripateticorum] princeps Aristoteles, quem, excepto Platone, haud scio an recte dixerim principem philosophorum*. Ainsi, *de Senect.*, 16, on a lu jusqu'ici : *Mea quidem sententia, haud scio an nulla beatior esse possit [senectus]*, et Zumpt approuve cette leçon; mais, outre qu'Orelli adopte et confirme la leçon *an ulla*, Ramshorn lit de même et par analogie, *an unquam*, dans d'autres passages, où Zumpt maintient *an nunquam*. L'autorité des manuscrits n'est pas ici aussi décisive qu'on le pourrait croire, parce que la finale d'un mot se répète quelquefois au commencement du mot suivant. Un seul passage offre quelque embarras: on le trouve, *de Amic.*, 6 : *Qua quidem haud scio an, excepta sapientia, quidquam melius homini sit... datum*. Mais il y a des autorités pour *nihil*, au lieu de *quidquam*, et Zumpt y ajoute un manuscrit de Berlin, qui porte *nihil*. Après le beau siècle de la littérature latine, *haud scio an* est employé, même par Quintilien, *Inst.*, XII, 10 : *Atque ideo nondum est perfectus orator, ac nescio an ars ulla*. Nulle part, dans les manuscrits de Quintilien, il n'y a de négation après *nescio an*.

Paullo. La dérivation de ce mot s'explique ainsi : *parum* (παῦρος), *parvus, parcus, paucus, pauculus, paurillus*,

pauxillulus, paullus (ou *paulus*), *paululus.* Comp. *maxilla*
et *mala; axilla* et *ala; paxillus* et *palus;* (*texilla*) et *tela;*
vexillum et *velum.*

12. *Flagitiosum.* Le mot *flagitium* désigne un crime contre
soi-même, contre son propre honneur, résultant de faiblesse, de lâcheté; il provient d'*ignavia,* la lâcheté, la bassesse. Le *scelus* est un crime contre les autres, contre la
société, tel que le vol, le meurtre, la révolte; c'est le ré-
sultat de *malitia.* Le *nefas* est un crime contre les dieux,
ou contre la nature, un sacrilége, un parricide; c'est la
produit de l'*impietas.* Selon Vossius, *flagitium* vient de *flagitare;* selon Valla, de *flagrum,* c'est-à-dire *quod est flagris
dignum;* selon Dœderlein, de *flagrare,* étymologie qu'ap-
puient ces passages de Cicéron, *pro Cœl.,* 5 : *Flagrabant
vitia libidinis apud illum; vigebant etiam studia rei mili-
taris.* Id. *in Verr.,* IV, 52 : *convivia quæ domesticis stupris
et flagitiis flagrabant.* Tacite, *Ann.,* XIV, 31 : *flagrantissima
flagitia et adulteria.* Dans ce cas, *flagitare* serait le fréquentatif de *flagrare,* et signifierait *flagrantissime cupere,* ce
qui est certainement possible. Mais *flagitium,* bassesse, ne
viendrait-il pas de *af-fligere,* c'est-à-dire *factum quo quis
suam decus affligit?* L'*à* changé en *i* est une transformation
très-naturelle. Ce mot se rattacherait ainsi au grec πλήσσω,
πλήγω, d'où vient aussi *flagrum.* Voyez, au reste, Dœderlein,
Latein. Synon., t. II, p. 143.

16. *Curiales.* Cicéron appelle *curiales,* dénomination toute
romaine, ceux que les Grecs appelaient δημόται. L'Attique
était alors divisée en cent soixante-quatorze *dèmes* (δήμους),
répartis entre dix tribus (φυλάς). Le dème ou bourg de Lacia
faisait partie de la dixième tribu nommée Οἰνηΐς. On était
le δημότης de quelqu'un, lorsqu'on était né dans le même
bourg, soit qu'on y demeurât, soit qu'on habitât la ville
même d'Athènes. Cimon, qui habitait Athènes, voulait que
ses compatriotes (*curiales,* δημόται), qui l'habitaient aussi,
fussent reçus et hébergés à sa maison de campagne, lorsqu'ils passeraient par là dans quelque excursion. Sa maison
de campagne était-elle près de la ville, comme le pense
Gernhard, ou à Lacia? Peu importe. Ce qui paraît certain,
c'est que par *curiales,* il ne faut entendre que les Laciades
établis à Athènes; car Plutarque, après avoir raconté que

Cimon détruisit les baies qui entouraient ses domaines, pour que tout le monde pût venir y cueillir des fruits, ajoute : οὐχ ἁπάντων Ἀθηναίων, ἀλλὰ τῶν δημοτῶν αὐτοῦ Λακιαδῶν παρεσκευάζετο τῷ βουλομένῳ τὸ δεῖπνον. (*Cimon.*, 10.) Gernhard et Beier veulent que *etiam* se rapporte à *Athenis*. Ce qu'il y a de remarquable, dit le premier, c'est qu'à Athènes même (car les maisons de campagne étaient presque dans la ville), Cimon donnât l'hospitalité à des Athéniens. Selon Zumpt, au contraire, *etiam* tombe sur *curiales*; en effet, l'hospitalité s'exerce ordinairement envers des étrangers; Cimon l'étendait à ses compatriotes. C'est un exemple étranger que Cicéron ajoute à ceux qu'il a empruntés aux usages de sa patrie, afin de prouver combien cette vertu est en honneur dans tous les pays.

XIX. 9. *Diserti.* Il y a une différence sensible entre *disertus* et *eloquens*. Cicéron, *de Orat.*, I, 21 : *Disertos me cognosse non nullos, eloquentem adhuc neminem, quod eum statuebam disertum, qui posset satis acute atque dilucide apud mediocres homines ex communi quadam opinione hominum dicere; eloquentem vero qui mirabilius et magnificentius augere posset atque ornare quæ vellet, omnesque omnium rerum, quæ ad dicendum pertinerent fontes animo ac memoria contineret.* Quint., *Inst.*, VIII, proœm : *Diserto satis... dicere quæ oporteat, ornate autem dicere proprium esse eloquentissimi.* Le mot *disertus* vient de *disserere*; l'*i* est bref, comme l'*o* dans *mŏlestus*, qui vient de *mŏles*. D'ailleurs le simple est *dis-serere*; or, *di* est déjà bref dans *dirimo*, pour *dis-emo*. Il n'est long dans *disserere* que par le doublement de *s*.

10. *De me ipso.* De moi-même et non des autres; *de me ipse* ferait un autre sens.

XX. 6. *Beatos.* Cicéron définit ainsi ce mot, *Tusc.*, V, 10 : *Neque ulla alia huic verbo, quum beatum dicimus, subjecta notio est, nisi secretis malis omnibus, cumulata bonorum complexio.* Id. *Ibid.*, 8 : *Qui beatus est, non intelligo quid requirat ut sit beatior. Si est enim quod desit, ne beatus quidem est.* Id. *de Nat. deor.*, III, 35 : *Duodequadraginta Dionysius tyrannus annos fuit opulentissimæ et beatissimæ civitatis.* Entre *beatus* et *felix*, il y a cette différence, que *beatus* est celui auquel il ne manque rien pour la satisfaction de ses désirs, et *felix*, celui qui réussit dans ses entreprises ; l'idée exprimée par *beatus* est plus personnelle au sujet qui est heureux ; l'idée exprimée par *felix* dépend davantage des circonstances extérieures, et même elle peut être dans les choses. On dira bien *feliciter navigare*, et non *beate navigare* ; *rempublicam bene et feliciter gerere*, et non *beate* ; *felix ager* et non *beatus ager*. *Beatus* exprime toujours le bonheur ; *felix*, n'exprime souvent que le succès. Sylla fut surnommé *felix* à cause du succès constant de ses entreprises ; il était *beatus*, comme l'un des riches et des heureux du siècle. Toutefois *felix*, comme *felicitas*, s'emploie quelquefois dans le sens de *beatus* ; ce dernier, au contraire, ne s'emploie pas dans le sens restreint et spécial de *felix*.

10. *Themistocles*. Valère-Maxime, *de Dict. et fact.*, VII, 2, *Extern.*, 9 : *Unicæ filiæ pater Themistoclem consulebat utrum eam pauperi, sed ornato, an locupleti sed parum probato collocaret. Cui is : Malo, inquit, virum pecunia, quam pecuniam viro indigentem.* Plutarque, *Themist.*, XVIII, fin : Τῶν δὲ μνωμένων αὐτοῦ τὴν θυγατέρα, τὸν ἐπιεικῆ τοῦ πλουσίου προκρίνας, ἔφη ζητεῖν ἄνδρα χρημάτων δεόμενον μᾶλλον, ἢ χρήματα ἀνδρός.

Consuleretur. On lui demandait à titre de conseil, on le consultait en lui demandant.

11. *Depravati*. Le primitif du verbe, *pravus*, est opposé à *rectus*, et *depravare* l'est à *corrigere*. Son synonyme *corrumpere* signifie *rendre mauvais*, de sorte que ce qui est *corrompu* ne peut redevenir *bon*, comme ce qui est *rompu* ne peut redevenir *entier*. Au contraire *depravare* signifie *détériorer*, faire que ce qui était droit soit de travers, fausser ; de sorte que ce qui est *dépravé* peut se *corriger*, de même que ce qui est *tors* peut se *redresser*. Il y a la même différence entre *depravatus* et *corruptus*, qu'entre un homme *égaré* et un homme *corrompu*. Cependant il est bon d'observer que le français *dépravé* est plus fort que le latin *depravatus*.

12. *Utentior*. Cet exemple est unique ; le sens est : « Il « aura plus de choses à son usage, plus de jouissances. » Comparez ci-dessus, liv. I, 22, 7 : *parentiores exercitus.*

XXI. 1. *Quæ ad singulos spectant*. Beier prétend à tort, je crois, que les mots *quæ ad singulos spectant* sont pris activement, et reviennent à ceux-ci : *quæ singuli largiuntur*, et que la phrase *quæ ad universos pertinent*, signifie *quæ magistratus ex ærario aut publico sumptu largiuntur*. Il n'a pas vu que le bien qu'on fait à l'État peut n'être ressenti que par l'État même, par exemple la munificence de celui qui augmente le revenu public, qui donne à la nation des domaines, qui verse dans le trésor des dépouilles ennemies qu'il pourrait s'approprier, qui élève des monuments publics ; ou que ce même bien peut être immédiatement utile aux particuliers, comme les *congiaria*, les lois frumentaires, l'abolition des impôts.

3. *Omnino*. Ce mot ne doit pas se rapporter à *utrisque* qui suit, mais à *danda est*; il signifie *en général*.

4. *C. Gracchi frumentaria*. La loi frumentaire de C. Gracchus est de 650. M. Octavius, tribun, la fit abroger en 633.

5. *Deminutio*. C'est ce qu'opéraient les lois agraires.

6. *Antiquari*. Ce verbe à l'actif signifie laisser les choses dans l'état ancien, conséquemment laisser tomber ce qui avait changé cet état. Le Philippus dont il est parlé dans ce paragraphe, est L. Marcius Philippus, qui fut tribun en 649 et consul en 669.

7. *Capitalis*. Ce mot signifie ce qui intéresse, ce qui met en danger la vie, *res capitalis, crimen capitale*; ici c'était l'existence de la république qui était menacée.

15. *C. Pontius*. C'est le général samnite qui fit éprouver aux Romains le désastre de Caudium. Il fut pris, l'an de Rome 462, conduit en triomphe par Fabius Gurges; puis il eut la tête tranchée. On ignore à quelle occasion, il dit le mot rapporté par Cicéron. Caton, *de Senect.*, 16, parle de l'argent offert par les Samnites à Curius Dentatus : *Curio ad focum sedenti magnum auri pondus Samnites quum attulissent, repudiati sunt. Non enim aurum habere præclarum sibi videri dixit, sed eis qui haberent aurum imperare*. Mais Curius ne fut consul et ne fit la guerre aux Samnites qu'après la mort de Pontius. D'ailleurs Plutarque, *Cat. Maj.*, 2, place après le troisième triomphe de Curius l'anecdote des présents offerts par les Samnites ; le mot de Pontius ne fut donc pas dit à ce sujet. Ce mot pourrait bien, comme tant d'au-

tres, avoir été arrangé après coup. Pour qu'il eût pu venir à la pensée de Pontius, il faudrait que celui-ci eût connu les effets de la corruption, qui ne se produisirent que **deux** siècles plus tard. Est-il raisonnable de penser que dans un temps où il ne se trouvait à Rome que des magistrats incorruptibles, il ait prévu avec une joie secrète, l'époque où Rome et les Romains seraient à vendre ?

16. *Næ illi multa sæcula*. Moins de deux cents ans, exactement 142. Il est inutile de changer *næ* en **nec**, ou de prendre *næ* ironiquement. Cicéron, n'employant pas le mot *sæcula* dans un sens rigoureux, peut bien appeler 142 ans plusieurs siècles. D'ailleurs *sæcula* signifie aussi *générations*.

Modo. Il ne faut pas non plus trop presser ce mot. Cicéron écrivait en 709, et c'est en 642 que Jugurtha s'écriait en sortant de Rome : *urbem venalem et mature perituram, si emptorem invenerit !*

17. *A L. Pisone*. L. Pison, tribun en 604, fit rendre la première loi *de repetundis*, dite *Calpurnia*. Depuis cette époque, on créa successivement les questions perpétuelles, confiées à quatre préteurs pour les crimes de lèse-majesté, de péculat, de concussion et de brigue. Auparavant les comices par centuries jugeaient les trois premières espèces, et renvoyaient les autres à des commissaires, qui le plus souvent étaient les magistrats en exercice. Cicéron, *Brutus*, 27, nous apprend que L. Pison a laissé des discours qui sont oubliés, et des annales fort sèchement écrites. C'était du reste un avocat fort occupé et un homme d'une vertu rare.

Italicum bellum. Tacite, *Ann.*, III, 27 : *Nec minor largitor nomine senatus Drusus ; corrupti spe, aut illusi per intercessionem socii*. On sait que Drusus, quoique tribun, voulait rendre les jugements aux sénateurs. Après le meurtre de Drusus assassiné en public peut-être par Cépion, peut-**être** par Varius, une loi de ce tribun, espagnol de naissance, la loi Varia, ordonna l'abolition de tous les actes de Drusus et la mise en accusation de ceux qui, en y prenant part, avaient poussé à la révolte les alliés, dont ils avaient excité d'abord, puis trompé les espérances. Cicéron fait allusion à ces poursuites, *de Orat.*, III, 2 : *Non vidit flagrantem bello Italiam, non ardentem invidia senatum, non sceleris nefarii principes civitatis reos*. Les sénateurs accusés avaient pour

juges leurs ennemis les chevaliers , alors seuls en possession des fonctions de jurés. Ce ne sont pourtant pas ces
poursuites que Cicéron désigne par ces mots du présent
paragraphe, *judiciorum metum*, mais bien la crainte qu'in-
spiraient les jugements des chevaliers, crainte qui, depuis
longtemps, portait le sénat à ne manquer aucune occasion
d'arracher la judicature à l'ordre équestre, pour s'en emparer ou au moins la partager, crainte qui avait tout récemment donné lieu aux tentatives de Drusus. Du reste, la
guerre italique ou sociale fut assoupie plutôt que terminée
par Sylla, après deux ans de combats. Elle se réveilla pendant les querelles de ce chef avec Marius, puis avec Marius
le fils, et ne finit que par la défaite de ce dernier, réuni à
Pontius Télésinus, aux portes mêmes de Rome. C'était une
lutte à mort entre les Samnites et les Romains ; c'était le
dernier effort de l'indépendance italienne contre la cité do-
minatrice, et Sylla le savait bien, puisqu'il ne fit grâce à
aucun des Samnites de la vie duquel il put disposer, qu'il
confisqua de vastes territoires , abattit les murailles des
villes, rasa de fond en comble des cités florissantes, et en
ruina tellement d'autres , qu'au temps de Strabon, elles
n'étaient plus que de chétives bourgades.

Expilatio. Du verbe *expilare.* Suivant Dœderlein (*Lat.
Synon.*, t. IV, p. 335 sqq.), le simple *pilare* ne se trouve
pas avant Ammien Marcellin, XXXI, 2, Vales. , p. 617, si ce
n'est dans deux passages contestés de Pétrone. Au contraire, *compilare* et *expilare* sont très-classiques. Dœderlein dérive ces mots de *pellere*, comme il en dérive aussi
spoliare. Mais il ne s'arrête pas exclusivement à cette dérivation, car ailleurs il tire *expilare* de ψιλόω *denudare* , ce
qui est plus vraisemblable. On sait que le latin rejette en
général le *ps* au commencement des mots ; de là *pullus* pour
ψολόεις, *palpare* pour ψηλαφᾶν, *balbus* pour ψελλός. Cette remarque permet de rattacher *expilare* à *pilus* , puisque ψιλόω
signifie *pilis nudare, pilos vellere* ; mais *pilare* lui-même
ne signifierait-il pas *entasser* ? Alors il se tirerait de *pila.*

XXII. 2. *Paullus.* Paul Émile, après avoir vaincu Persée,
déposa dans le trésor public deux cent trente millions de
sesterces, ou quarante-six millions de francs. C'était le pro-

duit du butin fait en Macédoine. A cette époque le peuple romain cessa de payer le tribut. Pline, *Hist. nat.*, XXIII, 17 (5) : *Intulit Æmilius Paullus , Perseo rege victo , e macedonica prœda HS bis millies et trecenties, a quo tempore* **populus** *romanus tributum pendere desiit* ; c'était l'an de Rome 587. L'année après la mort de César, on imposa le centième sur toutes les possessions des citoyens.

7. *Quod Apollo Pythius oraculum edidit*. Ou, suivant d'autres, *quod... oraculo edidit ;* le premier paraît plus cicéronien. L'oracle dont il s'agit ici fut rendu à Théopompe et à Alcamène, qui régnaient 747 av. J. C., et sous lesquels commencèrent les guerres de Messénie. Ce fut Théopompe qui institua les éphores. Comme on lui disait un jour que la république se maintenait florissante , parce que les rois savaient gouverner. Dites plutôt , répondit-il , parce que les sujets savent obéir. Plutarque, *Instit. lacon.*, p. 239, Dübner, p. 296 (si ce livre est de Plutarque), rapporte ainsi l'oracle :

Ἀλκαμένει καὶ Θεοπόμπῳ τοῖς βασιλεῦσι χρησμὸς ἐδόθη·

Ἁ φιλοχρηματία Σπάρταν ὀλεῖ.

8. *Abstinentia et continentia*. L'*abstinentia* se rapporte au bien d'autrui, *continentia* à toute espèce de passions ; *abstinentia* est l'opposé d'*avaritia ; continentia*, de *luxuria*. Dans cette phrase, *continentia* est l'éloignement de tout ce qui est honteux ; *abstinentia* est le respect du bien d'autrui ; c'est la probité dans toute sa rigueur. Le mot *désintéressement* conviendrait bien : cependant il dit un peu plus, car il renferme une idée morale plus élevée que la simple *probité*, laquelle est de strict devoir. Dans les siècles qui suivirent l'âge d'or de la langue latine, *abstinentia* laissait sous-entendre non plus *ab alieno*, mais *a cibo potuque ;* de là le sens spécial du français *abstinence*.

9. *Agrariam rem*. Cicéron avait fait repousser une loi agraire, et Pline l'en loue comme du plus beau triomphe de son éloquence. *Hist. nat.*, VII, 31 (30) : *Te dicente, legem agrariam, hoc est alimenta sua, abdicaverunt tribus.*

Pecunias creditas. Les dettes furent réduites au quart par le consul Valérius Flaccus après la mort du vieux Marius (Salluste, *Catil.*, 33 ; Velléius Paterculus, *Hist. rom.*, II, 23).

10. *Civitatis atque urbis*. Le premier mot est défini par

Cicéron , *Somn. Scip.* , 3 : *Concilia cœtusque hominum jure sociati, quæ civitates appellantur.* Le second, *urbs*, dérive de l'ancien verbe *urvat*, qui est cité par Festus , d'après un vers d'Ennius, et qui est synonyme de *curvat* (*Gramm. vet.*, II, p. 747, Lind). De plus , Festus appelle *urvum* le soc recourbé de la charrue, et il dit : *Sulcum in urbe condenda fieri urvo aratri.* Le mot *urbs* signifie donc au propre *enceinte*, soit à cause de *urvo aratri*, soit par la signification d'*urvus* même, d'où vient *urbs*.

XXIII. 1. *Agin regem.* Agis IV, roi de Lacédémone , fils d'Eudamidas, monta sur le trône en 243 avant J. C. L'ancienne constitution de Lycurgue était alors fort altérée. La loi sur la substitution perpétuelle des héritages avait été abolie par l'éphore Épitadéus, qui, pour déshériter son fils, obtint une nouvelle loi qui permit à chacun de disposer de son bien par testament. Comme la prise d'Athènes avait amené à Sparte de grandes richesses, les captations de testaments et les achats de propriétés devenues mobiles, firent passer tous les biens dans les mains d'un petit nombre. A l'époque d'Agis, il ne restait à Sparte que sept cents citoyens de pure origine , dont cent seulement avaient des propriétés. Agis conçut le projet de rétablir l'ancienne égalité des fortunes, et pour cela, il se concerta avec Lysandre, fils de Lybis, Mandroclitidas , fils d'Ecphanès, et avec son oncle Agésilas, homme riche , mais chargé de dettes. Celui-ci se prêta aux vues du roi, dans l'espérance d'être délivré de ce fardeau. Agis mit aussi dans ses intérêts sa mère Agésistrate, et par elle essaya d'entraîner les autres femmes de Lacédémone, qui possédaient la plus grande partie des richesses du pays. Mais celles-ci s'adressèrent à Léonidas, collègue d'Agis , qui , à leur instigation , combattit toutes ses mesures, et l'accusa d'aspirer à la tyrannie. Cependant Agis fit nommer Lysandre éphore , et de concert avec lui proposa l'abolition des dettes et le partage égal de toutes les terres. Le sénat balançant, Lysandre convoqua le peuple, et Agis déclara qu'il mettait à sa disposition tous ses biens, qui étaient fort grands, plus six cents talents en argent comptant, et que sa mère et ses amis étaient prêts à faire de même. Après de longs débats causés par la résistance de

Léonidas, celui-ci finit par être chassé, et Cléombrote fut élu roi à sa place. Les projets d'Agis semblaient ne devoir plus rencontrer d'obstacles ; mais Agésilas proposa de prononcer d'abord l'abolition des dettes, et de ne s'occuper des terres qu'après que la première mesure serait adoptée. Tous les titres de créance furent apportés sur la place publique, et on y mit le feu. Sur ces entrefaites, Agis fut obligé d'aller faire la guerre pour secourir les Achéens en vertu des traités. A son retour, il trouva le peuple mécontent de ce que le partage des terres n'avait pas eu lieu. Agésilas lui-même était devenu odieux aux citoyens, et ses ennemis avaient fait rappeler Léonidas, qui fut moins généreux envers Agis, que ce dernier ne l'avait été envers lui. On sait qu'il le fit condamner à mort par les éphores.

8. *Cui quum exposuisset.* Il avait fait présent à Ptolémée de nombreux tableaux et autres chefs-d'œuvre qu'il avait ramassés à ses frais dans toute la Grèce.

XXIV. 5. *Hic nunc victor.* Salluste dit que Catulus et Pison firent des efforts inutiles pour engager Cicéron à faire nommer César parmi les conjurés, par les Allobroges ou par d'autres témoins, mais qu'ils firent tant par leurs intrigues que des chevaliers romains armés à la porte du sénat, tirèrent l'épée contre lui au moment où il en sortait. César fut donc violemment soupçonné d'appartenir à la conjuration, et il est probable que si le consul n'osa l'accuser, c'est qu'il désespérait de pouvoir le convaincre, et que peut-être il comptait pouvoir le ramener au bien. Voltaire donne une juste idée de cette politique de Cicéron , dans ces vers bien connus :

Cicéron à César :

> Vous avez mérité que Rome vous soupçonne,
> Je veux laver l'affront dont vous êtes chargé ;
> Je veux qu'avec l'État votre honneur soit vengé.
> Au salut des Romains je vous crois nécessaire,
> Je vous connais, je sais ce que vous pouvez faire ;
> Je sais quels intérêts vous peuvent éblouir :
> César veut commander, mais il ne peut trahir.
> Vous êtes dangereux, vous êtes magnanime,
> En me plaignant de vous, je vous dois mon estime.

Le même à Caton :

> Va, c'est ainsi qu'on traite avec les grandes âmes :
> Je l'enchaîne à l'État en me fiant à lui ;
> Ma générosité le rendra notre appui.
> Apprends à distinguer l'ambitieux du traître :
> S'il n'est pas vertueux, ma voix le force à l'être.

C'est dans le même sens que Voltaire met les vers suivants dans la bouche de César et de Catilina :

César à Catilina :

> J'ai pesé tes projets, je ne veux pas leur nuire
> Je peux leur applaudir, je n'y veux point entrer.

Catilina :

> J'entends : pour les heureux tu veux te déclarer.
> Des premiers mouvements spectateur immobile,
> Tu veux ravir les fruits de la guerre civile,
> Sur nos communs débris établir ta grandeur.

6. *Juris et judiciorum*. Le premier mot désigne le droit lui-même, *judiciorum* les jugements qui en sont l'application. Mais *jus* est aussi le droit en tant qu'appliqué, d'où *jus dicere*, rendre la justice ; ce sont les principes que le préteur proclamait dans son édit.

9. *Observatione... continentia*. Le premier signifie *par l'attention à observer*, le second, *par la modération en ce qui regarde la nourriture*, et tous les autres soins qui ont pour objet le bien-être du corps.

10. *Diligentia*. C'est ici la vigilance.

XXV. 1. C'est ici le lieu de résumer le plan de Cicéron, pour mieux faire comprendre le dessein du présent chapitre.

La triple division de Panétius que suit Cicéron peut s'exprimer ainsi :

1° La chose est-elle honnête ou non ?

2° La chose est-elle utile ou non ?

3° Quand l'honnête ne s'accorde pas avec l'utile, que faut-il faire ?

Ce troisième point a été annoncé, mais non traité par Panétius ; c'est le sujet du troisième livre de Cicéron.

A ces trois points de la division de Panétius , Cicéron en ajoute deux que Panétius n'avait ni traités ni annoncés, ainsi qu'il est dit au commencement du premier livre , ci-dessus, I, 3, fin.

4° De deux choses utiles, laquelle l'est davantage ?

5° De deux choses honnêtes, laquelle l'est davantage ?

Maintenant ces cinq questions, qui embrassent toute la matière des devoirs, sont ainsi distribuées dans les trois livres de Cicéron.

1er Livre {	1re Question :	Qu'est-ce que l'honnête ?	
	2° —	Comparaison des choses honnêtes entre elles.	
2e Livre {	3e Question :	Qu'est-ce que l'utile ?	
	4e —	Comparaison des choses utiles entre elles.	
3e Livre {	5e Question :	Quand l'honnête et l'utile paraissent en opposition , que faut-il faire ?	

7. *Ad Janum medium.* Et non *ad medium Janum,* comme le remarque Beier. Cette expression indique tout l'espace compris entre deux autels de Janus , dont l'un était dans le *forum boarium*, et l'autre dans le *forum romanum,* de sorte qu'une ligne tirée de l'un à l'autre eût traversé le *forum romanum*, où l'on sait que se tenaient les banquiers et d'autres marchands, notamment les libraires. Les *Janus* sont aussi des passages ouverts et voûtés, des arcs ; P. Victor, dans sa description de la ville de Rome, en compte trente-six dans Rome. Le *Janus summus* était *ad Arcum fabianum*, l'*imus* était auprès de l'autel de Vertumne. Or , Vertumne et Janus étaient les dieux des marchands. Voyez au reste Orelli sur Horace, *Epist.,* I, 1, 54. — Cicéron, *de Nat. deor,* II, 27, explique *Janus ab eundo,* et appelle *Jani : transitiones perviæ.*

LIVRE TROISIÈME.

I. 1. *Appellatus est.* Selon Lallemand, Orelli et les éditions vulgaires; d'autres, et en particulier Heusinger, Gernhard, Beier, Zumpt et Dübner, lisent *appellatus sit*, d'après Nonius, IV, 4 et 11, éd. Godefroy, p. 617 et 619.

Ejus fere æqualis. Caton était de quelques années plus jeune que le premier Africain. Il fut son questeur, lorsqu'il commandait en Afrique. Caton lui-même fut consul en 558 de Rome, 195 ans avant J. C.

4. *Armis impiis.* Il s'agit d'Antoine, qui, à cette époque, ne venait au sénat qu'escorté d'hommes armés, et qui faisait entourer de soldats la salle des délibérations.

Rura peragrantes. Cicéron emploie à dessein cette expression commune. Le fait est qu'il allait de villa en villa. Or, il avait quatorze de ces maisons de campagne plus ou moins belles; je ne citerai que celles de Tusculum, d'Astura près de la mer où il fut tué, d'Albe, d'Antium, de Formies, de Pouzzoles et de Pompeï.

II. 9. *Triginta annis.* Panétius mourut vers l'an de Rome 650.

III. 3. *Socratem exsecrari solitum.* Cicéron dit à peu près la même chose, *de Leg.*, I, 12.

5. *Indolentia.* Littéralement l'absence de douleur, dans le sens du grec ἀναλγησία, *nihil dolere, doloris omnis amotionem; quum dolor omnis detractus est, quum dolore caremus, ut ita dicam indolentiam; sine ulla molestia vivere; doloris vacuitatem* (de Fin., II, 4).

11. *Omnes numeros habet.* En grec τοὺς τοῦ καθήκοντος ἀριθμούς. De Fin., IV, 20 : *Quod alia peccata plures, alia pauciores quasi numeros officii præterirent.* Sénèque, *Epist.*, 71, 16 : *Habet numeros suos, plena est.*

IV. 13. *Honestatem utilitas est consecuta.* Cinq manuscrits dans Orelli ont *honestas utilitatem secuta est.* Une phrase du *de Amic.*, 14, fin, justifie l'autre leçon : *non igitur utilitatem amicitia, sed utilitas amicitiam consecuta est*, leçon que suivent Orelli, Gernhard et Beier, en plaçant *est* le dernier. La leçon que j'ai adoptée est due à Muret, et elle a été retrouvée depuis dans un manuscrit de Wolfenbüttel. Facciolati, Heusinger, Lallemand, Zumpt et d'autres, placent *est* avant *consecuta.* Plus bas dans le présent livre, ch. X, 3, Cicéron dit : *Itaque utilitas valuit propter honestatem.*

15. *Veteribus academicis.* On sait que l'ancienne Académie eut pour chefs Platon, puis Speusippe et Xénocrate. Aristote, divisé sur quelques points avec Xénocrate, se retira dans le Lycée et fut le chef des péripatéticiens. La moyenne Académie dut son origine à Arcésilas, qui introduisit le probabilisme, et la nouvelle se rattache à Carnéade. Mais Cicéron ne distingue pas entre la moyenne et la nouvelle.

V. 5. *Jure gentium.* Cicéron, *Tusc.*, I, 13 : *Omni autem in re consensio omnium gentium lex naturæ putanda est.* On voit, sans qu'il soit nécessaire d'y insister, que le droit dont parle Cicéron est le droit naturel, et non le droit des gens tel que l'entendent les modernes.

VI. 1. *Ergo unum.* Voici la suite du raisonnement pour le commencement de ce chapitre : 1° Les hommes doivent viser à ce que l'intérêt d'un seul soit le même que celui de tous ; ce premier principe est tiré de l'état de l'homme en société ; 2° quand ils ne le voudraient pas, la nature elle-même a établi cette communauté d'intérêts ; ce second principe est tiré de la nature même de l'homme. En résumé, le principe, c'est que tous les intérêts sont communs selon la nature ; la conséquence, c'est que la loi naturelle nous défend de nuire à autrui.

18. *Communi... humanitatis corpore.* Ici le mot *humanitas* ne signifie pas *genus humanum*, mais *universitatem hominum vera humanitate præditorum.*

VII. 3. *Nihil, præter id.* C'est là un axiome des stoïciens.
4. *Vel illud certe.* C'est là un axiome des péripatéticiens.

Tum hoc, tum illud probabilius videtur. Cicéron, *Acad.*, II,
43, fin, a dit presque dans les mêmes termes : *Distrahor;
tum hoc mihi probabilius, tum illud videtur.*

VIII. 2. *Turpitudo.* Ce mot signifie proprement *laideur,
difformité,* au physique et au moral; mais le sens moral
domine en prose et le sens physique en poésie. Voici les
nuances qui différencient les synonymes de cette idée. Ce
qui est *turpe* offense la raison et le jugement; ce qui est
fœdum et *deforme* offense le sens esthétique, *deforme,* ce
sens cultivé, *fœdum,* ce sens naturel. Quant à ce qui est
tetrum, cela révolte la sensibilité physique. Le *tetrum* produit le dégoût, *fœdum,* l'horreur, *deforme,* le mécontentement, *turpe,* le mépris, l'improbation.

9. *Libidinose.* C'est ce mot que je rends par *incontinence;*
autrement il faudrait dire *de luxure et d'intempérance.*

IX. 4. *Quam si non haberet,* c'est-à-dire : *quam putaret si
non haberet.*

X. 2. *Socius... et adjutor.* Cicéron, *pro Flacco,* 1 : *Socio
atque adjutore consiliorum periculorumque meorum L. Flacco.*

5. *Quirini vel Romuli.* Les Romains eux-mêmes n'étaient
pas d'accord sur l'origine du nom de *Quirinus;* Ovide,
Fast., II, 476 :

> Qui tenet hoc nomen, Romulus ante fuit,
> Sive quod hasta curis priscis est dicta Sabinis,
> Bellicus a telo venit in astra deus,
> Sive suum regi nomen posuere Quirites,
> Seu quia Romanis junxerat ille Cures.

Servius tire ce mot du grec κοίρανος (ou κύριος); il ajoute
que Mars furieux est appelé *Gradivus,* et Mars tranquille
Quirinus, noms sous lesquels il avait deux temples. Janus
lui-même fut appelé *Quirinus* comme arbitre de la paix et
de la guerre.

16. *Damonem et Phintiam.* Polyen nomme les deux amis
Évéphénus et Eucritus (V, 2, 22 ; Hygin, fab. 257, les appelle Mœrus et Sélinuntius, et à la place de Denys, il met
Phalaris. Le fait est placé sous Denys l'ancien par Cicéron;
mais il doit l'être sous Denys le jeune, de 367 à 357,
suivant Aristoxène, cité par Jamblique *Vit. Pyth.,* § 233).

qui dit avoir entendu l'histoire racontée par Denys lui-même, lorsqu'il enseignait la grammaire à Corinthe. Denys reconnaissait que la dénonciation portée contre Phintias était calomnieuse.

XI. 1. *Pollices præciderentur*. Un décret ordonna de couper aux Éginètes le pouce de la main droite, afin qu'ils ne pussent manier la lance, mais qu'ils pussent encore ramer. (Plutarque, *Pericl.*, 8; Élien, *Var. Hist.*, II, 9, éd. Gronov., p. 86. Valère-Maxime, *de Dict. et fact.*, IX, 2, *Extern.*, 8.)

3. *Ut Pennus... Papius nuper*. Junius Pennus, tribun en 627, fit une loi contre les étrangers, loi que combattit C. Gracchus (Festus au mot *Respublica* ; conf. Cicéron, *Brutus*, 28). Cicéron dit de Papius *nuper*, parce que C. Papius avait été tribun du peuple, l'an 688, c'est-à-dire deux ans avant le consulat de Cicéron.

4. *Quam legem tulerunt*. Cicéron veut parler ici de la loi Licinia Mucia, portée en 658, et qui fut une des principales causes des guerres italiques. Elle concernait les droits de cité, tandis que les deux autres ne regardaient que le domicile des étrangers.

11. *Ad Gytheum*. Le port de Gythium était sur la côte orientale du golfe de Laconie, aujourd'hui Paléopolis; c'était l'arsenal maritime de Sparte, νεώριον. Plutarque, *Themist.*, 20, parle de la flotte des Grecs retirée à Pagase en Thessalie.

13. *Piratas immunes*. Plusieurs commentateurs croient qu'il s'agit ici des pirates, qui ravageaient les côtes à la faveur des guerres civiles ; mais cela est peu probable. Il s'agit de ceux que Pompée vainquit et établit au milieu des terres. L'opposition que signale Cicéron revient à ceci : on imposa des tributs à Marseille et au roi Déjotarus, pour avoir servi Pompée ; on ne songea pas sans doute à en imposer à Pompeiopolis peuplée par des pirates. Ce rapprochement n'est donc pas, comme on le croit, un blâme adressé à Pompée.

XIII. 11. *Non igitur*. Grotius, *de Jure pac. et bell.*, II, 12, décide autrement que Cicéron la question du marchand de blé : « A la vérité, dit-il, ce marchand eût fait une action

louable en déclarant tout ce qu'il savait. Quelquefois même
on ne peut y manquer sans blesser les règles de la charité.
Mais il ne faut pas poser, comme fait Cicéron, pour maxime
générale, que le silence soit criminel, toutes les fois que,
pour son profit particulier, on ne dit pas une chose que
ceux, à qui vous la cachez, ont intérêt de savoir. Cela n'a
lieu qu'à l'égard des qualités et des circonstances qui ont
quelque liaison avec la chose dont il s'agit. » Ainsi la différence qu'il y a entre ces deux casuistes, c'est que Grotius
met sur le compte de la charité ce que Cicéron met sur celui de la justice. Pour moi, je pardonne volontiers à Cicéron d'avoir confondu l'une avec l'autre.

12. *Malitiosi*. Cicéron, *de Nat. deor.*, III, 30, définit *malitia*,
versuta et fallax nocendi ratio.

XIV. 9. *Aquillius*. Il fut préteur avec Cicéron en 687.

10. *In quibus ipsis*. Suivant Heusinger, il faut sous-
entendre *proferendis, quum eas proferret*, et suivant Beier,
de quibus ipsis. J'adopte ce dernier sens, à cause de l'im-
parfait, et parce que Aquillius était jurisconsulte, partant
souvent consulté.

XV. 2. *In quibus additur EX FIDE BONA*, Cicéron, *Top.*,
XVII, 66 : *In omnibus igitur iis judiciis, in quibus EX FIDE
BONA est additum ; ubi vero etiam, UT INTER BONOS BENE
AGIER, inprimisque in arbitrio rei uxoriæ, in quo est QUOD
ÆQUIUS MELIUS, parati esse debent (jurisconsulti)*. On retrouve cette dernière formule dans le Digeste, XLVI, 3, 82 :
*Nec melius nec æquius esse existimarem eum fundum Seiæ
reddi ;* et XXIV, 3, 66 : *Quia nec melius æquius esset, quod
exigere vir ab uxore non potuisset ob id, ex detrimento viri,
mulierem locupletari*. Comp. Ducaurroy, *Instit. expl.*, t. II,
p. 366, sqq. 2ᵉ éd.

9. *Ex quo Ennius*. Cicéron, Epist. ad Div., VII, 9 : *Qui ipse
sibi sapiens prodesse non quit, nequidquam sapit ;* et le même
citant Euripide (*Ibid.*, XIII, 16) : μισῶ σοφιστὴν, ὅςτις οὐχ
αὐτῷ σοφός.

10. *Q. Tuberoni*. Q. Ælius Tubero, petit-fils de Paul Émile
par la fille de celui-ci, et conséquemment neveu du second
Africain, était attaché à la secte des stoïciens ; il fut préteur
en 630. Comp. Cicéron, *Brutus*, 31.

XVI. 2. *Ex duodecim Tabulis.* On connaît les termes de la loi, d'après Festus, qui les rapporte au mot *nuncupassit* : *quum nexum faciet mancipiumque, uti lingua nuncupassit, ita jus esto.*

5. *Quidquid sibi dare.* La formule est dans Gaïus, IV, 47 : *Quidquid ob eam rem illum mihi dare facere oportet ex fide bona ejus id judex* [Tib. Cl. Centumalum] *mihi* [P. Calp. Lanario]. *condemnato, si non paret, absolvito.*

6. *M. Cato.* Cato Salonianus était fils du censeur ; il eut pour fils le Caton de ce passage, qui fut le père de Caton d'Utique.

9. *M. Marius Gratidianus.* La sœur de Marius Gratidius avait épousé l'aïeul de Cicéron ; son petit-fils fut adopté par Marius, frère du grand Marius, et prit conséquemment le nom de Marius Gratidianus. Voyez Orelli, *Onomastic. Tull.*, II, 388.

XVII. 5. *Jus gentium.* Il importe de rapporter ici la belle définition qu'en donne Gaïus, I, 1 : *Omnes populi qui legibus et moribus reguntur, partim suo proprio, partim communi omnium hominum jure utuntur. Nam quod quisque populus ipse sibi jus constituit, id ipsius proprium est, vocaturque jus civile, quasi jus proprium ipsius civitatis; quod vero naturalis ratio inter omnes homines constituit, id apud omnes populos peræque custoditur, vocaturque jus gentium, quasi quo jure omnes gentes utuntur. Populus itaque romanus partim suo proprio, partim communi omnium hominum jure utitur.*

6. *Solidam et expressam effigiem.* Littéralement, *la forme solide et en relief.* La justice parfaite est un *archétype*, une *idée ;* nous n'en avons point une réalisation corporelle et où sa propre substance soit exprimée et rendue sensible. Cicéron, *de Nat. deor.*, I, 27 : *Illud video pugnare te, species ut quædam sit deorum, quæ nihil concreti habeat, nihil solidi, nihil expressi, nihil eminentis, sitque pura, levis, pellucida.... sic in Epicureo deo non res, sed similitudines rerum esse.* Et ailleurs, *Tusc.*, III, 2 : *Consectaturque nullam eminentem effigiem virtutis, sed adumbratam imaginem gloriæ. Est enim gloria, solida quædam res et expressa, non adumbrata.*

Feruntur enim. Lucrèce, *de Nat. rer.*, IV, 164 :

> Sic ab rebus item, simili ratione, necesse est
> Temporis in puncto rerum simulacra ferantur
> Multa, modis multis, in cunctas undique partes ;

et IV, 240 :

> Nunc ea, quæ dico, rerum simulacra feruntur
> Undique, et in cunctas jaciuntur didita partes.

Exemplis. Ernesti. *Clav. Cicer.* : *Exempla sunt exemplaria vera, ab ipsa natura suppeditata*. Cicéron, *Invent.*, II, 1 : *Ut mutum in simulacrum ex animali exemplo veritas transferatur*. C'est le *modèle*, l'*original*.

8. *Judicia contraria*. Voyez des exemples et des applications de ces *judicia contraria*, *Dig.*, XXVII, 4.

9. *Sed abest ab ea*. Rapprochez de ce texte le passage de Platon, *Menex.*, 19, ci-dessus, I, 19, 4.

12. *Edicto ædilium*. A. Gell., *Noct. att.*, IV, 2 : *Titulus scriptorum singulorum uti scriptus sit curato, ita uti intelligi recte possit quid morbi vitiive cuique sit, quis fugitivus errove sit, noxave solutus non sit*. L'édit se trouve plus au long dans un fragment d'Ulpien, sur l'édit des édiles curules, *Dig.*, XXI, 1. Voici quelques exemples : *Fragm.*, 4, § 3 : Le vendeur ne garantissait que les vices corporels et non ceux de l'âme, sauf les deux qui sont nominativement exceptés par les mots *errone* et *fugitivo* ; *hoc enim animi vitium est, non corporis*. Ibid., *Fragm.*, 17, § 1 : *Cælius ... fugitivum ait esse eum, qui ea mente discedat ne ad dominum redeat, tametsi mutato consilio ad eum revertatur*. Ibid., *Fragm.*, 52 : *Si furtum domino servus fecerit, non est necesse hoc in venditione servi prædicere... sed si dixerit hunc furem non esse, ex illa parte tenebitur quod dixit promisitve*. Beier entend que le vendeur est tenu seulement de garantir que l'esclave n'est pas *actioni noxali ex causa furti obnoxium*.

Heredum alia causa est. *Dig.*, XLIV, 7, 35. *Constitutionibus, quibus ostenditur heredes pœna non teneri, placuit, si vivus conventus fuerat, etiam pœna persecutionem transmissam videri*. Il en résulterait que l'héritier est responsable, mais seulement lorsque le défunt avait déjà été actionné. Or, de quoi est-il responsable ? *Dig.*, XXX, 1, 45, § 1 : *Heres... sanum eum esse promittere non debet, sed furtis et noxis solutum esse promittere debebit*.

XVIII. 6. *Basilus M. Satrium.* Ce Basilus né *Satrius* avait été lieutenant de César dans la Gaule, et fut depuis un de ses meurtriers. Il paraît, d'après un passage de la seconde Philippique, que c'était un homme très-peu estimable, *Philipp.*, II, 41 : *Quid ego illas istius minas contumeliasque commemorem, quibus invectus est in Sidicinos, vexavit Puteolanos, quod C. Cassium et Brutos patronos adoptassent? Magno quidem judicio, studio, benevolentia, caritate, non ut te, ut Basilum, vi et armis et alios vestri similes, quos clientes nemo habere velit, non modo illorum cliens esse.*

XIX. 7. *Fimbriam.* C. Flavius Fimbria, consul avec Marius en 649, n'est pas le Fimbria qui, lieutenant de Valérius Flaccus dans la guerre contre Mithridate, fit révolter les troupes, tua son général, et pilla Cyzique et d'autres villes alliées. A l'approche de Sylla, il fut abandonné des soldats et forcé de se donner la mort, en 669.

10. *Quicum in tenebris mices.* Polydore Virgile, *de Invent. rer.*, II, 15, explique ainsi ce jeu, que les Italiens de nos jours nomment *la mora : Fit, quum duo, clausis manibus, vocando certum numerum, subinde digitos porrigunt. Verbi causa, ego tres digitos explico, tu totidem; ipse quatuor nomino, tu vero sex; ita ut qui numerum vocando divinasti, jam vicisti. Et quia digiti ita explicati subito apparent, idcirco per metaphoram micare dicitur.*

XX. 1. *Romam missus esset.* Comp. Salluste, *Jug.*, 63-65. D'après Salluste, *Ib.*, 73, Marius était envoyé en congé sur sa demande, *fatigantem de profectione... domum dimittit.*

3. *Ne noster quidem Gratidianus.* Les tribuns étaient au nombre de dix, et les préteurs de six. Pline, *Hist. nat.*, XXXIII, 46, 9 : *Miscentur æra falsæ monetæ. Alii e pondere subtrahunt, quum sit justum octoginta quatuor e libris signari. Igitur ars facta denarios probare, tam jucunda lege plebi, ut Mario Gratidiano vicatim statuas dicaverit. Et* XXXIV, 12 (6) : *Easdemque subvertere Syllæ introitu.* Sénèque, *de Ira*, III, 18 : *M. Mario, cui vicatim populus statuas posuerat, cui ture et vino populus romanus supplicabat, L. Sylla perfringi crura, erui oculos, amputari manus jussit.* Comp. Lucain, *Phars*, II, 173. Le prétexte était de

venger Catulus tué sous le septième consulat de Marius ;
l'exécuteur fut Catilina.

4. *Escenderent*, avec Orelli, et non *descenderent*.

5. *Tus, cerei*. C'est bien à Gratidianus et non aux dieux
que s'adressaient ces hommages. Salluste, *Fragment.*, II :
Tum venienti [Metello], ture quasi deo supplicabatur. Pline,
Hist. nat., XXXIV, 11 et 12, remarque que la reconnaissance
publique offrait des statues aux hommes aussi bien qu'aux
dieux.

8. *Species, forma et notio*. Cicéron, *Topic.*, 7 : *Formæ sunt
quas Græci ἰδέας vocant ; nostri, si qui hæc forte tractant,
species appellant.... Notionem appello, quod Græci tum
ἔννοιαν, tum πρόληψιν dicunt. Ea est insita et ante percepta
cujusque formæ cognitio, enodationis indigens*. Comp. ci-
dessus XIX, 4 : *Animi sui complicatam notionem evolvere.*

XXI. 1. *Qui etiam socerum habere voluit*. L'an 694, César,
pour s'attacher plus fortement Pompée, lui fit épouser
Julie, sa fille unique de Cornélie sa première femme. Julie
était promise à Servilius Cépion, qui eut en échange la fille
de Pompée. César épousa lui-même Calpurnie. Le premier
triumvirat durait alors depuis au moins deux ans.

3. *Græcos versus de Phœnissis*. Voici ces vers (*Phœn.*,
534) :

Εἴπερ γὰρ ἀδικεῖν χρή, τυραννίδος πέρι
Κάλλιστον ἀδικεῖν· τἄλλα δ' εὐσεβεῖν χρεών.

4. *Capitalis*. Voyez, sur ce mot, I, 13, 11 ; II, 21, 7.

5. *Ecce tibi*. Voy. *Acad. Prior.*, II, 38 : *Ecce tibi e trans-
verso Lampsacenus Strato.*

8. *Parens nominetur*. Suétone, *Cæs.*, 76 : — *Non enim
honores modo nimios recepit, ut continuum consulatum, per-
petuam dictaturam, præfecturamque morum, insuper præ-
nomen imperatoris, cognomen patris patriæ, statuam inter
reges, suggestum in orchestra ; sed et ampliora etiam humano fastigio decerni sibi passus est : sedem auream in
curia, et pro tribunali tensam et ferculum circensi pompa,
templa, aras, simulacra juxta deos, pulvinar, Flaminem,
Lupercos, appellationem mensis e suo nomine. Ibid.*, 85 : *Solidam columnam prope viginti pedum... in foro statuit, scri-*

psitque : *Parenti patriæ*. C'est Cicéron qui le premier avait reçu ce glorieux titre de *Père de la patrie*.

12. *Attius*. C'est le célèbre poëte tragique, plus jeune de 22 ans que Térence, plus âgé de 18 que Lucilius.

A Tantalo et Pelope. Tantale, roi de Phrygie, père de Pélops, aïeul d'Atrée et de Thyeste. D'après la tradition, Pélops vint de Phrygie ou de Lydie habiter la péninsule Apia, et lui donna son nom. Cicéron paraît croire que Tantale avait été aussi roi d'Argos et d'Élide.

XXII. 2. *Quum enim rex Pyrrhus*. Pyrrhus était agresseur, donc on lui devait peu de ménagements. Il s'agissait de l'empire, donc l'intérêt était immense. Ce roi était brave et puissant, donc le péril était grand. Je ne crois pas (Conf. Zumpt, h. l.) que Cicéron ait tacitement opposé *de imperio à non de salute* ; car cela aurait diminué le mérite de Fabricius. Comp. ci-dessus, I. 138 : *Itane hostis quidem et potentis et bellum ultro inferentis interitum cum scelere approbavit*. Au reste, cette histoire est racontée de deux manières différentes par Valérius Antias, et par Claudius Quadrigarius (A. Gell., *Noct. Att.*, III, 8).

5 *Quicum laudis certamen*. On agissait autrement lorsque le sénat s'y croyait autorisé par la nature de la guerre. Comp. ci-dessus, I, 12 ; et les exemples de Scévola, des Fourches Caudines, de Numance, de Corinthe, de Carthage, et le meurtre de César lui-même.

6. *L. Philippi, Quinti filii*. Il fut consul en 662. Cicéron l'a déjà cité, I, 30, 9, et II, 17, 6.

9. *Ego etiam cum Catone, etc.* Voyez entre autres preuves, Cicéron, *ad Attic.*, I, 12, sur une demande en résiliation de marché faite par les fermiers des domaines d'Asie.

Colonis. Les expressions d'Ulpien : *Dare colono remissionem ob sterilitatem*, et de Gaïus : *Colonus partiarius*, prouvent surabondamment qu'il ne s'agit pas ici de colonies.

10. *Curio*. C. Scribonius Curio fut consul en 677. Son fils fut le boute-feu de la guerre civile. César l'attira dans son parti en payant ses dettes.

XXIV. 2 *Pepigeritque*. Il y avait certainement contrainte morale dans le marché conclu avec le médecin.

3. *Quid si quis sapiens.* Voyez un exemple d'une condition testamentaire de ce genre, dans Horace, *Sat.*, II, 3, 84 :

> Heredes Staberi summam incidere sepulcro,
> Di sic fecissent, gladiatorum dare centum
> Damnati populo paria, atque epulum arbitrio Arri,
> Frumenti quantum metit Africa.

4. *Honestius mentietur.* Je sous-entends *quam non mentietur*, au lieu de suppléer avec d'autres *quam si ceperit ;* et d'expliquer avec quelques-uns, comme par exemple le savant Zumpt : *Non dicit inhonestum esse, si eam hereditatem capiat, nec saltet, sed honestius, si non capiat.* Cicéron trouve si peu honnête de recueillir l'héritage et de ne pas exécuter la promesse de danser, que dans le cas même où l'on n'accepte que pour sauver la république, il suppose qu'on accomplira cette condition, tout indécente qu'elle est.

XXV. 1. *Ac ne illa quidem.* L'opinion de Cicéron sur les promesses et les serments, que les circonstances nous autorisent quelquefois à violer, est aussi celle d'un très-grave auteur, de saint Jérôme, *de Off.*, III 12 : *Nihil promittat inhonestum ; ac si promiserit, tolerabilius est promissum non facere, quam facere quod turpe sit. Sæpe plerique constringunt se ipsos jurisjurandi sacramento ; et quam ipsi cognoverint promittendum non fuisse, sacramenti tamen contemplatione faciunt quod spoponderunt, sicut de Herode supra scripsimus, qui saltatrici præmium turpiter promisit, crudeliter solvit. Quanto tolerabilius tali fuisset perjurium sacramento! Infertur disco prophetæ caput, et hoc æstimatum est fidei esse, quod amentiæ fuit. Neque unquam adducar ut credam non incaute principem promisisse Jephte ut immolaret Deo quidquid sibi reverdenti intra limen domus suæ occurreret. Melius est non vovere quam vovere id quod sibi, cui promittitur, nolit exsolvi. Non semper igitur promissa solvenda omnia sunt.*

A cette opinion, le lecteur ajoute dans sa pensée les beaux vers d'Horace, *Od.*, III, 11, 33 :

> Una de multis, face nuptiali
> Digna, perjurum fuit in parentem
> Splendide mendax, et in omne virgo
>   Nobilis ævum.

2. *Antequam constitit.* Ces mots ne signifient pas *avant de s'y être solidement affermi,* c'est-à-dire aussitôt qu'il y fut monté ; car Ovide, *Metamorph.,* II, 150, dit :

> Occupat ille levem juvenili corpore currum :
> Statque super manibusque datas contingere habenas
> Gaudet, et invito gratos agit inde parenti ;

et v. 187 :

> Quid faciat ? Multum cœli post terga relictum
>   Nec frena remittit.
> . . . .
> Nec retinere valet.

XXVI. 1. *Poeta tragici.* Il est probable que Cicéron veut parler ici de l'Ὀδυσσεὺς μαινόμενος, qui n'est pas parvenu jusqu'à nous.

4. *Institit.* Il y a d'autres exemples de ce verbe avec un infinitif. Cicéron, *Epist. fam.,* X, 16 : *Flagitare senatus institit Cornutum ut referret ..; Tite-Live, Hist.,* XXIV, 26 : *Orare institit ; Ibid.,* 46 : *Fabius ab Suessula profectus, Arpos primum institit oppugnare.* Ce verbe signifie proprement *se mettre en tête,* avoir l'idée de... , entreprendre, s'obstiner à... Plaute, *Captiv.,* III, 4, 55 :

> Videsis ne quid tu huic temere insistas credere.

7. *M. Atilius Regulus.* Consul pour la seconde fois en 497, et proconsul en 498, lorsqu'il fut pris ; c'est en 502 qu'il fut envoyé à Rome.

XXVII. 5. *Ad crudelissimum hostem.* Polybe ne dit rien de la députation de Régulus ni de sa mort ; Dion n'en parle qu'avec la formule φασί. Mais Aulu-Gelle, *Noct. att.,* VI, 4, raconte son supplice en détail. *Regulum Tubero in Historiis rediisse Carthaginem, novisque exemplorum modis excruciatum a Pœnis dicit. In atras, inquit, et profundas tenebras eum claudebant, ac diu post, ubi erat visus sol ardentissimus, repente educebant, et adversus ictus solis oppositum continebant, atque intendere in cælum oculos cogebant. Palpebras quoque ejus, ne connivere posset, sursum ac deorsum diductas insuebant. Tuditanus autem somno diu prohibitum, atque ita vita privatum refert.* Florus, *Epit.,* II, 2, se contente de dire : *Ultimo sive carceris, sive crucis supplicio.*

XXVIII. 1. *Omnes enim expetimus utilitatem.* Cicéron ne dit point ici qu'on ne puisse pas résister à l'intérêt personnel, mais seulement qu'un instinct irrésistible nous porte vers ce qui nous est utile. Cette idée est nettement exprimée plus haut, I, 4, et III, 8.

3. *Non tam splendidum quam necessarium ducimus.* Cicéron dit *necessarium*, parce que ce mot exprime tout ce qui est nécessaire au soutien de notre fragile nature : *non splendidum*, parce que l'éclat véritable n'appartient qu'à la vertu et à l'honnêteté. Comp. II, 3, *init.*, I, 4, et III, 10. On pourrait donner de cette petite phrase un grand nombre de versions, comme celles-ci : « Tandis que le nom d'utilité ex- « prime une chose moins brillante que nécessaire, » ou « auprès duquel ce qu'on nomme l'utile nous frappe moins « par son éclat que par sa nécessité, » ou « auprès duquel « ce qu'on nomme l'utile, perd son prestige, et ne s'impose « à nous que comme un besoin, » ou « tandis que nous at- « tachons au nom de l'utile une idée de besoin bien plus « que de grandeur, » ou « auprès duquel le nom de l'utilité « éblouit moins notre raison qu'il ne s'impose à notre fai- « blesse. » De toutes ces versions, la plus rapprochée du texte est celle que j'ai choisie. Il est du reste évident, d'a- près ce passage, que Cicéron distingue entre les intérêts moraux et les intérêts matériels, et qu'il donne la supério- rité aux premiers.

4. *Commune est omnium philosophorum.* Les deux princi- pales écoles dont Cicéron invoque ici le témoignage, sont les épicuriens et les stoïciens. Les deux opinions que ces écoles avaient touchant la divinité, sont nettement oppo- sées dans les deux passages suivants ; *de Nat. deor.*, I, 19 : *Et quærere a nobis... soletis quæ vita deorum sit, quæque ab iis degatur ætas. Ea videlicet, qua nihil beatius, nihil omni- bus bonis affluentius cogitari potest. Nihil enim agit, nullis occupationibus est implicatus, nulla opera molitur, sua sa- pientia et virtute gaudet ; habet exploratum fore se semper tum in maximis, tum in æternis voluptatibus.* Voici mainte- nant l'opinion stoïcienne. *Ibid.*, II, 23 : *Ut jam propemodum appareat multitudo nec cessantium deorum, nec ea quæ agunt molientium cum labore operoso ac molesto.*

A ces témoignages, il faut joindre les passages suivants de Lucrèce, *de Nat. rer.*, II, 646 :

> Omnis enim per se dirum natura necesse est
> Immortali ævo summa cum pace fruatur,
> Semota a nostris rebus, sejunctaque longe.
> Nam privata dolore omni, privata periclis,
> Ipsa suis pollens opibus, nihil indiga nostri,
> Nec bene promeritis capitur, nec tangitur ira.

Et au livre cinquième, v. 83, sqq. :

> Nam bene qui didicere deos securum agere ævum,
> Si tamen interea mirantur qua ratione
> Quæque geri possint, præsertim rebus in illis
> Quæ supera caput ætheriis cernuntur in oris;
> Rursus in antiquas referuntur relligiones,
> Et dominos acres adsciscunt, omnia posse
> Quos miseri credunt, ignari quid queat esse,
> Quid nequeat, finita potestas denique quoique
> Quanam sit ratione, atque alte terminus hærens.

Il faut enfin ajouter le passage suivant de Diogène **Laërce**, *de Vit. philos.*, X, 139 ; Meibom., p. 661 : Τὸ μακάριον καὶ ἄφθαρτον, οὔτε αὐτὸ πράγματα ἔχει, οὔτε ἄλλῳ παρέχει· ὥςτε οὔτε ὀργαῖς οὔτε χάρισι συνέχεται.

5. *Præverteret.* Facciolati, Ernesti, Heusinger, Gernhard, Zumpt et Dübner lisent : *perverteret.* Aulu-Gelle, *Noct. att.*, IV, 3, emploie le mot de *prævertere*, mais avec le datif : *sed jurisjurandi religionem animo atque amori prævertisse.*

7. *Deinde illud etiam apud Attium.* La fin du premier vers est dans la bouche de Thyeste, et le second tout entier dans celle d'Atrée. Comparez Sénèque le tragique, *Thyestes*, scen. ult. :

> Th. Hoc fœdus? hæc est gratia? hæc fratris fides?
>   Sic odia ponis?... sceleris est aliquis modus?
> Atr. Sceleri modus debetur, ubi facias scelus,
>   Non ubi reponas.

XXIX. 1. *Quasi deo teste.* Voyez ci-dessus, ch. X, 12.

Quæ nulla est. Cicéron s'exprime ici d'après les sentiments du Portique et de l'Académie. Ailleurs, il parle d'après l'opinion commune, qu'il défend surtout du point de vue de l'utile. Ainsi *de Leg.*, II, 7 : *Sit igitur hoc a principio persuasum civibus, dominos esse omnium rerum ac moderatores deos, eaque quæ gerantur, eorum geri judicio ac numine, eosdemque optime de genere hominum mereri, et qualis quisque sit, quid agat, quid in se admittat, qua mente, qua pietate colat religiones, intueri, piorumque et impiorum habere rationem... Utiles esse autem opiniones has quis neget, quum intelligat quam multa firmentur jurejurando, quantæ salutis sint fœderum religiones, quam multos divini supplicii metus a scelere revocarit, quamque sancta sit societas civium inter ipsos, diis immortalibus interpositis tum judicibus, tum testibus ?* Et encore ailleurs, *Philipp.*, XIV, 12 : *Illi igitur impii quos cecidistis, etiam ad inferos pœnas parricidii luent ; vos vero qui extremum spiritum in victoria effudistis, piorum estis sedem et locum consecuti.* Catil., I, 13, fin. : *Omnes inimicos bonorum, hostes patriæ, latrones Italiæ, scelerum fœdere inter se ac nefaria societate conjunctos, æternis suppliciis vivos mortuosque mactabis.*

5. *Apta pinnis.* C'est-à-dire *pennis*, c'est-à-dire *pennata et pennigera, ut ubique præsto sit, non, quia avolavit ab hominibus ad deos.* Cela ne signifie donc pas qu'elle est placée sur le pinacle du Capitole. Apulée, *Apol.*, 2, rend le ἔπεα πτερόεντα d'Homère par : *si verba ista, ut poetæ aiunt, pinnis apta vulgo volarent.* Quant au sens propre du mot *penna*, il tient le milieu entre *ala* et *pluma; penna* est l'ensemble de l'aile, en tant que servant à voler, suivant Festus, *pesna*, du radical πέτεσθαι, et répondant à πτερόν; au contraire, *ala*, qui est vraisemblablement la contraction d'*axilla*, est l'*aile* considérée comme membre articulé. Un oiseau auquel on a enlevé ses plumes, a des *alas*, mais non des *pennas* et conséquemment ce sont des *alas* et non des *pennas* qu'ont les chauve-souris. Ce sens ressort clairement de ce passage de Plaute, *Pœn.*, IV, 2, 48 : *Meæ alæ pennas non habent.* L'orthographe *pinna* est une forme très-voisine de *penna*, mais elle s'en distingue en ce que *penna* comprend la plume tout entière, barbe et tuyau, et que *pinna* ne comprend à proprement parler que la barbe, l'extrémité aiguë et pectinée. Suétone, *Claud.*, 33 : *Ut... hianti pinna in os inderetur ad exonerandum stomachum.* Pline appelle les feuilles du sapin *pinnata folia.* Par suite de ce sens, *pinna* signifie encore les nageoires des poissons. Enfin Quintilien, *Instit. orat.*, I, 4, 12, dit que *pinna* signifie *quod est acutum.*

et il en dérive avec raison *bipennis*, c'est-à-dire, *securis utrinque habens aciem*. Mais il se trompe (si toutefois la faute n'est pas à ses éditeurs), en blâmant ceux qui appliquent *pinnas* aux oiseaux; si au contraire on lit *pennas*, son observation reste juste. De l'idée de *aigu*, *en pointe*, vient l'usage de *pinnæ*, créneaux, en grec πτέρυγες, celui de *pinnaculum*, enfin peut-être, *Alpes penninæ* et *Apennini montes*. Quant à *pluma*, c'est la plume qui sert de vêtement à l'oiseau.

Jusjurandum Jovis. Non pas le serment que fait Jupiter, mais le serment dont Jupiter est l'arbitre et le maître, sous le nom de *Jupiter fidius*, Ζεὺς ὅρκιος et πίστιος. C'est ainsi que l'entend Apulée, *de Deo Socr.*, p. 131, éd. Oudendorp : *Ne ut per ista juretur, quum sit summi deorum hic honor proprius; nam et jusjurandum Jovis jurandum dicitur, ut ait Ennius.* Cicéron, en citant Ennius, veut dire que le serment est la même chose que la foi. Déjà, ci-dessus, ch. X, 12, il dit : *Quum vero jurato sententia dicenda sit, meminerit, Deum se adhibere testem, id est, ut ego arbitror, mentem suam, qua nihil homini dedit Deus ipse divinius.*

In Capitolio. Cicéron, *de Nat. deor.*, II, 23 : *Ut Fides, ut Mens, quas in Capitolio dedicatas videmus proxime a M. Æmilio Scauro. Ante autem ab Atilio Calatino erat Spes consecrata.* Cet Atilius fut consul en 495 et en 499. Mais c'est Numa qui le premier avait consacré la Bonne Foi parmi les divinités (Plutarque, *Num.*, 16, init.). Tite-Live, *Hist.*, I, 21, dit que ce prince avait tellement imbu les Romains des idées religieuses, *ut fides ac jusjurandum proximo legum ac pœnarum metu civitatem regerent.*

Jovis Optimi Maximi. Cet ordre n'est pas indifférent, comme le prouve le passage suivant de Pline, *Paneg.*, 88 : *Ideoque ille parens hominum deorumque, Optimi prius deinde Maximi nomine colitur.*

10. *Turpitudine.* Voyez ci-dessus, ch. VIII, 2.

XXX. 1. *At vero.* Cicéron, *de Senect.*, 12 : *Caudino prœlio Sp. Postumius, T. Veturius consules superati sunt.* Tite-Live ne parle pas de combat, mais il donne évidemment au récit un tour qui lui est propre. Il cherche entre autres à justifier les consuls des Fourches Caudines. *Hist.*, IX, 5 : *Con-*

*sules profecti ad Pontium in colloquium, quum de fœdere
victor agitaret, negarunt injussu populi fœdus fieri posse,
nec sine fecialibus cœrimoniaque alia solenni. Itaque non, ut
vulgo credunt, Claudiusque etiam scribit, fœdere pax cau-
dina, sed per sponsionem facta est; quid enim aut sponsori-
bus in fœdere opus esset, aut obsidibus, ubi precatione res
transigitur... Spoponderunt consules, legati, quæstores, tribuni militum, nominaque omnium qui spoponderunt exstant,
ubi, si ex fœdere acta res esset, præterquam duorum fecia-
lium non exstarent; et propter necessariam fœderis dila-
tionem obsides etiam sexcenti equites imperati, qui capite
luerent, si pacto non staretur.* On sait que dans la *sponsio*
on donnait des otages jusqu'à la ratification. Dans le *fœdus*,
les féciaux immolaient un porc, et prenaient Jupiter à témoin, en appelant sa vengeance sur celui qui romprait le
traité; cette sanction était suffisante.

3. *C. Mancinus.* C. Hostilius Mancinus fut consul en 616 ;
L. Furius et Sext. Atilius en 617.

4. *Q. Pompeius.* Il s'agit ici de Q. Pompeius Rufus, qui
avait été consul en 612, c'est-à-dire quatre ans avant
C. Mancinus. De retour à Rome, il eut l'infamie de nier qu'il
eût conclu un traité honteux avec les Numantins ; mais le
peuple décida qu'il n'y avait pas eu de traité.

XXXI. 4. *Notiones... censorum.* La *notio censoria* est la juridiction des censeurs ; les *notiones* sont les actes de cette
juridiction. A. Gelle, *Noct. Att.*, 18 : *C. Sallustium in cujus
Historia notiones censorias fieri atque exerceri videmus.* Cicéron, *pro Sext.*, 25 : *Ut censoria notio et gravissimum judicium sanctissimi magistratus de republica tolleretur.*

XXXIII. 1. *Moderatione, modestia, continentia. Modestia*
est le sentiment de la mesure, *moderatio* l'ensemble des
actes inspirés par ce sentiment ; le premier est subjectif, et
le second objectif, du moins sous ce rapport. Cicéron, *ad
Herenn.*, III, 2 : *Modestia est in animo continens moderatio
cupiditatum.* Tuscul., III, 8 : σωφροσύνη..., *soleo equidem
tum temperantiam, tum moderationem appellare, nonnunquam etiam modestiam.* La *continentia* n'est pas moins bien

définie, ci-dessus, II, 24, 9 : *Continentia in victu omni atque cultu, corporis tuendi causa et prætermittendis voluptatibus.*

3. *Anniceii philosophi.* Les annicériens, c'est-à-dire les disciples d'Annicéris, cinquième chef de l'école d'Aristippe, et qui, comme son maître, plaçait le souverain bien dans le plaisir, mais qui ne reconnaissait pas de plaisir hors de la vertu.

4. *Viris equisque.* C'est une expression proverbiale qui signifie littéralement *avec hommes et chevaux*, c'est-à-dire avec la totalité de ses forces, de toutes ses forces. Elle est de la même valeur que ces autres locutions non moins usitées : *manibus pedibusque,* χερσίν τε ποσίν τε, *omnibus nervis, remis velisque, navibus atque quadrigis.*

5. *A Metrodoro.* On sait que Métrodore était un disciple d'Épicure, dont Cicéron parle dans ses Tusculanes, II, 6.

16. *Calliphontem et Dinomachum.* Deux philosophes contemporains de Carnéade, qui mettaient le souverain bien dans l'alliance du plaisir avec la vertu. Voy. Cicéron, *de Fin.*, V, 8 ; *Tusc.*, V, 30, et *Acad.*, II, 45.

22. *Perinde.* Ce mot est pris exactement dans le même sens par Térence, *Heaut.*, I, 2, 21 :

> Atque hæc perinde sunt, ut illius animus, qui ea possidet :
> Qui uti scit, ei bona ; illi, qui non utitur recte, mala.

Commentarios. Cicéron le fils, dans une de ses lettres (*Epist. ad Div.*, XVI, 21), les nomme *hypomnemata*, et il prie Tiron de lui envoyer un copiste grec : *Multum mihi enim eripitur operæ in exscribendis hypomnematis.*

25. *Monumentis.* Ou encore *monimentis*, c'est-à-dire *quidquid monet ;* ce mot comprend dans sa signification fort étendue les sens de livres, histoires, statues, tombeaux, inscriptions, médailles, temples, portiques, arcs de triomphe. Ici Forcellini interprète ce mot par *monitis*, et Zumpt par : *libri, paterni amoris testes*, ce qui signifierait des souvenirs.